温　故　而　知　新

鷓鴣
文庫

中国现代政治学的展开：清华政治学系的早期发展（1926－1937）（修订版）

孙宏云 著

浙江古籍出版社

图书在版编目(CIP)数据

中国现代政治学的展开:清华政治学系的早期发展:1926—1937:修订版 / 孙宏云著. —杭州:浙江古籍出版社,2020.10
ISBN 978-7-5540-1754-8

Ⅰ.①中… Ⅱ.①孙… Ⅲ.①政治学—学科发展—研究—中国—现代 Ⅳ.①D0

中国版本图书馆 CIP 数据核字(2020)第 117738 号

中国现代政治学的展开:

清华政治学系的早期发展(1926—1937)修订版

孙宏云 著

出版发行 浙江古籍出版社
(杭州市体育场路 347 号 邮编:310006)
网　　址 www.zjguji.com
责任编辑 刘　蔚
文字编辑 徐　立
封面设计 周伟伟
责任校对 吴颖胤
责任印务 楼浩凯
照　　排 浙江时代出版服务有限公司
印　　刷 浙江全能工艺美术印刷有限公司
开　　本 880mm×1230mm　1/32
印　　张 16.25
字　　数 360 千
版　　次 2020 年 10 月第 1 版
印　　次 2020 年 10 月第 1 次印刷
书　　号 ISBN 978-7-5540-1754-8
定　　价 86.00 元

目　录

绪　论

一、问题所在与研究意义

1952年，全国高等学校院系调整，撤销了政治学系和专业，政治学的教学和研究人员纷纷改行。此后，教学无人，科学院中没有相应的机构，《1956—1967年哲学社会科学规划》中竟没有“政治学”一词。政治学在新中国因此不再作为一门独立学科而存在。1960年代初，北京大学、复旦大学、中国人民大学曾组建政治学系，但主要讲授马列主义基本理论。不久，这三所学校的政治学系又改称国际政治系，其主要研究方向是民族解放运动和国际共产主义运动，较少涉及政治学广阔领域的其他方面内容。[①] 直到1980年代，政治学才作为独立的学科而得以恢复。

1952年政治学科之所以被取消，众所周知的原因是当时中国高等教育体制改革以苏联高校体制为蓝本。曾任中国政治学会副会长的赵宝煦教授说：“苏联当时没有政治学系，并不是所谓社会主义国

---

① 刘瀚、洋龙：《50年来的中国政治学》，《政治学研究》1999年第4期；王桧林主编：《中国现代史》下册，高等教育出版社1989年版，第504页。

家的独创。有些欧洲大陆国家也是如此。许多政治学问题在苏联不是不研究，而是他们把国家问题都放到法学中去了。”[①]这提示学人注意苏联不设政治学系的学术渊源问题，其可能是受欧陆学术传统的影响。除了来自苏联教育体制的影响，在中国现代政治学发展过程中是否还存在着导致否定政治学科独立存在的自身因素呢？

法国学者巴斯蒂(Marianne Bastid-Brugibre)的论文《中国近代国家观念溯源——关于伯伦知理〈国家论〉的翻译》(《近代史研究》1997年第4期)，通过文本追踪，揭示了梁启超思想与德国政治学的关系，并暗示德国政治学经由梁启超等清末知识分子的传播而对中国现代思想以及以毛泽东为代表的中国早期马克思主义者产生了影响。关于德国政治学对中国的影响，参考日本学者的研究成果，可作如下概述：

> 日本明治时代的法政思想与学术受德国国家学的影响很大，以国法学为例，日本学界自认“从来日本所出国法学之书大抵翻译德意志国法学”。表现为国家学、国法学色彩的“德意志流”政治学，其倡导者和教学研究者主要是在东京帝国大学。“在东京大学正在不断探究德意志流的国家学以及有国法学色彩的政治学的时候，早稻田大学经由山田、市岛、高田以及浮田等诸位先生之手，政治学就已经从法学和国家学里面独立了出来，不是观念的、而是实证主义的对政治进行研究的传统已经被逐渐地建立了起来。”不过，在20世纪最初的几年当中，早稻田的这种实证主义的“英美流”的志向性仍只处于起步阶段，所谓的“英美流”在当时与“德意志流”也不能截然判明。即使英美的

① 赵宝煦：《中国政治学百年历程》，《东南学术》2000年第2期。

> 政治学特别是美国的政治学在19世纪晚期20世纪初受德国学派的影响仍然很大。
>
> 在20世纪初年的中国人留日热潮中,有众多的习法政者。法政专业的留日学生,主要就学于法政大学清国留学生法政速成科、早稻田大学清国留学生部,此外尚有东京帝国大学、明治大学、日本大学所开设的法政方面的专业。东京帝国大学、早稻田大学、法政大学汇集了日本当时最主要的政法学者,日本现代政治学基本上就是以东京帝国大学和早稻田大学为中心分别代表"德意志流"和"英美流"的政治学而展开的。因此,中国政治学发生初期深受德国政治学的影响。①

辛亥革命后,由于美国国力的日益强盛以及政治学在美国迅速崛起,美国的政治学扩大了在中国的影响。民国初年,古德诺(F. J. Goodnow)、韦罗贝(W. W. Willoughby)等美国政治学家被中国政府聘为政治顾问,威斯康辛大学政治学系主任芮恩施(P. S. Reinsch)被任命为美国驻华公使。在他们的倡议或帮助下,一批曾经留学欧美的归国留学生模仿美国政治学会在北京成立了中华政治学会(The Chinese Social and Political Science Association),集合同志研究中国社会政治问题。这时,美国已取代日本成为中国留学生学习政治学的首选之地,经过日本输入的德国国家学在中国的地位逐渐衰落。自20世纪20年代后期开始,无论国立大学、教会大学还是私立大学,多模仿美国大学设立了独立的政治学系,师资主要是留美习政治学的归国留学生,课本大多采用美国大学的政治学课本,课程设置、教学研究方式也与美国政治学有密切的渊源关系。

---

① 孙宏云:《汪精卫、梁启超"革命"论战的政治学背景》,《历史研究》2004年第5期。

但是，表现为国家学、国法学色彩的“德意志流”政治学在中国的影响并没有消失；而且，民国时期仍有不少留学生在日本学习政治学。虽然当时日本也有不少政治学者主张实证主义政治学，但东京大学仍然维持了德国国家学的色彩。同样具有“德意志流”特征的京都大学在20世纪二三十年代所用的法政学术术语基本上都是德国的。[①] 即使在以实证主义政治学见长的早稻田大学，著名政治学家大山郁夫也受到科尔(G. D. H. Cole)、拉斯基(H. J. Laski)、狄骥(L. Duguit)等多元国家论者的影响，向马克思主义靠拢。[②] 这样的学术背景影响了一些留日学生，促成了马克思主义政治学在中国的兴起。

五四运动后随着马克思主义在中国的传播，自20世纪20年代起，已有人开始用马克思主义理论来构造新型的政治学，如瞿秋白、张太雷、恽代英分别在上海大学、中央军事政治学校和广州农民运动讲习所主讲《社会科学概论》《政治学》《政治学概论》。1929年邓初民著的《政治科学大纲》，运用马克思主义的原理，建立了新型“政治学之说明体系”。还有人公开打出“马克思主义政治学”的旗号。这类新型政治学将批判的矛头指向当时在国内大学讲坛上占主导地位的英美派政治学，即所谓的“资产阶级政治学”，但在主流政治学的排挤下，还只能处在民国政治学谱系中的边缘地位。从这个角度来看，新中国成立之初，作为“资产阶级政治学”的政治学科被取消与马克

① 雷震：《我的学生时代》(一)(《雷震全集》之9)，参看其中《京都帝大三年半》，台北：桂冠图书股份有限公司1989年版。

② 内田满『アメリカ政治学への視座——早稲田政治学の形成過程』三嶺書房、1992年、第173—174頁；北泽新次郎等主编，萧勃译：《大山郁夫传》，商务印书馆1963年版，第141—143页。

思主义政治学者对英美派政治学的批判应该不无关系。按理说，在打倒了“资产阶级政治学”之后，马克思主义政治学仍可以作为独立学科而加以发展，但事实上，即使是“马克思主义政治学”这样的名称很快也不再被人提起。原因究竟何在？

事实上，本书的选题最初即缘起于对 1950 年代初政治学科被取消一事的关注，但是要探讨这件事的全部涵义，则必须研究政治学在现代中国发展的诸多具体问题。例如，建国初期被撤销的政治学究竟是什么性质的政治学，在马克思主义思想理论中是否存在分科意义上的政治学，作为指导中国革命与建设的马克思主义与 1950 年代初政治学科的调整有什么关系，域外政治学的不同流派及其在近现代中国的竞争与消长情况如何。另外，基于对中国传统学术的现代转型的关注，政治学也是其中不可忽视的方面。随着思考的深入和资料的积累，发现许多问题不可能在短时间内得以解决，须先就个别专题进行深入研究。

在以美国政治学为取向的现代中国政治学的展开过程中，清华学校和后来的清华大学政治学系有着举足轻重的地位。首先，在清华学校派遣的留美学生中先后有近百人选习政治学科。根据袁同礼编的《中国留美同学博士论文目录》(*A Guide to Doctoral Dissertations by Chinese Students in America*, 1905—1960)，1905—1937 年间，中国留美学生获得政治科学(political science)博士学位的共计 42 人，其中清华出身的 22 人；获得国际法与国际关系(International Law and Relations)博士学位的共计 45 人，其中清华出身的 13 人。可见清华留美学生占有较大的比例。他们学成归国后大体栖身学界与政界，有的参与实际政治与行政，有的进入高等教育领域和行政研究机构，对学术及政治均有相当的影响。到 20 世纪

30 年代，中国主要大学政治学系的领导人和学术骨干有不少是清华留美政治学者。他们在输入与传播美国政治学，建立与发展中国政治学科，以及观察与分析中国社会政治问题方面扮演了重要的角色。其次，清华政治学系的设立虽然晚于北京大学政治学系，但清华有相对充足的经费和图书、良好的学术制度和研究风气，很快就聚集了当时国内一流的政治学师资。抗战之前，由于生活安定，清华政治学系教师多能潜心治学，创造了一批极有价值的学术成果；同时也致力于中国政治学学术人才的培养，对日后乃至今天台海两岸政治学的发展均有深远影响。1948 年当选的中央研究院第一届院士中，人文组政治学学科三名院士中就有两人是由清华学校毕业后赴美习政治学，回国后又曾长期执教清华，即钱端升和萧公权，他们的学术成就基本上是在清华时期取得或奠定的。① 第三，清华政治学系的政治学教师全为留美政治学者，颇能代表美国政治学对现代中国学院政治学的影响；同时，他们在推进政治学本土化和谋求中国政治学学术独立的过程中，也作出了积极的贡献。可以说，清华与中国政治学的关系的展开就是以美国政治学为主要特征的现代政治学在中国发展的缩影。因此在考察以教育、研究机构为主体的现代中国政治学的展开过程时，选取清华政治学系作为研究的个案，应具有相当的典型意义。

---

① 1946 年 10 月中央研究院在南京举行的评议会第二届第三次年会上，决定设置院士；1947 年 3 月修正后的《国立中央研究院组织法》规定院士需“就全国学术界成绩卓著之人士选举之”，其具体条件为：“一、对于所专习之学术，有特殊著作发明或贡献者。二、对于所专习学术之机关，领导或主持在五年以上，成绩卓著者。”院士分数理、生物、人文三组，其中人文组包括哲学、史学、考古学、法律学、经济学、政治学、社会学、民族学等。1948 年 3 月，正式选举出 81 名院士。3 名政治学院士中的另一名是周鲠生。人文组院士 28 人是从 55 名候选人中产生的。在 55 名候选人中落选的政治学者为李剑农、张忠绂、张奚若。

关于本课题研究的价值与意义，首先从学科角度看，有一个令人费解的现象，在近年来人文社会科学各学科学术史研究颇形热闹的情况下，对中国现代政治学史的研究却少人问津。虽然政治思想史的研究一直是学术界的“显学”，但政治思想史的研究与政治学科史的研究在内涵外延上有相当大的差异。①一门学科如果不了解自身发展的历史，必定影响其进一步发展的可能，这种情况对于1949年后被中断了近三十年的中国政治学来说尤其严重。研究现代中国政治学的发展史，不仅可以了解作为近代以来中国知识体系转型过程一个组成部分的现代中国政治学的演进，还可以廓清一些与学术相关的社会政治问题。

其次，政治学与实际政治，政治学家与政治家，政治学与政论之间显然是有相当大的距离。但是，一个时代的政治学必定和那个时代的社会、政治及文化学术环境有着千丝万缕的联系。政治学在近现代中国发展过程中的学派兴衰更替，自然也有着真实的时代背景。值时代不靖之际，世人辄好为时论。而时论也常常有着深刻的政治

① 有人认为政治思想就是政治学，如 Pollock 著的 *Introduction to the History of the Science of Politics* (1890)，Murray 著的 *The History of Political Science*(1926)，实际上都是叙述政治思想史。他们将政治思想等于政治学(political science)，恐怕与他们对于科学(science)的理解有关，其实科学的观念乃是演进的，具有多歧的含义，如德文中的“wissenschaft”观念就与英文“science”不同(参看 John Theodore Merz 著《十九世纪欧洲思想史》，周昌忠译，商务印书馆 1999 年版)。如果以经验论的实证主义作为科学的标准来衡量各种政治思想，大体上是不能称作科学的。所以有人认为由于政治现象过于复杂，加上研究者的主观影响，政治研究永不能成为科学，因而不赞成区分政治学与政治思想。也有人认为在政治学不能成为科学之前，政治学与政治思想实在是没有什么区别。但也有很多学者反对将二者混为一谈。如浦薛凤认为混淆“政治学”与“政治思想”殊属谬误，政治思想企求辩护、攻击、创造个别政治，系主观的，政治学则只求解释政治，追求普遍性的原理(参见浦薛凤:《西洋近代政治思潮》，商务印书馆 1939 年版，上册第 6—7 页)。其实区别还不止这些，相关问题详见本书后续论述。

学背景，若不明学理渊源，则容易受惑于表面的议论。因此，从现代中国政治学发展的前因后果中可以窥见中国现代学术与社会、政治的关系。

再次，就学科发展的具体层面而言，这一时期的中国政治学在教学与研究方面都累积了不少经验与教训，这对于后来的政治学教育和研究者来说，是一笔可以借鉴的宝贵财富。因为任何一门学术的发展，都是在具体的组织、制度、人事以及一定的社会政治经济环境下进行的，所以，从知识社会学的角度来探讨中国现代政治学的展开过程，把握学术与制度环境间的互动关系及具体的实践方式，对于推动政治学教育与科研的发展，也将具有积极意义。

又次，对政治学学术机构与政治学者在中国现代化进程中所扮演的角色及其实际作用的历史实证研究，对于认识当前政府机关与政治学学术机构以及政治学者之间如何进行互动合作，应具有参考价值。

二、相关研究综述

梁启超说："盖吾辈不治一学则已，既治一学，则第一步须先将此学之真相，了解明确，第二步乃批评其是非得失"。[①]此言虽就"戴门后学"的治学经验而发，但也可引申为一般意义上的治学经验之谈。关于现代中国政治学，其由来、展开、曲折的具体过程也需要依据翔实的资料对其进行研究，而对相关的先行研究成果的梳理与把握则是研究工作展开的重要前提，影响乃至制约着研究者的努力方向。

中国政治学史的研究始于民国时期。新中国成立之初，政治学

---

① 梁启超撰、朱维铮导读：《清代学术概论》，上海古籍出版社 1998 年版，第 45 页。

被当作“资产阶级伪科学”而受到批判乃至取消，对政治学史的学术研究也即陷于停顿。1980 年中国政治学会成立大会在北京召开，标志着中断了二十多年的中国政治学重新恢复。此后，中国政治学史的研究重新起步。因此，关于中国政治学史的先行研究成果大体上集中于 1952 年之前和 1980 年以后两个阶段。以下简要回顾这两个阶段的研究状况。

（一）1952 年之前的研究

在 1952 年中国高等院校调整，取消政治学学科专业之前，已有政治学者撰写现代中国政治学史。1946 年 5 月，正中书局出版的《中国战时学术》收录了中央大学政治学系教授程仰之撰写的《七年来之政治学》，对抗战七年来中国政治学界在中国政治思想史、中国政治制度史、中国行政、民主宪政、国际政治等五个方面的研究状况与成绩作了概要的评述。作者对萧公权的中国政治思想史研究赞誉有加，对钱端升和陈之迈在中国政制和行政方面的研究方法和成果也颇多褒扬，认为他们既熟悉西洋政治学理，更注重对本国政治进行研究。限于篇幅，该文未能就有关论点展开论述。杨幼炯在《当代中国政治学》（上海胜利出版公司 1947 年版）一书中分述了政治学的基本认识、中国政治哲学的传统与蜕变、现代中国政治思想各派、宪政理论的演进、革命民权论，以及中国新政治学的体系等。该书对我国政治科学的肇端与发展作了概要回顾，但基本上是论述中国现代政治思想的演进与分合。又悉，法学家杨玉清 1948 年曾应联合国教科文组织之约，写过《最近三十年中国的政治学》，译成英法文在巴黎出版。①

1950年7月，燕京大学政治学系教授张锡彤在《燕京社会科学学报》（*The Yenching Journal of Social Studies*）第5卷第1期上发表论文《西方政治学引入中国之初始阶段》，叙述1820—1852年大约三十年间中国人对于西方政治知识的了解与介绍，着重分析了《四洲志》《海国图志》和《瀛寰志略》中的西政知识及其在中西文化接触交流过程中的文化意义。作者指出："在这三十多年中，随着世界历史和地理知识的输入，点点滴滴的西方政治知识也进入中国。不过，在它传入中国的最初阶段，在构成所谓'西学'中只是一个无足轻重的组成部分。"但是，"魏源和徐继畬的著作的出版，增进了中国文人对西方的了解，慢慢地产生了一种观念，即认为西方人比中国人知道更好的政府。这种观念不久就普及了，推动着对西方政治学的更进一步的研究。"②这篇论文所说的"西方政治学"实际上是指当时西方的政治知识、政治思想，尚不是学科意义上所说的政治学。

（二）1980年以后的研究

1980年以后，政治学史的研究得以恢复与发展，有关研究成果从不同的角度或在不同的领域涉及中国政治学史。

---

① 见《中国社会科学家辞典》（现代卷）编委会编：《中国社会科学家辞典 现代卷》，兰州：甘肃人民出版社1986年，第417—418页；王玉明编：《中国法学家辞典》，中国劳动出版社1991年版，第223—225页。笔者检索了国内多家图书馆的馆藏书目索引，尚未查到杨玉清的《最近三十年中国的政治学》。

② Chang His-t'ung, "The Earliest Phase of the Introduction of Western Political Science into China," *The Yenching Journal of Social Studies*, vol. v, no. 1, July 1950. pp. 28-29.

第一,关于现代中国政治学发展的整体研究。1992年出版的《中国大百科全书·政治卷》对中国近现代政治学史的介绍不足千字。此后大陆出版的各种“政治学概论”一类书籍,多据此引述中国政治学史。《中华文化通志 政治学志》(张分田、萧延中撰,上海人民出版社1998年版),自先秦论述到清末民初,作者以“政治权力一元论”“政治关系论”“政治价值论”这样的一些专题来论述中国古代的政治学说。清末民初部分的论述与此前出版的多种近代中国政治思想史论著大同小异。作者似乎将政治思想史等同于政治学史,没有从学科意义上分辨西洋政治学在清末民初如何进入中国,并影响中国传统的政治学说。

赵宝煦在《东南学术》2000年第2期上发表的《中国政治学百年历程》,概述了自19世纪末到20世纪末中国政治学所走过的百年历程。其中关于“西方政治学”与马克思主义理论异同关系的阐释,对于研究中国近现代政治学史颇具参考价值。之后俞可平发表的《中国政治学百年回眸》(《人民日报》2000年12月28日),概要总结了晚清以来的中国政治学。他认为:“作为一门独立学科的政治学,在我国产生于清末民初,肇始于译介西方近代政治学著作。……1899年,京师大学堂正式设立了仕学馆,它事实上是现在大学里政治学系或行政管理系的前身。1903年,京师大学堂首次开设了‘政治科’,这是中国大学设立的第一门政治学课程。”又认为,“民国初年是我国政治学的活跃时期,作为一门独立学科的中国政治学就是在这个时期基本形成的。这主要体现在以下几个方面:首先,政治学在大学成为一门独立的社会科学学科。民国后陆续兴办的综合性大学大多设有政治学系科,据统计,到1948年,在当时全国的一百余所大学中已有四十多所大学设立了政治学系。其次,开始出现从事政治学研究的专业学者，涌现出了一批著名政治学家，如浦薛凤、钱端升、萧公权、邓初民等。第三，出版了一批中国学者撰写的政治学专门著作，如高一涵的《政治学纲要》、钱端升的《中国政府》、邓初民的《新政治学大纲》、萧公权的《中国政治思想史》等。第四，政治学专门人才开始逐渐为社会所接受和重视，一些政治学者成为著名的政治活动家和政府的决策参谋，直接将政治学知识运用于社会实践。第五，全国性专业政治学术团体成立。1932 年，我国第一个全国性的专业政治学会——‘中国政治学会’在南京成立。”这是目前所见到的关于中国现代政治学的起点与形成的最明确的观点。但这些观点还须经过史实层面的具体论证和检验。

第二，关于政治学教学、研究机构的研究。近年来，编写校史之风稍盛，且由过去突出政治斗争史转向重视学术建设史，一批高校史论著记述了各校政治学系的制度沿革和课程设置，如《燕京大学史稿》（人民中国出版社 1999 年版）、《金陵大学史》（南京大学出版社 2002 年版）、《南开大学校史》（南开大学出版社 1989 年版）。1998 年北大政治学与行政管理系为庆祝恢复建系十周年而编辑的《北京大学政治学与行政管理系系史（1898—1998）》，是目前所见唯一一本国内政治学系系史。这本基本上由资料编排而成的系史大体上勾勒了北大政治学科的百年历程。何子建曾就此书撰文指出：“北大是中国政治学的发源地，也是学者寄望发展的重镇；一叶知秋，‘政治学与北大’可谓‘政治学与现代中国’的缩影；政治学的兴衰浮沉，正是学术与政治互动的典型案例。”① 其立论的角度是学术与政治的关系。武汉大学 110 周年校庆之际，该校政治学与国际关系学系在《武汉大学

① 何子建：《北大百年与政治学的发展》，《读书》1999 年第 5 期。

学报(社会科学版)》2003 年第 6 期上发表《政治科学与武汉大学》一文,概述政治科学在武汉大学的百年历程。1932 年 9 月在南京成立的中国政治学会,被认为是中国现代政治学形成的重要标志之一。目前所见的专题论文,有魏镛的《中国政治学会之成立及其初期学术活动》(台北:《政治学报》第 20 期,1992 年 12 月)。该文依据中国政治学会成立经过的原始文献,对该会发起的宗旨、组织发展及前三届年会讨论的主题和结果作了介绍。

因为本课题重点研究清华政治学系及其在现代中国政治学展开过程中的意义,所以有关清华校史的研究与本课题关系密切。迄今为止,系统研究清华校史的论著首推苏云峰的《从清华学堂到清华大学,1911—1929》和《抗战前的清华大学,1928—1937》(分别列为台湾"中央研究院"近代史研究所专刊之 79 种和 84 种,先后于 1996 年和 2000 年出版,后由生活·读书·新知三联书店于 2001 年 4 月和 8 月先后出版了中国大陆版)。两书限于体例和篇幅,述及政治学在清华的发展,被分割成片段,对政治学系教师研究成果的统计存在不少错漏。但是作者对于清华制度与人事的细致梳理与深刻分析,为本课题的研究提供了很好的背景资料。

第三,对民国政治学者包括清华政治学者的重新认识与研究。唐振常曾在《漫记萧公权先生》(《读书》1993 年第 2 期)一文中慨叹:"今日来谈一代通儒萧公权先生,近乎发掘出土文物,不免怆然。"此后十年间,大陆学界对萧公权的生平学术逐渐关注,其著作被陆续刊行。与此同时,对萧公权生平学术的介绍与研究也有了一定的进展。张允起在《宪政的伦理基础——萧公权的〈政治多元论〉及其西方宪政思想研究》一文中,首先概述《政治多元论》的主要内容,接着探讨萧公权关于"政治多元论"研究的基本立场和意义所在。该文揭示了萧公权关于"政治多元论"与西方宪政思想的研究与 20 世纪 20 年代美国政治学界的变动关系密切,"比起康德、黑格尔、格林等人的国家观,对他产生直接影响的是萨拜因的方法论、韦罗璧、福利特等人有关主权的见解以及梯利的哲学立场",并指出贯穿于全书的严密分析、独立判断、对人类理性的信赖、对公平与宽容的追求、冷静与温和的态度以及对各种复杂问题的深思熟虑等特征,随处体现在他日后的研究生涯之中。特别是着眼于政治思想产生的社会背景,谋求"价值判断、事实或逻辑牵连判断合为一体"的综合的研究方法,在他日后的几部中、英文著作,如《中国政治思想史》《乡村中国》《近代中国与新世界》及其对"自由"与"自由社会主义"的阐发过程中都有所体现。① 这篇论文使人们对萧公权的学术渊源与学术地位能有更进一步的认识。

台湾学界特别是萧公权的弟子们对乃师的学术思想也有所阐发。"中华民国史料研究中心"第 99 次学术讨论会以"萧公权先生与中国近代学术"为题,专门讨论萧公权的学术思想及其在近代中国学术上的地位。其中,萧公权晚年的弟子黄俊杰从文化视角切入,对萧氏的学术渊源、学术思想及其特点作了较系统的论述,而对于萧公权

---

① 张允起:《宪政的伦理基础——萧公权的〈政治多元论〉及其西方宪政思想研究》,载《环球法律评论》2004 年秋季号,2004 年 8 月。张允起的未刊博士论文《萧公权的政治思想》(『蕭公権の政治思想』,东京大学法学政治学研究科博士论文,2000 年 9 月)对萧公权的主要研究成果《政治多元论》《中国政治思想史》《中国乡村》以及他在 20 世纪三四十年代发表的一系列政论文章做了具体的探讨,分析与思考萧公权的政治学研究的问题意识和方法论的意义,并指明其研究的特征。该博士论文的第一章重点考察《政治多元论》的内容,接着从萧公权与西洋近代政治学者的关系入手,探究他的西洋政治思想史研究的问题意识和方法论。

在政治学方面的地位与贡献则未能展开。[1] 此前黄俊杰曾在《敬悼萧公权老师》(《传记文学》第39卷第6期)中对萧公权的未刊书稿《中国政治思想史参考资料》的取材原则,与萧著《中国政治思想史》的关系,以及该书稿的学术价值,作了初步探讨。黄俊杰后在《台大历史学报》第27期(2001年6月)上发表《萧公权与中国政治思想史研究》,该文主旨在于探讨萧著《中国政治思想史》的内容、方法及其在中国政治思想史研究史上的意义,特别是将萧著置于中西政治思想史的研究脉络中进行考察,凸显了萧著的学术价值。这篇论文在史料收集与解读方面,仍留有空间。萧公权的另一弟子历史学家汪荣祖曾应周一良之约撰写了《萧公权先生学术次第》(先发表于《燕京学报》新一期上,后作为附录收入萧公权的《近代中国与新世界:康有为变法与大同思想研究》的中文版),对萧公权的生平学术作了介绍。汪荣祖还撰写了《传世诗文尽雅言——萧公权先生的生平与学术》(《中国文化》第6期,1992年9月)、《萧公权先生小传》(收入刘梦溪主编:《中国现代学术经典 萧公权卷》,河北教育出版社1999年版),内容与《萧公权先生学术次第》相近。萧公权其他的弟子如牟复礼(F. W. Mote)也曾写过短篇纪念文字。

与萧公权相比,其他在1949年之后离开大陆的清华政治学者如浦薛凤、陈之迈、沈乃正,基本还在大陆学界的学术视野之外。在台湾,他们的学术思想似乎也没有受到足够重视。浦薛凤去台后,曾任台湾政治大学教务长兼政治研究所所长,为台湾培养了大批政治学专才,加上其早年在北京的弟子,可谓"桃李满天下"。故在浦薛凤的

---

① 黄俊杰:《萧公权先生与近代中国学术》,中华民国史料研究中心编:《中国现代史专题研究报告》第11辑,台北:国史馆1984年8月。

生前身后，颇有一些出于其门生手笔的庆贺或纪念文字，其中深入探讨浦氏学术思想的文章却寥寥无几。在他故世之前，其弟子邹文海曾专文评介浦著《西洋近代政治思潮》，指出浦薛凤治政治思想史的方法与路径，并概要分析了该书的学术价值，不失为一篇持论允当的文章。另外，朱文伯、周道济、马起华、吴涵碧等也对浦薛凤的学术思想有所评介。[①]

解放战争后生活与工作在大陆的钱端升和张奚若，由于政治学科被取消，他们的生平学术自然不易得到重视。较早关注钱端升学术思想的论文是刘剑君、刘京希合写的《钱端升与中国政治学的发展》(《文史哲》1998 年 3 期)，该文依据《钱端升学术论著自选集》，指出钱端升对中国政治学发展的贡献，但并未就此话题展开论述。2000 年，中国政法大学举行纪念钱端升诞辰 100 周年大会，会后出版的《钱端升先生纪念文集》，突出他的爱国思想和革命精神，对其学术思想也有所阐发。如张桂琳在《终生的追求，卓著的贡献——钱端升先生与中国现代政治学》一文中称钱端升 1926 年在《清华周刊》上发表的《政治学》"可以被视为钱端升先生撰写的最精炼的当代政治学概论"，是钱端升作为中国现代政治学的奠基人所作的两个方面的开拓性贡献之一，即建构了中国现代政治学研究的基本框架，奠定了其科学化、体系化的发展方向的主要体现。[②] 对此观点，尚需进行具体而深入的比较论证。美国学者恰末尔·约翰逊(Chalmers A. Johnson)的论文《社会主义花园中的思想毒草：以钱端升为例》，虽是着眼于 1950 年代知识分子思想改造运动的影响，但在追溯钱端升思

---

① 以上各人的评介文章，见庆贺浦薛凤教授八秩华诞政治论文集编辑委员会编：《政治文集》，台湾商务印书馆 1980 年版；浦薛凤：《政治文集》，台湾商务印书馆 1981 年版。

② 赵宝煦等编：《钱端升先生纪念文集》，中国政法大学出版社 2000 年版，第 56—68 页。

想演变的脉络时，也涉及其学术经历。[①] 关于张奚若，目前所见对其生平学术介绍最全面的是孙敦恒写的《张奚若先生生平事略》（载孙敦恒等选编:《张奚若文集》，清华大学出版社 1989 年版）。

第四，20 世纪 80 年代，随着中国的改革开放，中外文化交流史和留学史成为中国大陆学界研究的热点。西方政治学说的输入与影响正是西潮激荡下近代中西文化交流的重要方面，因而由研究文化交流史和留学史通常会触及中国近代政治学史领域中的若干片段或具体问题。熊月之的《西学东渐与晚清社会》在史料收集和考证方面着力甚勤，初步勾勒了近代西洋政治学说如何通过译书和留学的途径传入中国的线索。李喜所、刘集林等著的《近代中国的留美教育》（天津古籍出版社 2000 年版）有专章论述留美学生与西方人文社会科学的东渐，其中略微涉及政治学。海外港台方面，实藤惠秀的《中国人留学日本史》（谭汝谦、林启彦译，生活・读书・新知三联书店 1983 年版）中有部分文字述及清末留日学生在日本学习与译介法政的史实。黄福庆的《清末留日学生》（台北:“中央研究院”近代史研究所 1975 年版），也有这方面的描述。林子勋编著的《中国留学教育史（1847 至 1975 年）》（华冈出版有限公司 1976 年版），对一百多年来留学教育与政治学的关系有所涉及。台湾中兴大学硕士学位论文《清华留美学生之研究——以留美预备部学生为对象》（作者沈希珍，1984 年），通过分析清华留美学生的背景、在美所学及回国后的动向，探讨了所谓“清华派”的留美学生是否比其他的留美学生更具特

① Chalmers A. Johnson, “An Intellectual Weed in the Socialist Garden: The Case of Ch'ien Tuan-sheng,” *The China Quarterly*, no. 6, Apr. -Jun., 1961, pp. 29-52. 中译文（黄福得译）收入史华慈等著《近代中国思想人物论——自由主义》，台北：时报出版公司 1980 年初版。

殊性，及其回国后的职业分布情况，对中国所带来的影响等问题。由于论题较大，留美学生与中国现代政治学的关系不是其关注的要点。

在研究近现代中西文化交流史和留学史的众多论著中，能够具体究明某家某派政治学说来龙去脉的并不多，令人印象深刻的是巴斯蒂教授的论文《中国近代国家观念溯源——关于伯伦知理〈国家论〉的翻译》。鉴于梁启超在形成近代中国国家观念方面的重要地位与影响，作者以梁启超为个案，围绕着梁启超发表于《清议报》上的《国家论》，进行环环相扣的文献考证，结果发现《清议报》上的《国家论》不过是抄袭一本题为《伯伦知理国家学》的书。巴斯蒂在论文结尾写道："通过考证《国家论》的由来，我们不能不承认梁启超发现这部法学一年级优秀教材的功绩。与此同时，如果说这一考证导致了对有关年轻抨击者的思想见解独到新颖的评价产生怀疑，那么，我们也应看到，正是由于治学上的这个弱点，才促成了德国政治科学观念在中国的兴起。"这样的结语是通过翔实的考证而自然引申出来的，绝非悬空臆说。可以说该文是研究西方政治学说东渐及其对近代中国影响的典范之作。

总之，关于中国现代政治学史的研究虽已起步，但相比于史学、法学、社会学等其他学科的学科史研究，显得相当滞后。其次与日、美等国政治学史研究相比，更显得落后。日、美政治学者相当重视本国学院政治学史的研究与总结，蜡山政道、田口富久治、内田满等人对日本近代政治学的一般发展以及日本政治学中不同流派的演进，已经作出系统而深入的研究成果。在美国，这类研究更为丰富，早在20世纪五六十年代，Haddow、Hoxie等人就对美国学院政治学展开了系统研究。此外，已有的相关成果，尚存在以下问题：第一，习惯于宏观论断，忽视史料支撑，缺乏实证研究。第二，偏重政治思潮和政治思想史的研究，对思想背后的学术脉络和知识背景较为忽略。先行成果的不足，虽然不能给后来的研究者提供更多的参照，但也留下了广阔的研究空间。

三、资料与方法

中国政治学史研究的长期沉寂，除了历史上时代因素的干扰，学人研究意识的偏蔽，资料的不足和分布之不均也是重要的制约因素。从清华校史的角度来看，相关的史料比较丰富，举要如次：（一）档案。清华大学档案馆现存校史档案中，早期的档案保存较少，可能散逸多处；而清华改制之后的档案，庋藏较为丰富，与本课题相关的如："1935—1937 年学校聘任各系各级教师的来往函件"，"1932—1936 年度教师申请休假出国研究计划、休假名单及来往文"，"国立清华大学教授会会议细则及教授会议记录"，"国立清华大学评议委员会会议记录及一部分教授提案"。（二）校史资料汇编。1991—1994 年间，清华大学出版社出版的五册《清华大学史料选编》，其中有若干原始档案，有助于全面了解清华的发展。（三）清华早期出版物[①]，如《清华年报》(*Tsinghuapper*)、《清华一览》《清华大学一览》《清华周刊》《国立清华大学校刊》《清华同学录》《清华学报》《社会科学》《清华校友通讯》。（四）清华师生的回忆录、传记、日记、著作、文集等。其中与本文关系较密切的如：萧公权的《中国政治思想史》《问学谏往录》《迹园文存》，浦薛凤的《西洋近代政治思潮》《政治文集》《政治论丛》《万里家山一梦中》，钱端升的《法国的政府》《德国的政府》《钱端升学

① 关于清华早期出版物的情况可参阅张德昌：《清华大学之出版事业》，《清华暑期周刊》第 9、10 期合刊，1932 年 9 月 12 日；刘毓珩：《清华之出版事业》(1935 年 8 月 21 日)，《清华大学史料选编》第二卷上，清华大学出版社 1991 年版，第 772—778 页。

术论著自选集》，以及《张奚若文集》。以上这些是本文研究的基本史料来源。

上述资料看似丰富，但以本课题的研究而论，仍有相当不足。第一，由于战乱以及“文革”浩劫，关于清华政治学系的若干史料似未能保存下来。第二，先后在清华执教过的政治学者，因种种政治社会原因，其中一些人的学术思想资料至今难以问世。与同时代不少文史学者都有日记、书信在身后公开出版的情况相比，少见有清华政治学者的日记、书信集出版。据称，浦薛凤自九岁开始写日记，几乎持续了九十年如一日。除日记外，随身携带记事簿，“其中不乏第一手中华民国近代史料及政坛逸事，极具历史与学术价值”。浦薛凤也说那是他唯一、也是最珍贵的财产①，可见其史料价值之珍贵。他晚年的回忆录多是根据其日记撰写的。20 世纪 70 年代末，台北联经出版事业公司约请汪荣祖编辑《萧公权全集》，计划中的第一册收集萧公权的自传、书信、谈话及纪念文字，但在陆续出版的《全集》中，至今仍不见这一册。陈之迈的日记(1962—1978 年)，台湾“中央研究院”近代史研究所已制成光碟开放，但 1962 年以前是否有日记，目前尚不清楚。笔者曾请教清华大学校史研究专家孙敦恒、黄延复，对于钱端升、张奚若是否有遗存的日记或书信，他们均表示不大清楚。另外，承前台湾政治大学历史系教授胡春惠先生见告，1930 年代清华政治系学生龚祥瑞的回忆录曾有人托他联系台湾传记文学社出版，后因社长刘绍唐去世，此事也就搁浅了。② 台湾新竹清华大学校史室庋藏的“清华校友访问稿”中也有一些北平时代清华政治学系学生的晚年

① 郝亦尘:《一代学人浦薛凤教授》,《传记文学》第 70 卷第 3 期,1997 年 3 月。

② 龚祥瑞回忆录《盲人奥里翁:龚祥瑞自传》已于 2011 年由北京大学出版社出版。

回忆记录。这些学生辈的回忆录也许有相当重要的参考价值，惜无缘见识。

就研究对象而言，本课题属于学术史范畴。治学术史有不同的路径，或先立论点，以外在的观念来组织材料，写成貌似系统而距离事实本相愈远的学术史论著；或专就学者论著内容进行研究，从学术思想的联系来勾勒学术发展的历史。这是学术史研究的一个必要方面，但不能以偏概全。事实上，并非所有的学者都热衷于著述，也有“述”而不作的，而且“述”而不作者有的恰是非常自重的高明学者。因此，在学术相承的链条中，如果仅从学者的论著来勾勒学术史，难免会出现缺漏与脱节，所谓系统，也就少不了自圆其说的成份点缀其间。学者间的口碑与月旦，或私下的心迹剖白，对于理解学术传承和学者著述，有着重要的线索价值，有时甚至是钥匙。现代学术对环境依赖不小，诸如经费、设备、人员、机制规章、时风、舆论等等，无不和学术之事有着或远或近的关系。所以研究学术史事，必须视野广阔，在分析学者论著的文本内容之外，还要综合上述各项因素和学术的关系。具体到本课题的研究，既要考察清华政治学者的政治学学术思想的内容及其脉络，又要关注到中国现代政治学在制度化层面的铺展与阶段变化情况，还要结合社会政治背景和人际关系来进行分析。

其次，如何评价前辈政治学者的学术论著，这是看似简单而实在不容易的事情。前辈学者往往既有中学根柢，又稔西学新知，多能熟练运用一种或数种外语工具。他们的一些著作对于今人而言，并不好理解。有人说，“评价学术，除非评论者的见识超过所评对象，否则难以征信。”避免此种困境的做法，已有学者提示了很好的解决方法，“即将思想还原为历史，使主观变成客观。具体而言，即考察近代学者的相互联系，进而验证其相互评判，将主观的学术评价，变成探讨学者心路历程的事实分析。”[①]如果受资料限制，即使不能做到上述一层，也应重视学者间的相互评判，而尽量减少个人的主观臆断。

与如何评价前辈学者相类似的问题是对有关概念术语的使用。例如“政治学”一词，古今中外，其概念却极其纷杂。研究政治学史，首先就要面对“政治学”这一概念，究竟依据什么标准，才能确定范围、取舍材料。有人主张或不自觉地用后来的或外在的政治学概念来代替当时实有的政治学概念，这种观点或做法就不够实事求是。应该尊重历史本身，不以外在的概念和术语强加于历史事实，务求从当时政治学者所理解的政治学概念出发，来探究那个时代的政治学的展开过程。

再次，关于局部研究与整体研究。在科学主义支配下，晚近以来，中西学术都有由笼统论述转向专题研究的趋势，研究对象益趋专门。其利弊得失，学人早有置评。如浦薛凤说：相对于笼统研究，“专题研究有利益亦有流弊：譬如用显微镜观察，所见固清切，但对于镜

---

① 参阅桑兵：《国学与汉学》，“绪论”中“方法”一节，浙江人民出版社 1999 年版；罗志田：《陈寅恪史料解读与学术表述臆解》，《文史知识》2001 年第 6 期、2002 年第 4 期，收入氏著《近代中国史学十论》。罗文中提到英国剑桥大学政治思想史教授昆廷·斯金纳(Quentin Skinner)关于文本(text)与语境(context)互动的理论主张，颇具启发意义。斯金纳关于这种方法的主要论述均收在《何谓思想史：意义和语境》(James Tully, ed., *Meaning and Context*: *Quentin Skinner and his Critics*, Princeton University Press, 1988)一书中。斯金纳的名著《近代政治思想的基础》(*The Foundations of Modern Political Thought*, Cambridge: The University Press, 1979)为人们提供了运用这种方法的实例，他在这本书的前言中对其方法作了简要介绍。他说他“尽量不去专门研究主要的理论家，而是集中探讨产生他们作品的比较一般的社会和知识源泉”，而传统的拘于文本方法的倡导者“往往自称是撰写政治理论史的，他们却很少为我们提供真正的历史”(参见该书中译本《近代政治思想的基础》，奚瑞森、亚方译，商务印书馆 2002 年版)。另外，李宏图在其所译斯金纳著《自由主义之前的自由》一书的译后记中对斯金纳的思想史研究方法有所阐述，称斯金纳的方法为“历史语境主义”的研究方法(《自由主义之前的自由》，上海三联书店 2003 年版，第 109—127 页)。

头以外难免误认其大小比例。”[①]据说，张伯苓有次问南开一教员如何研究中国社会问题，答曰，用统计学的方法。张氏不以为然。20 世纪二三十年代，北方学界中有热衷于用调查统计数据来从事社会研究的风尚。这是迷恋西方科学主义的结果，而未必考虑到中国的特性。是非与否暂且不论，有一点应当顾及，即任何方法的运用，都要考虑研究对象的性质，并非研究越专门、越精细就越能认识问题。所谓学术研究要从大处着眼、小处入手，或许就是说，做研究既要从大的方面了解研究对象的时空位置，又要能从局部予以具体论证说明，庶几不至于“把天际浮云误认为地平线上的丛树”。由于本课题希望通过说明清华政治学系发展的具体情形，进而以此观察中国现代政治学的展开过程，处理好二者之间的关系，是研究的一个重要问题。借鉴前辈学者的治学经验[②]，不能先悬假设，再去找材料论证，而是首先确定选题的大致范围，然后放眼读书，广泛收集与中国现代政治学发展相关的资料与信息。通过阅读，对政治学在现代中国发展的脉络、格局大致了然于胸。在此基础上，再确定具体的研究门径和切入点，使整体与局部的关系，一依历史的本身面目，而不是以一孔之见对局部进行放大。

本书的论述对象虽然是清华政治学系，但问题的重心不在教育史，因而问题的提出，研究的归宿不是以探索教育发展的经验与规律作为考量的重点。而是将清华政治学系作为考察中国现代政治学发展的一个案例，并从它的发展脉络来看中国现代政治学的展开过程。

---

① 浦薛凤：《西洋近代政治思潮》，第 29 页。

② 参阅桑兵的相关综述，见《国学与汉学》，“绪论”第 8 页。

最后，本书所研究的问题，无论学理还是史实方面，均有大片待垦领地，要论述政治学理的演进发展，必须致力于史实的重建，将理论分析与史实重建更好地结合起来，使得理论分析能够落实于史实基础上。

以上所述，应是研究过程中应当注意与努力的方向，而实际上能够做到的，难免多有局限。

最后需要指出的是，本书下限之所以断在1937年，主要是因为抗战全面爆发后，清华南迁，与北大、南开共同组成西南联大，不再有独立的清华大学政治学系，而原清华大学政治学系的教授也星散各处。这对于清华大学政治学系乃至中国现代政治学来说，是一个明显的转折点。不过在某些具体问题上需要说明事情的原委，有关论述并不受此时段下限的约束。

第一章　留美学生与现代美国政治学

——以庚款留美学生为中心

留学生作为近代中国沟通西方文化的使者，在输入西方政治学和建设现代中国政治学的过程中，发挥了重要作用。清末民初时局的剧变，制约了当时中国留学运动的动机、政策与方向，这在很大程度上决定了现代中国政治学的发展走向与学术特质。因此，通过对中国现代政治学发生源头的探讨，可以体会权势转移与学派转换的关系，更有助于认识民国主流政治学发生的缘由及其发展方向。

1920 年代初，清华学生即展望："将来中国之命运，殆全操诸留美学生之手。而清华实为留美学生之造制厂。质言之，清华学校与将来中国之命运，实有莫大之关系。"[①]历史已经证明，那之后中国的命运，并未如"清华人"所期许的那样，"操诸留美学生之手"。但是清华留美学生对中国现代化，特别是对中国现代学术包括政治学的建立与发展作出了重要贡献。因此，欲了解现代中国政治学的发展，还须追溯庚款清华留美学生的留学经历。

---

① 梁朝威、余绍光：《清华历史》，*The Tsinghuapper*，1923—1924，p. 217.

第一节　选科与择校

有关庚款留美学生派遣的缘起、过程等，在一些清华校史和中国近代留学史的研究论著中已有论述，此处不再赘述。[①] 这里要探讨的是庚款留美学生与政治学的关系。当美国作出退还庚款的超收部分用于派遣中国学生赴美留学的决定后，经过中美双方协商，由清政府外务部和学部拟定《派遣美国留学生章程草案》。1908 年 10 月 31 日，该草案由美国驻华公使柔克义(W. W. Rockhill)转送给美国国务卿鲁提(Elihu Root)，美方对草案表示十分满意。这份文件因此成为中美关于派遣中国学生赴美留学的基本依据。文件关于派遣留学生的总目标是这样规定的："此次派出留学生的目的在于获得充实的学习效果。派出的留学生中有百分之八十将专修工业技术、农学、机械工程、采矿、物理及化学、铁路工程、建筑、银行、铁路管理，以及类似学科。另外百分之二十将专修法律及政治学。"[②]

在上述草案的基础上，外务部、学部于宣统元年五月二十三日(1909 年 7 月 10 日)会奏派遣学生赴美拟定办法折，内称："惟是此次遣派游学，非第酬答与国之情，实兼推广育材之计。造端必期宏大，始足动寰宇之观瞻；规画必极精详，庶可收树人之功效。臣等公同商酌，拟在京师设立游美学务处，由外务部、学部派员管理，综司考选学生、遣送出洋、调查稽核一切事宜；并附设肄业馆一所，选取学生入馆试验，择其学行优美、资性纯笃者随时送往美国肄业，以十分之八习

---

① 苏云峰：《从清华学堂到清华大学，1911—1929》对此问题有最新的研究，参阅该书第一章第一节。

② 《清华大学史料选编》第一卷，第 107 页。

农、工、商、矿等科，以十分之二习法政、理财、师范诸学。”同日奉旨“依议”。[①]这就确定了庚款赴美留学生的基本方针。

学部和外务部关于此次留美方针确定的经过，颜惠庆在其自传中有所披露。其中对于选科比例的确定是基于这样的考虑：“留学生究应选择何种科目——政治、科学、工程——均属待决问题。鉴于彼时留日学生，多趋于政法一途，回国后，志在作一小官，或公务员，以资糊口。殊少立志改造社会，兴办企业的人。因此多数主张学生游美，必须着重理、工、农、商等实际有用的学术与技能，庶几回国后，可望对于祖国的改造和建设，有真正的贡献。少数学生亦可选习文、哲一类的科目。”[②]

早期直接选派留美者，大多符合最初外务部、学部在章程中所规定的选科比例，但之后并没有得到认真切实的贯彻，因为不久就爆发了辛亥革命。进入民国，政局动荡，教育思潮、教育宗旨及政策时常变动[③]，政策缺乏权威有效的执行，留学教育散漫无序、管理不周。清华学校在学生选科方面也没有严格的强制管理。因此学生出国后，多依自己的志趣选读专业。有留学生认为，“学科本应择性之所近，而中国之所需求，亦正不止实业一端，改科诚计之得者”；[④]“吾辈宜常

① 《外学两部会奏遣派学生赴美谨拟办法折》，《教育杂志》第一年第七期，宣统元年六月二十五日，“章程文牍”，第 19 页。

② 《颜惠庆自传》，姚崧龄译，台北：传记文学出版社 1982 年再版，第 55 页。另可参考吴建雍、李宝臣、叶美凤的译本，北京：商务印书馆 2003 年版，第 75—76 页。清华校长曹云祥后来也说：“以清华之历史言之，学生赴美，旨在求得知识技术，以裨益于国计民生。最初如唐绍仪氏等，即主张学生中至少百分之七十，应学习工商诸科之应用学术。诚以我国士人，向偏重政理文哲，于社会生活，太少实用故也。”《清华学校之过去现在及将来》，载《清华周刊》“清华十五周年纪念增刊”，1926 年 3 月。

③ 参看陈进金：《抗战前教育政策之研究》，第一、二章，台北：近代中国出版社 1997 年版。

④ 许先甲：《遣派赔款留学生办法管见》，载《留美学生季报》，1914 年第 2 号。

留心本国时事以求归国后学得实用也，吾人所学专科至不一矣，选科之时其必皆通筹详察，以应时世急需”。[①] 吴宓说：“清华派定之学校及专科，只限于到美国后之第一学年。第二年，则每人皆可自由改变矣。”[②]如白敦庸到了美国之后，“见彼邦城市之治理，迥异中土，……遂变更未出国前之志趣，弃工厂管理之学而攻市政管理。”[③]

20世纪一二十年代，中国社会政治动荡，特别是五四运动的影响，促使留学生对于社会政治问题较为关注，选择社会科学的人多了起来。[④] 留美习政治学的通常是因为对现实政治不满而怀有改造社会的理想。张忠绂说他“自幼就服膺‘天下兴亡，匹夫有责’的成语，深信每个人都应当替国家社会做点事，尤以我们这些官费培植出来的学生为然。那知年龄愈大，愈感觉现实政治龌龊。自知秉性嫉恶，不能随波逐流，因此不敢学政治，而决定学新闻学”。事实上，他不仅去美国之前就准备学政治学，到美国后稍经曲折还是改学政治学。[⑤] 另外，选习政治的清华留美学生在出国之前有不少是校园政治的活跃分子，如罗隆基、王造时。早期清华政治学会对培养清华学生的政治兴趣也有较大影响，该会会员出国后有不少人选修政治学。[⑥]

---

① 薛桂轮：《敬告清华同学会现在与未来全体会友》，《清华周刊》第95期，1917年2月8日。

② 《吴宓自编年谱》，生活·读书·新知三联书店1995年版，第184页。

③ 白敦庸：《市政举要》，上海大东书局1931年版，“自序”。

④ 《王造时自述》，见叶永烈编：《王造时：我的当场答复》，中国青年出版社1999年版，第67页。

⑤ 张忠绂：《迷惘集》，见沈云龙主编：《近代中国史料丛刊》续辑，第166辑，台北：文海出版社1974年影印，第46页。张忠绂在回忆录中说他去密苏里大学是为了学习新闻学，而1923年6月出版的《清华周刊》第9次增刊所载《今夏咨送留美学生一览》中记录了张忠绂留美拟进密苏里（Missouri）学政治及社会学。似可印证他赴美之前在选科问题上有过一番思想斗争。

⑥ 参见本书第六章第一节。

虽然当初清政府拟定的留美规程抑制留美学生选习法政，但实际上许多人抵达美国后改变了初衷。那么，在清华留美预备部时期(1909—1929 年)，历年所派出的留美学生中究竟有多少人选习政治学呢？通常讨论到清华历年留美学生分科问题时，依据的材料主要是“历年留美学生分科统计表”(1909—1929)。此表原刊载于《国立清华大学一览》(1930 年)和《国立清华大学二十周年纪念刊》(1931 年)。表中统计留美学生共计 1289 人，经苏云峰对该表“逐科核算，重新统计，总数比原表多出一人”。现以苏云峰先生重新核算后的 1290 人为准，其中选习理工农医 666 人，占总数的 51.6%；选习人文社会科学 624 人，占总数的 48.4%。[①]在人文社会科学中，选习法政 116 人。其中，学政治学 86 人(政治 74 人，市政 12 人)，法学 30 人(法律 17 人，国际公法 13 人)。习政治学者占留美学生总数的 6.7%，在人文社会科学中，仅次于选习经济学的 125 人，居第 2 位。

但是，上表的分类依据并无说明，统计资料的来源也未注明。如果分类标准有变，则统计的结果就不尽相同。例如，《清华同学录》(1933 年 7 月)[②]中的“学科分类表”所运用的分类标准就不同于上述“历年留美学生分科统计表”。“历年留美学生分科统计表”按“哲学”“文学”“社会科学”“法学”“自然科学”“商学”“工程学”“农学”“医学”“其他”等大类划分，每大类之下再分细项。“政治学”列在“社会科学”中，分为“政治”“市政”两项；而《清华同学录》则依“文科”“理科”“法科”“工科”“商科”“农科”“医科”“艺术科”“军事科”及“其他学科”等大类进行划分，将“政治学”与“市政学”“国际法与外交”“法律学”

① 苏云峰：《从清华学堂到清华大学，1911—1929》，第 340 页。

② 抗战前清华共刊行过三次《清华同学录》，分别刊于 1927 年、1933 年 7 月和 1937 年 4 月。

等并列在“法科”之下。再者，清华留美学生中不少人经常变换学科，有的同时专修或先后分习二三门同等专门学科。还有一种情况，虽然所习学科的重点不是政治学，但其博士学位论文却属于政治学方面。这些因素使得不同时期的统计数据发生出入。1933 年编的《清华同学录》中列出习政治学者共 186 人，其中属于留美预备部时期（包括“史前期”的三批直接考选生）79 人，同期习市政学的 14 人，习国际法与外交的 18 人。但是通过对比 1937 年的《清华同学录》及其他资料，可知这些统计数字中明显有错。[①]笔者在《清华同学录》（1933 年、1937 年）的基础上，结合其他相关资料，进行考订，编录了清华留美学生选习政治学者名录。[②]

该名录的意义在于通过了解清华留美学生中习政治学者的一些基本情况，如人数多少、肄业学校、学历学位、回国后从事的职业等情况，以便进一步分析与清华政治学系以及中国现代政治学源流相关的一些问题。

清华留美习政治学学生大多数不在同一所学校读完学士、硕士、博士学位，而是在不同学历阶段进入不同的学校。通过对他们在不同学历阶段所入学校进行统计分析，辅以其他旁证材料，可以揭示他们在选择学校时的一些共同倾向，而这有利于认识现代中国政治学的来源脉络。现据笔者编制的《清华留美习政治学学生名录（1909—1929）》进行统计（注：统计包括习政治学、国际法与外交以及市政学

---

① 其实，1933 年的《清华同学录》在其《编辑说明》中已经指出出现错误及其原因：“此次同学录之编印，遗漏错误之处为数甚多，一因由校发出之调查表格半数迄未寄还，致多数同学之现在住址及现任职业两项未能刊载。一因同学中多盼同学录早日出版，故不能久待从容调查，因是一部分留美同学在美所入学校所习学科所得学位以及学位领受之年月等，未能完全注明。”1937 年的《清华同学录》也会存在类似问题。

② 见本书附录。

的留学生。由于受资料限制，此处的统计只能是大概情形，难以精确），考察他们在不同学历阶段选择学校的情况。

表 1-1　清华留美习政治学学生本科阶段入读学校分布表　单位：人

序号	学校	1910—1914	1915—1919	1920—1924	1925—1929	1930—1935	合计
1	Beloit Col.				1		1
2	Bowdoin Col.		1				1
3	Brown Univ.		1				1
4	Univ. of California				1		1
5	Univ. of S. California					1	1
6	Univ. of Chicago		1	2	1	1	5
7	Clark Univ.		1				1
8	Colorado Col.			1			1
9	Columbia Univ.		1	1	1		3
10	Cornell Univ.	1	1				2
11	Dartmouth Col.			1	1		2
12	Grinnell Col.			2			2
13	Hamline Univ.			1			1
14	Harvard Univ.		1	3			4
15	Univ. of Illinois					2	2
16	Indiana Univ. / Indiana State Univ.			2			2
17	Iowa Col.			1			1
18	Johns Hopkins Univ.			2			2
19	Miami Univ. / Univ. of Miami			1			1

续表

序号	学校	1910—1914	1915—1919	1920—1924	1925—1929	1930—1935	合计
20	Univ. of Michigan		1	3	6	1	11
21	Univ. of Minnesota			2			2
22	Univ. of Missouri			1			1
23	North Dakota Univ.			1			1
24	Oberlin Univ.			1	1		2
25	Ohio Univ.				1	1	2
26	Univ. of Pennsylvania		1				1
27	Princeton Univ.		2				2
28	Reed Col.		1	1			2
29	Stanford Univ.			1	6	6	13
30	Wabash Col.		1				1
31	Washington State Univ		1	1	1		3
32	Wesleyan Col.		1				1
33	Williams Col.				1		1
34	Univ. of Wisconsin	5	3	4	10	4	26
35	Wm. & Mary Col.				1		1
	Yale Univ.		2				2
	合计	6	20	32	32	16	106

表 1-2 清华留美习政治学学生硕士生阶段入读学校分布表 单位:人

序号	学校	1910—1914	1915—1919	1920—1924	1925—1929	1930—1935	合计
1	Brown Univ.			1			1
2	Univ. of California			1	3		4
3	Univ. of Chicago		1		1	2	4
4	Columbia Univ.		7	5	11	3	26
5	Harvard Univ.		2	6	4	3	15
6	Florida Univ.			1			1
7	Univ. of Michigan			1	5	2	8
8	Univ. of Minnesota				1		1
9	Univ. of Missouri			1			1
10	Univ. of Pennsylvania				1		1
11	Princeton Univ.		3	1	1		5
12	Stanford Univ.				1	3	4
13	Syracuse Univ.					1	1
14	Washington State Univ.		1				1
15	Univ. of Wisconsin			1	4	6	11
			14	18	32	20	84

表 1-3 清华留美习政治学学生博士生阶段入读学校分布表 单位:人

序号	学校	1910—1914	1915—1919	1920—1924	1925—1929	1930—1935	合计
1	Brown Univ.			1			1
2	Univ. of California					1	1

续表

序号	学校	1910—1914	1915—1919	1920—1924	1925—1929	1930—1935	合计
3	Univ. of Chicago			1	1		2
4	Columbia Univ.		1	1	5	6	13
5	Cornell Univ.		1		1		2
6	Harvard Univ.			1	2	2	5
7	Johns Hopkins Univ.			2	1	2	5
8	Princeton Univ.			1	2		3
9	Stanford Univ.					1	1
10	Univ. of Wisconsin				1	6	7
	合计		2	7	10	16	35

上面三份表格显示清华留美习政治学学生在选择学校方面存在以下趋势和特点：1. 本科阶段，主要入读中西部学校，且多为规模较小的学校，入东部名校的人数较少。在西部又比较集中于威斯康辛(University of Wisconsin)和斯坦福(Stanford University)两所大学，学习市政学的则集中于密歇根大学。2. 硕士研究阶段则比较集中于东部的哥伦比亚(Columbia University)和哈佛(Harvard University)，中西部以威斯康辛和密歇根较为突出，密歇根大学仍是选习市政学专业的聚集点。3. 博士研究阶段仍以选择哥伦比亚大学较为集中，而入哈佛大学的相对较少。在中西部，威斯康辛则一枝独秀。

出现上述择校趋势的原因可以根据《清华周刊》上刊登的留学生关于选择学校与学科的主张和讨论，并结合其他材料来理解。

1925年，孙承谟(1922级)在写给《清华周刊》的“留美通讯”中，建议清华在校同学来美后选择学校宜注意下列各点：1.本科宜在美之中西二部；2.本科宜在生活适中之处；3.本科宜在科目较多之学校；4.本科宜在二年内读完之学校。[1] 能满足这些条件的一般以中西部学校较为理想。概括而言，清华留美文法类学生在本科阶段大多选择中西部学校有以下一些原因：1.中西部物价和生活费远较东部低，可以节省开支。1924年在明尼苏达大学(University of Minnesota)学习的王化成在写给清华周刊社的信中说：“我们这儿每人每月普通房饭四十五元，剃头洗衣服五元，此外书纸笔墨车钱电影票钱大约十元，也就足矣。所以算起来，至少每月可省二十元。………总之，这个地方生活不贵，每月有八十元进款，决不受罪。”[2]因此有些学生在美国登陆后，即留在加州学校，不再东行，每年可以结余不少美金。[3] 2.中西部学校大多风景宜人，当地民风淳朴，对华人态度较为友好；留学生和当地居民接触机会多，可以贴近美国一般社会民众。张忠绂说，“在未去美国留学以前，我原决定先到中西部小一点的学校，等住研究院时，再到东部有名的大学。这样，可以多知道一点美国的学校与风土人情。”[4]吴国桢在清华毕业的时候听一位美籍教授介绍说，中国青年到美国留学，不单是要学到新知识，还要真正了解美国人民的生活及社会一般情况，如果想学到这些，不宜先到东部，最好到中部先学习两三年。吴最后选择了在中部的格林内尔学

① 《清华周刊》第340期，1925年3月20日，第39—41页。

② 《清华周刊》第314期，1924年5月16日，第42—44页。

③ 张忠绂：《迷惘集》，第57页。

④ 张忠绂：《迷惘集》，第48页。

院(Grinnell College)。[①] 3. 中西部学校一般规模较小,中国学生少,可以减少说母语的机会,师生之间在课后交流的机会多,而东部学校师生间的关系则较为疏远。浦薛凤当初选定翰墨林大学(Hamline University)的动机之一就是因为该校规模不大,"学生与教授之接触,同学们之相互来往,以及与本地人士之认识等等,机会较多"。[②] 4. 清华学生入中西部学校通常可以插入三四年级,而东部学校由于资格较老,对留学生插级规定较严,清华学生一来就插入三四年级不容易。

留美学生选择学校时往往综合考虑各方面因素,除了生活费用、社会交际等,他们也比较关注某校的师资状况和学术水平。到了研究阶段,后者通常是留学生选择学校时考虑的主要因素。1915 年黄汉樑在《留美学生季报》上发表美国著名大学调查表,其中列有"擅长学科"一项,以政治学科见长的学校有哥伦比亚大学、哈佛大学、芝加哥大学(University of Chicago)、普林斯顿大学(Princeton University)、皮茨堡大学(University of Pittsburgh)[③],基本上都是东部学校。到了 20 年代,留美学生对中西部一些大学的政治学系也比较推崇,因为那里有了名师坐镇。孙承谟在介绍俄亥俄州立大学(Ohio State University)时,称该校在社会科学中以政治学及经济学最佳,"政治学有 Coker 先生与 Spencer 先生。Coker 先生长于近代的政治理论,为人和蔼可亲。先生之文,满遍杂志,而其教授法尤令

① 邹海清主编:《吴国桢——〈吴国桢博士及其父兄〉续集》(《建始文史资料》第六辑),湖北省建始县政协文史资料委员会、中国近现代史史料学学会建始县会员联络处 1996 年出版发行,第 25 页。

② 浦薛凤:《万里家山一梦中》,台湾商务印书馆 1983 年版,第 79 页。

③ 《美国最著大学调查》,《留美学生季报》,1915 年春季第 1 号,第 125—136 页。

人心折。Spencer 先生长于国际法与近代国际政治。"他认为治政治学者，威斯康辛与俄亥俄两校宜于本科，密歇根大学仍可。威校有 Ogg 先生，长于政治组织一门。欧校有 Coker 先生，长于政治理论。明尼苏达大学亦不十分差，因为曾来清华执教的魁格雷(H. S. Quigley)先生在彼任教。[①]王化成则认为明尼苏达大学"尤以农医矿及文科中之政治与社会学等为最好。教授多知名之士，设备也极完全"。[②] 除了系主任魁格雷，名教授莱特(Quincy Wright)也在该校讲授国际法与国际政治。胡道维在向母校同学介绍西雅图华盛顿州立大学(Washington State University)时，说该校"学科亦极完备，政治商业尤佳。二科之比较，则商科博(指科目多言)而不精(指教授言)；政科精而不博。……余住政科，知政科较详。教授 J. Allen Smith 著述极为宏富。美国政治学家，分为二派，施先生即其一派中之首领人物也。副教授 F. J. Laube 亦佳，且性极和蔼，对中国学生毫不歧视。……同学中如有欲来此学政治者，余决担保其不至失望也。"[③]伊里诺大学(University of Illinois)北大同学分会在寄给《北京大学日刊》的报告中说，某校某科著名与否，"大抵文科方面须视教授之是否得人。实科方面则于教授外更视学校设备之是否完备。"并说该校政治系"在中部颇著名，主任 J. W. Garner 为世界知名国际公法学者之一，著述颇多，以 *International Law and the World War* 一书为最脍炙人口，在校执教二十余年，循循善诱，士林翕服。J. A. Fairlie 治市政及行政法亦极精。"[④]

---

① 《清华周刊》第 340 期，1925 年 3 月 20 日，第 39—41 页。

② 《清华周刊》第 314 期，1924 年 5 月 16 日 第 42—44 页。

③ 《清华周刊》第 305 期，1924 年 3 月 14 日，第 10—11 页。

④ 《北京大学日刊》，1924 年 5 月 6 日。

某校政治系的学术专长及其教授的学术水准与品格往往是中国学生在选择学校时考虑的重要因素。张忠绂说他“在美国念书有一个原则！先选科系，次选教授，最后方选学校”。当他决定专修远东国际关系后，因为当时哈佛在这方面没有出类拔萃的教授，而最好的两位美国学者都在约翰霍布金斯大学(Johns Hopkins University)。一位是校长古德诺(F. J. Goodnow)，另一位是政治系主任韦罗伯(W. W. Willoughby)。他们不仅是中国问题专家，而且是多方面的权威，国际知名的学者。所以他从哈佛转往约翰霍布金斯大学。[①] 王化成和时昭瀛在明尼苏达大学都随莱特习国际法。莱特后受聘芝加哥大学，王化成和时昭瀛遂去芝加哥做研究，王化成还在芝加哥取得博士学位。浦薛凤去翰墨林的另一个重要原因是曾来清华学校教授西洋史的华尔高特教授(Prof. G. Walcott)在此间执教。此君“学问渊博”[②]，是一“忠厚长者，治学不倦，而待人诚恳，有中国儒家风度。”[③]潘大逵曾在加州大学的暑期学校走读了两个多月，就是因为加州大学“政治学系蜚声远近，系主任为当时最有名的政治学教授格特尔(Gettell)”。潘大逵“闻其名，读其书(《政治思想史》)，向往其人，故于1926年的夏天去读这个暑期学校”，选读格特尔的《政治学》。[④]普林斯顿大学在1920年代有宪法学权威克尔文(E. S. Corwin)教授，这大概是吴国桢、胡道维选择来此研究的动因之一。威斯康辛大学之所以聚集了大批中国留学生，该校政治系主任阿格(F. A. Ogg)在政府研究方面的权威地位当是非常重要的因素，不少中国学

---

① 张忠绂：《迷惘集》，第50—51页。

② 浦薛凤：《万里家山一梦中》，第73—74、79页。

③ 浦薛凤：《太虚空里一游尘》，台湾商务印书馆1979年版，第256页。

④ 潘大逵：《风雨九十年——潘大逵回忆录》，成都出版社1992年版，第69页。

生都是慕名而去，如潘大逵、王造时、罗隆基、彭文应。1927年，受拉斯基(Harold Joseph Laski)鼓励，杭立武自伦敦政治经济学院赴威斯康辛大学担任名誉研究员，翌年获颁威大硕士学位。杭立武说“我这一生受伦大 Harold Joseph Laski 教授的开创精神与威大 Frederick. Ogg 教授踏实任事态度的影响很大，在创新中不致于虚幻，而落实于稳健实在。”①选习市政学的学生，之所以多出自密歇根大学(University of Michigan)，是因为在美国各市政教育机构中，密歇根名列前茅。密歇根大学的市政专修科由里德(T. H. Reed)教授主持，里德曾担任过市经理，故其所授课程非闭门造车者可比。当美国市政学界鼻祖孟洛(W. B. Munro)退休后，里德被视为其学术继承人之一。同时在密歇根讲授市行政的阿普孙教授(Lent D. Upson)也深孚众望。②

特别值得一提的是哥伦比亚大学，从1910年代起，就有不少中国学生前往该校学习政治学。中国留美学生在哥伦比亚大学最早获得政治学博士学位的可能是严鹤龄。顾维钧在摩尔和古德诺等指导下，研究国际法和外交，1912年以论文《外国侨民在中国的地位》(*The Status of Aliens in China*)获得博士学位。1916年之前在哥大政治学院获得博士学位的中国留学生还有陈焕章、朱友渔、陈兆鲲、魏文彬、马寅初、徐墀、朱进。③ 1917年北京政府外交部派金问

---

① 王萍访问、官曼莉记录：《杭立武先生访问记录》，台北：中央研究院近代史研究所1990年版，第6—7页。

② 张锐：《比较市政府》，上海华通书局1930年版，第660页。

③ 参考 Vi Kyuin Wellington Koo, *The Status of Aliens in China*, New York: Columbia University, 1912. 书末所附“历史、经济、公法研究”丛书(Studies in History, Economics and Public Law)书目(1891—1916)。

泗、郭云观赴哥伦比亚大学专修国际公法及外交学，导师为摩尔。[①] 1925 年从哥大取得博士学位的两位中国留学生刘师舜、徐淑希也是摩尔的学生，专治国际公法与外交。刘师舜回国后曾担任清华政治学教授，后入外交部工作，并在中央大学法学院教授“国际法例案研究”。徐淑希回国后创建和领导了燕京大学政治学系。1910 年代在哥大习政治学的中国留学生还有张耘（张奚若）、卢锡荣、梁基泰、陈茹玄、黄凤华，以及 1917 年夏天从费城的宾夕法尼亚大学（University of Pennsylvania）转学而来的金岳霖等。20 世纪二三十年代进哥大习政治学的中国留学生更多，仅清华留美学生 1920—1934 年间在哥大获得政治学硕士和博士学位的就有 31 人。哥伦比亚大学之所以吸引了许多中国学生前往研读政治学和公法，主要因为该校政治研究院师资雄厚，名教授云集。蒋廷黻说，“留学生往往是羡慕有关大学中著名学者的名气才进那所大学的。中国学生进哥大更是如此。我们未入哥大之前，就听到许多哥大教授的大名。”[②]

第二节 哥伦比亚、哈佛、威斯康辛与现代美国政治学

从清华留美学生在选科与择校方面的大致趋势来看，哥伦比亚、威斯康辛、哈佛、斯坦福和约翰霍布金斯等几所大学是中国学生相对集中的地方。其中斯坦福大学的清华留学生主要是在本科阶段，进入研究生阶段，人数明显减少。这可能是因为斯坦福大学政治系的学术水平较为一般。据在斯坦福获得学士学位的潘大逵说，“它以

① 金问泗：《我与谟亚教授的师生关系》，《传记文学》第 8 卷第 5 期，1966 年 5 月。

② 蒋廷黻著，谢钟琏译：《蒋廷黻回忆录》，岳麓书店 2003 年版，第 77 页。

理、工、医、教育、历史等学科著名于世，……政治系则属一般，系里的教授名气亦不算大。”[①]考虑到哥伦比亚、哈佛、威斯康辛三校的政治学专业对后来的清华大学政治学系以及现代中国政治学的影响较大，所以有必要重点论述这几所学校的政治学学术背景。

哥伦比亚大学

在美国，约翰霍布金斯大学和哥伦比亚政治学院（Columbia School of Political Science）的建立，标志着美国在政治研究方面开始进入一个新的时代。[②] 1876 年阿赫斯特学院（Amherst College）的伯吉斯（John W. Burgess）来到哥伦比亚学院，担任“政治学、历史以及国际法教授”（Professor of Political Science, History, and International Law）。在他的努力下，1880 年创设了哥伦比亚政治学院。1878 年，历史学家亚当斯（Herbert B. Adams）创建了霍布金斯大学的历史和政治学会（Historical and Political Science Association）。后者强调历史与政治学的关系，而前者则以“政治学各个分野的全面发展”作为第一目标，更加寻求与其他学科而不仅仅是与历史学的相互关系。但是，它们都摈弃德国思辨哲学和英国奥斯汀（John Austin）法理学的研究方式，强调研究从检验数据和实际调查中得出新的知识。特别是哥伦比亚政治学院的创设，其意义足可评价为“作为学问之又一分野的美国政治学的诞生”。但是这并不意味着哥伦比亚的政治学是“单数的”，它实际上是关于“政府”研究的知识集合体，包括历史、经济、财政、统计、社会学、管理等各个方面。

---

① 潘大逵：《风雨九十年——潘大逵回忆录》，第 62 页。

② Howard W. Odum ed., *American Masters of Social Science*, New York: Henry Holt and Company, 1927, p. 132.

在哥伦比亚政治学院早期发展史上,出现了一群杰出学者,包括伯吉斯、吉丁斯(Franklin Henry Giddings)、克拉克(Clark)、塞利格曼(Edwin R. A. Seligman)、门罗·司密斯(Edmund Munroe Smith)、梅杳·司密斯(Richmond Mayo-Smith)、罗宾逊(Robinson)、古德诺(Frank Johnson Goodnow)和摩尔(John Bassett Moore)。他们或擅长社会学,或是财政与统计学权威,或致力于行政法与公法研究,或闻名于国际法与外交领域。他们当中的一些人后来成为美国各科学会的会长。这种人员构成体现了哥伦比亚政治学院的广义政治学性质。成立于 1880 年的哥伦比亚政治学会(The Academy of Political Science)及其会刊《政治学季刊》(*Political Science Quarterly*,1886 年创刊),以及该学院编辑的连续出版物"历史、经济、公法研究"丛书(*Studies in History, Economics and Public Law*),也都具有广义政治学的性质。①

"在美国政治学的第一阶段,哥伦比亚曾经是政治学的中心"。②1903 年古德诺当选美国政治学会(American Political Science Association)第一任会长,之后摩尔和门罗·司密斯又分别就任第 10 和第 13 届会长。随着伯吉斯在 1912 年退休,古德诺 1914 年离开哥

① 参阅:Anna Haddow, *Political Science in American Colleges and Universities*, 1636—1900, New York: Octagon Books, 1969, pp. 178—182; Albert Somit, Joseph Tanenhaus, *The Development of American Political Science: From Burgess to Behavioralism*, Boston: Allyn and Bacon, 1967, p. 21; Howard W. Odum ed., *American Masters of Social Science*, chap. iv, New York: Henry Holt and Company, 1927;顾维钧:《顾维钧回忆录》第 1 分册,中国社会科学院近代史研究所译,中华书局 1983 年版,第 33—35 页。

② Erkki Berndtson, "The Rise and Fall of American Political Science: Personalities, Qutations, Speculations," *International Political Science Review*, vol. 8, no. 1, January 1987, p. 90.

伦比亚前往霍布金斯大学担任校长，哥伦比亚政治学在美国政治学界的地位开始下降。但接替伯吉斯和古德诺位置的邓宁（W. A. Dunning）和比雅德（Charles A. Beard）也是美国政治学界的杰出学者，加上摩尔，这样，在“一战”时期及1920年代初期，哥大仍不乏名闻遐迩的政治学者。

邓宁一生致力于政治思想史研究，是20世纪上半叶最伟大的政治思想史家，先后出版三卷本《政治学说史》（*A History of Political Theories*），由上古叙述至斯宾塞，“集几千年西洋政治思想史料之大成，已成政治思想学史之经典”。[①] 1915年入哥伦比亚大学哲学系研究部主修哲学的胡适曾选修邓宁的政治理论史课程。胡适说那时邓宁是政治理论史的开山宗师，是他这一行的拓荒者。[②] 摩尔为20世纪国际法学权威，他主编的八卷《国际法摘要》（*A Digest of International Law*，1906），被评价为“在用于研究者、政府当局、实际业务者的公的资料以及在事例的体系化方面开拓了新的天地”，称颂摩尔的名声长期等同于国际关系的研究，由此可见其在同辈学者中的地位。其对于国际局势的演变，依据过去历史教训，以及当时与将来的趋势，纯从实际方面，随时随事，作深刻的研究与切实的观察。[③] 比雅德于1904年在哥伦比亚政治学院取得博士学位并留校执教。他教“美国宪法”“不是简单地讲宪法的，而是讲宪法的经济理解”。其名著《美国宪法之经济诠释》（*An Economic Interpretation of the*

---

① 见许仕廉为麦利恒（C. E. Merriam）及鲍尔斯（H. E. Barnes）等著、张虹君译《近世政治思想史》（商务印书馆1930年版）所作的序。

② 胡适口述，唐德刚注释：《胡适口述自传》，安徽教育出版社1999年版，第99、101页。

③ R. Gordon Hoxie et al., *A History of the Faculty of Political Science*, Columbia University, 1955, pp. 263-264. 转引自内田満『アメリカ政治学への視座』、第147頁；金问泗：《我与谟亚教授的师生关系》，《传记文学》第8卷第5期。

Constitution of the United States)于 1913 年初版问世时,美国政学两界为之哗然。因为他揭穿了北美合众国华盛顿以下诸开国元勋道学面具之后的生意嘴脸。[①] 比雅德对于政治和经济关系的基本观点可以用 1916 年他在阿赫斯特学院(Amherst College)所作演讲的根本论断作为概括:"文明社会里分裂成许多的经济组别或利益,这种划分是根据个人所有财产及公私职业的程度和种类去决定;政府组织的形式就是建筑在这样的社会形态上,所谓政治亦就是关于这种经济利益间各种冲突。"[②]

1920 年代,哥大政治学教授麦克本(Howard Lee McBain)和罗杰士(Lindsay Rogers),皆擅长政制研究,两人于 1922 年合著《欧洲新宪法》(*The New Constitutions of Europe*)。罗杰士于 1920—1921 年任哈佛大学政治学讲师(Lecture on Government),之后辞去弗吉尼亚大学的教授职务,于 1921 年来到哥大任助教授(Associate Professor of Government)。1925 年他与霍布金斯大学政治学教授(Professor of Political Science)韦罗贝(W. W. Willoughby)合著《论政府问题》(*An Introduction to the Problem of Government*, Doubleday, Page & Company)。这本书大体上反映了罗杰士关于政府研究的路径,即英美学者提倡与运用的所谓"政府学"中的制度研究途径(Institutional Approach),这有别于德法学者的公法研究。罗杰士后来担任哥大政治系主任,30 年代初他所做的关于"危机政府"(Crisis Government)的演说,曾轰动一时。[③]

1920 年代在哥大讲授政治哲学和社会学的马季佛(Robert

---

① 胡适口述,唐德刚注释:《胡适口述自传》,第 119 页。

② 见比雅德著,张金鉴译:《政治的经济基础》,"新版序言",商务印书馆 1937 年版。

③ 陈之迈:《介绍几部关于政治制度的新著》,《清华学报》第 10 卷第 4 期,1935 年 10 月。

Morison MacIver)教授，“由社会学而政治学，由政治学而政治哲学，对于社会科学之各种门类，他又几乎无所不窥。……在哥伦比亚大学要算是继邓林教授(Professor W. A. Dunning)而后最著名的政治哲学的教授了”，著有《世界变迁中之劳工》《社会科学纲要》《现代国家》等书。[①]《现代国家》(*The Modern State*，1926)是他的成名之作，英国牛津、剑桥等大学多采用该书作为政治科学生必读之书。[②]马季佛主张政治多元论。讲授政治史和国际政治的名教授模恩(Parker Thomas Moon)与海斯(Carlton J. H. Hayes)，以研究帝国主义和族国主义著称。1926 年模恩出版的《帝国主义与世界政治》(*Imperialism and World Politics*)是一部论述帝国主义的世界名著。“自这本书出世后，论帝国主义者，没有不奉为圭臬、视为权威的。在美国有许多的大学，都以此书为世界政治大势学科的课本。”当时国内论帝国主义的著作，有许多是抄袭这本书的。[③]

哈佛大学

当时哈佛大学政治系的英文名称是“Department of Government”，与其他美国大学的政治学系普遍使用“Department of Politics”或“Department of Political Science”的名称不同。但是，“Government”用在此处，其意义是抽象的“政治学”而非具体的“政府”。哈佛大学政治系，无论在大学部或研究院，均隶属于文理学院(School of Arts and Sciences)，哈佛另有法学院(Harvard Law School)。哈佛大学政治学系的发展很大程度上得益于洛厄尔(A.

① 马季佛著，胡道维译:《现代的国家》，“译者序”，商务印书馆 1937 年版。

② 费巩:《政治必读之书》，复旦大学《政治季刊》第 2 号，1933 年 6 月。

③ 见张永懋等译《帝国主义与世界政治》，“译者序”，新生命书局 1931 年版。另有廖崇圣的中译本，萍浪阁(广州大塘街百岁坊六号)发行，1930 年 3 月。

Lawrence Lowell)的贡献与影响，他“对哈佛政治系的大学部及研究院之组织及师资，尤三致意”[①]。洛厄尔 1908 年当选美国政治学会会长；1909 年被选为哈佛大学校长，遂担任此职直至 1933 年。

洛厄尔的研究领域主要在政府与政党方面，主要著作有：《政治论集》(*Essays on Government*, 1889)、《欧洲大陆的政府和政党》(*Government and Parties in Continental Europe*, 1896)、《英国政府》(*The Government of England*, 1908)、《公意与平民政治》(*Public Opinion and Popular Government*, 1913)。这些著作是洛厄尔基于“新政治学”立场的学术研究成果，兼顾法律形式和制度的实际运作，是美国政治学摆脱德法学者公法学色彩的政治学在转变期的代表作品，在美国现代政治学史上具有杰出地位。其中《英国政府》被认为是关于英国政府和政治最好的书，与英国政治学家布赖斯(James Bryce)写的《美国共和政体》(*The American Commonwealth*)并为姊妹作。[②] 他对政治行为的关注，为他赢得了“洛厄尔作为 1920 年代新政治学的先导者，当然具有与梅里亚姆(C. E. Merriam)齐名的资格”的评价。[③]哈佛政治系之所以称作“Department of Government”恐怕与洛厄尔的理念及其所开创的哈佛在政府研究方面的传统相关。

---

① 参考梁鋆立：《哈佛法科与中国之渊源》，《传记文学》第 32 卷第 2 期(1978 年 2 月)，第 100 页附注一；《纪念崔书琴——并记战前哈佛研究院政治系及政校外交系》，《传记文学》第 33 卷第 1 期(1978 年 7 月)，第 93 页附注一。

② 参见刘培育主编：《金岳霖的回忆与回忆金岳霖(增补本)》，四川教育出版社 2000 年版，第 53 页；以及 E. Porritt 关于 *The Government of England* 的评论，*The American Political Science Review*, vol. 3, no. 1, February 1909, pp. 127-129.

③ Albert Somit, Joseph Tanenhaus, *The Development of American Political Science: From Burgess to Behavioralism*, Boston: Allyn and Bacon, 1967, p. 74.

洛厄尔面向“新政治学”的志向性“早在其33岁之际的著述《政治论集》一书的开头之处就被提起了，此后成为代表洛厄尔在政治学上的立场的最显著特征”。在《政治论集》中他写道，“政府真正的机构，只有通过对在实际中活动着的政府(a government in action)进行研究才能得到理解”。后来在《欧洲大陆的政府和政党》中又说：“在今天对关于现代政府的实际活动(actual working)进行彻底的研究是现实的需要。”①

据称，哈佛的制度近乎英国，重视个别课程和学分。② 所开设的课程虽然不多，但内容精博，③教授均为一时之选，讲授极富特色。哈佛的硕士学位，不需要另撰硕士论文，因为每门功课不啻各写论文。④ 1920年代，哈佛政治学系的知名教授与课程有：

威尔逊(George Grafton Wilson)及其讲授的“国际法”。威尔逊为美国国际法著名教授，长期在哈佛致力于国际法的教学与著述，1900年代为《美国国际法季刊》创办人之一，担任该刊总编辑有五十余年之久。他讲授的“国际法”课程每两周要求学生撰缴一篇假设的判决词，包括结论、事由与理由三项内容。他还发动一种名为“剪报论文”(Clipping Thesis)的教学方法，后来被其他学校普遍仿效。⑤ 所谓“剪报论文”，意思是他于每学期之初，命同学各订一份《纽约时

---

① 内田满著，唐亦农译：《早稻田与现代美国政治学》，第246页。内田满在本书中对洛厄尔在美国现代政治学源流中的地位有比较详细的论述。

② 张忠绂：《迷惘集》，第53页。

③ 钱端升：《清华改组之商榷》，《清华周刊》第25卷第2号，1926年3月5日。

④ 浦薛凤：《万里家山一梦中》，第95页

⑤ 参见浦薛凤：《万里家山一梦中》，第98页；浦薛凤：《音容宛在》，台湾商务印书馆1984年版，第41页；梁鋆立：《纪念崔书琴——并记战前哈佛研究院政治系及政校外交系》，《传记文学》第33卷第1期，第90页。

报》，每日精细阅看，见有与国际法有关的新闻、法律案例，或司法判决等，即当剪贴保存，然后搜集有关资料如条约、判例、学说等等，就该项新闻所记述的问题予以批评、分析，并作结论，大约每一学期平均需要五六个案件或事件，作为题目。这种方法体现了注重事实证明和案例分析的国际法研究风格。

哈佛当时在政治制度和现代政治思想研究方面的著名教授是何尔康(Arthur Norman Holcombe)。1909 年何尔康从哈佛大学获得博士学位，之后曾去柏林、巴黎的大学以及伦敦政治经济学院(London School of Economics and Political Science)研究。1912 年至 1933 年，他在哈佛大学政治学系任教并担任系主任，同时担任美国国家和州政府的多个委员会的委员。1933 年后参加政府工作，1954 年任哥伦比亚大学政治学教授。“此君专长，为政治制度之分析。”[①]其早期著作的代表作是《美国的州政府》(*State Government in the United States*, Macmillan Co., 1916)。

何尔康的研究路径继承了洛厄尔的“新政治学”并加以发扬，这从他对“弃权”(Non-Voting)研究——被认为是“作为芝加哥学派而闻名的学派的共通的处女作”[②]的评价来看，一定程度上得到了印证。他认为梅里亚姆和戈斯内尔(H. F. Gosnell)的“弃权”研究改变了此前人们依据推测和耳闻而对“弃权”现象所作的各种模糊不清的所谓“学术”争论，在数字和事实的基础上作出了可靠的原因分析，提出

---

① 梁鋆立:《纪念崔书琴先生——并记战前哈佛研究院政治系及政校外交系》,《传记文学》33 卷第 1 期。

② B. D. Karl, *Charles E. Merriam and the Study of Politics*, p. 148. 转引自内田满著、唐亦农译:《早稻田与现代美国政治学》,第 276 页。

了有效的解决办法，他们的著作是运用政治科学的可靠的范例。[①] 何尔康除了讲授政治制度，还为哈佛研究院政治系研究生开设“近代政治思想”课程。

据说，“一九三〇年代初期，哈佛研究院政治系的祭酒无疑地是麦基温(Charles Howard McIlwain)教授。他教政治思想，其教法严格为学生所敬畏，一九三二年他出版了他的煌煌巨著：《西方政治思想之成长》(*The Growth of Political Thought in the West: From the Greeks to the End of the Middle Ages*)。出版后不久，英国著名政治学家拉斯基教授(Laski)在《哈佛法律评论》(Harvard Law Review, December 1932)上作长篇书评。拉氏此时年少气盛，眼高于顶，对他人著作，少所称许，独对此书五体投地，赞不绝口，认为是空前之作，使以前法国学者若奈(Janet)、美国学者邓宁(Dunning)所著同类之书，黯然无色。”[②]耶鲁大学的科克(Francis W. Coker)教授也称赞该书是关于古代和中世纪政治思想史最有价值的著作，“在任何一点上，都显示作者对原始文本资料和其它解释的娴熟掌握”。该书的最大特点是紧密结合实际政治的发展和制度的成长过程来对政治思想史进行分析叙述。这也是麦基温事先的许诺，而这个许诺已经成功地实现了。[③] 可见这是一本注重实证的政治思想史著作，而且将思想史与实际政治过程紧扣在一起，也体现了洛厄尔所开创的哈佛政治学的特色。它是麦基温在哈佛长期教学与研究的结晶。麦基

---

① “Non-Voting: Causes and Methods of Control,” reviewed by A. N. Holcombe, *The American Political Science Review*, vol. xix, no. 1, February 1925, pp. 202-203.

② 梁鋆立：《纪念崔书琴先生》，《传记文学》33卷第1期。拉斯基的这篇书评见 *Harvard Law Review*, vol. 46, no. 2 (Dec., 1932), pp. 345-347。

③ *The American Political Science Review*, vol. xxvii, no. 1, February 1933, pp. 116-118. 。

温在哈佛长期开设的“政治思想史”课程，是研究院政治系的基本课程，是所有硕士候选人都必须修习的，反响很好。[①]

哈佛在市政研究方面也颇负盛名，市政学教授孟洛(W. B. Munro)为美国市政学界鼻祖，“以研究政制名，著作等身”[②]，其主要著作有《美国市政府》《市政府与市行政》《市行政原理与方法》《欧洲政府》等。孟洛在中国颇有影响，他的上述著作在20世纪二三十年代都被译成中文，作为大学政治系的课本或参考书。此外如马克林托克(Miller Mcclintock)之于市交通行政，施莱(Sly)之于县政府研究，均各有专长，著称于时。[③]

哈佛在外交史方面也有两位著名教授，一位是弗蔼教授(Sidney B. Fay)，以探讨“第一次世界大战的起因”的名著，蜚声欧美多时；另一位是蓝格教授(William L. Langer)，以研究帝国主义发展史驰誉学林。[④]

威斯康辛大学

1901年，威斯康辛大学将政治学从历史学中分离出来，成立了独立的政治学系，芮恩施(Paul S. Reinsch)被任命为系主任，担任此职直至1913年出任美国驻华公使时为止。在这期间，由于芮恩施的

---

① 浦薛凤：《万里家山一梦中》，第90页。

② 门罗著，许闻渊译：《欧洲各国政府》，译者序，上海民智书局1934年版。

③ 张锐：《比较市政府》，第666页。张锐这里提到的马克林托克，生于1894年，1960年去世。1924年马克林托克从哈佛大学获得交通控制专业(traffic control)博士学位，曾担任哈佛大学的街道交通研究所(Albert Russel Erskine Bureau for Street Traffic Research)所长，早期的著作有：*Street Traffic Control*, McGraw-Hill, New York, 1925；*A Report on the Street Traffic Control Problem of San Francisco*, San Francisco Traffic Survey Committee, 1927。施莱，应该就是John Fairfield Sly，著有*Town Government in Massachusetts* (1620-1930)，Harvard University Press, 1930。

④ 梁鋆立：《纪念崔书琴先生》，《传记文学》第33卷第1期。

热心、能力以及他作为教师和学者的个人贡献，威斯康辛大学政治学系获得相当大的发展，成为在国际事务、拉美和远东政治以及东方研究方面的一个研究中心。它的远东研究经由琼斯(Chester Lloyd Jones)和郝恩贝克(Hornbeck)的继续努力，形成了威斯康辛的一个传统研究领域。

芮恩施的学术思想受到马歇尔(John Marshall)在宪法方面、格老秀斯(Hugo Grotius)在国际法方面、贡普洛维奇(Ludwig Gumplowicz)和拉采荷夫(Gustave Ratzenhofer)在社会学方面的影响，王阳明的心学以及勒庞(Gustave Le Bon)、勒鲁瓦—比隆(Paul and Pierre Leroy-Beaulieu)、威尔逊(Woodrow Wilson)、特纳(Frederick J. Turner)、理查·伊利(Richard T. Ely)等人的思想学说也对他产生过影响。芮恩施怀疑教条，不喜欢面面俱到的框架，也没有精确系统的方法论，他不忠于任何特别的思想学派。他认为演绎的方法是无效的、主观的，因而弃之不用。他经常谈到对政治的科学研究，但并不认为政治社会问题可以按照自然科学的方法来解决，并总是警告那些企图对政治研究进行粗略的归纳的做法。对他来说，所谓“科学的”意味着大量资料和统计调查的积累，尤其是对于政治机构、团体、习惯的比较历史研究(the comparative historical study)。但是，芮恩施也不提倡冷冰冰的客观主义，他认为超验的伦理思考对于维护人类的正常行为、民主和理想主义，以及阻止非道德的马基雅维利主义的泛滥是必要的。他指出，古代希腊从不将政治和伦理分开，事实上，他们相信政治就是伦理的表现形式，但是他们并不把既存现实与哲学家的理想方案混为一谈。因此，芮恩施反对黑格尔和鲍桑葵(Bosanquets)对国家的哲学建构。他拒绝法理学家的观点，而支持自然法的理论。因为在他看来，政府的政策是根据宪法和先例演化而来。他发现历史进化论(historical-evolutionary school)有很多优点,但也批评它的某些方法和假设。他认为这派观点倾向于保守反动,虽然有助于理解而不利于行动。历史学不具有充分的现代意识,不能像社会学和经济学能为政治学家提供更多的洞察力。他说:"不仅政治学很大程度上取决于经济力量,而且政治和经济利益的相互影响,使得政治学给予经济学特别的关注,是必要的。"这方面的观点,主要是受特纳、理查·伊利和奥地利社会学派的影响。后来他也接受了贡普洛维奇和拉采荷夫关于"政治生活就是利益集团之间的斗争"的观点。①

离开威斯康辛后,芮恩施出任美国驻华公使。在华期间,他提议创办中华政治学会,并担任副会长,为中华政治学会的创立与发展作出了较大贡献。可能因为他的影响,自 1910 年代起,陆陆续续有大批中国学生前往麦迪生学习政治学。

威斯康辛政治学系后在海斯(Van Hise)和阿格(F. A. Ogg)的领导下,又有新的发展。1910 年代在海斯教授领导下,与威斯康辛州政府在行政研究与计划方面有密切的合作。② 到了 1920 年代,据潘大逵晚年回忆,当时"在美国学习政治,威大是最好学校之一,它虽是州立,但它不仅在州立大学中享负盛名,即在整个美国,亦属第一流大学。单就它的政治系看,教师阵容就很强大,如阿格(Agg——按:原文拼写有误,应为"Ogg"),是各国政府这门学科的权威,颇得

① Noel H. Pugach, *Paul S. Reinsch, Open Door Diplomat in Action*, Millwood, N. Y.: KTO Press, 1979, pp. 22-26. 该书中提到的 Paul and Pierre Leroy-Beaulieu 疑为 Pierre Paul Leroy-Beaulieu (1843—1916),法国经济学家。

② 怀特(Leonard D. White)著,孙澄方译:《美国行政动向论》,商务印书馆 1935 年版,第 397 页。

(Porter),国际公法的名教授,果思(Gause),是政治思想史方面的杰出学者等等,这样一批享誉很高的教授,同时在一个系里执教,这在美国也很少见。"[①]阿格在威斯康辛大学讲授各国政府与政治,是"研究宪法的大家",久以英国通著称,著作有《欧洲政府》《英国政府与政治》《近代欧洲经济发达史》等。《英国政府与政治》为阿格最得意之作,该书理论与事实并重,材料丰富,不亚于洛厄尔所著的《英国政府》,体现了阿格在政府研究方法上对制度与职能兼顾的特点。[②] 阿格担任《美国政治学评论》的主编长达近四分之一世纪之久,在他的指导下,这份杂志以大量篇幅"报道和说明宪法、国家和地方政府这类事物本质的资料",以及人员和计划的"消息和评论"。[③]

以上三所学校的政治学系(院)在"芝加哥学派"形成之前,可以说代表了现代美国政治学的主流学术风格,基本上是强调事实和经验研究的现实主义政治学,不同于欧洲大陆主要关心国家、主权和法律的法律形式主义的政治学或"国家的科学"。而且学科的兴趣转移至国内,注意力倾向于集中在美国行政管理中的实际问题上。两次世界大战期间,历史学和法学的重要性缓慢地、逐步地消失了,而人类学、社会学、心理学则日益受到重视;政治学变得决定性地"学院化"了;科学主义的抱负被重申,在 20 世纪 20 年代中期或后期达到了"高潮"。[④] 这就是中国留学生在美国学习政治学时所接触的学术背景。

---

① 潘大逵:《风雨九十年》,第 73 页。

② 新书介绍:《英国政府与政治》(豫樟),清华大学《图书馆增刊》第 19 号,1929 年 12 月 6 日;阿格(F. A. Ogg)著,张云伏译:《英国政府及政治》,"原叙",神州国光社 1931 年版。

③ 格林斯坦、波尔斯比编,竺乾威等译:《政治学手册精选》上卷,商务印书馆 1996 年版,第 53 页。

④ 参见格林斯坦、波尔斯比编,竺乾威等译:《政治学手册精选》上卷,第 38—63 页。

第三节　留学期间的学术经历:个人研究与团体活动

《清华周刊》第276期(1923年4月6日)上刊登了沈乃正(清华学校1921级)自哈佛大学寄给清华周刊社的“留美通信”,向清华学校学生介绍哈佛情况。从信中可知,沈乃正于1922年9月后由印第安纳大学转入哈佛,学习国际法(International Law)。① 当时在哈佛的中国学生约62人,其中修读政治学和国际法的清华学生8人,即曾中毅、钱端升、陈复光、甘介侯、刘驭万、杨宗翰、游嘉穀、沈乃正②。此外,先后在哈佛学习政治学的清华毕业生还有马国骥、何杰才、秦振鹏、浦薛凤、张忠绂、吴之松、金通艺、缪经田、王赣愚、张国安等。王化成也曾在哈佛研究国际法一年。除了清华学生,还有不少其他中国留学生在哈佛学习政治学,如吴之椿、雷沛鸿、孙寒冰、崔书琴。限于资料,对于他们在哈佛的学习和研究情况,尚不能有较多了解,这里只能依据有限的资料,对后来执教清华大学政治学系的浦薛凤、钱端升等在哈佛期间的学习情况略作介绍。

---

① 沈乃正,字仲端,浙江嘉兴人,1899年生。清华学校1921级,美国印第安纳大学学士,哈佛大学硕士(国际公法及地方政府);曾任浙江大学、清华大学、西南联大、岭南大学、中央大学、台湾大学、North Carolina、东海大学等各校教授;1959年起任美国University of Vermont客座教授,1964年退休,居美国费城(沈乃正:《毕业后经历简述》,载《清华校友通讯》新36期,1971年4月20日)。又谓曾任南开大学政治系教授、军官团上校教官、内政部民政司科长,1946年8月代理上海市政府参事(刘国铭主编:《中国国民党百年人物全书》上,团结出版社2005年版,第710页)

② 沈乃正究竟是在政治系还是在哈佛法学院,尚不得而知。但是,从沈乃正回国后的教学与研究情况来看,其主修的专业应是政府方面的课程。

钱端升在《我的自述》中简要提及他的留学经历：[①]

> 1919 年获官费赴美留学，第一年我插入北达科他州立大学四年级读政治学，翌年夏获文学学士学位，暑期就读于密执安大学政治系，旋去哈佛大学，所学各课属历史、政治和经济三系合成科目，偶尔也旁听哈佛法学院的一些课目。1922 年 1 月我完成硕士课业，同年 6 月被授予文学硕士学位。1923 年 11 月完成哲学博士所需课业并通过了各种考试，并于 1924 年夏获哲学博士学位。自 1920 年 9 月初进哈佛到 1923 年 12 月初离去，在哈佛共三年两个月。其间，除暑假在佛蒙特州立大学学习拉丁语和西班牙语外，1922 年春又赴华盛顿数周在国会图书馆查阅资料，并向参众两院的书记长和若干委员会的主席请教国会委员会的权力与进行工作的具体情况，以便较好地完成《议会委员会——比较政府研究》这一博士论文。这三年又两个月确是我一生学习较顺利，较有成就的一段时期。结束哈佛的学业后，藉校长罗威尔（即 A. L. Lowell——笔者注）先生的介绍函柬，我漫游欧洲各国半载有余，就教于英、法、德、奥某些宪法或政治学教授、学者，访问了各国议会议员和工作人员，同时熟悉了某些大图书馆的情况。1924 年 5 月，结束了近五年的游学生涯，东返祖国，元月初抵达上海。

恰末尔·约翰逊指出，钱端升的博士论文体现了他的知识取向，“他对议会中诸委员会的研究是法律的与制度的，这是 1920 年代学

---

① 《钱端升学术论著自选集》，北京师范学院出版社 1991 年版，第 695—696 页。钱端升称《我的自述》“这是一篇个人毕生经历的自述，由于体衰多病，不便续传，权以此述代自传”。上面引文中提到的罗威尔，即 A. L. Lowell，本书统一译作洛厄尔。

院政治学的一般特征。钱的论文着实显示他对代议政体和议会民主的赞赏”。[1] 上引钱端升的自述则显示他的博士论文的研究工作至少有部分是建立在对于议会委员会实际运作的调查基础之上，而这正好符合洛厄尔所提倡的政治学研究必须着眼于政治制度在实际中的运作与实行。在哈佛期间，钱端升发表了《人的政治权利存在继承吗？》《言论自由》《国会中立法的附加条款》《中国的门户开放政策》《美国的贸易法庭》《托马斯·哈特·本顿和公共土地》《詹姆斯·哈林顿》等论文，表明他的研究兴趣和关注的问题是较为广泛的。

浦薛凤 1921 年秋入翰墨林大学，插大学三年级，以政治学为主科，哲学为副科。1923 年 9 月入哈佛大学研究，先后选读的研究课程有威尔逊的“国际法”、麦基温的“政治思想史”、何尔康的“近代政治思想”、孟洛的“市政府”，另有一门“美国宪法史”。1925 年冬季，浦薛凤完成硕士学位，接着继续选课深造，并在何尔康指导下，研究瑞士联邦制度的特点，颇有收获。但他念及双亲年事渐高，希望独子从早回国，乃于 1926 年暑假亦即游学规定五载期满时，放弃博士学位，绕道欧洲回国。[2]

对于在哥伦比亚大学及其他学校研习政治学的中国留学生的情况，因资料所限，这里只对后来执教清华政治学系的张奚若和萧公权两人的学术经历作重点介绍。1913 年 7 月，张奚若以陕西省官派留美学生的身份进入哥伦比亚大学，攻读政治学。1917 年获法学士学位。这年秋天，他到德国科隆大学进修，同时继续攻读哥大硕士学位，1919 年取得硕士学位。之后，他无意于博士学位，和金岳霖、徐

---

① Chalmers A. Johnson, “An Intellectual Weed in the Socialist Garden: The Case of Ch'ien Tuan-sheng,” *The China Quarterly*, no. 6, Apr. - Jun., 1961, p. 31.

② 浦薛凤:《万里家山一梦中》,第 90、95 页。

志摩等转赴西欧。在哥大，张奚若和金岳霖都在邓宁的西方政治思想史班上。

金岳霖着重选了两门课，除了邓宁的"政治学说史"，还有比雅德的"美国宪法"，而使金岳霖发生了最大兴趣的是政治学说史，后来他的博士论文就是在邓宁指导下，研究英国政治思想家格林的政治思想。他们还选习拉斯基的课程。金岳霖说，当时 Charles A. Beard 和 Jame Robinson"不满学校的陈旧办法，在市中心设立了一所研究社会的新学校。这个学校请了三位英国人来讲学。第一位是最年青的，已经在哈佛大学讲学的拉斯基。他可能比张奚若还小一岁。可是，张奚若非常之佩服他。第二位是从英国请来瓦拉斯（Graham Wallas），费边运动中心人物之一。……最后来讲学的是拉斯基的老师巴克（Earnest Barker）。"①

张奚若当时写了一篇《主权论沿革》，后刊登在张奚若、金岳霖等人创办的《政治学报》创刊号上。在《政治学报》创刊号上还有张奚若的两篇书评，分别是评述狄骥（Leon Duguit）的《公法界之大革命》（*Les Transformations du Droit Public*）和拉斯基的《政权性质论》（*Authority in the Modern State*）。之后张奚若又在《政治学报》第二期上发表了关于施达勒布拉（W. T. S. Stallybrass）的《国家社会》（*A Society of States*）的书评。《主权论沿革》和这几篇书评关注的都是主权问题。张奚若写作这些文章恰值第一次世界大战结束前后，其时，国家主权理论正受到"政治多元论"（Political Pluralism）前所未有的挑战。主张"政治多元论"的代表人物为法国的狄骥，荷兰

---

① 刘培育主编：《金岳霖的回忆与回忆金岳霖（增补本）》，第 51 页。其实，张奚若比拉斯基大 4 岁。

的克拉勃(H. Krabbe),英国的拉斯基等。"政治多元论"和主权理论是当时政治思想界的热门话题,中国有些留学生也对其产生兴趣,甚至作为学位论文的选题。[①]

就个人的立场来看,张奚若倾向认同"政治多元论"。张奚若说:"主权论肇源于亚里士多德,发达于布丹、卢梭、奥斯定,而受死刑于狄格、拉斯克。……盖自法兰西革命以来,主权为国家公意之说,风驰电掣,为世界民权发达之根本哲理。今虽弊端百出,势力大失,而其历史上助长民权之功,自不可没。政论非一成不变者也,国家不能作非之主权论,不能适用于今日,亦犹朕即国家之说,不能见容于十八世纪中也。"[②]张奚若对"政治多元论"的同情可能是因为受了拉斯基的影响。此外,哥伦比亚大学当时是实验主义的大本营,而邓宁教授又主要是从历史与制度的路径研治思想史。置身于这样的学术思想氛围中,张奚若对"政治多元论"的立场是可以理解的。而萧公权对"政治多元论"则持批判的立场。

1920年夏,萧公权自清华毕业,遂留学美国,入密苏里大学(University of Missouri)主修新闻,一学期后转入哲学系,在萨拜因(George H. Sabine)[③]教授的指导下,撰写关于多元政治理论的硕士论文。用了八个月,写出长约两万字的《多元国家的理论》(*The Pluralistic Theory of the State*)。1923年6月得硕士学位。之后,入康乃尔大学研究院攻读博士学位。康乃尔大学哲学系(亦称塞基

---

① 如萧公权的博士论文题目是"Political Pluralism: A Study in Contemporary Political Theory";陈序经的博士论文题为"Recent Theories of Sovereignty"(The University of Illinois,1928)。

② 张奚若:《主权论》,见孙敦恒等编:《张奚若文集》,清华大学出版社1989年版,第95页。

③ G. H. Sabine的中文译名还有"萨宾",萧公权在《问学谏往录》中用"佘宾"译名。为了统一起见,本书一律使用目前在大陆学术界较为通行的译名"萨拜因"。

哲学院 Sage School of Philosophy)是当时美国唯心论的重镇,主讲的教授都是唯心论派的著名学者,他们远宗黑格尔。谷徕滕教授(James Edwin Creighton)年事最高,声望最著。萧公权选修了他指导的"形上学"研讨课程(Seminar in Metaphysics),并旁听他的"哲学史"课程。使萧公权受益最多的教授是狄理(Frank Thilly)、韩莽(William Hammond)和阿尔比(Ernest Albee)。狄理和韩莽都曾留学德国,前者专精伦理和政治学,后者擅长美学和希腊哲学,阿尔比的专长是形上学和英国哲学。萧公权到康乃尔的主要目的是跟随狄理教授专研政治哲学,因而以哲学为主修系,政治为副修系。他选修了政治系教授恺德林(George E. G. Catlin)指导的近代政治思想研讨课程。1924 年夏,萧公权通过博士候选人资格考试,进入博士论文写作阶段。经商得主任导师狄理教授的同意,继续研究政治多元论。1925 年 6 月,萧公权获得博士学位。[①]

萧公权的博士论文《政治多元论》(*Political Pluralism: A Study in Contemporary Political Theory*),经恺德林教授介绍,由伦敦奇干保禄书局(Kegan, Paul, Trench, Truber &Co., Ltd)出版,列为"国际心理学哲学及科学方法丛书"之一,与梁启超《中国政治思想史》的英译本、罗素的《物质的分析》等 80 多种名著并列,后来又被英国牛津大学指定为"当代巨著"(Modern Greats)课程的必读书籍。据称,"书既刊布,论者皆以为斯乃中国于西方思想之首次贡献,作者不仅遍览多元运动(Pluralistic Movement)之文献而加评断,且能超脱西人固有之偏见而立论,二者皆为前人所不逮。当代政治学大师拉斯基(Harold J. Laski)尝推许是书之学理与魔力均极雄

① 萧公权:《问学谏往录——萧公权治学漫忆》,学林出版社 1997 年版,第 47—75 页。

浑，堪称政治学界五年来之所仅见。抑有进者，此书文笔之优美，益令西人惊异不置，巴尔（F. S. Barr）教授甚称此作之简明流畅，而伦敦时报文学副刊更推许备至曰：此书虽为中国学者之作，然其文笔一如欧人，萧教授精谙英国文字，一如渠所研覈之西方思潮。如此推许，当代中国名学者中，殆不多见。”[①]其中以《哲学学报》（*Journal of Philosophy*）和《美国政治学评论》上所发表的书评最可以说明它当时在美国哲学和政治学界的反响。前者认为《政治多元论》一书“极具启发性，值得所有对政治学说有浓厚兴趣者的注意”。后者称许该书使现代政治思想中引人注目的政治多元论在逻辑和实行两个方面受到彻底而全面的检验，为那些承认政治多元论在某些方面为政治思想作出重要贡献但并不认为政治多元论如其所宣称的可以摧毁传统国家主权论的人提供了强有力的支持，揭示了政治多元论所存在的理论混乱、武断与自相矛盾之处，展现了严密的思维、有力的论证和令人欣慰的公正。[②]

国内学界对其也有好评。杨宗翰认为，“著者博览群言，深思有得，故其所言，思想缜密，文词畅利，自成新说，非剽袭成者，抑胪举事实以成篇者，所能望其项背，故杰出之作也。”“著者不囿于一派之言，上下古今，自成一家言，其所云政治一元论、经济一元论、合于伦理思想之政治一元论等说，均可谓为详阐前人之所未详，精辟独到，得未曾有。”[③]张鑫海称赞该书是当代中国学者能在欧美类似作品中拥有

① 汪荣祖：《泰和萧先生之生平与学术》，见《迹园文存》，台北：环宇出版社 1970 年版，第 1—2 页。

② “Political Pluralism,” reviewed by Ellen Deborah Ellis, *The American Political Science Review*, vol. xxii, no. 3, August 1928, pp. 776-778.

③ 杨宗翰：《萧公权著〈政治多元论〉》（书评），《益世报・副刊》第 64 期，1930 年 2 月 12 日。

一席之地的了不起的成就，对于中国学者而言，作者运用外语和大量分析技巧来讨论西方思想的能力确实令人惊叹。他还称赞作者拥有广泛的知识，对政治理论、哲学、法学、经济学以及西方各种不同政府的政治运作情况都十分在行，因此他对事实的整理时常是那些纯理论家所不能及的。①

该书是站在唯心论立场批判政治多元论的，萧公权在书中提到他要特别感谢狄理教授教他哲学理论与方法，对他的研究给予持续的鼓励与指导。② 然而这种唯心论立场在一些评论者看来似乎走到极端。Ellis 指出，萧公权在拓展政治概念想给它确定真相的尝试中走到了另外的极端，以致不能从抽象的法律概念中摆脱出来立即转向社会的和伦理的概念，因而令人困惑的是他对国家和主权的界定，就像那实际存在的国家和主权，究竟是什么。③ 杨宗翰也指出，"今日多元论之不可得而废，正如中世纪二元论之不可得而废也，黎民之意趣如斯，固非政论家之空论所可左右者……著者谓政治多元论乃合抽象之政治一元论，与抽象之经济一元论，而为真实之政治一元，抑合于伦理思想之政治一元论也，著者折衷群言，自立新论，一主于平正，固堪倾佩，独恐其未必然耳，阿里多德之说，真乃合于伦理思想之一元论，故曰国之的，在止于至善，试问今人能从此玄论否乎哉？"④张鑫海则说萧公权站在唯心论立场上，却将一些外面的成分带进唯心

① "Political Pluralism," reviewed by Hsin-hai, Zhang, *The Chinese Social and Political Science Review*, vol. xii, no. 2, April 1928, pp. 334-337.

② Kung Chuan Hsiao, *Political Pluralism*, "Preface", New York: Harcourt, Brace & Company, Inc., 1927, pp. vii-viii.

③ "Political Pluralism," reviewed by Ellen Deborah Ellis, *The American Political Science Review*, vol. xxii, no. 3, August 1928, p. 777.

④ 杨宗翰：《萧公权著〈政治多元论〉》(书评)，《益世报·副刊》第 64 期，1930 年 2 月 12 日。

论中,导致他陷入一些纠缠难辨的模糊境地。[1] 其实,赛基学院虽远宗黑格尔,但并不墨守师法,萧公权在唯心论中掺入其他因素,当也符合赛基学院的精神。何况,从他的《政治多元论》中尚可看到其硕士导师萨拜因关于政治多元论研究的影响,如他们都认为政治多元论与一元论不但不是互相对立的,而且有许多共同的特征,它们之间的分别不过是表面的。[2] 萨拜因注意政治理论的实际验证,而萧公权也并非完全忽视政治实际,Ellis 和张鑫海在书评中也都提到这点。研究拉斯基政治思想的学者施尔斯屈(Bernard Zylstra)认为 1925 年拉斯基出版的《政治典范》(*Grammar of Politics*)为拉氏政治思想自多元论倾向"集体论"(Collectism)的转折点。汪荣祖认为拉斯基的转变与萧公权对政治多元论的批评有关。[3]而另一种解释也是可能的,即拉斯基除了赞赏萧著的才华与魅力之外,大概还在于萧著对多元论的"同情了解"与拉斯基攻击主权论著作中注重历史叙述有着某种相契之处[4]。

博士学位论文是留学生在留学阶段学习与研究的最终成果。从清华留美学生的博士论文选题来看,大体上涵盖了政治思想与理论、政治制度与行政、国际法、国际组织、国际关系等方面内容,其中有三

---

① "Political Pluralism," reviewed by Hsin-hai, Zhang, *The Chinese Social and Political Science Review*, vol. xii, no. 2, April 1928, p. 336.

② George H. Sabine, Pluralism: A Point of View, *The American Political Science Review*, vol. xvii, no. 1, February 1923, pp. 34-50.

③ 《萧公权先生学术次第》,见萧公权著,汪荣祖译:《近代中国与新世界:康有为变法与大同思想研究》,江苏人民出版社 1997 年版,第 607—614 页。

④ 加州大学政治学教授 John L. Stanley 说拉斯基在其早期著作《主权问题的研究》(1911)和《现代国家中的权威》(1919)中表达其政治多元论主要观点的论述是讲述历史的。见 Stanley 为 H. J. Laski, *The Rise of European Liberalism* (New Brunswick, N. J.: Transaction Publishers, 1997)一书所作的《导论》第 9 页。

分之一以上的题目涉及中国的政治、政制与行政、政治思想、对外关系。中国学生研究中国问题,有一部分是因为考虑到以后要回国服务,或者是出于对中国现实问题的关怀,如李惟果的"现代世界政治下的西藏",张忠绂的"英日同盟",林同济的"日本在东北的扩张",刘师舜的"治外法权的兴起与衰落"等。① 有些则因为指导教师的意见。据说,吴国桢在普林斯顿因对系主任克尔文(E. S. Corwin)所授的"美国宪法"特别感兴趣,所以选定了"美国宪法中之总统"(The Presidency in the U. S. Constitution)作为博士论文题目。但一年之后,克尔文认为这题目其他同学也可以做,而中国政治思想则乏人问津,于是他和其他教授商量决定吴的博士论文改做"中国政治思想"。② 同在普林斯顿研究院攻读博士学位的胡道维,其博士论文也是研究中国政治思想,题为"The recent political ideas in China"。这样的选题或许也是出自克尔文的建议。

此外,我们还可以发现,清华留美学生攻读政治学博士学位的人数基本上集中在1920年代后期到30年代前期这段时间里。在1925年之前总共才有9人获得博士学位,而1925—1937年间则有26人获得博士学位。这期间的博士论文比较趋重行政管理以及国际政治的研究,这和美国当时政治学发展的趋向是比较一致的。③

---

① *A Guide to Doctoral Dissertations by Chinese Students in America*, 1905-1960, compiled by Tung-li Yuan(袁同礼), Washington, D. C.: Sino-American Culture Society,1961. 林同济的论文题目在该书中写作"Chinese expansion to the Northeast: methods and mechanisms"。其中,"Chinese"疑为"Japanese"之误植。见许纪霖、李琼编:《天地之间:林同济文集》,复旦大学出版社2004年版,第389页。

② 邹海清主编:《吴国桢——〈吴国桢博士及其父兄〉续集》,第38—40页。

③ 参见 *A Guide to Doctoral Dissertations by Chinese Students in America*,1905—1960。

这些博士学位论文有的以抽象思维和理论思辨见长，如萧公权的《政治多元论》；有的以史料知著，如沈惟泰的论文《1839至1860年间中国外交政策》，取材于当时甫经发表的清宫档案"夷务始末"等第一手史料。该文在中国外交史研究方面具有重要学术地位，在蒋廷黻的《中国外交史》未出版以前，沈著是"只此一家，并无分店"。[1] 有的则以实证研究结合制度分析取胜，如陈之迈的博士论文。陈之迈在哥大研读的专业为公法，很可能师从麦克本和罗杰斯，他并不满足于法律形式主义的研究方法，对英国国会"委任立法"制度注重实证研究，为此曾在哥大图书馆的地窖里消磨了一年多时间，阅读英国国会的议事记录。[2] 该论文受到治市政及行政法极精的伊利诺大学教授费尔利(J. A. Fairlie)的注意，他在《美国政治学评论》上发表的一篇书评中同时评论陈之迈的这篇关于英国"委任立法"(delegated legislation)的论文和另一部同类题材的西人著作。虽说陈之迈还是不大成熟的学者，但指出在资料征引方面较后者完备。[3]

留美学生在求学期间还组织了一些政治学术团体，旨在研究政治学理和实际政治问题，交流思想以及表达对现实政治的关怀。

当时美国有两大著名的政治学学术团体。其一是1880年创立的哥伦比亚政治学会(The Academy of Political Science)，该会宗旨是"从事政治科学研究，力求学以致用，以解决政治、经济和社会问题"。[4] 学会出版的《政治学季刊》(*The Political Science Quarterly*)

---

① 陈之迈：《悼沈惟泰》，《清华校友通讯》新44期，1973年4月，第65页；另见时昭瀛在武汉大学《社会科学季刊》(第1卷第1期)上发表的关于沈著的书评。

② 陈之迈：《伦敦印象记》，《传记文学》第21卷第5期，第46页。

③ *The American Political Science Review* , vol. xxvii, no. 6, Dec. , 1933.

④ *The American Political Science Review*, vol. iii, no. 1, Feb. ,1909.

内容涉及政治、经济、财政、统计、管理、社会、历史等许多方面。而1904 年成立的美国政治学会（The American Political Science Association）则旨在促进政治、公法、行政管理和外交的科学研究；对任何实际政治问题不持党派立场。[①] 其会刊《美国政治学评论》（*The American Political Science Review*）的内容不像《政治学季刊》那样宽泛。可见二者的旨趣和研究范围有别，前者可能较多的继承了欧洲的传统，视政治学为复数的"政治诸学"，或者是伯吉斯的比较政治学的宏伟计划的体现；而后者则反映了政治学学科专业化的意图。这两种政治学学术团体是中国留美学生组织同类学术团体的主要参照。

1918 年 11 月 9 日，一些留美学生在哥伦比亚大学成立政学社（The Chinese Political Science Association），随后发行《政学丛刊》（*Political Science Series*）。《政学社纪事》对该社的成立与活动情形有如下记载：[②]

> 留美治政学者（本社以政学名，包含政治、经济、法律及社会学，非狭义的政治学 politics 之谓也）日愈众，而无一学社以交换知识，无一学报以发表言论，此留美学界政学诸子所引为大耻者也。同人等用是不揣冒昧，于民国七年十一月九号开第一次会议于纽约哥伦比亚大学哲学馆。是日实为政学社诞生之期。……成立以来，月开常会一次。除会员（共五十余人散处各大学）自由择题讨论外，并先后柬请中外名儒如精奇博士、隋里格

① "Constitution of the American Political Science Association," *Proceedings of the American Political Science Association*, at its second annual meeting held at Baltimore, MD., Dec. 26 to 29, 1905. Wickershaw Press, Lancaster, PA., 1906, p. 5.

② 《政学丛刊》第 1 卷第 1 期，1920 年 1 月。

门(哥伦比亚大学财政学教授)、摩尔(哥伦比亚国际法教授)、西培德(哥伦比亚大学历史教授)、李佳白、汪精卫、伍梯云诸先生莅社演说。……今复印刷丛刊,公诸国人,此本社成立后之略史也。

该社“专以研究政治、经济、法律及社会学等为宗旨”,“其立言以讨论政治、经济、法律、社会学等科原理为旨趣,不主偏激议论亦不涉党争臭味”。社员分名誉社员及通常社员二种,每月开研究会一次。《政学丛刊》年出四期,由纽约中国政学社编辑兼发行,上海商务印书馆代印。① 目前可见六期,此后是否停刊不详。就这六期的内容来看,确如其宗旨所云,涉及政治、经济、社会、教育等各方面,而中国的社会、政治问题则是其关注的重心。作者主要有陈茹玄、吴之椿、彭丕昕、卢锡荣。后来担任清华政治学系主任的吴之椿在该刊上先后发表了《德国之新政府》《德意志之新宪法》《俄国中央劳农政府之组织》《中国之时局》等四篇文章,其中前两篇是翻译美国学者西泊(Shepard, W. J.)的论文。

同时期在哥伦比亚大学习政治学的张奚若、金岳霖、徐志摩和部分已经回国的留学生则创办了《政治学报》。《政治学报》第1卷第1期出版于1919年12月1日,第2期出版于1920年8月1日。编辑者为位于北京南池子的政治学报社,由上海中华书局印刷发行。政治学报社的社员是:王伯衡、王徵、朱中道、朱经、沈沅、金岳霖、陈淮钟、陈达、徐志摩、张奚若;编辑干事为万兆芝。1920年3月5日,张奚若在致某君的一封信中谈到《政治学报》:“《政治学报》第一期本不见佳,再加《国际大同盟论》及《中国政治道德堕落之原因》二文,自是

① 《政学丛刊》第1卷第1期,1920年1月。

愈弄愈糟。而中华书局又要省钱，不肯登广告，销路自然不会好。”信中还提到他大概 6 月初间就要离开纽约，沈星五已于 3 月 24 日赴德国留学去了。[①] 此信透露《政治学报》处境困难，一因发行不好，二因他们这些社员正在各奔东西。因此，《政治学报》刊完第 2 期后，大概也就停刊了。

《政学丛刊》与《政治学报》的旨趣和研究范围有所不同。蔡元培当时就注意到二者的区别，他在为《政学丛刊》作的《题词》中写道："余方读张奚若、陈淮钟，及金、范、王、朱、沈诸君所发行之《政治学报》第一册，而聂君以《政学丛刊》之第一期要目见示，余不知《政学丛刊》记者与《政治学报》记者，是否有学派之异同，惟姑取两杂志第一册之目录而比较之，似《政治学报》以有关政、法诸问题为限；而《政学丛刊》，如军国民教育、平民政治与教育、妻妾制诸篇，兼含有改良社会之旨趣。两杂志范围广狭之别，其在斯欤？”[②]通过比较《政学丛刊》的六期目录和《政治学报》的两期目录，蔡元培之所见不无道理，但是差别也不是很大，二者都以政法问题为主。

《政学丛刊》的英文名称是 *Political Science Series*，《政治学报》的英文名称则与哥伦比亚政治学会的学术刊物 *Political Science Quarterly* 的名称完全相同。由此可见，两种刊物的英文名称中都一致使用“political science”而不是“politics”作为“政学”或“政治学”的对译名词。这是否意味着它们的创办者都更加认同正在美国兴起的政治科学(political science)而疏离了与伦理、法律、哲学等学问相含混的传统的政治学(politics)呢？

---

① “张奚若致××”，《张奚若文集》，清华大学出版社 1989 年版，第 421 页。

② 《政学丛刊》第 1 期，1920 年 1 月；高平叔编《蔡元培全集》第 3 册，中华书局 1984 年版，第 386 页。

上述两个留学生政治学术团体存在时间似乎都不长。1923年夏，“留美中国学生开东部年会时，有多数政治学科学生，以为研究政治学理与问题，有待于学术团体之组织，乃集合同志，详加讨论。佥以为组织政治学会为不容缓，当即制定章程，发布宣言”，并于同年9月14日正式宣告成立“留美中国学生政治学会”。章程规定：该会宗旨为“研究政治学理，讨论政治问题”。会员：“留美中国学生研究政治学科，或对于政治学科有兴趣者，经会员委员会之审查，皆得入会。”组织：设一总会，会长、副会长、书记、会计各一人；总会下分东中西三部，各部设部长、副部长、书记、会计各一人。总会和分部职员皆由选举产生，任期一年，会长总理一切会务。出版：“本会以研究所得，暂出中文年刊一种”。① 至于该会成立后的活动情况，未见资料记载。

舒新城在《近代中国留学史》中写道：

> 留学目的在使国内学术独立，则出国者当以研究学术为最重要目的：研究学术而有成功，第一要研究者对于某种学术有热烈研究的自动动机，第二要研究者对于该学术有相当的基础，第三要研究者了解国情能应用所得改进国内学术。清华设立，既以培植留美预备人才为目的，凡入清华者只能在清华高等科毕业，俱要留美，故选择留学科目尚常常发生问题（散见于清华周刊之论文及通信中）。当然说不到对于某种学术有热烈研究的自动动机。而且该校留美学生，除考送者外，均由该校中等科升迁而来，因该校为实现其目的而使一切美国化之故（曾到该校者

① 《留美中国学生组织政治学会》，《教育杂志》第15卷第11号（1923年11月20日），“教育界消息”，第6—7页。

大概能实际感触及此），在国内既不曾受深切的国家教育，自难说到对于国情有深切的了解（该校毕业生之留国运动即足为此言之证）。而匆匆数年高等教育，要说对于某种学术有适当的基础，亦是事实上之难能（该校毕业生至美仍受大学教育二年三年不能入研究院，即其明证）。该校学生对于出国研究学术之三种要素都不具备，而每年照例派遣前去，遂致造成许多不中不西的人材，于国计民生的裨益实少。[①]

就清华留美习政治学者来说，事实是否如此，除了本章的初步验证，在以下各章中还将继续验证这个问题。

① 舒新城编：《近代中国留学史》，中华书局1927年版，第249—250页。

第二章　学院政治学的发展与清华政治学系的创立

新式学堂及现代大学的出现，是中国学术思想转变的契机，是推动学术思想走向现代的非常重要的步骤。[①]“就学术中心从古到今的转移来说，中国古代学术中心在太学、在门第、在书院；现代学术中心则在大学、在研究机构。”[②]因此，考察中国现代政治学的发展历程，须关注晚清以来新式教育机构中政治学的发展状况。本章第一节概述抗战以前政治学科在中国现代学院中的发展状况，目的在于为清华政治学系提供一个时空坐标，据此可以理解清华政治学系在中国现代政治学教育和学术机构中的大致位置。

---

① 刘梦溪主编、欧阳哲生编校：《中国现代学术经典 严复卷》，河北教育出版社 1996 年版，“总序”（刘梦溪作）第 49—50 页（页码单列）。

② 陈以爱：《中国现代学术研究机构之兴起：以北京大学研究所国学门为中心的探讨（1922—1927）》，台北：政治大学 1999 年版，第 431 页。

第一节　政治学在中国现代学院中的兴起与发展

甲午战争之后，中国加快了向西洋学习的步伐，新式学校逐渐设立，在课程设置中开始出现政治学科。变法维新时期，总理衙门拟定的《筹议京师大学堂章程》，"略依泰西、日本通行学校功课之种类，参以中学"，制成功课分类表。其中包括初级政治学和高等政治学。① 1898 年盛宣怀奏请开办南洋公学，设学宗旨"以通达中国经史大义厚植根柢为基础，以西国政治家日本法部文部为指归，略仿法国国政学堂之意。……其在公学始终卒业者，则以专学政治家之学为断。"② 1902 年制订的《震旦学院章程》规定"课程遵泰西国学功令，分文学 Literature、质学（日本名之曰科学）Science 两科"。文学科分"正课"与"附课"两类，附课包括"历史（History）""舆地（Geography）"和"政治（Politics）"。而政治则是由"社会（Sociology）""财政（Economic）""公法（International law）"构成。③ 这里的"政治"体现的是法兰西"诸政治学"观念。

1902 年 8 月，张百熙主持拟定《钦定京师大学堂章程》，定大学堂分三个层次：大学院、大学专门分科、大学预备科，附设仕学馆和师范馆。大学专门分科，略仿日本例，定为七科：政治科第一、文学科第二、格致科第三、农业科第四、工艺科第五、商务科第六、医术科第七。

---

① 中国史学会主编：《戊戌变法》（四），上海书店出版社 2000 年版，第 489—490 页。

② 舒新城编：《中国近代教育史资料》上册，人民教育出版社 1981 年第 2 版，第 152—153 页。戊戌变法时期，梁启超等人经常提到"法国政治学院"，与这里的"法国国政学堂"大概是指同样的机构，即 1872 年创立于巴黎的"政治学院"（École Libre des Sciences Politiques）。

③ 朱维铮编：《马相伯集》，复旦大学出版社 1996 年版，第 41—43 页。

政治科分为二目，即政治学和法律学。[①]《钦定京师大学堂章程》在我国首次规定了大学分科分系制度，但未实行。取而代之的是1904年初清政府颁布的由张百熙、荣庆、张之洞会商重订的《奏定学堂章程》。该章程规定大学分科除了《钦定京师大学堂章程》中所列的七科，还要增设经学科，列在各分科大学之首，合为八科。其中，政法科分为二门：一、政治门，二、法律门。实际上，京师大学堂直到1910年才开办分科大学，分经科、法政科、文科、格致科、工科、商科、农科。法政科分法律门和政治门。[②]

在清政府垮台之前，中国人创办的大学只有北洋大学堂、京师大学堂、南洋公学上院和山西大学堂。早期的北洋大学堂和山西大学堂所设的法律科，均倾向英美法，和政治学的关系较为疏远。[③] 清末的法政教育，主要依附法政专门学校。1905年11月开办的直隶法政学堂，以"改良直隶全省吏治、培养佐理新政人才为宗旨"。学堂分预科与正科，正科教授的课目为大清律例、大清会典、交涉约章、政治学、宪法、行政法、刑法、民法、商法、国际公法、国际私法、刑事诉讼法、民事诉讼法、裁判所构成法、应用经济、财政学、警察学、监狱学、统计学、中外通商史、东文东语和演习裁判。[④] 直隶法政学堂首开各

---

① 朱有瓛编：《中国近代学制史料》第二辑上册，华东师范大学出版社1987年版，第754—760页。

② 萧超然等撰：《北京大学校史》，上海教育出版社1981年版，第323—324页。

③ 山西大学堂在解荣辂任内，"正是倡导立宪的时期，这时山西虽已成立有法政专门学堂，但所习的课程只限于日本法律系统。因此，他于西斋添设了一门法律学门，偏重欧美法律，和北洋大学法科性质略同"。南桂馨：《山西大学纪略》，中国人民政治协商会议全国委员会文史资料研究委员会编：《文史资料选辑》第8辑，文史资料出版社1960年10月，第164页。

④ 《直隶总督袁奏拟定法政学堂章程规则折(附章程)》，《东方杂志》第3卷第9号，1906年10月12日，第212—223页。

省兴办法政学堂之风。1906 年 7 月 7 日，学部通咨各省添设法政学堂。[①] 1907 年，京师法政学堂成立。学堂课程分为预科、本科及别科三种。正科政治门的课程包括人伦道德、皇朝掌故、大清律例、政治学、政治史、宪法、行政法、民法、刑法、理财学、财政学、社会学、日本语、英语、体操、商法、国际公法、国际私法、外交史、统计学等。[②]清末各省开设的法政学堂，大多仿照直隶法政学堂或京师法政学堂的章程办理。[③] 1910 年 12 月 20 日，学部奏请《改定法政学堂章程》，在学堂分科方面，于原有的法律、政治两门之外，专立经济一门，使法政学堂成为一个兼设法律、政治、经济三门四年制的学堂。这可能就是后来大学法学院包括政治、经济、法律三系的早期模式。

清末法政教育深受日本影响。第一，京师大学堂以及各法政学堂的学科体制和课程设置主要模仿日本学制。第二，法政教员基本上是由日本教习和留日学生担任。如上述京师法政学堂政治门的课程，绝大部分由日本教习担任。[④] 第三，法政教科书基本上采自日本。1906 年后，“法政粹编”“法政丛编”“法政讲义”“政法述义”“政法丛书”以及“早稻田大学政法理财科讲义”等几种丛书的大量印行，显然与当时国内法政学堂的兴起有关。这些丛书基本上译自日本教科书。以政治学的教科书为例，杜光佑的“法政丛编”本《政治学》、黄可权的“法政粹编”本《政治学》、陈敬第的“法政讲义”本《政治学》、郑篪

---

① 《通行各省御史乔树枏奏请各省添设法政学堂文》，见沈云龙主编：《近代中国史料丛刊》三编第十辑《学部奏咨辑要》（学部总务司编，宣统元年刊），台湾文海出版社 1986 年影印，第 77—78 页。

② 《奏定京师法政学堂章程折》，《学部奏咨辑要》，第 179—189 页。

③ 王健：《中国近代的法律教育》，中国政法大学出版社 2001 年版，第 268 页。

④ 汪向荣：《日本教习》，中国青年出版社 2000 年版，第 178 页。另请参见该书第 72—107 页的《日本教习分布表》。

的商务印书馆本《政治学》，以及在《北洋法政学报》上连载的吴兴让译述的《政治学》，都是依据东京帝国大学的法科大学教授小野塚喜平次的政治学讲义及其所著的《政治学大纲》编辑而成。

清末法政教育受日本影响的原因是多方面的，其中清政府关于法政教育办学宗旨的考虑是至关重要的因素。1910 年 6 月 3 日，学部在议复准予开办私立法政学堂的奏折中提到："各国法政之学，派别不同，各有系统，必折衷于一是始可以杜歧趋而崇政体，故学术之所宗必求与政治相应。我国各项法规多取则于日本，而日本实导源于德国，德国法学之统系与英法诸国统系绝不相容。日本先采法国派后乃悉弃之而改用德国派，盖君主立宪政体之国一切法制必择其与国体相宜者然后施行无扞格之弊，此则讲求政学者所必应共喻者也。"①

民国成立后，教育部于 1912 年 10 月先后公布《专门学校令》《大学令》。规定"专门学校以教授高等学术，养成专门人才为宗旨"；"大学以教授高深学术、养成硕学闳材、应国家需要为宗旨。""大学以文理二科为主。须合于下列各款之一，方得名为大学：一、文理两科并设者；二、文科兼法商二科者；三、理科兼医农工三科或二科一科者。"新法规将学术传授视作高等教育工作的中心，这与经张之洞、荣庆等修改颁布的《奏定学堂章程》所确立的"无论何等学堂，均以忠孝为本，以中国经史之学为基，俾学生心术壹归于纯正；而后以西学，论其智识，综其艺能。务期他日成材，各适实用"的立学宗旨，明显不同。

---

① 《奏议复浙抚奏变通部章准予私立学堂专习法政折》，《学部官报》第 126 期，宣统二年六月十一日，"本部章奏"第 4 页。

新的法令是由教育总长蔡元培主持制定的。蔡元培后来说:“鄙人之意,学与术虽关系至为密切,而习之者旨趋不同。文、理,学也。虽亦有间接之应用,而治此者以研究真理为的,终身以之。所兼营者,不过教授著述之业,不出学理范围。法、商、医、工,术也。直接应用,治此者虽亦可有永久研究之兴趣,而及一程度,不可不服务于社会;转以服务时之所经验,促其术之进步,与治学者之极深研几,不相侔也。鄙人初意以学为基本,术为支干,不可不求其相应。故民国元年修改学制时,主张设法、商等科者,不可不兼设文科。设医、农、工各科者,不可不兼设理科。”又说:“鄙人以为治学者可谓之‘大学’,治术者可谓之‘高等专门学校’。两者有性质之别,而不必有年限与程度之差。”[①]但是社会上对于大学与高等专门学校存在等级之见,蔡元培于是在 1917 年 1 月召开的高等学校校务讨论会上所提的议案中,“不持前说而持一切皆为大学之说。惟于分合之间调剂之,此则以文、理两科为普通大学,而其他各科别称某科大学之主张也”。随后公布的《修正大学令》规定“大学分为文科、理科、法科、商科、医科、农科、工科”;“设二科以上者,得称为大学;其但设一科者,称为某科大学”。蔡元培认为此种变通规定,“对于各方面,无不可通”。[②]

蔡元培在担任北京大学校长后积极贯彻其教育思想,强调学术研究的意义。他在校长就职演说中对当时的法科状况进行了批评:“外人每指摘本校之腐败,以求学于此者,皆有做官发财思想,故毕业

---

① 蔡元培:《读周春岳君〈大学改制之商榷〉》,高平叔编:《蔡元培全集》第 3 卷,中华书局 1984 年版,第 149—150 页。

② 以上参见蔡元培:《大学改制之事实及理由》《读周春岳君〈大学改制之商榷〉》,高平叔编:《蔡元培全集》第 3 卷,中华书局 1984 年版,第 130—133、148—151 页。

预科者，多入法科，入文科者甚少，入理科者尤少，盖以法科为干禄之终南捷径也。因做官心热，对于教员，则不问其学问之浅深，惟问其官阶之大小。”他希望“大学生当以研究学术为天职，不当以大学为升官发财之阶梯”；要“抱定宗旨，为求学而来。入法科者，非为做官；入商科者，非为致富。宗旨既定，自趋正轨”。[①] 随后，蔡元培对北大的学科设置进行调整与改革，主要措施为扩充文理科，计划将法科分出去，与北京法政专科学校合并，组成法科大学。由于法科抵制，分出法科的计划未能实现。

在蔡元培推动大学学术化的同时，针对民初法政学校的泛滥，北京政府教育部先后颁布了《专门学校令》《公立私立专门学校规程》《法政专门学校规程》等各项规章制度，从师资、生源、学制、管理等方面，对法政学校的办学规范作了明确的规定，并加以整顿，严行取缔不具备资格或办理不良的私立法政学校。到 1916 年，法政专门学校已由 1912 年的 64 所减少了一半，学生人数则由 30803 人下降到 8803 人。[②] 民国北京政府教育部对法政学校的整顿，就其指导思想来说，与蔡元培的教育理念不无关系。

从民初北京政府教育部制定的高等教育学制中关于政治学科的规定来看，明显受大陆派法科制度影响。首先在学科安排上，1913 年 1 月教育部公布的《大学规程令》将法科分为法律学、政治学、经济学三门。此前公布的《法政专门学校规程令》也规定本科分设法律、政治、经济三科；政治、经济二科不分设者，得别设政治经济科。将政治学系（门、科）置于法学院（法科）之下，这种模式来源于大陆派的法

① 蔡元培：《就任北京大学校长之演说》，高平叔编：《蔡元培全集》第 3 卷，第 5 页。

② 周邦道编：《第一次中国教育年鉴》，丙编，第一，学校教育概况，开明书店 1934 年版，第 145—146 页。

学教育制度。美国的大学，每以一法律系单独成立一个学院，和文学院、理学院并立，而以政治、经济两种学科包括在文学院之内。[①] 其次，大学法科政治学门的课程设置包括以下科目：必修科——宪法、行政法、国家学、国法学、政治学、政治学史、政治史、政治地理、国际公法、外交史、刑法总论、民法、商法、经济学、财政学、统计学、社会学；选修科——法理学、农业政策、工业政策、商业政策、社会政策、交通政策、殖民政策、国际公法（各论）、政党史、国际私法。法政专门学校政治科的科目与大学政治门的科目基本相同。[②] 这种课程设置与清末法政学堂科目的不同，主要在于前者删去了诸如人伦道德、大清律例、皇朝掌故之类的旨在维护王朝道统的科目。当时法政学校的教员和教材仍与日本关系密切。时人指出："民国仅仅继承了大清帝国为数有限的法律文献，而西洋法律书籍又无法读懂，这便很自然的转而求助日本人大部分用汉字写成的西洋法律著作。很多人东渡日本研习法律，因而中国的法律学校不久就被从日本学成归来的中国人所把持。以北京法政专门学校为例，它是一所拥有 700 名政治学、经济学和法律学学生的学校。今年（即 1923 年）5 月，该校校长讲，学校所用教材的 70％是从日本翻译过来的，有 60％的教员是留日学

---

① 孙晓楼：《法律教育》，中国政法大学出版社 1997 年版，第 47—48 页。梁鋆立说："原来我国的所谓法学院，包括法律、政治、经济三系，脱胎于法国，而不是纯粹的法国式"（梁鋆立：《对于商务印书馆大学丛书目录中法律及政治部分之商榷》，《图书评论》第 2 卷第 2 期，1932 年 10 月 1 日）。欧洲大陆学派中，法国学派似偏重社会学，故法学院又有社会科学院之称。北平大学校长李煜瀛曾对该校法学院学生讲到"法学"二字的三种解释，其中第一解"则谓法学为广义而非狭义，换言之，法学非仅研究法律问题之学术机关，如社会经济政治亦均在其中，故亦有名法学院为社会学院者"。《北平大学区教育旬刊》第 3 期，1929 年 4 月 1 日，第 66 页。

② 《大学规程令》和《法政专门学校规程令》，见中国第二历史档案馆编：《中华民国史档案资料汇编》第三辑 教育，江苏古籍出版社 1991 年版，第 111—112、114—123 页。

生。……中国关于西方法律的大部分知识是从德国转由日本而来的。"[①]所指虽就法律而言，但政治学的情形大体类似。

"新文化运动"的影响之一是英美归国留学生在教育界中的地位日渐上升，并最终导致美国学制对于日本学制的取代。1919 年北京大学推行废"科"改"部"、废"门"改"系"制度和选科制，文、理、法科被重新改组为五个部。当时，东南大学也仿照美国大学将学年制改为选科制。1922 年 9 月，教育部在济南召开全国学制会议，议决《学校系统改革案》，并于同年 11 月 1 日公布施行。此即人们习惯称作的"壬戌学制"。该学制关于大学专业设置的规定与 1917 年公布的《修正大学令》保持一致，"大学校设数科或一科均可，其单设一科者称某科大学校，如医科大学校、法科大学校之类"。但是取消大学预科，并仿照美国大学采取学系和选科制。新学制促进了 1920 年代中国高等教育的发展，各省纷纷设立大学，如东南大学、北京师范大学、中州大学、广东省立法科大学、广东大学、东北大学、山东大学、湖南大学、政治大学等都是在"壬戌学制"颁布之后设立的。清华学校也于此时筹办大学。到 1926 年底，国内大学达到八十多所，包括国立大学、省立大学、私立大学和教会大学。[②]

南京国民政府成立后，经过短暂的大学区试验，教育部于 1929 年七八月间先后颁布《大学组织法》和《大学规程》，对大学教育的宗旨、方针、组织、实施等各主要方面作了明确的原则规定。根据《大学

---

① W. W. Blume, "Legal Education in China," *The China Law Review*, vol. 1, no. 2, July 1923. 转引自王健编：《西法东渐——外国人与中国法的近代变革》，中国政法大学出版社 2001 年版，第 492 页。

② 蔡元培：《十五年来我国大学教育之进步》(1926 年 10 月 10 日)，《蔡元培全集》第 5 卷，浙江教育出版社 1997 年版，第 411—412 页。

组织法》和《大学规程》,“大学分文、理、法、工、商、医各学院”;“大学法学院或独立学院法科,分法律、政治、经济三学系,但得专设法律学系”;“大学或独立学院之有文学院或文科而不设法学院或法科,及设法学院或法科而专设法律学系者,得设政治、经济二学系于文学院或文科。”[①]可见这个规定以大陆派法政教育制度为主,兼采美国学制。教育部又“以法医两科直接关系人命,间接影响社会生存,唯大学或独立学院始得设立;凡旧有公私立法政医学两种专门学校,一律自十八年度起停止招生,办至现有学生毕业时结束”。[②]教育专管部门遂依据相关法令,对原有的大学和学院进行整顿、重新注册,原先的一些省立法政专门学校和其他一些专门学校合并组成大学。因而,不少大学在成立之初就设置了政治学系,或开设了政治学方面的课程。到 1932 年,全国已有近三十所大学设立了政治学系。见下表:

表 2-1 1932 年全国大学设立政治学系情况一览表[③]

校别	所属学院	备注	校别	所属学院	备注
国立各大学			国立各大学		
中央大学	法学院		中山大学	法学院	
北京大学	法学院	设有法科研究所	暨南大学	法学院	
清华大学	法学院	设有法科研究所	浙江大学	文理学院	
武汉大学	法学院		四川大学	法学院	

① 中国第二历史档案馆编:《中华民国史档案资料汇编》第五辑第一编 教育(一),江苏古籍出版社 1994 年版,第 171、175 页。

② 《教育部成立二年来的工作概况》(1930 年),中国第二历史档案馆编:《中华民国史档案资料汇编》第五辑第一编 教育(一),第 129 页。

③ 据《全国各大学所设院系名称一览》编辑而成,原表见南京国民政府教育部编:《二十一年度全国高等教育统计》,商务印书馆 1935 年版,第 51—52 页。其中湖南大学和齐鲁大学未设独立的政治学系,见表中备注栏。

续表

校别	所属学院	备注	校别	所属学院	备注
省立各大学			东吴大学	文学院	
安徽大学	法学院		沪江大学	文学院	
河南大学	法学院		震旦大学	法学院	
山西大学	法学院		燕京大学	法学院	
湖南大学	文学院	政治经济系	南开大学	文学院	
东陆大学	文学院		武昌中华大学	文学院	
东北大学	法学院		厦门大学	法学院	
私立各大学			岭南大学	文理学院	
复旦大学	法学院	另有市政学系	广东国民大学	法学院	
光华大学	文学院		广州大学	法学院	
大夏大学	法学院一商学院		齐鲁大学	文学院	历史政治学系

南京国民政府成立之初，文类学生（包括文、法、商、教育）人数远远超过实类（包括理、农、工、医）学生人数。1928 年度，全国专科以上学校在校学生中，文类学生人数 18286 人，占学生总数的 73.1%，实类学生 6749 人，占总数的 26.9%。[①] 文类当中，法科学生人数居首位；而法科中，政治学系学生仅次于法律系学生。[②] 此种状况不符合南京国民政府的教育方针。南京国民政府于 1929 年公布的教育

① 相关数据的分析统计参见陈进金：《抗战前教育政策之研究》，第 197—199 页。

② 见《民国二十年度至二十六年度全国大学本科毕业生分科统计表》，中国第二历史档案馆编：《中华民国史档案资料汇编》第五辑第一编 教育（一），第 343—347 页。

实施方针中规定大学及专门教育必须注重实用科学，养成专门知识技能。随后又颁布相关法令提倡实用科学。但是，文实类的比例依然悬殊。鉴于这种情况，国民政府于 1932 年后连续出台政策措施，加大调整力度。

1932 年 5 月，身兼国民党中央执行委员、常务委员、政治会议委员数职的陈果夫向中央政治会议提出“改革教育初步方案”，主张全国各大学及专门学院，自 1932 年度起一律停止招收文、法、艺术等科学生，暂定以十年为限；将文、法等科之经费移作扩充农、工、医科之用；在十年之内，中央及各省派遣留学生，规定以农、工、医等应用科学为限。① 其目的在于以激进的方式改变当时文实结构失衡的局面。当时也有学者怀疑陈果夫的“取消论”，目的之一就在于禁止学生研究社会科学，特别是研究政治，以避免“捣乱知识分子”的增加。② 因为其过于激进而引发各方面的质疑与批评，结果国民党中央政治会议在审查陈果夫的提案时，将“十年内停止招收文法艺术等科学生”一项修改为：“文法科办理不良者停止招生，艺术院校加设实用艺术课程，以促工商业之发展。”③1932 年 12 月，国民政府颁布《改革大学文法等科设置办法》，明确规定：“全国各大学及专门学院之文法等科，……如有办理不善者，限令停止招生或取销立案分年结束，嗣后遇有请设文法等科者，除边远省分，为养成法官及教师，准设文法等科外，一律饬令暂不设置。”④

① 中国国民党中央委员会党史史料编纂委员会编：《革命文献》第 54 辑，《抗战前教育政策与改革》，台北：中央文物供应社 1971 年版，第 397—398 页。

② 转引自陈进金：《抗战前教育政策之研究》，第 381 页。

③ 中国国民党中央委员会党史史料编纂委员会编：《革命文献》第 54 辑，《抗战前教育政策与改革》，第 397 页。

④ 教育部参事处编：《教育法令汇编》第一辑，商务印书馆 1936 年版，第 142 页。

在重实抑文政策的作用下，一些学校的政治学系或被取消，或与其他院系合并，或停止招生。到 1936 年 1 月，全国公私立大学、学院中政治学专业的设置情况大致如表 2-2 所示。

表 2-2 1936 年全国公私立大学、学院政治学专业设置情况一览表①

校别	所属学院	备注	校别	所属学院	备注
国立大学			云南大学	文法学院	
中央大学	法学院		东北大学	法学院	
北平大学	法商学院		私立大学		
北京大学	法学院	法科研究所暂缓招生	复旦大学	法学院	
清华大学	法学院	法科研究所分政治、经济两部	金陵大学	文学院	准设文科研究所史学部
武汉大学	法学院	法科研究所设经济部	光华大学	文学院	
中山大学	法学院		大夏大学	法学院	设政治经济系
四川大学	法学院		广州大学	法学院	
省立大学			广东国民大学	法学院	
东北大学	法学院		岭南大学	文理学院	
河南大学	法学院	法学院俟法律、政治两系结束后停办。	南开大学	文学院	
山西大学	法学院		沪江大学	文学院	
湖南大学	文学院		震旦大学	法学院	设政治经济系

① 据《全国公私立大学、独立学院、专科学校一览表》，1936 年 1 月。见中国第二历史档案馆编：《中华民国史档案资料汇编》第五辑第一编 教育(一)，第 300—323 页。

续表

校别	所属学院	备注	校别	所属学院	备注
燕京大学	法学院	法科研究所设政治学部	上海法政学院	法学院	
东吴大学	文学院	法科研究所仅设法学部	上海法学院	法学院	设政治经济系
齐鲁大学	文学院	历史政治学系	之江文理学院	文学院	
厦门大学	法商学院	设政治经济系	福建协和学院	文学院	设政治经济系
国立独立学院			福建学院	法学院	法科已令办理结束
广东法科学院	法学院		正风文学院	法学院	设政治经济系
省立独立学院			中国学院	法学院	设政治经济系
河北法商学院	法学院	政治经济两系自本年起停止招生，逐年结束。	北平民国学院	法学院	
私立独立学院			金陵女子文理学院	法学院	
朝阳学院	法学院				

通过上列两表比较，可知高等学校中政治学专业的设置数从1932年到1936年间，不仅没有增加，反而有所下降。学生人数也呈同样趋势（见表2-3）。但是事情往往具有两面性，量的削减有时反而有利于质的提升。一方面，政府可以将有限的资源用来重点发展那些基础较好的政治学系。就实际情况来看，国民政府当时推行的重实抑文政策实有必要。因为清末推行的法政教育虽经民初一度之整

顿,但由于北洋政府统治时期国家一直处于动荡分裂中,缺乏连贯有效的政策措施,依然泛滥浅薄;另一方面,在没有政策鼓励与扶持的情况下,仍自愿来学习政治学的学生,不少是因为真正喜欢政治学,这与本着猎官心理来学习政治学的相比,自然更有益于政治学系的发展。比如"清华校风,在梅月涵(贻琦)校长倡导之下,是偏重理工方面的。当时选习文法科的学生远较选习理工科者为少。正因为文法科不时髦,选习文法科的学生都是真正有志于此道者,水准反而提高。"①

表 2-3　1931—1937 年度全国大学本科政治类毕业生人数一览表②

年　度	政治学系	政治经济学系	外交领事学系	市政学系	历史政治学系	合计
1937 学年度	268	106	———	———	18	392
1936 学年度	459	161	———	2	75	697
1935 学年度	423	161	———	2	75	661
1934 学年度	619	225	———	6	———	850
1933 学年度	529	199	4	9	9	750
1932 学年度	580	134	5	8	10	737
1931 学年度	493	103	11	11	45	663
合计	3371	1089	20	38	232	4750

① 陈之迈:《蒋廷黻的志事与平生》,传记文学出版社 1985 年再版,第 22 页。

② 据《民国二十年度至二十六年度全国大学本科毕业生分科统计表》(表 1:文科;表 2:法科)编制而成。中国第二历史档案馆编:《中华民国史档案资料汇编》第五辑第一编 教育(一),第 342—345 页。

第二节　清华政治学系的创立

一、清华早期政治学课程

清华政治学系的成立，是在1925年清华学校改制设立大学部之后的事，而有关政治学的课程自清华学堂成立时就开始设立。处于留美预备部时代的清华学堂，“以培植全材，增进国力为宗旨”，学校参酌中美学科制度，分设高等科与中等科，各以四年毕业。高等科注重专门教育，以美国大学及专门学堂为标准，课程设置参考美国大学低年级课程，以便学生毕业后能直接插入美国大学二三年级，并能适应美国大学的学习与生活。1911年《清华学堂章程》开列该校学科为十类：一、哲学教育类；二、本国文学类；三、世界文学类；四、美术音乐类；五、史学政治类；六、数学天文类；七、物理化学类；八、动植生理类；九、地文地质类；十、体育手工类。每类学科功课分通修、专修二种。通修“种期博赅”，专修“种期精深”。其中史学政治类课程，贯穿中等科与高等科共八年教育。[①] 民国成立后，清华学堂改称清华学校，办学宗旨未变，仍“以培植全才，增进国力为宗旨，以造成能考入美国大学与彼邦人士受同等之教育为范围”，但将高等科分为文实两科，课程分为必修与选修，全部学科被重新分为西文及中文两部，仍以西文学科为主要课程。其中，政治课只设于高等科四年级，作为文、实科学生的必修课程，每周2个钟点。[②] 在1916年高等科的课程

---

① 《清华学堂章程》(1911年2月)，《清华大学史料选编》第1卷，第146页。

② 《北京清华学校近章》，《神州》第1卷第2册，1914年7月。

表中，政治学不再作为必修，与新增设的公民学、国际法一样都是只供三、四年级学生选修的课程，在学生的整个学分要求中所占比例较低。[①] 总之，当时清华学校注重的是语言训练，包括政治学在内的社会科学以及自然科学等并非学生学习的重点。故王化成说，“民国十四年以前，清华为留美预备部时代，当时学校亦设有二三关于政治学之课程，惟以办学目的，在求深造于国外，故课程性质，尽属基本浅易学科。”[②]

早期在清华学校教授西学课程的基本上都是美国教师，至于政治学课程究竟是由哪些人讲授，并不很清楚。普林斯顿大学历史和政治系教授兼系主任麦克洛斯(Robert M. McElroy)可能是其中的一位。[③] 后来，回到清华执教的庚款留美学生逐渐取代美籍教员。清华毕业生余日宣大约在 1920 年 6 月之后从南开来到清华[④]，担任政治学教员。在 1922 年的高等科课程表中，社会科学部的课程包括欧洲上古史、欧洲近世史、美国史、工商地理、公民学、政治学、比较法制、东亚邦交史、经济学、商业组织、经济概要、币制银行、社会学、劳

---

① 苏云峰：《从清华学堂到清华大学，1911—1929》，第 165 页。

② 王化成：《政治学系概况》，《清华周刊》向导专号，1935 年 6 月 14 日。

③ 苏云峰：《从清华学堂到清华大学，1911—1929》，1996 年版，见该书附录“清华美籍教员名录”，第 423—424 页。

④ 《清华周刊》第 244 期(1922 年 4 月 21 日)上刊登的余日宣《征求清华旧同学的意见》一文中有“我既回到清华，将近两年”的说法。另《清华周刊》第 6 次增刊(1920 年 6 月)上的《留美回国之清华同学一览表》中，余日宣的服务单位是天津南开学校。据此可以推测上文结论。余日宣(1890—1958)，湖北蒲圻人。1911 年毕业于武昌文华大学，后入清华学校。1913 年赴美留学，入威斯康辛大学，1917 年毕业于普林斯顿大学，获政治学硕士学位。又进哥伦比亚大学研究政治与教育。回国后，历任武昌文华大学教授，南开大学教务长，清华学校政治学教授，国民政府军政部中校秘书，沪江大学历史政治学系教授。见徐友春主编：《民国人物大辞典》，河北人民出版社 1991 年版，第 398 页；《清华同学录》，国立清华大学校长办公处 1937 年印行，第 38 页。

动法、社会心理学、心理学、哲学、泰西文化等。其中政治方面的课程全部由余日宣和魁格雷(H. S. Quigley)博士担任。余日宣担任公民学、比较法制两门课程;魁格雷担任政治学、东亚邦交史、泰西文化三门课程。[①] 魁格雷当时是美国明尼苏达大学助教授[②]。

二、清华改制与政治学系的设立

清华的创办与维持有赖于庚款,按照用款计划,庚款到1940年结束。因此,若不及早将清华学校改办为大学,庚款耗竭之时,学校就得关门,留美学生的派遣也得终止。这对清华主持者而言,无疑构成压力与挑战,因而不得不谋求长远之计。校长周诒春于1916年曾呈请国民政府外交部"扩充学额,预备设立大学"。随后,代理校长赵国材也呈请"增高程度,升为大学"。但是,周贻春离校后,校长数易,仅改组董事会以维持局面,更无计划可言。"五四"运动以后,民族主义高涨,国人反对教会教育,而清华式的"买办"教育也在被反对之列。杜威、罗素来华,劝中国教育界创造中国式的理想学校。[③] 1922年"壬戌学制"的推行引发了"大学热",许多专门学校,纷纷改办大学,清华当亦不甘落后;同时也认识到"美国寻常大学,其设备及教材等,并不十分优良,何苦赶紧出洋",留学生"若不先在国内受相当之高等教育及社会训练,留学太久,即与社会情形隔膜,而服务效率,反为减少",因而感到有提升清华程度之必要。[④] 但直到曹云祥主校时期,除了上述推动因素,还凭着曹云祥的才识与努力,清华改办大学

---

① 《清华周刊》第254期,1922年10月14日。

② 关于魁格雷的经历及其与中国的关系,详见本书第五章第一节。

③ 邱椿:《清华教育政策的进步》,《清华大学史料选编》第1卷,第272页。

④ 曹云祥:《改良清华学校之办法》,《清华周刊》"本校十周年纪念增刊",1924年3月。

之议才得以实现。

1923年清华开始停办中等科，1924年开始停招高等科。是年底到次年上半年，大学筹备委员会紧锣密鼓地筹划改制事宜，拟定各项方案。按照大学部成立前拟定的《大学部组织与课程》，大学部分普通科和专门科两级，各为两年或三年，“前者重综合的观察；后者重专精的预备”。普通科“以使学生知中国之以往与世界之现状，藉以明了中国在此过渡时代之意义，并鼓励学生使为择业之考虑为宗旨”。所设课程大致均为普通性质，为各生必修者。专门科对学生施以专门训练，“即对于学生选就之终身职业或学术为专精的预备”，“专门训练之方法当采书院制或学徒式之精神为之，不令蹈自由选科制之泛滥无归之故辙”。专门科大致分三类：甲、文理类；乙、应用社会科学类；丙、应用自然科学类。[①] 但此时只决定文理类于1927年先开办数系，其他门类俟调查国内情形后再行决定，并决定于1925年秋间着手此项调查。此一方案主要出自张彭春的擘画。

大学部普通科于1925年秋季开始招录一年级新生。当年大学一年级课程分为共同科目和选修科目两大类。选修科目包括国文选修科目、英文选修科目、数学选修科目、自然科学选修科目、社会科学选修科目、哲学选修科目、语言学选修科目。在社会科学选修科目中，政治类课程只有“政治学及远东政治”一门。“本学程前项为政治学初步，令学生习知政治学之性质范围及方法，国家成立之要素及其机能与范围，公民权与国籍，宪法之性质、来源及种类，政权之分配，选民等问题。后项将中国、日本现今政治上之组织及实际运用，作比

---

① 《大学部组织及课程》，载《清华一览》1925年。《北京清华学校大学部暂行章程》，《清华周刊》第358期，1925年4月。

较的研究，以讲演及读书方法为之。”[①]该课程由余日宣担任。[②] 1925年12月3日经教职员会议通过课程委员会议定的《民国十五年至十六年学程细目》，据此，大学一年级的课程结构与1925年度的没有多少差别，但政治学课程在原有的基础上增加了一门“比较政治（中央及地方）”。[③]

1925年大学专门科筹备处拟就了专门科课程草案，将专门科课程分为西洋文学组（英文门、法文门、德文门）、社会经济组（社会学门、经济学门、商业门）、生物学组（植物学门、动物学门、普通生物学门）、教育、心理及西洋哲学组、物理数学组、政治学组。政治学组的课程草案规定：专门科第一年的必修科目为经济学、社会学、社会心理、第二外国语（至少须选读其中两种，共6个“单位”。以下括号中数字均指“单位”）；西洋近代政制（3）；中国政制（中央及地方）（3）；中国近世史（政治的）（3）；法学通论（1）。第二年的科目均系选修，共15或16个单位，其中政治学的课程为：国际公法（3）、中国外交史（1.5）、现代国际关系（1.5）、英国宪法史（1.5）、政治思想史（3）、日本史（政治的）（1.5）、俄国史（政治的）（1.5）。凡预备将来在外交界服务者，可多习第二外国语；凡预备将来在新闻界服务者，可多习国文及其他社会科学。政治组学生均可与教员商定，于上列课程以外任选其他科目。[④]

不料张彭春的方案进行半年后，“荆棘丛生，讥谗迭见”，教员中发生了驱张风潮，张彭春旋即离去，他的计划遂形搁置。1926年春，

---

① 《清华一览》1925—1926年。见《清华大学史料选编》第1卷，第307—327页。

② 见《1925年秋教员授课表》，《清华周刊》第350期，1925年9月11日。

③ 《清华周刊》第363期，1925年12月11日。

④ 《清华周刊》第365期，1925年12月25日。

清华着手为次年分系之准备。3 月 26 日刊行的《清华周刊》透露，1927 年起清华将开办九种专科，分别是：中国文史组、西洋文学组（英文）、物理组、化学组、生物学组、政治外交组、商业经济组、教育组、农业组（垦务），但“各科如遇有人数过少时不得开科”。[①] 1926 年 4 月 15 日教职员大会通过的《清华学校组织大纲》则规定，“本校学程以学系为单位”，“大学部本科修业期至少四年，学生毕业后给予学士学位”。4 月 26 日，第一次评议会议决设立 17 个学系，其中 11 个系先行设立专修课程，4 个系暂不设立专修课程，2 个系仅设普通课程。4 月 29 日，教授会选举产生各系主任。政治学系列入先行设立专修课程的 11 个系中，系主任为余日宣。[②] 至此，清华学校政治学系正式成立。[③]

清华政治学系的设立较早即有成议，1921 年 3 月，学校“已定设大学一年级”（下学年高等科四年级即为大学一年级），“大致分文实二科。文科有政治学科、社会学科、经济学科、银行学科等；实科有医学预备科、农林科及工程科。”[④]之后虽然未能实行，但议设大学问题成为各方关注的焦点，改制工作遂着手逐步展开。在此过程中，政治学始终被列为筹划中的大学部的组成单位。其受重视的具体原因未见说明，但据相关史实可略作推断。

20 世纪 20 年代，中国政治势力分化组合剧烈，民初设立的代议制正受到来自中国本身经历及外来观念的冲击，改造代议制思想蓬

① 《清华学校大学部课程大纲》，《清华周刊》第 372 期，1926 年 3 月 26 日。

② 清华大学校史研究室编：《清华大学九十年》，清华大学出版社 2001 年版，第 36 页。

③ 赵德洁在《清华政治学系发展之概况》中说“清华政治学系之诞生也，实自民国十五年始”。《清华周刊》向导专号，第 514—515 期合刊，1931 年 6 月 1 日。

④ 清华大学校史研究室编：《清华大学九十年》，第 25 页。

勃兴起;[①]在国家与地方、政府与民间社会的关系处理等诸多方面正面临着多元化的路径选择,在国家发展问题上也上演着根本改造还是渐进改良之争。要建立一个有效的民主政府需要了解更多的知识,进行广泛的社会、政治改革。加上第一次世界大战后,中国人看到了以平等的地位进入国际大家庭的希望。[②] 这一切使得人们对政治改造抱以极大热情,在展望民族国家重建的前景中,政治人才和外交人才的培养被视为学院教育的重要任务之一。1923 年,燕京大学政治学系开办之初即将办学宗旨定在为政府培养内政、外交人才,为国家培养领导人才。同年 9 月,张君劢应江苏省长韩国钧之聘,创立国立自治学院。两年后,改称国立政治大学,张君劢有意将其办成"民主政治的实验所"。1926 年,南开大学对文科进行重大改革,"按学生之兴趣,察已有之人才,将文科之精力集中于政治、经济两系,训练政治、经济之人才,以应现实中国之需要"。[③] 可见 20 世纪 20 年代政治学教育机构纷纷设立或调整,与当时的时代背景极为密切。

对于教育机构的主持者来说,是否设立政治学系,通常会考虑到该校所处的地域与人文环境是否适合该学系的建立。1914 年北京政府教育部委任专门教育司司长汤中会同参事王振先等筹划国立大学事宜。汤中等随后条拟办法,特具说帖。他们认为北京大学可规设文、法、理、医四分科。关于设立法科的理由,他们认为:"法科则无论为法律、为政治经济,所习皆经世之术,即将来皆从政之材。北京

---

① 参见邓丽兰:《域外观念与本土政制变迁——20 世纪二三十年代中国知识界的政制设计与参政》,中国人民大学出版社 2003 年版,第 37—54 页。

② 杰西·格·卢茨著,曾钜生译:《中国教会大学史》,浙江教育出版社 1987 年版,第 174—175 页。

③ 黄钰生:《采集中精力政策,以振兴文科计划书》,《南大周刊》,第 40 期,1927 年 10 月 17 日。

为政法之渊海，不仅教材易得，即观摩之益亦十倍他方，自有设立法科之必要。”[①]北京特有的这种地域政治环境到1920年代依然存在，即便是在南京国民政府成立后的相当一段时间里，北平还是一个政治重心。

1923年11月，清华在筹办大学时曾设想以清华为造就中国领袖人才的实验学校。[②] 同年6月1日，政治学教员魁格雷、余日宣率政治学班同学17人及非政治学班同学4人，进见大总统黎元洪。黎在训词中说：“诸君既有国学根底，又有游美机会，将来截长补短，定可为祖国尽一份力量，行将见诸君握中国大权矣。”[③]无论是主观理想，还是外在期许，作为领袖人才未必就是政治学家，但是不能不懂政治，故政治的教育与训练实有必要。受20世纪20年代中国时局和世风影响，地处北京郊区的清华园中学子也颇为关心政治与社会。吴宓当时对此还不以为然：“此间一二优秀学生，如张荫麟、陈铨等，亦皆不愿习文史之学，而欲习所谓实际有用之学科，以从事于爱国运动，服务社会。”[④]其实，当时清华学生中热衷于政治的大有人在，除了参加学生运动，不少学生对研究政治有着浓厚的兴趣，他们组织政治研究会，在政治学教员的引导下，邀请政、学界名人来校演讲，举办政治报告会与讨论会。[⑤]

---

① 《教育部关于并北京大学北洋大学为国立大学训令》(1914年2月3日)，中国第二历史档案馆编：《中华民国史档案资料汇编》第三辑 教育，江苏古籍出版社1991年版，第206页。

② 《清华大学总纲》，《清华周刊》第293期，1923年11月9日。1923年11月1日，教职员会议通过教务长张彭春宣读的课程委员会报告中的清华大学总纲原理。

③ 清华大学校史研究室编：《清华大学九十年》，第29页。

④ 《吴宓日记》第3册，1925年8月6日，第53页。

⑤ 关于清华政治学研究会参见本书第六章第一节。

按照梅贻琦的说法，清华的教育方针，“概括言之，可谓为造就专门人才，以供社会建设之用。”在此方针下，以定学系之设立。“但各系有为他校所已办，而成绩优良无需更设者，有因科门之性质不宜设立于清华者，亦有因一时设备难周须逐渐开办者，故本校现定有十系之专修学程。”其中社会科学类只有政治学系和经济学系。[①] 此前，北大政治学系早已创办，但早期因模仿日本学科体制，受德国国家学派影响，且教员与学生多热衷于仕途或牵涉实际政治，直到留学英、法或美国的王世杰、周鲠生、张慰慈等人于 1920 年代初来到北大政治系任教授后，“始组成正式的法科，而学生亦渐去猎官的陋见，引起求学的兴会”。[②] 因此，就英美政治学的特点来说，清华政治学系的设立，起点与北大政治学系相比，并不相差太远。且由于清华与美国的特殊关系，大有后来居上的可能。

在设系过程中，更为重要的是有关决策者的构成及其影响。余日宣自从 1920 年来到清华后就一直讲授政治学课程，后兼校务调查委员会[③]会长，是一位参与意识很强的清华少壮派成员，张彭春说他有“政治性味”，“一心想任政治社会科学组主任”，并推荐同党张歆海来清华。[④] 1923 年 2 月，余日宣担任西学部史地政治组分科会议主席。[⑤] 张彭春于 1923 年 6 月被聘为清华教务长。张到职后，重组课程委员会，聘请梅贻琦、庄泽宣、陈有虞、余日宣、戴志骞、美国教员

---

① 梅贻琦：《清华学校的教育方针》，《清华周刊》第 426 期，1927 年 12 月 23 日。

② 蔡元培：《我在教育界的经验》，《蔡元培全集》第 8 卷，第 511 页。

③ 该调查委员会是曹云祥于 1922 年 4 月代理校长后，为响应校内外的改革呼声而设立的。历时半年，提出一份改革报告，内容涉及清华十几个方面的事务，其中最重要的是关于清华基本金和董事会问题。报告见《清华周刊》第 267 期，1923 年 1 月 13 日。

④ 苏云峰：《从清华学堂到清华大学，1911—1929》，第 139—140 页。

⑤ 《清华周刊》第 269 期，1923 年 2 月 15 日。

Elwang、Heinz、Danton，加上他本人共九人为委员，分别草拟旧制和筹备新设大学部的课程。[①] 这个委员会在清华学校改制方面具有重要影响，1923 年 11 月 1 日张彭春在教职员会议上宣读的课程改革报告，及此后公布的大学部课程设计，均出自该委员会之手。在课程设计中教育学、心理学和政治学之所以被给予适当的地位，与专治教育学和心理学的庄泽宣以及治政治学的余日宣恐怕不无关系。而整顿课程为改办大学之第一要务。

1925 年 4 月 23 日，外交部批准清华学校大学筹备委员会提出的《清华大学工作及组织纲要（草案）》和《北京清华学校大学部暂行章程》。《暂行章程》规定设置校务会议。校务会议由以下人员组成：校长（主席）、普通科主任、专门科主任或筹备主任、研究院主任、大学部任课之教授互选四人、由校长选派之教授或职员二人（附注：在民国十五年至十六年终了时，如校务会议认为必要时得更改会员名额）。该会为校中最高权力机关，有权拟定教育方针、每年之预算并经费支出、建筑及设备之计划、教授以上教习之设置及各教习之人选、出版事项、大学推广、民国十七年以后大学之组织等各项事宜，由校长呈外交部核准实行。[②]同月，校务会议由曹云祥、张彭春、庄泽宣、吴宓、王祖廉、全绍文、梅贻琦、余日宣、郑之蕃、王文显共十人组成。[③] 可见余日宣此时处于权力核心。这个校务会议组成人员中存在着尖锐对立的两派，一派是以教务长张彭春为首的"南开派"，一派是清华少壮派。清华少壮派大概就是张彭春所谓的"H. H. 集团"，其组成分子

---

① 张彭春：《清华学校日程草案》第 1 册，转引自苏云峰：《从清华学堂到清华大学，1911—1929》，第 173 页。

② 《清华大学史料选编》第 1 卷，第 303 页。

③ 清华大学校史研究室编：《清华大学九十年》，第 34 页。

为张鑫海、庄泽宣、吴宓、钱端升、陈达、王文显、叶企孙与一个叫"T. L."的野心家。① 1925年秋,组成新的校务会议,余日宣和郑之蕃、王文显三人分别由赵元任、孟宪承、陆咏沂所取代。从钱端升在《清华学校》一文中对该会的攻击来看,该会可能相当有利于张彭春。这次人事的变动或许反映了双方斗争的结果。吴宓日记中对这两派的明争暗斗作了非常生动的记录。据吴宓日记记载,张彭春对清华少壮派是相当排斥的。② 吴宓这样评价张彭春:"张仲述实有胜过诸人之处,允称清华办事惟一人才。但其……学问匪深,疑忌贤明绩学之士,实其所短。"③以致张歆海、钱端升都有离去清华之意④。双方积怨越来越深,终于在年底的校长人选问题上爆发激烈冲突。结果,曹云祥继续担任校长,而张彭春则被迫离开清华。少壮派虽然占得上风,但是旧制学生与张彭春感情颇好,平日视张为清华惟一理想人选,在得知张离开清华之后,立即掀起风潮,挽留张彭春,要求斥退"元凶"王祖廉、庄泽宣、徐然,将全绍文、曹霖生、虞振镛、陈达、蔡正

---

① 张彭春:《清华学校日程草案》第2册,第513—514页,转引自苏云峰《从清华学堂到清华大学,1911—1929》,第81页。"H. H."疑指张鑫海(后名歆海,时任清华学校旧制部英语教授),参见《吴宓日记》第3册,第3、6页。"T. L."疑指王祖廉。据时在该校任教授的钱基博写给乃弟函称,校长曹云祥受群小包围,导致教务长张彭春去职风潮。其中"元凶"之一王祖廉乃校长私人,头衔是校长机要秘书。见傅宏星主编《潜庐诗文存稿》,华中师范大学出版社2016年版,第324—326页。

② 至少吴宓对此有切身感受。1925年7月3日晚,吴宓访张彭春,"张君谈次,谓在他地教授者,多喜来京,不知何故。乃至京,则懒惰优游,毫无出息,不如前之勤奋,是诚可惜"。吴宓感受到这是讥讽和羞辱他。10月22日下午,吴宓为普通科学生演讲《文学研究法》,因"空疏虚浮,毫无预备,殊自惭愧",而"张仲述结束之词,颇含讥讪之意",则不啻伤口撒盐。见《吴宓日记》第3册,第40、84页。

③ 《吴宓日记》第3册,1926年1月27日,第141页。

④ 《吴宓日记》第3册。1925年6月3日:"下午,二时至三时,校务会议。此间办事诸人,多狭私怨,而毫无尊重学问、保育人才之意,于是张鑫海(歆海)遂离清华矣。"6月9日:"此间诸人,殊鄙琐。歆海去矣,端升亦辞。学者不容,相率以去。殊可忧也。"

列为次凶，张歆海、钱端升、吴宓列为陪凶。[①] 结果，王祖廉、徐然去职，准庄泽宣请假半年。观吴宓日记，余日宣似非驱张少壮派之成员。可能因此在两派俱伤之后，他可以取得清华相当的实权。当罗家伦代表南京国民政府来领导清华前夕，清华学生以把持校务之名，驱逐余日宣、虞振镛、戴志骞等人，可见余日宣当时在校中的地位。总之，余日宣在谋求政治学系发展方面未必有多大贡献，但对于维持政治学系的存在应该是起到了作用。

在此次校长风潮中，钱端升虽然也是倒张运动中的重要分子，就在倒张运动的高潮中，他在《北京晨报》和《清华周刊》上抛出《清华学校》一文，罗列清华的弊病，并提出改良的途径与方法，矛头显然有针对张彭春之处。但在学生看来，他行事较公开且多出于公心，所批评和建议的也不无道理，因此没有将他列为“元凶”。风潮过后，钱端升被全体教职员大会推举为“清华学校改组委员会”七人委员之一，与其他委员共同起草清华学校组织大纲。该大纲于 4 月 15 日经清华教职员会议三读通过，交由校长执行。该大纲的要点为教授治校和实行分系制。[②] 4 月 19 日，第一次教授会依据清华学校组织大纲，选举陈达、孟宪承、戴志骞、杨光弼、吴宓、赵元任、陈福田等七人为评议员。钱端升得票列第九，未能当选，但当选评议员中的陈达和吴宓同他关系甚密。尤其是和吴宓，交往非常密切。钱端升还经常开导吴宓一些为人处世的道理，吴宓似乎都心悦诚服。《清华学校组织大纲》规定 1930 年大学院开办时取消国学研究院，“此乃钱端升之意”，而吴宓“亦甚赞成”。[③] 评议会拥有很大实权，掌控了大部分校政，包

---

① 《吴宓日记》第 3 册，1926 年 2 月 5 日，第 147 页。

② 《清华学校组织大纲》，载《清华周刊》第 376 期，1926 年 4 月 27 日。

③ 《吴宓日记》第 3 册，1926 年 3 月 6 日，第 153 页。

括议定全校教育方针，各学系之设立、废止及变更，财政、人事等。4月26及28日，评议会召开第一次及第二次会议，通过议事细则，选举吴宓为评议会书记，并讨论学系标准，议决设立国文、西洋文学、政治学等17个学系。当时讨论的详情虽不可知，但从设立的学系名称来看，除了一些基本的文理学系外，某些学系的设立如教育心理学系、农学系、社会学系，可能与参与决策的相关实权人物有关。另外，值得一提的是，钱端升虽在《清华学校》中主张将清华办成文理大学，但这并不表明他排斥政治学系，因为按照哈佛大学和中国东吴大学的成例，政治学系并不设在法学院，而是列在文学院中。钱端升毕业于哈佛，他可能认为政治学可归属文科之列。

第三节　创办初期的清华政治学系

1926年4月29日，第三次教授会议选举各系主任，余日宣当选政治学系主任。根据《清华学校组织大纲》，学系主任之职权为召集学系会议办理以下事项：一、编制本系课程；二、编制本系预算；三、推荐本系教授讲师教员及助教；四、审定本系图书仪器之购置及其他设备；五、保管本系一切设备；六、讨论本系教学及学生训育问题。各学系成立后，各系主任开始制订学程大纲，陆续刊登在《清华周刊》上。政治学系的学程大纲以英文拟定，现照录如下：

DEPARTMENT OF POLITICAL SCIENCE
CURRICULUM①

First Year:

Chinese	3 hours
English	3 hours
Modern history	3 hours
Political science I	3 hours
	12 hours

Natural Science (Physics, Chemistry, or Biology) or Other Electives

Second Year:

Chinese	3 hours
English	3 hours
	6 hours
Chinese Diplomacy	3 hours
Comparative Gov't	3 hours

Third Year:

Chinese Diplomacy	3 hours
World Politics	3 hours
Modern Imperialism	3 hours
Elements of Law	3 hours
International Law	3 hours
Political Theories	3 hours
Political Parties	3 hours

Second Year(especially for 1926—27):

Chinese	3 hours
English	3 hours
Chinese Diplomacy	3 hours
Comparative Gov't	3 hours
Municipal Gov't	3 hours
World Politics	3 hours
Natural Science ? ? ?	3 hours
Far Eastern Gov't	3 hours
Municipal Gov't	3 hours
World Politics	3 hours
Modern Imperialism	3 hours
Natural Science ? ? ?	3 hours

Fourth Year:

Chinese Diplomacy	3 hours
World Politics	3 hours
Modern Imperialism	3 hours
Elements of Law	3 hours
International Law	3 hours
Political Theories	3 hours
Political Parties	3 hours
Constitutional History of England	3 hours

N. B. Students in this Department must take at least six courses in Political Science and at least three courses in other Social Sciences.

① 《清华周刊》,第 382 期,1926 年 6 月 4 日。

这是一份高度模仿美国大学政治学课程设置的课程表。[①] 由于一年级学生不分系，1926—1927 年度政治学系学生只有二年级学生 29 人（该年度学生所学的课程为上表右上角所列部分）。就整个四年的课程来看，极少涉及中国政治。该课程表公布之后，引起清华留美同学的关注。留美同学会会长徐宗涑请吴景超、王化成、雷海宗、何运暄、胡毅等五人组织清华文科课程委员会讨论会，研究清华大学文科课程，要求于 1927 年 5 月 1 日前提出报告。吴景超等在报告中对政治、经济、历史、教育心理四个系的课程设置提出批评与改进建

---

① 以同一时期哈佛大学政治系的专业课程为例进行对比，可以看到这种类似性。当时哈佛大学政治系的本科课程有以下科目（这里列举部分）：Popular Government: Its History, Organization, and Practice; Principles of Popular Government; Political Though and Institutions; The National Government of the United States; European Political Institutions; State Government in the United States; Party Government in the United States; Municipal Government; American Constitutional Law; Elements of International Law; Nationalism in International Relations; International Government; Modern Imperialism。见 *Harvard University Catalogue*, Harvard University Press 1931, pp. 292-295。就当时美国大学的普遍情况来看，据美国政治学会的调查，在 200 多所大学和学院中，有一半以上的学校将美国政治（American government）作为政治学导论课（Introductory Course）开设，其他的学校有的还将政治理论概述（Survey of Political Theory）、比较政府（Comparative Government）、一般政治问题（General Problems of Government）、公民（Citizenship）等作为政治学导论课。在导论课基础之上还有几十种相关的政治学课程。见 William B. Munro, "Instruction in Political Science in Colleges and Universities," *The American Political Science Review*, vol. 24, no. 1, "Report of the Committee on Policy of the American Political Science Association"(Feb., 1930), pp. 138,141。留学法国的梁鋆立曾说："试阅巴黎大学法科的课程表，哪里有什么'政治学'和'比较政府'的名称呢？（有的只是 Droit Public 和 Droit Constitutionnel Compare）。至于'政党论'、'帝国主义研究'和'现代国际政治'诸科目，大半是美国大学 Graduate School 所开的课程，只可算是美国货了。"（梁鋆立：《对于商务印书馆大学丛书目录中法律及政治部分之商榷》，《图书评论》第 2 卷第 2 期，1932 年 10 月 1 日）也从一个方面反映了这份清华政治系的课程表具有美国化的特征。

议。主张“清华大学的文科，其职务不只在灌输学生以欧美的智识。大学文科的教员，应与学生一同研究中国的问题，使中国的社会科学，将来有独立的希望”。其课程改进方案强调加强中国问题研究。他们将课程分为三个层次：数字代码为一百至二百之科目，为大学一二年级学生开设；二百至三百之科目，为三四年级学生开设；三百至四百之科目，带研究性质，愿习者须得主任教授许可。“对于研究中国社会之高深科目，多置于三百至四百中，以示该种科目，注重搜考而不注重演讲之意。”关于政治学系的课程，其建议的方案如下（注：下划“＿＿”者为原课程中所无而该委员会以为应设之课程）：

一百至二百之科目：政治学入门　中国法律入门（等于原文中之 Elements of Law）<u>中国宪法</u>　<u>公民学</u>　<u>议院法</u>

二百至三百之科目：西洋政治思想史　国际法入门　比较政府　政党　市政府　世界外交史　<u>中国政府</u>　<u>欧战前中国外交史</u>　<u>现代中国外交问题</u>　<u>满蒙藏问题</u>

三百至四百之科目：<u>中国政治思想史</u>　<u>中国政治组织史</u>

原文中有 Modern Imperialism 今归于历史系。Far Eastern Gov't 中关于日本的，可在“比较政府”一科中讨论，关于中国的，当另设专科教授，以示注重。Constitutional History 今改名“中国宪法”，表示在该科中所讨论的，注重我们本国的宪法史，他国的往事，不过用以作参考比较而已。我们对于清华原定的政治系科目，有一根本的批评，就是他们对于中国的政治历史，组织，问题及现状，太未注意。我们所添设的课程，大半是矫正这缺点的。我们也知道，在现在这个时候，教“中国政府”，教“中国宪法”，的确是艰难，因为无教科书作根据，无现存的材料可以传给学生。但是这种艰难，是应该打破的，而负这种责任的人，便是堂堂的大学教授。我们希望于大学教授的颇深，同时更希望他们能逃避轮回教授的恶名，所以于讨论外国政治的科目之外，还加了一些更要紧的，讲中国政治的科目。[①]

关于政治学系课程改革的建议，可能是由王化成提出的。1924年，时在美国明尼苏达大学读政治学的王化成就曾致函清华周刊，建议清华改设大学和增设中国社会科学。“美国大学，读政治者，除去普通学理外，大多是读美国中央政府，美国省政府，美国市政府。读书的是美国人，研究的是美国事，毕业以后，恰能用其所学！清华除去一礼拜四点钟之政治学一门外，别无政治课。所有者亦不过谈谈学理，与美国如何。中国什么样，是闻不到。我们在这儿不用说，还是念‘美国什么样’。回国之后，如若不自家下一两年工夫去研究本国的政治，差不多就不容易做事。问一句国情不知道。再问一句还是不知道。两三句话一谈，好的说洋学生不知国情，坏的骂一句‘洋鬼子’。我意清华应该首先增设中国社会科学，譬如政治方面，可有的课程如(1)中国政治学说。(2)中国历代政体的变迁。(3)中国现在政治的组织等等。其他经济学，社会学，无一不可照办。不过这种增设的课程，有两个条件：第一，要用科学方法，把材料 organize 起来；教授也得用西文课的教法(不是用英文)。第二，要好教习，中西学问俱好，而肯下功夫研究的中国的一班老先生是不适用。我承认他们有学问，不过他们不会教，不懂科学方法，不明新教授法。”[②]

王化成上述观点触及西方社会科学输入中国后如何本土化的问题。1920年代初国内已有不少有识之士关注这个问题。1922年5

① 吴景超等:《关于清华大学文科课程的商榷》,《清华周刊》第416期,1927年10月14日。

② 王化成:《对于母校当事及同学的几点建议》,载《清华周刊十周年增刊》,1924年3月1日。

月 25 日，罗家伦在致北大校长蔡元培的信中说："留学政策，就现在泛滥的而论，殊属失败。自己的学术界程度与标准不提高，向国外剽窃是无用的。民族要有独立的思想，当有独立的研究，学风，方法，及材料之策源地。"[①]1925 年 9 月，梁启超在《清华周刊》上发表《学问独立与清华第二期事业》，指出："一国之政治独立及社会生活独立，俱以学问为之基础。"他告诫清华留美学生："若仅以听受彼中校课自足，结果所学尽变成'洋八股'，归来一无所用，且并不能得实习之机会以求所学之增益。故我同学在留学中，不容徒费全副精力以习彼国之实务而忘我国之实务，当常常注意其研究方法，思及回国后与本国实务接触，如何始能应用。"[②]在学生方面也有本土化的呼求。北京大学政治研究会会员邹德高、苏锡龄鉴于研究会同学所研究的东西，倾向于外国方面的多，认为"如果纯取法国外材料，完全舍丢我们本国固有的东西，无论研究的怎样详细，怎样精确，对于我国历史的思想变迁不明白，要想适用，仿佛是隔靴搔痒"。[③] 1924 年底 1925 年初，南开发生的"轮回教育"风波，更是引起学界关注。当时就有人批评道："南大的教育，除了一两位视为不关重要的国文教员外，其余多是美国留学生，是年轻的留学生，而且是不懂中国国情的留学生。所以教授的材料，教授的方法，教授所用的语言，无一不是外国的，自然科学是如此，社会科学也是如此。至于中国的社会状况是怎样，中国大学教育的使命和方针应怎样，这些外国的教材等等对于中国国情的关系是怎样，中国青年所需要的教育是什么，中国青年对于国家所负担的责任是什么，他们一概不管，昏天黑地的把自己在外国所学的

① 《北京大学日刊》，1922 年 7 月 8 日。

② 《清华周刊》第 350 期，1925 年 9 月 11 日。

③ 《北京大学日刊》，1922 年 2 月 17 日。

依样画葫芦抄来敷衍一回。干脆一句话，这些纯'洋化'的留学生，硬拿外国的原本书塞进学生肚子里去，硬把外国适应的教育来教育中国人，中国的大学应当是这样的吗？中国的教育家的使命是这样的吗？社会上捐款助款给南大，为的是这样无益国家社会的教育吗？身受这种教育的青年们，不应当起来反抗吗？"[①]何廉于1926年6月初抵南开后，即前往北京、南京、上海等地，参观北大、燕京、清华、金陵、东南、复旦、交通、暨南、沪江、圣约翰及大夏等大学，仔细考察各校经济课程及其内容。他发现有两大缺点，一是多数抄袭美国各大学流行之课程，不加损益；二是所讲授者大抵全为欧美各国资料，本国情形反而不提。此种情形不独于经济学系课程为然，其他如政治学系及社会学系等课程，也是如此。[②]

王化成等人的改革建议虽然迟至1927年10月初才在《清华周刊》上刊出，但在此之前可能早已递到清华当局者面前。1927年4月29日出版的《清华周刊》中对政治学系的现有教授及课程作了如下介绍：

现任教授：余日宣（主任）、钱端升、刘师舜、金岳霖。

专修课程如下：

入门：政府，民本政治原理

政治思想：西洋政治思想史，中国政治思想史，现代政治思想，国家学

政府：中国政府，日本政府，俄国政府，英国政府，美国政府，中国地方政府，英美地方自治，西洋地方政府，西洋市政管理，国

① 祝冷然：《南开教育的破产》，《京报副刊》第32号，1925年1月10日。

② 浦薛凤：《音容宛在》，第125页。

家的联合政党

法律：法律概论，宪法，民法，刑法，商法，行政法

国际：国际公法，国际关系，中国外交史，中俄日外交史，中英外交史①

1934年代理系主任王化成在《清华政治学系之概况》中提到："本系课程，自兹年始，加以系统的整顿，分为各组，拟定预修课目，庶免趋难避易，躐等荡级之弊矣。"所指大概即上述情况。这次修改体现了几个新的特点。第一，对课程进行分类系统化，所有课程被分为五类。第二，增加了有关本国方面的课程，包括中国政治思想史、中国政府、中国外交史。第三，加重了法律方面的课程。在余日宣最初拟定的课程中，法律课程仅有法律概论和国际法，而且这两种课程也与政治学关系密切，此时则增加了民法、刑法、商法等纯粹的法学课程。第四，有关各国政府的课程大为增加。另外，这个课程表似乎存在因人设置的情形，其中政治思想类课程、政府类课程、国际类课程，可能是因为金岳霖、钱端升、刘师舜各自的学术专长而设置的。

1928年4月，政治学系将课程再作修订，调整了部分课程的学分与授课时间，增加了国际公法案例、外交学、西洋市政管理、比较政治、欧洲近百年史等科目，作为1928—1929学年拟设的学科。② 但是这个修订方案并没有实施，因为1928年8月罗家伦出任清华大学校长，政治学系主任改由吴之椿担任，吴之椿对政治学系课程重新作了修订。

在吴之椿担任系主任之前，清华政治学系处于初创时期，教师较

---

① 《大学部之现在与将来》，《清华周刊》第408期，1927年4月29日。

② 《清华周刊》第437期，1928年4月20日，第734—735页。

少，有的还兼任其他学系或外校的课程。当时北方政局动荡，教育界欠薪与索薪风潮时有发生，国民革命风暴又即将来临，导致教师队伍极不稳定。民国十五年至十六年度，清华教师分为研究教授、教授、讲师、教员等四种类型，而政治学系只有郑麐、刘师舜、钱端升等三位教授，郑、刘同时兼西洋文学系讲师，钱兼历史学系讲师。[①] 1927 年春季，钱端升开始在北京大学兼任教授，教政治和法律两系的宪法课。1927 年 4 月 29 日出版的《清华周刊》中提及政治学系的现任教授为：余日宣（主任）、钱端升、刘师舜、金岳霖。[②] 而 5 月份的《清华一览》则显示 1927 年上半年政治学系的教授为钱端升、刘师舜、余日宣，另有讲师陈复光一名。[③] 1926—1927 年度，政治学系主任余日宣出国休假。至 1926 年 9 月 22 日，系主任迄未举定，乃由教务长梅贻琦兼代。1927 年春夏，奉系军阀入关，对教育界、报界人士极为横暴，钱端升乃避走沪宁，秋季应中央大学之聘，任政治系副教授。[④] 1927 年 6 月 6 日，校评议会上教务长梅贻琦出示当月 4 日外交部之部令：准温应星辞校长职，派余日宣暂行代理校长。但是，6 月 8 日，北伐军进入北京。6 月 10 日，梁启超对清华的局面有如下记述："清华评议会许多议案尚未通过，新教习聘书一概未发（旧教习契约满期者亦尚未续发），而北京局面已翻新，校长辞职，负责无人，下学期校务全在停顿中。该校为党人所必争，不久必将全体改组。"[⑤]从民国十六年至十七年的各学系教师名单来看，政治学系的教师只有教授三

---

① 《一九二六至一九三四年度教职员录》，清华大学档案，全宗号 1，目录号 4—5，案卷号 1。余日宣未被列入名单中，可能因为他尚在休假的缘故。

② 《大学部之现在与将来》，《清华周刊》第 408 期。

③ 《清华一览》（1927 年 5 月），据其中的"清华学校教职员表"，第 194—211 页。

④ 钱端升：《我的自述》，《钱端升学术论著自选集》，第 696 页。

⑤ 丁文江、赵丰田编：《梁启超年谱长编》，上海人民出版社 1983 年版，第 1179 页。

人，即余日宣、苏尚骥和杨光泩。[①] 但杨光泩不久就请假去了南方，1928 年春任职于南京国民政府外交部。[②] 可见国民革命北伐的浪潮对于地处北京西郊的清华学校也有不小的冲击，校中的政治学系亦受此影响。但是，这只是暂时的，与实际政治理应关系密切的政治学自然不会受到新主人的冷落。

① 《一九二六至一九三四年度教职员录》，清华大学档案，全宗号 1，目录号 4—5，案卷号 1。

② “名人录・时人汇志：杨光泩”，《国闻周报》第 6 卷第 25 期，1929 年 6 月 30 日。另参《清华周刊》第 432 期，1928 年 3 月 9 日，第 381 页；第 436 期，1928 年 4 月 6 日，第 644 页。

第三章　国立清华大学时期政治学系的发展

北伐胜利后，南京国民政府于 1928 年 6 月接管北平各大学校。8 月 17 日改清华学校为国立清华大学，21 日任命罗家伦为校长。9 月 3 日，中华民国大学院公布《国立清华大学条例》。规定：国立清华大学"以求中华民族在学术上之独立发展，而完成建设新中国之使命为宗旨"。罗家伦于 9 月 18 日宣誓就职，发表题为"学术独立与新清华"的演讲，特别强调"学术独立"，要求"中国的学术在国际间也有独立自由平等的地位"。清华由此进入新的历史时期，直到抗战爆发被迫迁徙西南，这是清华学术发展的"黄金时代"。期间尽管有些风波，给政治学系带来一些变故，但在吴之椿、浦薛凤两任系主任领导下，清华政治学系获得了长足的发展，表现在学科建制、课程教学、学术研究与交流等各个方面。本章主要探讨清华政治学系在学科建制方面的情况。

第一节　吴之椿主持系务时期政治学系的改进与扩展

罗家伦就任清华大学校长后，对学校体制作了调整，在调整后的 14 个学系中保留了政治学系。又在呈交清华董事会的报告《整理校务之经过及计划》里提出办理政治、经济两学系的方针："政治经济两系的学科与国家政治社会生活的改造关系最为重要，现在党治之下，应以中国国民党的原则为归宿，养成实际的行政人才。"[①]并改聘吴之椿[②]为政治学系主任和新聘一批教授，"于系务多所改进，教授课程，同时倍增"。政治学系迎来了新的发展机遇。

一、课程改革及其背景

吴之椿担任系主任后，对政治学系课程作了较大调整。1928 年下学期制定的清华大学课程大纲中属于政治学系的科目大致如下：

（一）关于政治基本科目：1. 政治论，2. 近代政治制度，3. 市政论，4. 地方自治制度，5. 政党论；

（二）关于国际科目：1. 国际公法，2. 国际联盟，3. 国际组织，4. 国际关系，5. 世界政治大势；

---

① 《国立清华大学校刊》第 12 期，1928 年 11 月 23 日。

② 吴之椿（1894—1971），湖北武昌人，1894 年 5 月 20 日生。1911 年在宜昌美国教会所办美华书院读英文。1914 年在武昌文华书院学习。1917 年官费赴美国入依利诺依大学，1920 年毕业，获文学士学位。又入哈佛大学，次年获硕士学位。嗣后在伦敦政治研究院和法国巴黎大学深造。1922 年夏归国，历任中州大学、武昌大学、中山大学教授。1926 年任武汉国民政府外交部政务处处长。这年秋末随宋庆龄取道海参崴前往莫斯科。翌年在巴黎大学和柏林大学听课。1928 年夏回国，旋应清华大学之聘，任教授兼教务长。1932 年任青岛山东大学教授兼总务长。次年在南京国民政府教育部主持中学英语教学工作。抗日战争时期，先后担任武汉大学（四川乐山）、西南联合大学（云南昆明）教授。1946 年任北京大学教授。新中国成立后，继任北大教授。1952 年改任北京政法学院教授。1958 年 11 月退休。1961 年 11 月被聘为中央文史研究馆馆员。1971 年 8 月 11 日病故，终年 77 岁。著有《青年的修养》《民治与法治》《自由与组织》，译有《印度简史》《论出版自由》。见《中央文史馆馆员传略》，中华书局 2001 年版，第 217—218 页。其早期经历还可参看 T. C. Woo（吴之椿），*The Kuomintang and the Future of the Chinese Revolution*, London: George Allen and Unwin co., 1928, Publisher's Note。

（三）关于外交科目：1. 外交学，2. 中国外交史，3. 远东外交史，4. 欧洲外交史，5. 中国修改条约问题；

（四）关于政治思想方面：1. 中国政治思想史，2. 西洋政治思想史，3. 近代政治思潮，4. 政治思想专题研究，5. 政治思想名著选读；

（五）关于政法科目：1. 宪法，2. 行政法，3. 行政管理，4. 法学通论，5. 民法，6. 商法，7. 国际私法，8. 刑法，9. 法制史。[1]

1929 年 9 月 15 日，吴之椿在接受《校刊》一作者访问时表示，1929 年政治系之课程决定开班者有下列各科：

（甲）普通课程：（一）政治概论；（二）近代政治制度。以上由浦薛凤担任；（三）市政学，由胡道维担任。

（乙）国际法方面之课程：（四）国际公法；（五）国际联盟；（六）世界政治大势；（七）国际组织。以上由王化成担任；（八）国际公法案件研究；（九）条约研究（研究条约之性质、订定、效力等）。以上由 Prof. Wright 担任，Prof. Wright 又拟授国际关系，而学校希望其授国际公法专题 Special topics 研究，或欧战与国际法，此点须俟 Wright 本人来后始能决定。（十）中国外交史，此科由蒋廷黻担任，蒋先生于中国外交史极有研究，政治系又拟请其指导中国外交史专题研究。

（丙）政治思想方面之课程：（十一）近代政治思潮，浦薛凤担任；（十二）政治思想名著研究；（十三）政治思想史。以上由张奚若担任。

---

① 宋迪夏：《读了〈提醒政治学系同学〉以后》，《国立清华大学校刊》第 78 期，1929 年 6 月 7 日。

(丁)法律方面课程:(十四)法学通论;(十五)民法一及民法二。法学通论及民法一由郭闵畴担任,民法二人选未定。(十六)法制史,由程郁庭担任。(十七)商法,何基鸿担任。[①]

王化成说,当时"新置之课程,半属法学方面者,盖当时清华未设法律学系,而本系学生,则又不能不予以选修法律学科之机会,是以只可附于本系之内,盖亦一时通权之计也。"[②]在法律系没有设立的情况下,由作为与法律学科最为接近的政治学系承担部分法律课程,予学生选修法律学科的机会,固然是必要的,但是增设法律课程的原因或许并非仅此一端。

在吴之椿主持政治学系之前,政治学系就已经增添了少数法律方面的课程。但是学生方面仍不满意。政治学系学生徐雄飞和一位刘姓同学针对政治学系1928年4月改订后的课程大纲,于这年暑假中参考东吴法学院、东京帝国大学、广东大学、厦门大学、大夏大学和中央大学等校政治系和法律系的课程大纲,拟定了一份清华大学"政法学系"课程大纲。主要内容如下:

一、政治学:政治思想史、欧美政治制度、欧美各国近代政党、中国政党史、政治史、现代政治、现代政治学说、市政论、欧美各国近代地方制度、议会法、比较选举法、政治心理学、国际政治、不平等条约之研究、政治地理、世界外交史、欧洲外交史、远东外交史、中国外交史外交学、外交政策、外交实习、西洋上古史、西洋中古史、西洋近世史、三民主义研究、国民党主义及组织、国际公法、国际私法、行政法总论、行政法各论、比较行政、比

---

① 《国立清华大学校刊》第86期,1929年9月16日。

② 王化成:《清华政治学系之概况》,《清华周刊》向导专号,1934年6月1日。

较宪法、中国关税史、殖民政策、社会心理学。

二、关于法律一方面的课程：法理学、法制史、中国法制史、民法总则、民法各论（债权、物权、亲属、继承）、刑法总论（下略）

三、有密切关系之学程：经济学、社会学、财政学、经济思想史（下略）

徐雄飞等主张将“政治学系”改为“政法学系”，其理由是：“第一，我觉得‘政治’的含意，好比是整个人体的外部，‘法律’这样东西，犹如人体内部的五脏和肠索，我们只懂了几个政治上的名辞，而忽略了法律的实体，结果，很少实际的应用。……第二，为着时代心理的要求，清华似乎应该添设法律学系，不过另设一系，经济是个大问题，同时我觉得一般‘分系的大学’之内，没有把政治和法律分系的必要，至于中央大学法学院，上海东吴大学法学院，他们尽可很详细的分门别类。我们为着便利偏于研究法律的同学起见，应该要改为‘政法学系’。”他们还认为，办大学教育的人既要注重时代的需要，同时也要注重学校的“个性”，“清华的个性特别长于政治和经济，所以办学的人，应该特别注意到它的发展”。[①]

徐雄飞等虽然表达了需要加设法律课程的理由，但未能从理论上作出清晰的说明。1929 年 5 月中旬，燕京大学法学教授郭闵畴在清华作了题为“清华与法学”的演讲，则从学派背景方面分析了清华政治系添设法学课程的原因，并对清华此举表示赞成。他说：“从前清华没有法学的课程，现在已次第的添增了。这个情形和燕京大学恰恰相符，在以往燕大也是没有法学的，最近已更改过来。这可以说是政治学系的性质改变了，从前清华燕大所采的是美国式的，在美国

① 《国立清华大学校刊》第 32 期，1929 年 1 月 11 日；第 33 期，1929 年 1 月 14 日。

学校里的政治系是没有法学课程的。现在我们所采的是大陆式，法学的课程归并在政治系。到底是哪一种好？……没有疑问，采用英美式在中国是不适用的。”“北京各学院的政治系经济系都有法学的课程，因为研究政治经济有些地方根本和法学是离不开的。……英美则不然，她们的法律并没有大陆法分得那样清楚，一切的法规全用判例。”而根本原因则在于中国所采用的是大陆法，属于大陆法系。①

郭闵畴的讲演有助于理解清华政治学系课程改革的原因。为什么恰恰是燕京和清华的政治系在创办之初的课程体系中不注重法学，而以北京大学为代表的北京的其他大学的政治系却有法学课程呢？这个问题可从各校的历史沿革和办学者的出身来看。燕京属于美国教会大学，清华是由美国退还庚款办起来的，两校的办学者又多为留美归国学生，自然受美国的教育观念与教学模式影响。前述吴景超、王化成、雷海宗、何运暄、胡毅等五人组织文科课程委员会讨论会所拟的清华大学文科课程方案就明显反映了这一点。据此方案，在政治学系的课程体系中，纯粹的法学课程基本上被贬到边缘地位，政治思想、政治制度、国际公法与国际关系成为政治学系课程中的三大板块。而北大当时则受日本及德国高等教育模式的影响，政治与法学的分界并不严格。②

---

① 《国立清华大学校刊》第 68 期，1929 年 5 月 15 日。

② 北大政治学系的课程配置一直重视法律。1917—1918 年度法科政治门课程中，民法、刑法、宪法、平时国际法、战时国际公法、行政法、商法均列为必修科目，随后两个年度的课程表中仍旧。1920—1921 年度的课程中，作为必修的法律科目有民法总则、刑法总论、宪法、民法债权、民法物权、行政法总论、行政法各论、国际公法、商法(一)，作为选修的法律科目有刑法各论、商法(二)、法律哲学、国际私法、本国法制史。这种状况到 1921—1922 年度发生了较大变化，该年度政治系必修科目大为减少，原先所有的法律科目均列为选修。见《北大日刊》1923 年 6 月 16 日。

可见，清华政治学系增加法律课程，并不仅仅是为了迎合学生的要求，它与南京国民政府采用大陆法系的取向也有关系。前面提到，国民政府教育部于1929年颁布的《大学组织法》和《大学规程》规定大学的法科设置以大陆派法政教育制度为主。按照大陆派法政教育制度，政治与法律关系密切，政治系课程中通常要包括许多法律科目，或者将政治与法律共置于法学院之内。既然罗家伦已经为政治学系确定了在党治之下养成实际行政人才的指导方针，作为在国民党人罗家伦掌控之下且属于国立大学中一员的清华大学，当然不得不考虑国民政府教育当局的办学方向。另外，增设法律课程也有为日后成立法律系打基础的考虑。

但是法律课程的添加与系主任吴之椿的学术理念是否一致呢？《国立清华大学校刊》第一期上就曾以大量文字宣传政治学系的新气象。其中写道：

> 本校政治系自经聘请吴之椿先生主持后，改革甚多，其课程方面则根本废除以前办法，将所有课程单位，从新分配，加多必修科目，从前该系必修科仅有政治概论及比较政治二门，分量似嫌过少，现在则举凡论理学、社会学、中国近百年史、西洋近百年史、经济学、财政学等科目均划为必修，盖以政治之为物本身原是空空洞洞的，其构成，其演进，全靠经济、历史、社会等诸原动力之推动，故欲明乎政治，欲对政治有深切真实之认识，不可不对于其他社会科学如经济、历史、社会、人类学有充分之涵养，及丰富之常识，然后始可收贯通之效。
>
> 吴先生曾语诸同学云："学政治的人要完全抛弃以前传统的旧习惯、旧观点，不要再把政治当作一种马马虎虎功课，随便可应付了事，须知政治一科包罗最广，异常复杂，非若他科之简单

可比,大家应格外努力云。”①

吴之椿当时对政治学是否持有系统的看法,目前尚未发现可以直接说明这一问题的材料。但从他 1934 年发表的《政治学与自然科学》一文来看,或许可以窥见他当时的想法。他说:“研究政治学最大的困难似乎是在政治的现象是复杂的。政治学上所观察的现象,……没有一件是单纯的。种族、文化、经济、心理、内政、外交,等等,俱为构成政治现象的有力的元素。”“复杂的现象,如能设法分析使之单纯化,就要研究应当用什么方法”;“政治学的将来的发展也许是要间接的”;“政治学是社会科学之一,它若是要达到一种相当可靠的程度,也必须借重于别的社会科学的努力。……但除了借重别的社会科学以外,政治学更应当设法利用自然科学的发明。”②这种观念在上述课程设置上显然有所体现。值得注意的是,无论是《国立清华大学校刊》对吴之椿关于政治学的观点的间接引述,还是《政治学与自然科学》这篇文章,其中所强调的都是经济、社会、财政、心理等其他社会科学对于政治学的意义,但没有提及法律。如果说法律因素在吴之椿的政治学概念中并不重要,那么大概不能将吴之椿的倾向理解为接近德国的国家学,而与法国人的“诸政治学”观念也是有区别的。但是如果将它与怀特(L. D. White)关于芝加哥学派特征的如下描述进行对照,二者之间似乎更为接近。

到了 1920 年以后,默瑞阿姆的学生们尾随在他的后面,令政治学同生物学、人类学、心理学、社会学、经济学、医学等结姻,

① 超然:《政治学系近讯》,《国立清华大学校刊》第 1 期,1928 年 10 月 29 日。引文中下划线为笔者所加。另外,原文中存在着明显的错别字及标点错误,引文中径自改之,此处不一一指明。

② 《清华周刊》第 586、587 期合刊,1934 年 7 月 1 日。

大胆地致力于这种持续的实验。……年轻的政治学者们根据默瑞阿姆的尝试，得以把政治学和法律以及历史紧紧搅在一起的枷锁放松开，考虑应该把政治学固定在其本应就有的框架里并加以定位。[①]

又据吴之椿自道，1929 年政治系课程的制定曾与王世杰、周鲠生两先生几度斟酌始定。[②] 王、周二人皆为当时国内公法研究方面的权威，王世杰擅长比较宪法研究，周鲠生则偏重国际公法和国际关系研究。吴之椿本人曾担任过武汉国民政府外交部政务处长。1927 年春，他还作为陈友仁的助手参与收回汉口英租界协定的谈判。其时，国民政府奉行"革命外交"，正在推行修订条约运动，希望废除帝国主义列强在华特权，收回领事裁判权。这些因素可能是当时清华政治学课程比较注重国际法与外交[③]的原因所在。

此外，与校长罗家伦的办学指导思想也有关系。罗家伦到校之前，曾和大学院院长蔡元培商量好如何调整和组织清华的院系。他们决定先成立文、理、法三学院，以文理为中心，再把文理的成就，滋长其他的部门。重视纯粹科学的研究。[④] 罗家伦早年毕业于北大，与蔡元培有师生之谊。蔡元培当教育总长和北大校长时，强调大学的研究性质，主张将大学办成以文理科为中心的研究性大学。到他出

---

① Leonard D. White, ed., *The Future of Government in the United States: Essays in Honor of Charles E. Merriam*, 1942, p. vi. 转引自内田满：《早稻田与现代美国政治学》，第 275 页。

② 《政治学系迎新大会志盛》，《国立清华大学校刊》第 92 期，1929 年 10 月 2 日。

③ 赵德洁在《清华政治学系发展之概况》中说，1928 年度政治学系"所购书籍，多偏于国际公法及国际关系方面者，于兹可略窥本系将来发展之趋势"（《清华周刊》向导专号，第 514、515 期合刊，1931 年 6 月 1 日），也可旁证当时政治学系课程对于国际法与国际关系的重视。

④ 罗家伦：《学术独立与新清华》，《清华大学史料选编》第 1 卷，第 200 页。

任大学院院长时，依然强调大学的研究功能，当时仿照法国所实行的大学区制，就是蔡元培等人的主张，它充分体现了蔡元培的“教育学术化，学术研究化”的思想。鉴于这种思想，清华大学当时的办学政策，强调由博而专的通才教育。故将大一、大二的共同必修课，规定为一种通识教育，包括国文、英文，社会科学(政治、经济、社会、西洋通史择一)、自然科学。至于专与博之间，各系重点不同，政治学系之本系课程仅占36%，鼓励学生去选修其他系的课程，以扩大学识基础。罗家伦还以美国普林斯顿大学的水准作为清华的办学目标。①

总之，吴之椿主持的课程改革有着较为复杂的背景。既要适应教育当局的政策导向，又要面对学生方面的要求；既要迎合时代潮流，又要符合罗家伦提出的“学术化”方针；而他本人也力求实践自己的教育理念，因而最终确立与实施的课程改革方案恐怕只能是各方冲突与调适的结果。

二、教师结构的调整与扩充

罗家伦到任之初即大幅度解聘旧教员，延聘新学者。他是五四时代的风云人物，本以政治起家，对于清华政治学系的发展似乎寄予厚望。在他来清华之前，其心目中拟聘的好教授就包括钱端升。②1929年4月16日，在回答上海记者询问有关新聘教授、讲师情况时，罗家伦列举最多的是政治学系的新聘教员。称“余聘教授，毫无门户

---

① 《罗志希先生传记暨著述资料》，中华民国史料研究中心编印发行，1976年12月，第85页。罗家伦1920年秋入普林斯顿大学，对普林斯顿大学的学术水准有近距离的直接体会。普林斯顿大学是一所以文理为中心的研究型大学。至今仍无商学院、法学院、医学院的设置，相当接近于蔡元培的认为文、理是“学”，法、商、医、工为“术”的观念。参见罗志田：《近代中国史学十论》，复旦大学出版社2003年版，第13页。

② 《南下代表报告书》(1928年9月13日)，《清华大学史料选编》第2卷(上)，第57页。

之见，概以学术标准为衡”。[①] 1928 年 10 月，新学年开始之际，政治学系新聘教授吴之椿（主任）、浦薛凤、胡元义、王化成，讲师郭闵畴、克尔文（E. S. Corwin）、刁敏谦。[②] 克尔文是美国普林斯顿大学教授，美国宪法学权威[③]，来校讲授“政治问题”一科。胡元义系经南京中央法制局王世杰介绍被聘为法律学教授，讲授民法、行政法、商法和国际私法。[④]但他不久就辞职了，系中只得物色其他人来接替。首先聘请北平大学法学院经济系主任刘懋初担任行政法，并讲授由吴之椿所教的宪法。刘系法国里昂大学法学博士，据云，“学识渊博，对于法学极有深造，其主要著述有 Dela Condition international de I'Egypte。曾任前广州外交部国际公法科科长，又前广州财政部公债司司长，广州市教育局局长等职，阅历甚广，且在国民党中资格甚老。”[⑤]民法及国际私法由黄右昌担任，何基鸿担任商法。[⑥] 黄、何当属兼职。本来聘定刁敏谦担任“中国外交史”和“中国修改条约问题”两门课程，但以其在南京外交部的职务一时未能摆脱，不克前来，吴之椿遂改邀王继曾。王曾任北洋政府国务院秘书长，外交部司长，及中国驻墨西哥公使等职，“既富于外交经验，复熟悉中国近代外交情

---

① 《罗校长与上海记者谈话》（1929 年 4 月 16 日），《国立清华大学校刊》第 61 期，1929 年 4 月 26 日。

② 《各系主任教授讲师一览》，《国立清华大学校刊》第 1 期，1928 年 10 月 29 日。

③ 浦薛凤：《太虚空里一游尘》，第 272 页。

④ 《国立清华大学校刊》第 5 期，1928 年 11 月 7 日。胡元义，湖南常德人，日本东京帝国大学法学士，曾任湖北高等法院检察官推事、国民政府司法部科长、清华大学、安徽大学、武汉大学等校法学教授。见《国立武汉大学一览》（1935 年），“本大学职教员履历”；《国立清华大学校刊》第 6 期，“政治学系两位新教授”，1928 年 11 月 9 日。

⑤ 《国立清华大学校刊》第 43 期，1929 年 3 月 6 日。

⑥ 《国立清华大学校刊》第 44 期，1929 年 3 月 8 日。

形，且对于学问素有研究与兴趣”。[①]但王继曾或许也未受任，而改聘刘彦[②]。“近代政治制度”一门，曾聘请清华早期留美学生时任教燕京大学的杨宗翰担任，杨后来因病辞职，1929 年 3 月 27 日起改由浦薛凤担任。

另一方面，在国民革命军北伐之际，本来人数就少的政治学系教员纷纷南下沪宁，余下者大概只有系主任余日宣一人，然而余日宣最终也未能留下。关于余日宣离去的背景与原因，浦薛凤有如下记述：[③]

> 予于一九二八年五月，即蒙业师余日宣先生函邀返校执教，旋即收到温应星校长所发聘书。……予于八月下旬抵达母校。首承（陈）岱孙，继有（王）化成，相继前来访谈，藉悉好事学生，已对三位教授表示不敬，所以余日宣、杨光弼与虞振镛三位先生公开表示自动离职。予得此消息自不愉快，立即访谒余师，表示蒙邀执教，衷心感谢，但闻将往上海应沪江大学之聘，殊深惆怅。余师谈笑自若毫不介意，并谓转换环境，增多经历亦好。予心稍觉安慰。

浦薛凤此说与 1928 年 9 月初《京报》所载大致相同，学生评议会要驱逐的教授有杨光弼、余日宣、戴志骞、虞振镛、赵学海等人。1928 年 8 月 25 日，郭廷以在致罗家伦的信中透露：“清华同学十九均不满学校现状，而切望其改革。……彼等对于清华之奢靡腐败，一部分教职员之操纵把持，切齿痛恶。彼等所希望之校长，为一以教育学术为

---

① 《国立清华大学校刊》第 6 期，1928 年 11 月 9 日。

② 《国立清华大学校刊》第 11 期（1928 年 11 月 21 日）上刊登一则消息说：“政治学系新聘刘彦先生为中国外交史讲师，刘先生业已应允日内即来校上课。刘先生为中国外交史名家，著作丰富，可无庸特别介绍。”

③ 浦薛凤：《万里家山一梦中》，第 134 页。

己任，富于积极改革之精神与决心，敢作敢为，大刀阔斧，勇往直前之学者，举数十年之积弊，扩而清之。至其与清华关系之深浅，是否为国内之名流，非所问也。""在校同学对于毕业同学，感情颇恶，决难合作。彼等认明盘踞清华而使学校陷于目今情境者，均为毕业同学。……同学对于现任教员，极多不满者。学生评议会议议决驱逐者十余人，职员尤多。彼等深望周鲠生、秉志、胡步曾、钱端生（升）、陆志韦、傅孟真等能于秋间到校。"①

上述情况显示，在罗家伦入主清华之后，政治学系教师结构发生了根本变化。首先，整个教师队伍都是新聘的，而且较前有所壮大。其次，教师结构不再局限于单一的政治学方向，还聘请了郭闵畴、何基鸿等法学教员。再次，教师来源比较广泛，既有清华毕业而有专门学术者，如浦薛凤、王化成，也有从实际政治中退而讲学者，如吴之椿，还有来自美国的克尔文。同时也可以看到，政治学系聘请讲师的标准比较高，但是理想的人选却不易聘得。

一个学系的发展有赖于学校的整体发展。清华长期受制于外交部和董事会的约束，难以自主。罗家伦上任不久就因其兴革清华的计划受到董事会的杯葛而提出辞呈，此事激怒了清华师生。1929年4月，清华师生掀起所谓"改隶废董"运动，终于大获全胜，国民政府核准动用清华基金40万元添建设备、废除清华董事会、脱离外交部

---

① 《罗家伦先生文存》附录，台北：党史会，1996年版，第336—344页。转引自苏云峰：《从清华学堂到清华大学，1928—1937》，第11页。浦江清日记中也有记载：1928年9月4日，"校中发现无数标语，如'建设新清华''实行男女同校''经济公开'等。昨夜学生开全体大会通过欢迎罗家伦长校议案，又通过驱逐余日宣（政治教授）、杨光弼、赵学海（均化学教授）、戴志骞（图书馆主任）、虞振镛（农科教授）等五人。夜深十二时全体学生游行唱口号至此五人家，请其即日离校，罪名为把持校务，阻碍清华发展。"浦江清：《清华园日记 西行日记》，生活·读书·新知三联书店1999年第2版，第14页。

改归教育部管辖等。罗家伦遂着手实施他所拟定的《国立清华大学校务进行计划大纲》。这个计划大纲共十条，涉及基金管理与使用、预算分配、教学设备的建设与扩充、学术发展的规划等方面。其中直接关系到提高清华学术的要点有：清华以后须注重办理研究院，以培养高级人才，促进国内之研究事业；清华应注意充实现有各系内容，提高学科程度，向精深完美方向发展；除派留学生外，清华当考选大学毕业生及教授助教，赴国外大学院或专门研究机关进修研究，建立教师学术休假制度。① 清华因此步入自主的发展阶段。

在此情况下，政治学系可谓迎来了最好的发展机遇，课程大增，于是引进高水平的师资力量成为师生各方关心的焦点，还有学生在校刊上公开建议要聘请的人员名单。② 系主任吴之椿积极活动，通过

---

① 罗家伦：《国立清华大学校务进行计划大纲》，1929 年 5 月，第 1—6 页。转引自苏云峰：《从清华学堂到清华大学，1928—1937》，第 27—29 页。

② 政治学系学生徐雄飞在《提醒政治学系同学》一文中对新订的课程甚表满意，但对师资方面颇感不足，建议聘请合适的教授。他说："吴主任因为教务琐屑繁杂，本学期即辞去所兼各课，实际上只有王化成、浦薛凤两教授在柜台上管理经营，至于还有五位讲师，所任功课既少，精力亦不能完全用到清华。所以我们需要多几个专任教授，……来学年应该添聘的教授，须关于下列几方面，素有特别研究的（兼有实地经验的最好）：（一）外交学和外交史方面的（在国内实在找不出相当的人才，我只能思到一位周鲠生先生），（二）关于国际条约方面的（我只能想到一位刁敏谦先生），（三）关于政党方面的（这项很重要，恕我想不到什么人），（四）关于市政方面的（张慰慈先生对于这项具有较深的研究，他的博士学位就是靠这次论文得到的），（五）关于法制方面的（这方面的人才，对于各国的法制，固须具有广博的研究，尤其对于本国的环境要有深刻的观察，我们能找到和王世杰先生相仿佛的人，也足够了）。我想以上五方面，至少每一方面添聘一位专任教授，这点主张，也许不适当，但决非距事实上过远的理论，学校当局，最初就告诉我们，关于教授方面，在今日中国'人数济济之下而人才的恐慌的状态中'，不得不借用外国专门家（日本东京帝国大学在欧战后，收罗许多德国学者），所谓各国'将成名而未成名'的学者，是中国今日学术机关里面确实需要的，我个人对于这一点抱极端的同情，我热望着从下学年起，就逐渐实现。（事实上还有件便宜事，合聘各国教授，清华和燕大相距咫尺，可以商量合作，经济方面也简省得多。"《国立清华大学校刊》第 75 期，1929 年 5 月 31 日。

王化成联系其导师、芝加哥大学国际法教授莱特(Quincy Wright)，希望聘请他来清华讲学。吴还两度南下，邀请周鲠生来校执教。[①] 周鲠生不久复函吴之椿，表示要协助王世杰办理武汉大学，不能来清华。[②] 经过努力，到 1929 年 8 月 7 日，聘任委员会第二次会议通过的政治学系新聘教授、讲师为：张奚若、莱特、胡道维(与北大合聘)、潘昌煦(讲师)、程郁庭(讲师)。[③]加上此前所聘教员，则 1929 年度政治学系教师阵容为：教授：吴之椿(主任)、浦薛凤、王化成、张奚若(新聘)、莱特(新聘)、胡道维(兼任新聘)；讲师：郭闵畴、潘昌煦(新聘)、何基鸿、程郁庭(新聘)。[④]这是清华政治学系设立以来最强的教师阵容。各人履历如下：

表 3-1　1929 年度清华大学政治学系教师名录[⑤]

姓名	职务	籍贯	年龄	履　　历
吴之椿	教授兼教务长、政治学系主任	湖北江陵	36	美国哈佛大学硕士
张奚若	教授	陕西朝邑	41	美国哥伦比亚大学学士及硕士，国际出版品交换局局长，国民政府大学院高等教育处处长，国立中央大学教授

① 周鲠生原系北大法学系教授，北伐战争开始后，武汉国民政府收回英租界，为了同外国人打交道，国民政府需要懂外语、会外交工作的人才。于是，武汉国民政府外交部长陈友仁聘请王世杰、周鲠生、陈翰笙到外交部当顾问。接到电报后，三人遂南下(陈翰笙：《四个时代的我》，中国文史出版社 1988 年版，第 35—36 页)。吴之椿当时也在武汉国民政府外交部工作。

② 《国立清华大学校刊》第 81 期，1929 年 6 月 19 日。

③ 《国立清华大学校刊》第 84 期，1929 年 8 月 14 日。

④ 《国立清华大学校刊》第 86 期，1929 年 9 月 16 日。

⑤ 据《国立清华大学一览》，民国十九年，“教职员名录”，第 179、191 页。

续表

姓名	职务	籍贯	年龄	履　历
莱　特	教授	美国	39	美国芝加哥大学政治学教授
浦薛凤	教授	江苏常熟	30	清华学校毕业、哈佛大学硕士，曾任云南东陆大学教授，国立浙江大学教授
王化成	教授	江苏丹徒	28	清华学校毕业、美国明尼苏达大学学士、芝加哥大学博士、1927 至 1928 年在哈佛大学专门研究国际公法
胡道维	教授(合聘)	湖北枝江	32	美国普林斯顿大学政治学博士，加拿大马季尼大学政治学讲师，汉口武汉英文日报社社长兼总编辑
郭闵畴	讲师	浙江温州		法学士，留学美国哥伦比亚大学研究院，燕京大学教授，前大理院推事
潘昌煦	讲师	江苏苏州	57	前大理院庭长，现燕京大学教授
何基鸿	讲师	河北	43	北大学院教授
程树德	讲师	福建闽侯	54	前清翰林院编修，日本法政大学法科卒业，历任参政院参政、法制局参事
戴克光	助教	江苏阜宁	25	国立清华大学文学士，兼任民国大学政治学教授

政治学系的新气象令该系学生颇感荣幸与鼓舞，有学生在《校刊》上写道："本校的政治系，年来赖吴主任及诸教授的努力，蒸蒸日上，大有一日千里之势。就同学说罢！全系同学共有 101 人，占全校人数的五分之一。以系别的人数而论，仅次于经济系。就教授说罢，本系连主任、教授、讲师，共有十位，除了中国外国二文学系外，亦首

推本系，但中国外国二文学系的教授有几位是教全校同学必修的国文英文等学科而并不是专门教该系的同学的，所以在事实上，本系的教授是全校中最多的一系了。即就课程而论，本年度开班有二十几门，这种种现象都是令人十二万分满意的。”[①]

三、校政动荡与政治学系的变动

1930 年 5 月，中原大战爆发，阎锡山旋即控制华北，有意染指清华，透过北平清华校友会代表鲍明钤（时任国立北平师范大学教授）等人，推荐其同乡乔万选为清华大学校长。而罗家伦身为国民党人，代表南方势力，同时也被认为代表北大势力侵入清华，清华北平校友会和校内排外性团体“护校团”于是利用政局剧变之机，鼓动学生驱逐罗家伦，掀起风潮。[②] 所以，“一般印象，则认为牵涉党派斗抗”[③]。但在此次风潮中，清华教授会的力量不可小觑。这派力量主张学术独立、教授治校。[④] 因此，无论是罗家伦还是借重晋阎的北平清华同学会，都不受清华教授会欢迎。

6 月 11 日，北平《新晨报》载北平清华同学会委员邱大年、鲍明钤、陈荣鼎与清华学生会代表谈话，称 Cross and Sword Society 把持校务。[⑤] 李继侗、浦薛凤、蒋廷黻、萧蘧等七人随即就此发表启事，声

---

① 潘如澍：《对于“充实政治系内容”的一个新建议》，《国立清华大学校刊》第 144 期，1930 年 2 月 26 日。

② 参见苏云峰：《从清华学堂到清华大学，1928—1937》，第 29—31 页。

③ 浦薛凤：《万里家山一梦中》，第 146 页。

④ 6 月 27 日，教授会发表宣言，提出以下两点希望：一、“校长自应由正式政府主持教育之机关产生，若任何机关皆可以一纸命令，任用校长，则学校前途，将不堪设想。”二、“愿学校行政，亦能走出政潮，独立进行，俾在兵戈扰攘之中，青年尚有一安心求学之处。”《国立清华大学校刊》第 191 期，1930 年 6 月 27 日。

⑤ 《清华学生提出继任校长资格》，《新晨报》1930 年 6 月 11 日。

称“鄙人等所在之成志会,旧为 Cross and Sword Society,此名久已废除。本会为砥砺学行之组织,既无政治党派之色彩,又从未主持或参加任何运动。而会员在清华服务者,仅鄙人等七人,皆属讲学之职,有无把持校务事实,众所共知”。[①] 另据浦薛凤回忆,风潮既起,罗家伦曾嘱其亲信邀浦薛凤前往一谈。罗家伦说事出无端,甚不合理,盼教授方面主持公道,有所表示。而浦薛凤认为无从置喙,“盖清华一般教授只知授课研究,其它不闻不问,根本未由商量,更谈不到表示”。[②] 从北平清华同学会和罗家伦两方面对浦薛凤等清华教授的反应来看,可见在这次风潮中存在三方势力的博弈,结果罗家伦辞职,乔万选被拒之门外,教授方面取得了胜利。不仅如此,随后于 1931 年 5 至 7 月发生的吴南轩风波[③],也显示出教授方面的实力。

当初随罗家伦一起来到清华的冯友兰、吴之椿自然被视为罗家伦的派系成员,有党派色彩。罗家伦与吴之椿在留美期间就有往来,两人均参加过国民党的实际党务活动。吴之椿又在教务长任上,面对此种变局,乃致函校长罗家伦要求引咎辞职[④],但被校评议会议决挽留。罗家伦鉴于政治原因和对清华学风的失望,于 5 月 22 日呈请教育部辞职。罗家伦的辞职,益坚定吴之椿辞职的决心,但评议会议决继续挽留。8 月中旬,学生会突然成立“正义团”,发表宣言,表示

---

① 《李继侗浦薛凤吴韫珍蒋廷黻萧蘧刘崇鋐张子高启事》,《国立清华大学校刊》第 187 号,1930 年 6 月 13 日。

② 浦薛凤:《万里家山一梦中》,第 146 页。

③ 吴南轩风波的本质是清华师生抗拒 C. C. 集团染指清华的企图。见陈岱孙:《三四十年代清华大学校务领导体制和前校长梅贻琦》,见鲁静、史睿编:《清华旧影》,东方出版社 1998 年版,第 27 页。

④ 《国立清华大学校刊》第 171 期,1930 年 5 月 7 日。

要“打倒反复无常的冯友兰、吴之椿”。[1] 吴之椿遂再次要求辞职。25日，校务会议议决“电教育部请示”。9月8日，教授会选举萧蘧为代理教务长。期间，校务由教授会成立校务维持会维持。吴之椿辞去教务长职务后，仍担任政治学系主任。

尽管校政动荡，但1930年度政治学系尚有较大发展。教师队伍方面，虽然担任市政学及宪法两门课程的胡道维教授于1930年6月间辞职离校[2]，但又新聘了钱端升为教授。教授人数共五人，较上年度少一人，但上年度多出的一人是客聘教授莱特。讲师九人，则多出上年度四人。

课程方面，系务会议通过修正政治学系课程，大致将应修学科的限制略形放宽。修正后的学程规定政治学系学生四年中要修满136学分，其中列出名称的本系科目34种、有关系的他系科目17种。[3] 本年度政治学系开班课程达到28门，较上年多出7门。[4] 本年度图书购置费激增至15000元，较上年增加了二分之一。1930年秋季，政治学系开办研究所。“至于将来计划，本系则拟从质量双方面，竭力充实内容，务期与欧美各大学之政治系相颉颃。”据说，是年度政治学系之所以能够继续发展，是因为吴之椿卸脱教务长职务，能专力于系务发展。[5]

---

① 《清华校长潮愈趋纠纷，另有学生组织正义团，发表宣言拒乔驱冯》，《新晨报》，1930年8月18日。

② 《国立清华大学校刊》第188期，1930年6月18日。

③ 《大学本科学程一览》，见《国立清华大学一览》(1930年)，第136—140页。

④ 赵德洁:《清华政治学系发展之概况》，《清华周刊》“向导专号”，第514—515期合刊，1931年6月1日。

⑤ 赵德洁:《清华政治学系发展之概况》，《清华周刊》向导专号，第514—515期合刊，1931年6月1日。

课程类别与数量虽然相当丰富，但是由于专任教师人数不足，有些课程实际上无法开出。在开出的课程中，不少也是聘请校外教师兼任。如欧洲外交史、行政管理、议会制度等课程由北大政治学教授张忠绂和邱昌渭担任。中国政治思想史由嵇文甫讲授，民法（亲属继承）聘林彬担任，特种民事法聘戴修瓒担任，国际私法由郭闵畴担任。市政方面的课程，先后聘请张锐、沈观准、张慰慈担任。行政法先后由钟赓言、黄觉非担任。另一方面，课程繁多，选习人数分散，导致某些课程因选习人少而不得不取消，如张奚若开设的“卢梭政治哲学”就因选习人数过少而被取消[①]。

1931 年度开学后不久，吴之椿即因病请假。注册部 11 月 11 日通告：本学期吴之椿所设的“近代政治制度专题研究（上）”一科因其病假暂予取消，凡已选习该科学生可于下学期补选吴之椿的“近代政治制度专题研究（下）”。[②] 实则吴之椿因病请假了一年。[③] 1932 年 9 月，《校刊》报道：“政治学系吴之椿先生前因接受中央大学之聘，不克继续来校，校中曾再三挽留，均归无效。”[④]吴之椿由以前致力于发展清华政治学系到此时坚辞教职，其间必有促成其转变的原因。估计首先是受到罗家伦辞职风波的打击，次年在“吴南轩风波”中又受到“正义团”的攻击。罗家伦一走，他失去了在校务方面可以依赖的力量。此时在校务方面，浦薛凤、蒋廷黻、萧蘧、张子高等人也即北平清华同学会所称把持校务的 Cross and Sword Society 成员，确实拥有很大权力。1930 年 6 月 12 日，教授会选出下学年评议员王力山、冯

---

① 《国立清华大学校刊》第 213 期，1930 年 10 月 15 日。

② 《国立清华大学校刊》第 334 期，1931 年 11 月 16 日。

③ 《清华暑期周刊》第 5 期，1932 年 8 月 7 日。

④ 《国立清华大学校刊》第 427 期，1932 年 9 月 1 日。

友兰、浦薛凤、熊庆来、张子高、萧蘧、蒋廷黻。由于熊庆来代理理学院院长，所遗评议员之缺遂以得票次多数的王化成递补。[①] 根据1929 年 6 月 12 日通过的《国立清华大学规程》，评议会由校长、教务长、秘书长、各院院长以及由教授会互选之评议员七人组成，享有议决重要章制、审议预算、议决各学系之设立或废止、以及校长交议之事项等职权。[②] 吴之椿此时虽以教务长之职参与评议会，但大概觉得自己毕竟是“外人”，在校务方面难有作为，乃专力于政治学系系务。但在如何办理政治学系问题上，与浦薛凤似乎也存在着观点分歧(详见下节)。

1931 年 10 月，国民政府任命梅贻琦为国立清华大学校长。此前，吴之椿即因病辞去系主任职务，一切系务暂由陈岱孙代理。然“系中一切计划俱待进行，主任一席不能久悬”，学校乃敦请浦薛凤继任，以专责成。浦薛凤于 11 月初起负责视事。[③]

第二节　浦薛凤与政治学系的学术独立及本土化努力

梅贻琦担任清华校长，以其出色的领导才干和谦虚诚恳的奉献精神，加上他提倡朴实无华、沉潜治学的研究风气，使清华步入稳定发展的轨道，在抗战前六年中，于文理法工各科皆有长足的进步。[④] 而这六年，恰好也是政治学系在浦薛凤主持下，通过课程改革、师资充实等方面的努力，致力于政治学系的学术独立与本土化，使清华政

---

① 《国立清华大学校刊》第 188 期，1930 年 6 月 18 日。

② 清华大学校史研究室编：《清华大学史料选编》第 2 卷(上)，第 143—144 页。

③ 《国立清华大学校刊》第 330 号，“政治学系近讯”，1931 年 11 月 4 日。

④ 蒋廷黻：《追念梅校长》，《清华校友通讯》新 2 期，1962 年 8 月 29 日。

治学系逐渐步入学术正轨的稳健发展时期。

一、师资之充实

在梅贻琦的教育理念中，非常重视师资队伍的充实与发展。1927年时任教务长的梅贻琦在其口述的《清华发展计划》中就表示："现在要竭力发展的就是教学部分——多聘好教员，增加教学设备，此为将来发展的主要点。"[①]1931年，他在就职清华大学校长的演说中明确指出，清华要在学术的研究上有特殊的成就，应向高深专精的方面去做。欲达到这个目标，必须有两个必备的条件：一是设备，二是教授。设备比较容易办到，而教授则难得。"一个大学之所以为大学，全在于有没有好教授。……'所谓大学者，非谓有大楼之谓也，有大师之谓也。'我们的智识，固有赖于教授的教导指点，就是我们的精神修养，亦全赖有教授的 inspiration。但是这样的好教授，决不是一朝一夕所可罗致的。我们只有随时随地留意延揽而已。"[②]1936年，他在《五年来清华发展之概况》中再次说道："吾人常言：大学之良窳，几全系于师资与设备之充实与否，而师资为尤要。是以吾人欲图本校之发展，欲图提高本校之学术地位也，亦以充实师资为第一义。"[③]又说："吾人以为将欲提高国家学术水准，端赖罗致世界第一流学者，来华讲学。"[④]

梅贻琦极其重视培养校内学术气氛，特别注重聘请有学术成就

---

① 《清华周刊》第408号，1927年4月29日。

② 《国立清华大学校刊》第341号，1931年12月4日。

③ 《清华大学史料选编》第2卷(上)，第40页。

④ 梅贻琦：《致全体校友书》，《清华大学校友通讯》第3卷第1至5期，1936年4月。

的教师，对教授及专任讲师（相当于副教授）的聘请较为严格。[①] “当时清华聘请教授，有比较优越的条件，一是研究工作的条件比较好，有比较充足的图书仪器；二是生活待遇比较好，不欠发工资，住宅环境也比较好。有这些比较优越的条件，清华可以聘请比较有名的学者和科学家来当教授。清华不大喜欢请初出茅庐的人，往往是在一个教授在别的学校中研究已经有了成绩，教学已经有了经验之后，才聘请他。而有这些资格的人也往往愿意到清华来。”[②]在薪酬之外，清华另规定有休假，并可供给休假旅费。而且上课钟点少，较其他大学进修的时间多。根据清华评议会所拟定的规定，清华还资助学者进修深造。以上规定，使清华建立起一种看不见但却极有效力的延揽人才的制度。因此，清华当时能够从其他大学中挖来著名学者。[③] 萧公权的到来就是一个例子。萧公权说：“我在燕京本有久留的意思。民国二十一年五月中清华大学政治系主任浦逖生（薛凤）兄约我去任教。逖生是老友，清华是母校，图书设备远胜燕京，学术水准也较燕

---

① 施嘉炀：《怀念梅贻琦先生》；陈岱孙：《〈梅贻琦先生纪念集〉序》。见黄延复、马相武：《梅贻琦与清华大学》，山西教育出版社 1995 年版，第 207、202 页。

② 冯友兰：《三松堂自序》，见《三松堂全集》第 1 卷，河南人民出版社 2000 年版，第 287 页。如图书资料一项，据《全国各大学民国二十五年度图书册数分类统计表》，清华图书总数为 310928 册，列全国各大学之首，列第二位的中山大学总数为 243320 册，北京大学以 233098 册排第三位，全国总数为 1772784 册（见《中华民国史档案资料汇编》第五辑第一编 教育（一），第 324 页）。清华占全国总数的 1/6 强。遗憾的是此表中清华缺分类统计数。不过另有资料显示，清华政治学系的图书购置费自 1931 年起至 1937 年，每年大体上在 15000 元；图书馆中有关政法之新旧书籍，入藏约近万册，中日文杂志约 40 种，西文杂志约 80 种，其中完全成套的杂志，颇为不少。如将民国十七年以前所藏或所购之旧书，以及历年来因赠受而入藏之书籍除外，仅以八年来所购之图书杂志而论，已约值 11 万 5000 余元（见王化成：《清华政治学系之概况》，《清华周刊》向导专号，1934 年 6 月 1 日）。

③ 蒋廷黻著，谢钟琏译：《蒋廷黻回忆录》，第 128 页。

京为高。叔玉、廷黻、继侗、刘崇乐诸兄都在清华。我当然不愿放过这个任教母校的机会。”[①]从中可以看出清华提供的学术条件是其延揽人才的重要基础。

1936 年清华二十五周年纪念期，梅贻琦在《致全体校友书》中说：“过去五年，正为大学成长充实应经之重要阶段。此五年中吾人所努力奔赴之第一事，盖为师资之充实。”在梅贻琦任内，除续聘罗家伦所聘教授外，又新聘多人。其中，政治学系新聘教授萧公权、沈乃正、赵凤喈、陈之迈，以及助教邹文海等。浦薛凤担任系主任期间，政治学系的教师队伍较为整齐和稳定，见表 3-2。

表 3-2　1932—1936 年度清华大学政治学系教师一览表

年度	教　授	专任讲师	讲　师	助　教
1932	浦薛凤、王化成、张奚若、钱端升、萧公权	柳哲铭	程树德、唐悦良	邹文海、赵德洁
1933	浦薛凤（本学年休假）、王化成（代理系主任）、张奚若、钱端升、萧公权、沈乃正		程树德、杨沃特（Carl Walter Young）	邹文海、赵德洁
1934	浦薛凤、张奚若、钱端升、萧公权、沈乃正、赵凤喈		陈之迈	邹文海、赵德洁
1935[②]	浦薛凤、王化成、张奚若、萧公权、沈乃正、赵凤喈	陈之迈	燕树棠、张映南	赵德洁、龚祥瑞

① 萧公权：《问学谏往录》，第 110 页。

② 本年度法律系已取消，部分教师并入政治学系。

续表

年度	教　授	专任讲师	讲　师	助　教
1936	浦薛凤、王化成、张奚若、萧公权、沈乃正、赵凤喈、陈之迈		燕树棠	赵德洁、曹保颐、王彦美

资料来源:《国立清华大学校刊》第 442 号,1932 年 10 月 10 日;第 530 号,1933 年 10 月 30 日;第 682 号,1935 年 9 月 16 日。

以上为各年度开始时教师的大体阵容,不包括短期聘请的兼课教师。年度中间,教授队伍稍有变动。1934 年初,"钱端升先生因事请假半年,彼之课程,遂改由陈之迈先生代任。"①实则,钱端升离北平赴天津接替罗隆基担任《益世报》主编,此后即转往中央大学。总之,在浦薛凤担任系主任期间,政治学系的师资阵容有稳定发展的趋势。在教授人员构成方面,除了法学教授赵凤喈,政治学教授均有留美经历,而且几乎都是清华毕业生,只有张奚若例外。其中有博士学位者四人,硕士学位者七人,均毕业于美国最负盛名的几所大学。年龄多在四十岁以下,正值年富力强。见表 3-3。

表 3-3　1932—1937 年期间担任清华政治学系教授的个人履历表

姓名	年龄	学历	到校年月	教学与研究方向
浦薛凤	36	清华学校毕业、哈佛大学硕士	1928 年 9 月	政治学、政治思想
王化成	34	清华学校毕业、美国明尼苏达大学学士、芝加哥大学博士、哈佛大学研究国际公法一年	1928 年 9 月	国际公法、国际政治

① 王化成:《清华政治学系之概况》,《清华周刊》向导专号,1934 年 6 月 1 日。

续表

姓名	年龄	学历	到校年月	教学与研究方向
张奚若	47	美国哥伦比亚大学学士及硕士	1929 年 8 月	西洋政治思想
萧公权	40	清华学校毕业、美国密苏里大学学士和硕士、康乃尔大学哲学博士	1932 年 8 月	中国政治思想史、当代西洋政治思想
钱端升	36	清华学校毕业、美国北达科他州立大学学士、哈佛大学硕士和博士	1930 年秋（第二次来清华）	宪法、各国政府
沈乃正	38	清华学校毕业、哈佛大学硕士	1933 年 8 月	中国政府
陈之迈	29	清华学校毕业、美国哥伦比亚大学哲学博士	1934 年 2 月	各国政府
赵凤喈	39	北京大学法律系毕业、巴黎大学法学院毕业	1932 年 8 月	

资料来源:《国立清华大学教职员录》,民国 25 年 10 月,第 21—22 页;《清华大学二十年至二十六年度教师一览表》,清华大学档案 1—2:1—112。表中“年龄”一栏算到 1936 年止。

二、通识教育的新方向

1932 年 4 月 25 日,浦薛凤在清华大学纪念周讲演《关于政治学系之课程》,谈到他对政治学的一些基本观点,同时也提到他办理政治学系的指导思想。

> 关于课程方面有两点是先决问题。(一)课程不在繁多,弄得五花八门巧立名目,而在聚精会神对于基本课目,经严密之训练,得精细之认识。(二)本科学程须于普通中带专门。有人以

为习国际法便不必读政治思想;习市政学便无须选政治制度:此是误解。政治系之课程,总归纳之可分为三类,细分之可得五门。三类即(壹)公法(包括宪法、行政法、国际公法);(贰)制度(包括地方政治、市政等);(叁)思想。五门者即为(一)宪法与行政法;(二)国际法与国际关系;(三)政治制度;(四)市政学;(五)政治思想。第一年除大学必修课外,政治学概论与经济学概论为必修。第二年,宪法、政治制度与法律原理为必修。第三年则必读国际法与政治思想。第三年之一部分及第四年则为选修。本系对关于吾国政治学将极注重,惟此非一跃而可致。对于市政亦将特别注意以冀养成应时的实用人才。①

1931 年度开学后,浦薛凤既绾系务,布新除陈,改革多端。课程方面:第一,"编制课程之目标,在(一)灌输学生以政治科学之基础知识,训练其思想之缜密,理解之确切,并授以研究学问之经验与方法,使能独立作高深学术之探讨;(二)养成学生应付社会环境之学识与技能,使于毕业后,或服务社会,或参加考试,皆能举措裕如。悬鹄以赴,是以本系之课程,理论与事实并重;同时对于各种考试(如留学考试,高等试验,县长考试等)之科目,亦求其能互相衔接";第二,规划课程种类及体系。开设课程增加至 32 种,并将所有课程分为三类(研究所)五门(本科)。三类为公法、制度、思想;五门为宪法与行政法、国际法与国际关系、政治制度、市政学、政治思想。对于有关国情的课程,加设尤多,如近代中国外交史、中国政府、中国历代政制专题研究、中国法制史、中国政治思想、中国地方政府研究等,务期学生于

① 《国立清华大学校刊》第 400 号,"各系系统讲演录·政治学系",1932 年 5 月 4 日。

了解深邃的理论后，对于本国切身问题，能触类旁通，实际应用。[①]

为贯彻课程目标的第一个方面，清华政治学系非常注重通识教育(Liberal Education)，规定“凡入本系肄业者”，在必须修满的132学分中，有四类课程须习满必要学分：1. 大学本科公同必修36学分(大一必修)；2. 本系学程48学分(内必修26学分，选修22学分)；3. 经济、历史及外国语文三系必修40学分；4. 本系或别系学程选修8学分。见表3-4。

表3-4 1936—1937年度清华大学政治学系必修课程的学分及年级分配表[②]

(表中阿拉伯数字单位为学分)

<table>
<tr><td>第一年级</td><td>国文6</td><td>英文8</td><td>中国通史或西洋通史8</td><td>自然科学(普通物理、普通化学、普通地质学、普通生物学中择一)8</td><td>数学或逻辑(高级算学、微积分、逻辑中择一6或8</td></tr>
<tr><td>第二年级</td><td>英文6</td><td>政治学概论6</td><td>经济学概论6</td><td>中国外交史或欧洲十九世纪史6或8</td><td>第二外国语8</td></tr>
<tr><td>第三四年级</td><td colspan="5">第二外国语8　近代政制6　国际公法8　财政学6　政治思想史6
以上诸学程得于三四年级修习</td></tr>
</table>

上表显示，政治学系的本系课程在政治学系学生应修学分中只占36%～42%，本系必修课程仅有政治学概论、近代政制、国际公法、政治思想史四门基础课程。这充分反映了注重学生基础知识教育，

① 王化成:《清华政治学系之概况》,《清华周刊》向导专号，1934年6月1日；浦薛凤:《政治学系概况》,《清华周刊》向导专号，1936年6月27日。

② 据《法学院政治学系学程一览》(民国二十五年至二十六年度)。该课程表实际上自1933年秋季始业时实行，见《国立清华大学一览》,1937年。

这种基础知识包括逻辑和自然科学、外语、社会科学等。

新的课程体系与吴之椿时期的课程设置相比，有不少相似的地方，都注重通识教育，力求文理融通，在政治学专门课程之外，规定学生必须修习自然科学和其他社会科学。但通识教育既可以视作目的，也可以看作手段，或者说在博通与专深之间存在着界线范围问题。似乎在这一点上，浦薛凤与吴之椿在课程设置及目标上存在着微妙的差别，吴之椿倾向广义政治学，浦薛凤则偏于狭义政治学。广义政治学是一种集合概念，从不同角度对政治现象进行研究的学问都可归入政治学。而浦薛凤认为政治学必有其独占的领域与范围，与法律、经济、社会等其他社会科学可以比肩而立，只是由于它们之间有密切的联系，因此可以借助其他社会科学作为理解政治的手段，但其他社会科学并不就是政治学本身。

在两人的课程体系中，都有逻辑和自然科学方面的必修课，但是两人设置的目标似乎不大一致。从吴之椿后来关于政治学与自然科学二者关系的论述来看，他赞赏在政治学研究中借用自然科学的研究方法，如瓦拉斯(G. Wallas)用心理学来研究政治，对于当时正在兴起的行为主义学派政治学也满怀期待。从其他学科角度或借用其方法来研究政治学，因而形成所谓心理学派政治学、生物学派政治学、法律学派政治学、历史学派政治学、经济学派政治学、社会学派政治学等不同的派别。通常所谓学派，主要是自方法的分别而言。但是浦薛凤认为这些所谓的“方法”，都是“玄奥的立论”，并不是政治学所需要的准确的方法。他主张的方法是指应用常识，如名词的标准化，理论的确切化，结论的公律化。那么，他为什么要设置自然科学和逻辑学课程呢？他的主要目的可能在于使学生通过自然科学和逻辑学的学习与训练，养成严谨准确的研究习惯和表达风格。他注意到“在自然科学中每一名词之所指众无异议；独在政治学中往往名物不一”，因而主张政治学中“立论措词总宜确切、明显、并有例证；若是含糊模棱似可解而不可解，似可会意而莫从捉摸，则不过是政治文学，决不能进而为政治科学”。[①] 吴之椿和浦薛凤虽然都要在政治学课程体系中纳入自然科学，但各自的侧重点不同，前者在于借用方法，后者则旨在训练学生的思维和表达能力。

浦薛凤说：“课程不在繁多，弄得五花八门巧立名目，而在聚精会神对于基本课目，经严密之训练，得精细之认识。”此点颇似针对吴之椿任系主任时期的课程设置。吴之椿任期内的课程虽然广博，但也显得相当杂泛，因为吴之椿认为政治本属空泛，所以在他的课程体系中似乎中心与重点均不明确。而浦薛凤注重课程精博的观念可能是受其在哈佛的经历影响。[②]

另外，浦薛凤将吴之椿任期内的非政治性的法律课程如民法、刑法等排除在政治学系课程体系之外，而保留了与政治学关系密切的公法。此点颇能反映浦薛凤要将清华政治学系重新打造成美国式的政治学系，而与普通法学划清界限。

---

① 浦薛凤：《政治学之出路：领域，因素与原理》，清华大学《社会科学》第 2 卷第 4 期，1937 年 7 月。该文后收入浦氏《政治论丛》，以上引文见《政治论丛》第 323 页。另参浦薛凤：《关于政治学系课程》，《国立清华大学校刊》第 400 号，1932 年 5 月 4 日。

② 同样有哈佛留学经历的钱端升早在 1926 年在关于清华改组问题的讨论中就提及课程的精粗与多寡问题：“新旧学生所学课目，俱嫌多而不实，教者学者，俱难致力，曾忆余在美邦中部某校时，所学课目六七，每周近二十小时，而所得者，万不及在东部某校学课四门，每周十二时之多。此可见精博与骛多之优劣矣。”（钱端升：《清华改组之商榷》，《清华周刊》第 25 卷第 2 号，1926 年 3 月 5 日）“中部某校”应是指北达科他州立大学，“东部某校”当指哈佛大学。就课程设置的简繁深浅而言，固然不能断定浦薛凤的课程思想受哈佛的影响，但是此处所引钱端升的主张及其经历可以作为一个参照。

三、课程设置：本土化与实用化

在中国社会科学发展的初期，模仿外国课程设置的体系，固然难免，但是要求课程内容的本土化和学术独立的呼声自 1920 年代起就一直没有停止过，30 年代初更引起较为广泛的共鸣。

1931 年，当清华大学二十周年纪念之际，陈寅恪发表《吾国学术之现状及清华之职责》一文，指出中国各方面学术不能独立的现状。谈到社会科学，他说："社会科学则本国政治社会财政经济之情况，非乞灵于外人之调查统计，几无以为研求讨论之资。"[①]次年，《独立评论》上曾有关于中国社会科学问题的讨论。蒋廷黻首先指出当时中国大学里社会科学的现状与弊病："中国现在还有许多人不知道中国的政治、经济、社会，以及他们的历史是值得研究的，必须研究的，而且可以研究的。……他们看见英美各国的大学有些什么社会科学的课程，也就照样设立这些课程。……学市政的或者知道纽约、巴黎的市政，但北平、汉口、成都的市政十之八九是不知道的。学'政制'的都学过英美德法的政制；好一点的连苏俄、意大利、日本的政制也学过，但中国的政制呢？大多数没有学过；就是学过，也就是马马虎虎，知其然而不知其所以然。学政治思想的，那一定上自柏拉图，下至拉斯基，都听过一遍；好一点的，还对于某派某家下过专门的研究。至于中国的政治思想，普通不过看了梁任公的讲演集。学经济思想的，学银行币制的，学会计的，学经济史的，学社会史的，学民俗的，哪一个不是这样？我们的大学不是在这里为中国造人材，反在这里为英

---

① 《国立清华大学二十周年纪念特刊》，1931 年 5 月。见陈美延编：《陈寅恪集・金明馆丛稿二编》，生活・读书・新知三联书店 2001 年版，第 361 页。

美法造人材。”①

接着署名“燕客”的作者进一步抨击中国社会科学存在着严重问题：“所谓社会科学，老实不客气的说，是西洋的产物。因为一直到现在，在中国所讲授的与所鼓吹的社会科学便都是些舶来品。”“因为近代的社会科学本来不是中国的，所以这几十年来中国一切属于社会科学的教科书与著作，都是直接的或间接的贩卖洋货。所谓中国社会科学界的工作不外下列三种：一、讲授外国的教科书，二、抄袭外国的著作变成教科书或讲义，三、将外国书译成汉文。所谓中国社会科学大概也都脱不了这个窠臼。”“年复一年的各大学的社会科学教授们，将他们在少年所贩来的洋货，零售给一般恭顺的，专喜欢洋货的学生们，造出一批一批的一知半解欧美而不认识中国社会的毕业生。结果，每年的毕业生都没有出路；就是有出路的，也与他所学的不发生关系，不能用其所学以处置实际的社会。”②

那么，造成上述情形的原因何在？出路又在哪里呢？蒋廷黻指出，一是认识问题，不能认识到中国的政治、经济、社会、历史是值得研究的；二是实际困难，比如研究市政，中国的市政极其落后，中国的市政学幼稚万分，既无目录，又无专门的杂志，而且研究者通常为大学教授，研究与授课要发生冲突。如要办理研究机构，既需活动经费用来创办和维持，又要收买图书，编预算，造决算，写报告，延聘人员，诸如此类，耽于种种行政事务，反无时间从事研究了。惮于这些困难，许多人就不愿开辟“新土”而宁愿种“旧园子”。至于出路，蒋廷黻提倡研究中国的政治、经济、社会、历史，但必须中西兼顾，他认为“不

① 蒋廷黻：《中国社会科学的前途》，《独立评论》第 29 号，1932 年 12 月 4 日。
② 燕客：《如何改造中国的社会科学》，《独立评论》第 31 号，1932 年 12 月 18 日。

通西洋政治学的人绝不能对中国的政治思想或制度的研究有所贡献”。何廉随后对蒋廷黻的观点加以补充。他认为,“中国大学教授研究便利之缺少,授课时间之过多,固为今日社会科学个人研究事业幼稚之主要原因。而吾侪同业之求智欲浅,致无研究之毅力魄力与决心,正亦不能独辞其咎。”[1]

舆论所指和风声所播,对从事社会科学的学者自然形成压力,清华学者或许感受尤然。陈寅恪说:“吾国大学之职责,在求本国学术之独立。……而清华为全国所最属望,以谓大可有为之大学,故其职责尤独重,……此重公案,实系吾民族精神上生死一大事者”。[2] 学术界已经注意到 20 世纪二三十年代中国史学界的学术独立化运动,当时中国的社会科学虽然还很幼稚,难以与文史学界的成绩相提并论,但是追求学术独立的本土化努力也甚明显,如南开提倡社会科学“土货化”,要求学生的毕业论文必须写关于本国的问题。北大也鼓励社会科学加强与扩大中国方面的内容。例如,1932 年钱穆在北大开设“中国政治制度史”课程,“当时法学院院长周炳琳告其同事,学生来校只知西洋政治,不知中国政治,今文学院开此课,当令学生前往听讲。遂有政治系全班学生来选听此课。”[3]清华向来被视为最洋化的学校,但 1930 年代初清华的办学政策也力求中国化。例如教师上课,由以前都用英语转为概用中文。以前图书馆的布告、借书卡等,都用英文格式,现在亦改用中国式。[4] 课程方面,则力求切于中国国

---

① 何淬廉:《谈“中国社会科学的前途”》,《独立评论》第 32 号,1932 年 12 月 25 日。

② 陈寅恪:《吾国学术之现状及清华之职责》,《国立清华大学二十周年纪念特刊》,1931 年 5 月。

③ 钱穆:《八十忆双亲 师友杂忆》,生活·读书·新知三联书店 1998 年版,第 169—170 页。

④ 徐雄飞:《本校毕业生出路问题》,《清华暑期周刊》第 1 期,1932 年 7 月 11 日。

情。1933 年清华大学评议会通过社会科学各系的课程应尽量向有关国情方面发展的决定。为此还专门成立了社会科学增多有关国情课程审查委员会，由该委员会向评议会报告审查意见。[①] 并从制度方面鼓励教师从事有关本国国情方面的研究与教学。蒋廷黻晚年在回忆录中提到他们当时所考虑的制度措施："我们提议任何担任社会科学的教授，如果他想要放弃原有西方国家的课程改授中国方面的课程，都可以减少他授课的时数，增加研究及实地考察等等方面的补助。如此一来，经过三两年时间，他就可以教授中国政治思想、中国政府或中国经济史等课程了。"[②]另外在图书资料建设方面，也为学术独立与本土化积极创造条件。1932 年 12 月 14 日，校评议会议决：由 1932 年度退款盈余项下拨十万元作购买关于社会科学之中外政府刊物及档案，并成立九人委员会负责。清华图书馆很注意订购全国政府机关出版的定期刊物，如《政治官报》《内阁官报》《国民政府公报》《行政院公报》《外交公报》等。[③]

清华政治学系在浦薛凤担任系主任之后，加大了课程本土化的建设步伐。"在课程方面，加重吾国自己之学问，例如中国政治思想史、中国政治制度、中国地方政府、中国法制史、中国法律学。"[④]他曾敦请萧公权自燕京转到清华，特别着重其所教"中国政治思想史"一课。此外还有程树德所授之"中国法制史"一门，以及先后由钱端升、陈之迈所授的"中国宪法"及"中国政治制度"。"凡此种种殆亦归属

① "国立清华大学评议委员会会议记录及一部分教授提案"，清华大学档案，全宗号：1，目录号：2—1，案卷号：006。

② 《蒋廷黻口述回忆录》之九，《传记文学》第 31 卷第 4 期，第 114 页。

③ 参见《图书馆增刊》，国立清华大学图书馆编辑，第 6 号（1929 年 10 月 9 日）、第 127 号（1930 年 12 月 17 日），以及其他各期。

④ 浦薛凤：《万里家山一梦中》，第 149 页。

改进教材之运动”。[①] 1934年度开学，政治学系根据评议会的决议，特别注重关系本国的各种设备，尤于地方政府方面，深加留意，屡请“服官久长，行政经验宏富”的校外人士向学生作经验谈话，如中国地方政府一课，就曾由浙江兰溪、江苏江宁两实验县县长梅思平、胡次威来校给学生讲演“公文”改革和“书生从政经验”，包括县政府施政之困难及其补救方法、公务员的必需要素等。[②]

从清华政治学系课程编制的指导思想和实际设置情况来看，对于应用人才的培养也是其注重的一个方面。罗家伦任校长之初在呈清华董事会《整理校务之经过及计划》的报告里就提出了办理政治学系“应以中国国民党的原则为归宿，养成实际的行政人才”的方针。[③]至浦薛凤主持系务，为造就应用人才起见，“对于本国政治方面各学科及市政学，尤加注重”。[④] 聘北大政治学教授张忠绂讲授行政管理（兼课），[⑤]聘沈乃正、陈之迈为专职教授，授市行政、市制度、地方政府、中国地方政府研究、中国宪法、近代政治制度、议会制度、独裁政治、中国政府、近代政治制度专题研究等课程。[⑥]

① 浦薛凤：《音容宛在》，第125页。

② 《国立清华大学校刊》第606期，1934年10月22日。

③ 《国立清华大学校刊》第12期，1928年11月23日。

④ 王化成：《政治学系概况》，《清华周刊》向导专号，1935年6月14日。

⑤ 《国立清华大学校刊》第311期，1931年9月10日。

⑥ 《国立清华大学一览》，“政治学系学程一览”，1937年。

此种努力方向一方面出于浦薛凤对政治学的理论与实际的认识[①]，另一方面也是为了配合时代发展的需要。1930年代初，南京政府当局注重政治革新与行政改革，如考试制度的实行，预算制度的采用，省政府合署办公，行政督察专员制度的创立，实验县的设置。一系列“新政”的推行，要求各校政治学系加强行政人才的培养。行政问题因而成为舆论关注的一个焦点，《大公报》《益世报》《独立评论》《行政效率》等许多报刊大肆鼓吹“专家政治”和“行政效率”，行政研究机构纷纷设立，大学政治学系普遍增设行政学方面的课程，并鼓励学生参加文官考试，希望建立良好的员吏制度。[②]

四、课程概况、教材与教法

政治学系本身开设的课程除了政治学概论、近代政制、国际公法、政治思想史等四类必修的基础课程外，还有多种选修课程。1931—1937年间政治学系开设的课程（包括法律方面的科目）如下表所示。

---

① 浦薛凤在《关于政治学系课程》中指出：“理论者与实行者应合并化。终身未曾投过一票，而妄论公开投票秘密投票之孰优孰劣；从未参加竞选而狂言民众之愚盲或神圣。此犹化学家未曾入过实验室拿过玻璃管而力争氢气氧气之有何不同！完全无政治经验而谈政治不免如置身天空茫然于大地之看相；完全根据个人经验而论政治，则又不啻迷途森林之中不能见森林以外路途之布置与方向。前者之失在过于‘惟理’；后者之病在过于‘惟实’。故一人必兼有理论与经验始能折衷。”浦薛凤：《政治论丛》，第293—294页。

② 这方面的具体论述参见孙宏云：《行政效率研究会与抗战前的行政效率运动》，《史学月刊》2005年第2期；《抗战前行政学输入与行政研究的兴起》，《学术研究》2006年第12期。

表 3-5　1931—1937 年清华大学政治学系开设的课程科目

101—199
政治学概论　近代政治制度　行政学原理　市制度　市行政　法学原理　宪法　民法通论　刑法通论　国际公法　国际关系　西洋政治思想史　近代中国外交史　行政法
201—299
议会制度　独裁政治　中国政府　中国历代政制专题研究　地方政府　中国法制史　国际公法判例　国际私法　国际联盟　国际组织　外交程式　近代政治思潮　当代西洋政治思想　西洋政治思想名著选读　中国政治思想
301—399
专门选读与研究(公法,政治制度,政治思想)　政党论　德国政治制度研究　不列颠帝国　近代政治制度专题研究　中国地方政府研究　英国宪法史　条约论　近代中国外交史专题研究　柏拉图政治哲学　卢梭政治哲学　当代政治思想问题　西洋政治思想专题研究　中国政治思想专题研究
特种民事法　欧洲外交史　民法总则　市政论　法国地方政府　行政法令

资料来源及说明：

1.“政治学系学程一览”(民国二十三年至二十四年度),载《国立清华大学一览》,1935 年

2.“政治学系学程一览”(民国廿五年至廿六年度);“政治学部学程一览”(民国廿五年至廿六年度),载《国立清华大学一览》,1937 年

3.《清华一览》,1932 年

4.“国立清华大学 1931—1934 年度印制讲义名称、数量的报告及付款办法”,清华大学档案,档号:1—2:1—072。

上表中课程代码属于 101—199 类课程为大学本科课程,属于 201—299 类课程为本科四年级与研究院课程,属于 301—399 类课程为研究院课程。此种课程分类似从 1933 年秋季开始,表中最后一行为此前开设的课程。

清华政治学系课程约有以下特点：

1. 课程涵盖政治思想、政治制度和公法等各个方面。既注重基础知识理论，又关注专题研讨；既不忽视本国政治历史，也追踪世界最近政治现象。前者如“中国历代政制专题研究”、“中国政治思想史”，后者如“独裁政治”、“国际联盟”等。其中政治思想方面的课程尤为完整，萧公权讲授中国政治思想，西洋政治思想则由张奚若、浦薛凤、萧公权分段承担。张奚若讲上古到近代（到卢梭为止，并不分析马克思思想）[1]；浦薛凤讲近代部分，“其范围约为十八及十九两世纪，或自卢梭以迄斯宾塞尔”[2]；“当代西方政治思潮”由萧公权担任。

2. 将课程分为三个不同层次，以数字代码作为标识，分别置于101—199、201—299、301—399三个数字区间，体现了旨在追求博通与专精相结合的教学次序。

3. 在课程内容设置方面，关于本国问题的课程占有相当分量的比重，特别是在政治制度方面，本土化趋势明显。如陈之迈讲授的“中国政府”，“根据法规、公报及学术论著，叙述民国十七年后中央政府的演变，分析其目前的机构，以见五权制度实际运用的情况”。其所授“宪法”一门“尤注意我国历届的约法，宪法及组织法”。沈乃正讲授的“地方政府”对于“本国之省县市政府，亦于第二学期中详论之”。他在“市制度”与“市行政”两门课程中也有相当内容涉及本国的相关情形。王化成讲授的“国际联盟”尤其对于中日满洲问题处理的经过详加研究。

4. 中西并重，注意融会贯通，强调以西洋方法研究中国问题。

---

① 王铁崖：《怀念张先生》，《张奚若文集》，第481—482页。

② 浦薛凤：《西洋近代政治思潮》，“序言”第16页。

但也有独立思考，发明新理新法以讲授政治原理的。如浦薛凤所授的“政治学概论”，要求学生“认识基本的政治观念，政治制度，政治现象及政治势力。内容包括政治学之范围；国家之起源与性质；宪法之内容；政府之权能，组织与职务；代议与选举之原则及制度等等”。可见是以其发明的“政治五因素”论[①]作为组织教学内容的指导思想。

5. 理论与事实相结合。浦薛凤所授“西洋近代政治思潮”“对于各家各派思想之背景与演化，及政治观念与政治事实相互之关系尤特注重”。陈之迈的“独裁政治”“详细讨论世界各国所行的独裁制度，希望从历史及事实的研究里寻求出所谓‘独裁政治’的概念来”。他开设的“近代政治制度”，“目的是想从讨论近代国家个别的组织习惯及历史之中，研究出所谓‘政治制度’的概念与原则来”。

6. 讲授与研讨相结合，注重训练学生主动学习的习惯和独立钻研的能力。不少课程开列了大量指定阅读参考书，要求学生通过阅读研讨撰写学习札记或研读报告、学程论文。如修读陈之迈的“宪法”和“独裁政治”的学生均须阅读大量指定的参考书目。张奚若开设的“西洋政治思想史”，在教科书之外，另有西文参考书八十余种，内半数为必读。[②] 浦薛凤后来说：“犹忆民十七年夏，予曾利用整个暑假作成一份‘政治学概论’必修课程之详细参考资料单。此项资料包括中文英文，涉及古今中外，乃摘自标准书本或杂志，并且注明每一学生必须阅读及选择阅读之章节，页数及多少。秋季开学上课之第一天，即将预先铅印订册之此项参考资料单，发给学生，嘱将每周必须阅读与札记之中文报告按时呈缴，由系中助教仔细批阅给分，准时

① 关于“政治五因素”论详见本书第八章第二节。

② 以上所述各课程的讲授内容、方法，参看《政治学系学程一览》(1934—35 年度；1936—37 年度)。

发还。”[①]萧公权也谈到他授“当代西洋政治思想”的办法，“每一学期除了到堂听讲，期中应考外，必须阅看我所指定和他们自己搜寻到的参考书，并须在学年终了以前，就研读所得，作一篇专题报告。讲授中国政治思想史的方式大致与此相同。”[②]

清华政治学系课程使用的基础教科书和教学参考材料，多采自西方主要是美国。如“宪法”这门课程，先后由胡道维、钱端升、陈之迈担任。胡道维使用的教本很可能是克尔文（Corwin）的 *Constitution and What it Means Today*，因为注册部通告说该书为胡道维的宪法班的考试根据[③]。钱端升采用的教科书是王世杰著的《比较宪法》，该书由商务印书馆初版于 1927 年，再版于 1928 年，可能是中国学者最早的一本比较宪法专著。1936 年增订第三版时，改由王世杰与钱端升合著。钱端升所授的英国宪法史，使用的教本是 Adams 的 *Constitutional History of England*[④]。“近代政治制度”是政治学系的一门基础课程，自 1931 年至 1937 年，先后由徐敦璋、吴之椿、王化成、钱端升、陈之迈讲授，钱端升使用的是哈佛大学孟洛（W. B. Munro）教授的名著 *The Governments of Europe*（1931 年版）。就国别政府来说，钱端升著的《德国的政府》和《法国的政府》均被列为“大学丛书”。张奚若讲授“西洋政治思想史”使用的教科书是美国政治学者 Gettell 的 *History of Political Thought*。浦薛凤认为英文政治思想史最佳之单本——最广博，最精要，而同时又是最简

① 浦薛凤：《音容宛在》，第 125 页。
② 萧公权：《问学谏往录》，第 112—113 页。
③ 《国立清华大学校刊》第 141 期，1930 年 2 月 19 日。
④ 《国立清华大学校刊》第 432 期，1932 年 9 月 16 日。注册部 9 月 15 日通告。

单者，当推 Gettell 的这本政治思想史。[1] 1935—1936 学年度，政治学系各课程拟使用的教科书为：政治学概论——Garner：*Political Science & Government*；近代政治制度——Munro：*Governments of Europe*，可兼用 Ogg：*European Government & Politics*；宪法——王世杰：《比较宪法》；市制度——W. B. Munro：*Municipal Government & Administration*，vol. 1；W. B. Munro：*The Government of European Cities*；市行政——Upson：*Practice of Municipal Administration*；W. B. Munro：*Municipal Administration*。[2]

可见，一般政治理论性的课程和关于西方政治的课程基本上使用西方的教科书和参考资料。但关于本国问题的政治课程，则使用由本系教师用本国资料编辑的讲义，如沈乃正为讲授"中国地方政府"编辑了《中国地方政府资料》；陈之迈讲授"中国政府"，主要根据政府的法规、公报及学术论著，经过自己的研究形成讲义，然后再传授给学生；萧公权讲授中国政治思想史，为便利学生作进一步的研讨起见，从许多旧籍里摘选有关政治思想的资料，交人抄出，印成讲义，随堂发给学生，辑为《中国政治思想史参考资料》。至"七七事变"起，清代的资料尚未抄写完毕，但已经印成从先秦到明末总共一千四百多面的资料。[3]

作为政治学系基本入门课程的"政治学概论"，按照清华的惯例，

---

① 浦逖生：《政治学，政治思想史，政治制度之基本书籍》，《清华周刊》第 463 期，1929 年 6 月 1 日。

② 《国立清华大学校刊》第 661 期，1935 年 5 月 20 日。

③ 萧公权：《问学谏往录》，第 112—113 页。

概由系主任担任。[①] 所以，除了浦薛凤赴欧休假的1933年度由萧公权担任外，都是浦薛凤讲授此门课程。浦薛凤认为政治学初步作为基本课程，极为重要，"初攻政治者，对于政治学中之基本名辞、观念、制度、现象、原则等等，必经刻苦之研究，获得精确之认识，然后循序渐进，选读高深课目，乃能如顺水驶舟，疾风相送，其进行之速，自不言而可喻。否则臆断妄度，一知半解，似是而非，犹之徘徊门庭，终不能升堂入室。"[②]所以，他很注重这门课程的课本选择与更新。

清华学生在第一届留美考试中优势明显，因而招致外界流言，如指责清华出题的教授太注重课本知识。随后有清华学生在《国立清华大学校刊》上撰文，以政治学为例，予以驳斥："其实我们在清华内里的人，早已晓得课本，并不是很注重的，往往一门功课，半页的text-book都没有，纯靠教授口授，学生笔记，再有许多的参考书，放在图书馆，以供参看。课本云乎哉？即算是用课本的，也是尽量采用

① 浦薛凤：《音容宛在》，第199页。燕京大学政治学系当时也是这种做法。其好处可能如傅斯年在《改革高等教育中几个问题》中所建议的："最普通的功课由最有学问与经验之教授担任，以便入门的路不错"（《独立评论》第14号，1932年8月21日）。其实这是模仿美国大学的一般习惯（萧公权：《问学谏往录》，第107—108页）。当时中国大学制度，多取法于美国，政治学教师又多为留美归国者，因此教授政治学的方法亦多一遵美法。如"政治学概论"这门课程，是美国大学政治学系中通常设置的入门课程，使学生对于国家、主权等名词，国家之起源、分类、性质等学说，古今政治思想家的学说，以及各种政治制度的构成、性质等，知其大概，进而研究政治思想、政治制度等较专门的领域。此为循年按级而进的方法。英国则不然，各大学中并无类此之政治学一门功课，即使有同名者，性质也不同。即不开始从柏拉图、亚里士多德的学说讲起，也必首讲西莱（Seeley）、西德威克（Sidgwick）的杰作（分别是 *Introduction to Political Science*，1896；*Elements of Politics*，1897），名为政治学"概论""纲要"，实则甚深之哲理。此种方法与中国古代读书法相似，中国古代读书方法为开蒙之后，即遍读群经。"少年授书不求甚解，记诵烂熟罔知所云，及群经既毕，捉刀小试，灵机一动，豁然贯通，此时之乐，难可言喻"（费巩：《政治必读之书》，复旦大学《政治季刊》第2号，1933年6月）。

② R. N. Gilchrist著，缪元新、吴友三、王元照合译：《政治学原理》，"浦序"，上海：黎明书局1935年4月三版。

新出而比较完善的(relatively better)课本，例如政治学一门功课，最先所用为 Gettell 的 *Introduction to Political Science*，以后该科教授，因嫌此书太老而又太简略，乃改用 Garner 的 *Introduction to Political Science*，不久 Garner 又有一本新书出版，名曰 *Political Science and Government*，这本书比较他的老书进步得多，所以马上就采用了这一本。不上半年的工夫，课本改变了三次，从善如流的情形，也就可见一斑。”①

清华大学注册部 1932 年 9 月 16 日通告：“浦薛凤先生讲授之‘政治学概论’一科，定用 Garner：*Political Science and Government* 为课本，以吴友三译《政治学原理》(黎明书局出版，北京佩文斋有批发)为主要参考书，选习该课学生希各查照购备可也。”②表明浦薛凤此时还是以 Garner 的 *Political Science and Government* 作为课本。为什么要更换课本？浦薛凤曾有解释。他认为 Gettell 的 *Introduction to Political Science* 内容过分简单，Garner 的 *Introduction to Political Science* 材料泰半陈旧，而 Garner 的新著 *Political Science and Government* 则有如下优点：材料新颖，引证丰富，参考精详。他又认为 Gilchrist 的《政治学原理》有如下特点：1. 材料新颖而丰富；2. 章段组织系统分明，甚合初学者之心理；3. 关于英美德法日印之政治制度，各有精确简明之叙述，是不啻为初步之比较政治；4. 此书专为印度大学生而写，故处处替尚未与西方政治接触者着想。③

---

① 《国立清华大学校刊》第 85 期，1929 年 8 月 13 日。

② 《国立清华大学校刊》第 433 期，1932 年 9 月 19 日。

③ 浦逖生：《政治学，政治思想史，政治制度之基本书籍》，《清华周刊》第 463 期，1929 年 6 月 1 日；R. N. Gilchrist 著，缪元新、吴友三、王元照合译：《政治学原理》，“浦序”。

当时政治学系有不少课程采取印制讲义的办法，据庶务科各系讲义报告表，政治学系历年印制讲义数分别为：1930—1931 年度 15 种，1931—1932 年度 18 种，1932—1933 年度 12 种，1933—1934 年度 9 种，1934—1935 年度 6 种，1936 年 8 月—1937 年 3 月 7 种。这些讲义中英文约各占一半，多数装订成册，少数为只印数页或不接连者。[①]

对比当时国内其他大学政治学系使用的政治学课本，清华的课本是具有代表性的，现以政治学概论、政治思想史、政治制度等三门课程为例，列举当时国内部分学校政治学系的教科书或主要参考书，以资对照。

表 3-6　1920—1930 年代国内部分大学政治学系基本政治课程教科书使用情况

校　名	课程教科书使用情况 （A＝政治学概论　B＝政治思想史　C＝政治制度）		资料来源
北京大学	A	Garner, *Political Scienceand Government*; Gilchrist, Principles of Political Science, etc.	综合 1933、1934、1935 年度的“政治学系课程指导书”，分别见《国立北京大学一览》，1933 年度；《国立北京大学一览》，1934 年度；《国立北京大学法学院各学系课程指导书》，1935 年度。
	B	高一涵《欧洲政治思想史》（另有西文参考书共八十余种，内半数为必读。萧公权、张奚若讲授）；Spencer, *Man vs the State*; Laski, *Problem of Sovereignty* 等十多种主要参考书（张佛泉讲授）	
	C	“本课参考书籍甚多，随同讲义，分章列举，此处不及详列”（陈受康讲授）	

① “国立清华大学 1931—1934 年度印制讲义名称、数量的报告及付款办法”，清华大学档案，全宗号：1，目录号：2—1，案卷号：072。

续表

校　名	课程教科书使用情况 （A=政治学概论　B=政治思想史　C=政治制度）		资料来源
武汉大学	A	高一涵《政治学纲要》，或张慰慈《政治学大纲》；Garner, *Political Science and Government*	《国内各大学现用课本调查》，《图书评论》第1卷第1期，1932年9月1日；《国立武汉大学一览》，1935年，第64—65、75页。
	B	Murray, *History of Political Science*; Dunning, *History of Political Theories*; Burns, *Political Ideas*.（樊德芬讲授）	
	C	Munro, *Government of Europe*; Lowell, *Government of England*; Beard, *American Government and Politics*.	
燕京大学	A	Garner, *Political Science and Government*①	
	B		
	C		
金陵大学	A	Garner, *Political Science and Government*	《私立金陵大学一览》，1933年，第184页。
	B	Gettell, *History of Political Thought*	
	C	Munro, *Government of Europe*	
金陵女子文理学院	A	Garner, *Political Science and Government*	《金陵女子文理学院现用课本》，《图书评论》第1卷第4期，1932年12月1日。
	B		
	C	Munro, *Government of Europe*（1931年）	

① 顾敦鍒编：《政治学概论选读》，燕大法学院政治学部讲义，出版时间不详。该讲义的主要内容选自 Garner 的 *Political Science and Government*，也包括其他方面的来源。

续表

校　名	课程教科书使用情况 (A=政治学概论　B=政治思想史　C=政治制度)		资料来源
浙江大学	A	Garner, *Political Science and Government*; Bryce, *Modern Democracies*; Willoughby and Roger, *An Introduction to the Problem of Government*; Gilchrist, *Principles of Political Science*(沈乃正讲授)	《国立浙江大学一览 二十一年度》,1932年,第55页。
	B		
	C		
四川大学	A		《国立四川大学一览》,1936年,第144页。
	B	Gettell, *History of Political Thought*	
	C		
之江文理学院	A		《私立之江文理学院一览》,1937年,第24页。
	B	Gettell: *History of Political Thought*	
	C		
南开大学	A	Gettell, *Introduction to Political Science*(1925—1926年); Gettell, *Introduction to Political Science*; Chang, *Principles of Political Science*(1929年度,萧公权讲授); Garner, *Political Science and Government*(1936年度)	王文俊、梁吉生等选编:《南开大学校史资料选》,南开大学出版社1989年版,第198—199、252—254页。《天津南开大学一览》,1929年,"学程纲要"第24—25页。
	B	Burns, C. Delisle, *Political Ideals*; Gettell, R., *History of Political Thought*. (1936年度)	
	C	Ogg, *The Governments of Europe*; Bryce, *The American Commonwealth*(1925—1926年); Ogg, *The Governments of Europe*; Munro, *The Governments of the United State*; McBain & Rogers, *The New Constitutions of Europe*(1929年度,翟毅夫讲授); Munro, *Government of Europe*. (1936年度)	

续表

校　名	课程教科书使用情况 (A＝政治学概论　B＝政治思想史　C＝政治制度)		资料来源
云南大学	A	孙寒冰译:《政治科学与政府》;沈乃正译:《政治学总论》;李剑农著《政治学概论》;张士林译《政治典范》;J. C. Garner, *Political Science and Government*; Caltin, *Principles of Politics*; F. Aristotle, *The Politics*	《民国二十五年份云南大学一览》,1937年,第117—119页。
	B	Gettell, *History of Political Thought*; Coker, Recent *Political Thought*	
	C	阿格(Ogg)著,张庆泰译:《欧洲政府》;孟洛(Munro)著,许闻渊译:《欧洲各国政府》;W. B. Munro, *Government of Europe*; R. X. Buell, New Government in Europe;赵蕴琦编:《美国政府大纲》;C. A. Beard 著,鄢远猷译:《美国政府与政治》;北泽直吉著:《日本政府纲要》	

可见当时国内多所大学都是以 Garner 的 *Political Science and Government* 作为“政治学概论”(或称“政治学”、“政治学原论”)的课本或主要参考书。复旦大学政治学教授费巩评价该书:“备引各家学说甚备,举各国例证亦详,虽不免肤浅,而文字浅显,条理清楚,不失为初学之一本良好课本也。”[①]据说,“该书出版以来,风行一时;在我国高等教育界也有很普遍的势力”。[②] 为适应国内大学对这本书的广泛需求,出版的中文译本至少有两种,而且都重版过。其中一种是燕京大学政治学系顾敦鍒翻译的,另一种是林昌恒和复旦大学政治学

① 费巩:《政治必读之书》,复旦大学《政治季刊》第 2 号,1933 年 6 月。

② 高纳(J. W. Garner)著,顾敦鍒译:《政治学大纲》,“译序”第 2 页,世界书局 1933 年版。

教授孙寒冰的译本。孙寒冰的译本还被列为“大学丛书”。而此前有些学校使用的是 Gettell 的 *Introduction to Political Science*，如南开大学、东吴大学[①]。“政治制度”(有的具体分为“欧洲政府”“美国政府”“日本政府”)这门课程则较多采用 Munro 的 *Government of Europe* 和 Ogg 的 *The Governments of Europe* 作为课本。[②] 总之，当时各大学的政治学课本多采用美国政治学家的著作。

第三节　法科研究所政治学部

1929 年 7 月 18 日，校评议会议决从本年起开办研究院，按系设研究所，先行成立外国语文、物理两研究所。此前清华国学研究院已经宣告结束。1930 年 3 月 13 日，评议会议决修正通过研究院规程。“设研究院以备训练大学毕业生继续研究高深学术之能力并协助国

---

① 据陶希圣说，梁鋆立在东吴大学使用的课本就是盖特尔的政治学。见陶希圣《潮流与点滴》，中国大百科全书出版社 2009 年版，第 96 页。

② 关于 Munro 的这本书是否为一本好的教科书，当时国内政治学者看法颇为不同。武汉大学政治学教授刘迺诚认为该书有如下毛病：(一)侧重英国，就在编述英国这一篇，也有很多缺点。他对于英国各种制度，叙述颇嫌繁冗和杂乱；(二)除法国尚有相当篇幅外，德意俄瑞等国则仅有二三节不等，至多只能算一种大纲，当然不能用为教本。而陈之迈则对刘迺诚著的《比较政治制度》作了严厉的批评，近乎全盘否定。反之却为孟洛的这本书辩护，“凡从他读过书或仔细读过这部书的人，都知道并不能称为‘杂凑起来’的，更不是没有系统的。他在美国哈佛大学教授此科十数年之久，积来的经验，直到一九二五年才出书问世，一九三一年又曾订正修改再版，他为学谨严的态度，是许多求成过急的作家所不能及的。”(见陈之迈关于刘迺诚《比较政治制度》上卷的书评，《清华学报》第 10 卷第 3 期，1935 年 7 月)。1934 年 12 月，上海民智书局出版了 Munro 的 *The Governments of Europe* 中译本，书名为《欧洲各国政府》。译者许文渊，大概是复旦大学学生，称该书的翻译和出版均得到乃师费巩的帮助。当时清华政治学系学生也正在组织翻译该书，未见出版。

内研究事业之进展”[①]；“研究院按照本大学所设学系分别设立研究所，其主任由系主任兼任之”[②]。决定政治、经济、化学、中国文学、历史五系于1930学年设研究所。1930年秋季，研究院政治学研究所开办。1934年5月教育部颁布大学研究院暂行组织规程，规定研究院分文、理、法、教育、农、工、商、医各研究所，凡具备三研究所以上者，始得称研究院；各研究所依其本科所设各系分若干部，称研究所某部。各研究所依各大学经费、师资与设备情形得陆续设立各部，或仅设置一部或数部。[③] 根据教育部部令，1934年5月，清华大学修正通过《国立清华大学研究院章程》，政治学研究所遂改称法科研究所政治学部。1935年6月7日，经教育部核准。

政治学研究所于1932年1月16日公布《政治学系政治学研究所细则》，作为研究生选科、外语学习、毕业考试和毕业论文的指导规则。[④] 政治学研究所（政治学部）自成立以来，以下列数项原则为其进行工作的方针：（一）确定研究范围；（二）侧重本国题材；（三）着重材料之搜集；（四）实施严格训练与培养认真切实之风气。研究生入所（部）之后，应与所（部）中导师及所（部）主任切实商定整个研究计划，俾选修学程，认定学科，预备各项考试，决定论文题目等等。一年级研究生必须就下列三种专门选读与研究选修一门：（一）公法（宪法或国际公法）专门选读与研究；（二）政治制度专门选读与研究；（三）政治思想专门选读与研究。目的在于使研究生在专门化的学习研究过

---

① 《国立清华大学规章》，《清华周刊》向导专号，第514—515期，1931年6月1日。

② 《国立清华大学研究院章程》，《清华周刊》向导专号，第514—515期，1931年6月1日。

③ 《教育部颁布大学研究院暂行组织规程》，《中华民国史档案资料汇编》第五辑第一编教育（二），江苏古籍出版社1994年版，第1383—1385页。

④ 《政治学系政治学研究所细则》，清华大学档案，“国立清华大学教务处关于研究生教学考试等来往函件”，全宗号：1，目录号：2—1，案卷号：55。

程中能获得一个适当的论文题目。而侧重本国题材，则体现了当时学术本土化与独立化的要求。

清华研究院取精英主义教育宗旨，政治学研究所（部）自然不能例外，因此对研究生的培养极为严格，贯穿了从研究生招生到毕业的整个培养过程。在招生环节，有两种学生来源，一是国立省立或经教育部立案之私立大学毕业生通过考试录取，此类名额大概每年取一二名，宁缺毋滥。二是本校毕业生成绩优异者（按清华大学成绩计算法在校成绩总平均在 1.05 以上者）可以免试入学。两类学生加起来，平均每年也不过五人左右。研究生入学后，必须照章完成下列工作且成绩及格者，才能毕业：（一）第二外国语考试及格。该项语种，除由导师及部主任特许者外，应于德法语文中，选择其一。“及格程度以等于已曾修习该项文字三年，而能译读流利为准。应试不及格者，得于三个月后补考一次，但至迟须于入学后一年内应试及格。凡未得此项外国文字考试之及格证者，不得参加毕业考试”。（二）选修学科至少满 24 学分。（三）毕业初试应考及格。凡应毕业考试者，必须从政治制度、宪法与行政法、国际公法及国际关系、西洋政治思想[①]、市政等五项学科中选择一项主科，二项副科，为其考试范围（毕业初试时，主科与副科同等重要）。在考试日期三个月前，将所选学科呈报教务长，由教务长商同政治学部主任，订定考试日期与地点；考试成绩得下等者，可于三个月后补考一次。若再不及格，其所著论文，政治学部概不接受审查。此项毕业初试，至迟应于毕业前六个月，应试及格。（四）毕业论文经研究导师认可，本部预审合格，再经

① 清华大学注册部第 124 号通告（1934 年 10 月 2 日）宣布将“西洋政治思想”改为“政治思想”，自该年度起适用于研究院一年级生。见《国立清华大学校刊》第 602 号，1934 年 10 月 4 日。

论文考试委员会考试及格。初试考试委员会和论文考试委员会均应有经教育部核准的校外人员参加。

在上述各环节中,政治学部对毕业初试,极为重视,认为“基础不固,则造就难精”。所以,“当成立之初,研究生颇视初试为畏途,相率观望,不敢轻于尝试,甚至半途辍学者,亦不乏人。”①

政治学研究所(政治学部)的导师先后有吴之椿、钱端升、浦薛凤、王化成、张奚若、陈之迈、萧公权、沈乃正等,分别指导三个不同方向,即公法、政治制度、政治思想。大体上,萧公权指导中国政治思想史,王化成指导国际公法及国际关系,沈乃正指导中国地方政府,陈之迈指导中央政治制度,张奚若指导西洋政治思想,浦薛凤指导西洋近代政治思潮。课程体系与本科阶段衔接,也分为三类五门。以下为部分研究课程概况:

表 3-7　清华法科研究所政治学部课程概况②

课程名称	担任教师	课程性质	课程说明
专门选读与研究	各导师	一年级必修	本学程之目的,在使研究所一年级生各择专门学科一项,在导师指导之下,作初步的切实工作,俾能进而作专题研究。本课目之范围,由各导师分别决定,但均以选读原本书籍,定期作札记(评论或报告),及随时应口试为准。本学程共分下列三项:甲、公法(宪法或国际公法)专门选读与研究(王化成、陈之迈);乙、政治制度专门选读与研究(沈乃正、陈之迈、浦薛凤);丙、政治思想专门选读与研究(张奚若、萧公权、浦薛凤)

① 《清华大学史料选编》第 2 卷(下),第 596 页。

② 《法科研究所政治学部学程一览》,见《国立清华大学一览》,1937 年。

续表

课程名称	担任教师	课程性质	课程说明
政党论	浦薛凤	选修	本学程侧重历史、分析、比较、综合的方法，研究民治国家中政党之所以由起，政党政治之各种基本势力，政党之重要功用与其可能的与实际的流弊，及最近一党专政之理论与事实。本学程重视札记与课堂讨论。
近代政治制度专题研究	陈之迈	选修	本学程在择定题目为有系统之研究。于学年之始，由学生与导师商定题目，并于指定时期报告讨论工作之进行，学期终了时，将研究所得，作成论文，交导师批阅。
中国地方政府研究	沈乃正	选修	本学程为训练学生研究中国地方政府而设。除由教员就本国之省县市政府，讲述其沿革、组织、职权、行政外，再由学生认定研究专题，作成论文。本学程尤鼓励学生之实地调查工作，并随时约请校外人士之服官久长、行政经验宏富者，向学生作经验谈话，俾切实用。
条约论	王化成	选修（须先修国际公法）	本学程首述条约之性质与种类，次述条约之如何缔结、如何执行、如何解释以及如何告终，最后讨论中国近年来修约问题。
西洋政治思想专题研究	张奚若	选修	本学程专为本系研究生研究西洋政治思想特别问题而设。每学期之始，由教授提出专门问题若干种，由学生自由选定一种研究。每周或两周报告讨论一次。每学期作论文一篇。
中国政治思想专题研究	萧公权	选修	此课为训练学生研究中国政治思想而设，研究题目每年临时拟定。

由上述课程说明可以看出研究课程注重训练学生的独立研究能力,并引导学生关注本国政治思想、政治制度和外交问题。

自研究所成立至1937年抗战爆发,历年究竟有多少研究生,各人的研究情况及出路如何,目前尚无明确具体的材料予以说明。现据零散资料,略事勾勒。关于研究生人数,1930—1937年,历年累计有三十余人。[①] 据王化成《清华政治学系之概况》中所列的“政治学系历年学生级别人数统计表”,1930年一年级研究生3人,其中由外间录取2人,本校卒业生直接升入者1人。外间录取的两名分别是曾特、谢志耘,均是燕京大学法学士,本校直接升入的是邵循恪。1931年新生5人,包括张永懋、徐雄飞、徐义生。1932年新生11人,其中9人为清华本校生,分别是陈明翥、张馥荍、李成藩、王世德、鞠秀熙、张天开、赖世珍、刘信芳、叶叶琴(女);另2名是毕业于北京大学的万异和毕业于燕京大学的陈春沂。[②] 1933年新生是王铁崖。1934年新生2名:罗孝超、楼邦彦[③]。罗孝超似是北京大学毕业生。1935年度政治学部新生1名:靳文翰[④]。1936年6月,研究所研究生三级共7

---

① 清华大学校史编写组:《清华大学校史稿》,中华书局1981年版,第221—222页。

② 《国立清华大学校刊》第636号,1932年8月20日;《清华大学史料选编》第2卷,第639页。《清华暑期周刊》(第7、8期合刊)中刊登的研究院录取者名单中,隶属政治系的仅有陈春沂一人。见该刊第20页。

③ 《国立清华大学校刊》第592号,1934年8月23日;《清华大学史料选编》第2卷,第641页。

④ 《国立清华大学二十四年入学考试录取学生名单》,清华大学档案,“国立清华大学一九二九——一九三七年度录取研究院、大学本科各级新生缴验证件与教育部的来往文书”,全宗号:1,目录号:2—1,案卷号:57:2;《国立清华大学校刊》第676号,1935年8月22日。

人。1936 年度政治学部又录取新生 2 名:宋士英、池世英[①]。到 1937 年在籍研究生共有 9 人,分别是宋士英(第八级)、池世英(第八级)、靳文翰(第七级)、陈明翥(第四级)、鞠秀熙(第三级)、张天开(第五级)、王铁崖(第五级)、罗孝超、刘信芳(第一级)。[②] 1937 年时在籍研究生几乎全部为清华政治学系的本科毕业生。

由于政治学部培养严格,研究生无一人能在研究部章程规定的最低期限的两年时间内完成学习与研究工作,[③]不得不延长研究年限,即使成绩特优的邵循恪,也过了三年时间才毕业。从 1937 年在籍研究生名单来看,可能有三人的研究时间超过五年,二人超过四年。在总共三十余名研究生中,只有邵循恪一人正常毕业。其他未能毕业的研究生,或是因为考试不及格或担心不及格而中途退学;或是因为生计困难被迫中途辍学而去谋职求生;或是因中途考取官费或自费留学。特别是"研究生中之成绩优异者,往往不肯专心从事于规定之研究,辄同时预备参加留学考试"。

该部研究生先后考取留学的约有以下数人:

徐义生,第一届(1933 年)清华留美公费生,专研公共行政

王铁崖,第四届(1936 年)留美公费生,专研国际公法(注重法理)

楼邦彦,第四届(1936 年)中英庚款留英公费生,专研行政法

---

① 《国立清华大学校刊》第 765 号,1936 年 8 月 17 日;《清华大学史料选编》第 2 卷,第 643 页。

② 《国立清华大学一览》,1937 年;《清华大学史料选编》第 2 卷,第 599 页。

③ 清华研究院章程原定研究生毕业期限至少三年,后遵教育部令,于 1934 年 5 月改为最少两年。

张天开，第五届（1937 年）中英庚款留英公费生，专研社会立法

谢志耘，第六届（1938 年）中英庚款留英公费生，专研历史（近代史）

陈春沂，第七届（1939 年）中英庚款留英公费生，专研行政法

靳文翰，第七届（1939 年）中英庚款留英公费生，专研行政法

此外，因成绩特优由研究院照章资送出国留学者 1 人，即邵循恪。邵循恪的毕业考试和论文考试分别于 1933 年 3 月 30 日和 10 月 16 日举行。毕业考试委员会由浦薛凤、钱端升、王化成、萧公权、张奚若、燕召亭、蒋廷黻、萧叔玉组成；论文考试委员会由王化成、浦薛凤、张奚若、钱端升、萧公权、沈乃正、蒋廷黻、燕召亭组成。毕业考试应考学科为：一、国际公法与国际关系，二、宪法与行政法，三、政府。毕业论文题目为："现状如恒条款（The Doctrine of Rebus sic Stantibus）"。两项考试成绩均为"上，1.1"。[①] 12 月 7 日，教授会通过准研究院毕业生邵循正（历史学研究所）、朱延丰（历史学研究所）、萧涤非（中国文学研究所）、邵循恪（政治学研究所）、陆学善（物理学研究所）、梁方仲（经济学研究所）毕业。12 月 8 日，校评议会议决：研究院本届毕业生历史系邵循正、政治学系邵循恪、物理学系陆学善准予派送出国研究。同期政治研究所应毕业考试的还有谢志耘，应考

① 清华大学档案，全宗号：1，目录号：2—1，案卷号：52。《清华大学史料选编》第 2 卷，第 649 页。

学科为政治制度、国际公法及国际关系、西洋政治思想。① 但从最后结果来看，谢志耘未能顺利毕业。

中美、中英庚款留学考试②，是当时面向全国的两大公费留学考试，竞争激烈。在先后举办的六届留美考试和八届留英考试中，政治、法律类的名额绝大多数由清华政治学系毕业生考取。除了上列研究部学生之外，还有政治学系本科生直接考取的。当时国民政府注重发展理工等应用学科，故公费留学中政治类的名额受到严格限制，六届留美公费考试中，只有前四届设有政治学方面的名额，且偏重应用性的公共行政、公务员任用或社会立法等，每届名额在 1—2 名。结果前四届政治类名额全部由清华政治学系毕业生考取，分别是第一届徐义生，第二届曾炳钧（政治学系第一级学生），第三届龚祥瑞（政治学系第七级，专修学门为公务员任用制度），第四届林良桐（政治学系第六级，专研社会立法）、王铁崖（政治学系第五级，专研国际公法）。

因为留美考试是由清华留美预备制度演变而来，考试结果自然招致外界议论，怀疑考试内容出自清华政治学系平时的教科书和讲义，前文已经提到清华方面曾在《国立清华大学校刊》上予以澄清。其实只要从专科科目的考试命题阅览员来看，就可以发现清华方面不可能操纵考试成绩的评定。如第一届“公共行政”专科科目的考试

① 《国立清华大学校刊》第 490 期，1933 年 3 月 16 日。

② 国民政府于 1929 年 4 月 30 日议决清华大学基金全部移交中华教育文化基金董事会管理。此后，清华大学每年设置赴美公费留学生若干名，公开考试，其选拔范围面向全国，于 1933 年至 1943 年共举办六届留美公费生考试，历届录取人数为：1933 年 25 人，1934 年 20 人，1935 年 30 人，1936 年 18 人，1940 年 17 人，1943 年 32 人。关于中英庚款留学考试，自 1930 年 9 月与英国政府换文协定退还中国庚款后，即于 1931 年 4 月设董事会管理，先后举行了八届留英公费生考试。

命题阅览员为：张奚若（国立清华大学政治学系教授，政治思想史）；张锐（天津市政府科长，公共行政）；刘迺诚（国立武汉大学政治学系教授，政治制度）；马洗繁（国立中央大学政治学系主任，市政学）；吴𪨗澂（国立中央大学政治学系教授，行政法）。第三届“公务员任用制度”专门科目的命题阅卷员为：高一涵（监察院委员，政治学）；周鲠生（国立武汉大学教授，国际法[公法及私法]）；刘抱愿（国立北京大学教授，民法）；沈乃正（清华大学政治学系教授，现代政治制度）；白经天（国立北平大学法商学院院长，行政法）；燕树棠（国立北京大学教授，民法）；董修甲（国立暨南大学教授，公共行政）。第四届“国际公法”专门科目的命题阅卷员为：蒋廷黻（中国驻苏联大使，欧洲近代政治外交史）；韦润珊（国立武汉大学地理教授，欧洲地理[注重政治与人文地理]）；浦逖生（清华大学政治学系教授兼主任，政治学）；钱端升（中央大学法学院教授，宪法）；刘志敭（北京大学法律学系教授，刑法及民法）；萧公权（清华大学政治学系教授，政治学及宪法）；周鲠生（武汉大学法学院教授，国际公法）；王化成（清华大学政治学系教授，国际关系及组织）；郭闵畴（上海特区地方法院院长，国际私法）。①

如果说留美公费考试与清华尚有渊源，那么中英庚款留英考试就不应该有上述嫌疑了。在总共八届中英庚款留英考试中，清华政治学系学生的成绩也非常突出。第一届“政治”专业仅设一个名额，由清华政治学系第一级学生戴克光考取；在历届的“法律”科方面，清华和东吴法学院的成绩约在伯仲之间。

清华政治学系学生能在留学考试中大显身手，却只能有一人最

① 刘真主编，王焕琛编著：《留学教育——中国留学教育史料》第四册，台北：国立编译馆1980年版，第1883—1885、1891—1898、1901—1906页。

终从政治学系研究部正常毕业。此一结果固然因为部分学生更看重留学考试，但是研究部对学业要求之高与严恐怕才是主要原因。1935 年 6 月，南京国民政府教育部核准的大学研究院研究所名单中，拥有法科研究所的学校只有清华大学、北京大学和武汉大学，而北大法科暂不招生，武大法科仅有经济部，[①]可见当时只有清华法科研究所招收政治学研究生。另据 1936 年《大学研究院统计表》，当时全国各大学中设有法科研究所的有清华大学、北京大学、武汉大学、燕京大学、东吴大学等五所学校。但这五所当中，设有政治学部的只有清华、燕京和北大，而北大已暂停招生。保留招生的只有清华与燕京。[②]燕京大学政治学系的研究领域与成就基本集中在边疆政治、国际关系及后来的实验县政，与清华各有所长。就整体实力而言，则逊色于清华。由此也可见清华政治学系在当时全国政治学界的地位与水准。

---

① 《国立清华大学校刊》第 667 号，1935 年 6 月 10 日。

② 《南京国民政府档案资料汇编》第 5 辑第 1 编，教育(二)，第 1385—1386 页。

第四章　学术研究的领域、方法与成就

现代大学不仅是作育人才的场所，更是学术研究与知识创造的渊薮。清华政治学系在其初期阶段的研究成果较少，这可能是因为学系初办，还未到学术研究的收获期；而且，当时国内政局动荡，给教师个人的发展前景带来许多不确定因素，有的教师不安其位，向往仕途；此外，在罗家伦入主清华提倡学术化之前，清华国学研究院虽然在一定程度上开创了学术研究的风气，但是清华处在改建大学初期阶段，学校当局并没有推动学术研究的整体计划与具体措施。清华政治学系学术研究的"黄金时代"无疑是在浦薛凤担任系主任期间。

清华政治学者的研究内容大体上可以归纳为三大领域，即政治思想、国际公法与国际政治、政治制度与行政。清华的政治思想史研究，阵容强大，聚集了萧公权、浦薛凤、张奚若三大名家，并有后起之秀邹文海，研究范围涉及中西古今政治思想。浦薛凤、张奚若、萧公权都擅长西洋政治思想史研究；此外，萧公权更着重中国政治思想史研究。政制与行政领域的研究力量在国内政治学界也堪称引人注目，这方面的研究者主要是钱端升、沈乃正和陈之迈。王化成则致力于国际公法和国际政治研究。本章主要探讨清华政治学者在上述领域的研究方法及其成就。

第一节　研究领域(一):政治思想史

一、萧公权与中国政治思想史研究

萧公权留美期间专攻西洋政治思想,以当时流行的政治多元论思潮为研究重点,其硕士论文和博士论文均以此为研究对象。博士论文付梓之后,反响较大,佳评如潮。回国之后却以中国政治思想史为其研究重点。早在1920年代,萧公权就立志撰著一部中国政治思想史。①

1927年萧公权受聘于南开大学,开始讲授"中国政治思想史",以后又先后受聘于东北大学、燕京大学,讲授"中国政治思想史"等课程。1932年9月萧公权移席清华,到抗战爆发后改任中英庚款四川大学讲座教授,萧公权在清华大学共任教五年,继续讲授"中国政治思想史"。清华五载,是其治学的最好时期,因有充分的时间从事研究,故在"加紧努力于教学相长的工作"的同时,"加速推行研究中国政治思想的计划"。②

萧公权在讲授中国政治思想史时,为便利学生做进一步的研讨起见,从许多旧籍里摘选有关政治思想的资料,交人抄出,辑为《中国政治思想史参考资料》五大册,交清华大学印成讲义,分发诸生。至

---

① 萧公权在《问学谏往录》中说:"我立了一个志愿:我今后要利用留美所受的一点训练,所得的一点知识,去从长研究中国文化。我在美国曾研究西洋政治思想。我回国后的主要工作当是中国政治思想史的研究。""到了二十九年夏天,全书(指《中国政治思想史》。——笔者注)脱稿,偿了怀抱十几年的夙愿。"《问学谏往录》,第78、138页。

② 萧公权:《问学谏往录》,第112、120页。

“七七事变”起，清代的资料，虽抄写未竟，但“所幸已经印成从先秦到明末总共一千四百多面的资料”，萧公权存留了一份，这是他后来撰写《中国政治思想史》的主要参考资料。[①] 在清华期间，萧公权发表的学术论文并不多，基本上都是关于中国政治思想史；另外，他还撰写了多篇关于中国政治思想史的书评。无疑，萧公权在清华期间的研究重点是中国政治思想史。

作为萧公权研究中国政治思想史的总结性成果——《中国政治思想史》，虽然脱稿于 1940 年夏天[②]，但这部七十多万字的著述，显然不是作者寄寓成都乡下二年间的神来之笔，“它是建立在对中国政治思想史相关资料的长期研究之上的”，[③]其资料的准备和研究的基础均奠定于清华时期，大体上可以视作萧公权在清华时期的研究成果。这部著作圆了萧公权研究中国政治思想史计划的夙愿，因此欲了解萧公权在中国政治思想史领域的研究成绩与方法，可以以此作为主

① 萧公权：《问学谏往录》，第 112—113 页。

② 笔者所见《中国政治思想史》第一卷出版于 1945 年 4 月，国立编译馆重庆初版，商务印书馆印行，正文 196 页，内容只包括第一编，即先秦时期的政治思想史。1945 年 12 月上海初版，1946 年 5 月上海第二次印刷，并很快印至第四版。第二卷共分 3 册，正文 482 页，国立编译馆 1946 年 10 月初版，商务印书馆（上海）印行，内容包括秦以下历代政治思想。故笼统地说萧著《中国政治思想史》出版于 1945 年是不准确的。该书后在台湾多次再版重印，萧公权弟子美国著名汉学家牟复礼(F. W. Mote)曾将《中国政治思想史》首卷译成英文于 1979 年由普林斯顿大学出版社出版。1980 年代，萧公权门人汪荣祖编辑《萧公权全集》时，又“详加校订，并增刊《中国政治思想史参考资料绪论》《引用书目》”等内容，成为最后定本。1998 年，辽宁教育出版社“新世纪万有文库”第二辑列入此书，对“全集”版重加校订，进行一些技术性处理，如改变注释方式等。书前有傅杰撰写的《本书说明》，具有导读性质。本书一概征引“新世纪万有文库”本。

③ 黄俊杰：《萧公权与中国近代学术》，载《中国现代史专题研究报告》第 11 辑，第 64 页。

要分析文本。①

萧公权为什么要撰写《中国政治思想史》？他晚年在自传中说："坊间虽然已经出版了两三部《中国政治思想史》，我相信还有余地写一部根据政治学观点，参酌历史学方法，充分运用原始资料，尽量避免臆说曲解的书。"②那么，萧公权所指的两三部《中国政治思想史》具体是指什么呢？据生活书店1935年出版的《全国总书目》（所收书目自1912年至1935年），已经出版的中国政治思想史著作有：陶希圣《中国政治思想史》（新生命出版社1932年），陈安仁《中国政治思想史大纲》（商务印书馆1932年），谢无量《古代政治思想研究》（商务印书馆1923年），嵇文甫《先秦诸子政治社会思想述要》（1932年燕京、清华大学"中国政治思想史"讲稿）。此外还有梁启超《先秦政治思想史》（商务印书馆1923年初版，1925年第4版），李麦麦《中国古代政治哲学批判》（新生命书局1933年），刘麟生《中国政治思想史》（商务印书馆1934年），吕振羽《中国政治思想史》（黎明书局1937年），杨幼炯《中国政治思想史》（商务印书馆1937年）等。

1929年，陈序经对当时中国政治思想史的研究状况曾有一番评判："关于中国政治思想的有统系的研究的书册是很少的；至于能够把中国全部的政治思想史，来做有统系的研究，据我个人所知的，不但在英文或他种文字方面，没有一本，就是在中国文方面，也找不出一本。片断的研究，也不过限于一个时代，而犹是春秋战国时代，或

① 汪荣祖在《萧公权先生学术次第》一文中对《中国政治思想史》一书有概要评述。黄俊杰在《萧公权与中国近代学术》的研讨报告中，也涉及对《中国政治思想史》一书的评述。黄俊杰后来作专文探讨《中国政治思想史》的内容、方法及其在中国政治思想史研究上的重要性（见黄俊杰：《萧公权与中国政治思想史研究》，《台大历史学报》第27期，2001年6月）。但笔者觉得仍有必要从史实方面来阐述相关问题。

② 萧公权：《问学谏往录》，第138页。

是关于个人的政治思想。"他对中文撰著的中国政治思想史的评价，仅举出谢无量的《古代政治思想研究》，没有提及梁启超的《先秦政治思想史》。英文方面的几本关于中国政治思想史的著作是他在这篇文章中的主要评论对象，他指出：卜特（W. Pott）的《中国政治哲学》（*Chinese Political Philosophy*）可能是关于中国政治思想研究的最先的一本，但是"卜济先生太勉强的去写这本书"，因而不甚可靠。比较上可靠的要算汤姆斯（E. D. Thomas）教授的《中国政治思想》（*Chinese Political Thought*）。之所以说比较上可靠，在于他能够尽力用客观的态度去研究，所以读这本书的人，有时觉得这本书是中国古代政治思想材料。吴国桢的《中国古代之政治学说》（*Ancient Chinese Political Theories*）还不错，对于法家的政治思想特别注意，这一部分占全书的三分之一，材料的选择上，尚可靠，不过吴先生对于各家的批评上，是否有当，当然由各人自己去评定。吴、汤两本书的研究方法，各有不同。前者以著者为本位，后者以政治思想的各方面的问题为本位。读吴先生的书的人，可以知道在其所研究的时代里，哪几位是政治思想的泰斗，而这几位政治思想家的政治思想的全部如何，贡献如何，均能知其大概。读汤先生的书的人，可以领略各家对于某一主题的不同的意见的大概。①

萧公权所指的两三部《中国政治思想史》大概不出上述这些政治思想史著作之外。有学者指出，以上中文著述的各书，均有所不足，"有的是在时代风潮之中生吞活剥马克思学说，硬套到中国史解释之上；有的是取材泛滥无所归，举凡社会史、政治史、经济史均在讨论范

① 陈序经：《中国政治思想的资料问题》，岭南大学学术讨论会主编：《学术论文集》，广州思思学社 1929 年 5 月初版。

围之内，故虽名为《政治思想史》，实际上则内容至为庞杂，主题不彰”。[①] 这里所批评的两种情形，前者的典型是李麦麦，后者的典型是陶希圣。[②] 最早出版的梁启超、谢无量的政治思想史，内容都太简单。[③] 而照萧公权的意思，他说的那两三部《中国政治思想史》要么是方法与指导思想有问题，要么在资料运用方面有问题，导致“臆说曲解”。傅杰对此有进一步解释：“一些学者或者限于学养见识，或者出于各种目的，往往将中国古代的思想与西方近现代的政治学说及制度牵强比附，所谓动以西学缘附中学，摭古书片词单语以附会今义，如以孟子具近代民主思想，以墨家具民选制度，以秦政为法治，等等，其结果是模糊了中西思想及制度的真相，‘无形之中恒足以增其固见自满之习，而障其择善服从之明’。”[④]这种情况在吴国桢的《中国古代之政治学说》中也有体现。美国犹他州立大学（University of Utah）汤姆斯（Elbert D. Thomas）教授在吴著出版后不久就指出，吴对老子的描述不自觉地带着佛教徒的观点，使老子有佛教徒的气息，而将孟子说成完全现代意义上的民主主义者，认为孟子奉行个人平等的基本原理，赞成革命的权利，信仰政府因被统治者及应当为被统治者

① 黄俊杰：《萧公权与中国政治思想史研究》，《台大历史学报》第27期，2001年6月。

② 对李麦麦《中国古代政治哲学批判》和陶希圣《中国政治思想史》的批评还可参看蔡尚思《中国思想研究法》，复旦大学出版社2001年版，第28—29、49页。

③ 陈序经认为谢无量的《古代政治思想研究》太简单了，并且因为作者对于普通政治思想的研究，似没有什么根底，所以对于本题的发挥上，没有什么精彩处。见陈序经：《中国政治思想的资料问题》。

④ 见《中国政治思想史》，傅杰撰《本书说明》。

而存在的学说。[①]

类似牵强附会的现象，可能是萧公权特别标明要“采政治学之观点，用历史之方法，略叙晚周以来二千五百年间政治思想之大概”[②]的主要原因。用历史的方法，一则与他的学术训练有关，再则恐怕就是针对当时的史观派而言，该派的主要特点是“以论带史”。除了李麦麦、吕振羽、嵇文甫明显采用唯物史观和阶级斗争学说来写作政治思想史外，杨幼炯和陶希圣各自所著的《中国政治思想史》也受到社会发展史或社会形态论的影响，属于史观派的作品，带有观念框架的痕迹，在史实方面经常有漏洞。[③]

萧公权著述中国政治思想史，大概还有“正名”的目的。有西洋学者认为中国没有政治思想，如法国著名学者雅勒(Paul Janet)和美国哥伦比亚大学教授邓宁(William A. Dunning)等均持此种观点[④]。

---

① 见 Elbert D. Thomas 对 *Ancient Chinese Political Theories* 一书的书评，*The American Political Science Review*, vol. xxiii, no. 1, February 1929. pp. 199-200。吴国桢关于孟子思想的论述参看 Kuo-cheng Wu, *Ancient Chinese Political Theories*, chap. ix, Shanghai, The Commercial Press, 1928.

② 萧公权：《中国政治思想史》(一)，凡例。

③ 清华国学研究院出身的刘节曾撰长文对陶希圣著《中国政治思想史》进行批评，指出大量史实错误。见刘节：《陶希圣著中国政治思想史》，《图书评论》第1卷第12期，1933年8月1日；第2卷第1期，1933年10月。而另一方面，陶希圣又因为理论上不够“唯物”与“辩证”而受到嵇文甫的批判(蔡尚思：《论嵇文甫》，《文史哲》1985年第6期)。

④ 邓宁的观点见其所著 *A History of Political Theories, Ancient and Mediaeval*, Introduction, xix-xx, New York: The Macmillan Company, 1927；雅勒的观点大概出自其名著《政治学史》(*Histoire de la Science Politique*)。E. D. Thomas 认为吴国桢的《中国古代之政治学说》一书，有助于一些西方学者摆脱那种认为东方人没有政治思想的看法(“It will aid those of us who are still teaching what we were taught in getting away from the old classification of ‘political’ and ‘non-political’ peoples.”)，应是指此而言。而这种“政治”与“非政治”民族的分类，至少在伯吉斯(Burgess)的《政治学与比较宪法》(*Political Science and Comparative Constitutional Law*, Boston: Ginn & Company, 1890)一书中就已出现，见该书 vol. I, p. 30 *et seq*.。

这种观点在欧美的政治学者中大概颇为流行，他们认为亚洲产生过伟大的宗教，但在政治学的领域里却乏善可陈。[①] 一些中国政治学者如张奚若、钱端升也受洋人观点影响，说中国没有政治思想。钱端升说："中国几无政治思想可言，盖中国人对于政治极为重视，《论语》中有许多政治思想在内，其余如庄子、荀子皆有政治思想在内。不过此等书籍，多半为著者之人生观，故不能承认其为政治思想专书。"[②]张奚若并且挖苦萧公权讲授中国政治思想史不啻是捕风捉影。萧公权在他的回忆录中提及此事："奚若对我最初似乎有点疑忌。他在教室里对学生讲，中国没有值得研究的政治思想。言外之意，当然是任何人讲授中国政治思想，无异于捕风捉影，大言欺人。我听他的'高论'，只好付之一笑。廷黻为我抱不平，在《独立评论》发表的一篇论文里讥笑留学生回国大谈洛克、卢梭，对于中国文化和历史却不能置一词。"[③]

萧公权不同意上述观点，他要通过自己的著述来辨别是非，为中国政治思想"正名"。在《中国政治思想史参考资料》的《绪论》里，萧公权对这种观点的产生作了分析，并指出中国政治思想的特点：

> 近世欧美学者辄轻视中国政治思想。例如雅勒(Janet)邓宁(Dunning)诸君，或谓中国无政治思想，或谓其浅陋零碎不足观。……吾人推其相轻之由，似不外乎两端。(一)异邦学者于

---

① Yen Hawkling, "The Chinese Social and Political Science Association: A Retrospect and a Prospect," *The Chinese Social and Political Science Review*, vol. vii, no. 1, January 1923, p. 103.

② 钱端升：《政治学》，《清华周刊》第 336 期，1926 年 11 月。

③ 萧公权：《问学谏往录》，第 114—115 页；萧公权：《我所认识的蒋廷黻先生》，《清华校友通讯》新 15 期，第 2—3 页。

我之文字学术，典章制度，不易有亲切之体会。其所闻知者大半得之于辗转译述。误解难免，阙漏必多。而遽加论断，岂能中肯。故附会之则叹为神奇，损毁之亦可化为腐朽。（二）西人治学，甚重方法。古希腊以来，学术分科，已成风气。著书立说，尤贵系统。而“爱智”既夙为治学之主旨，政治学者乃能超越时地，不求功利，作纯理论，纯科学之研讨。相沿已久，遂成不可移易之标准。彼见中国政论多不合此标准也，遂弃之以为不足道。其非持平之论，亦不待言。吾人以为中国不特自有其政治思想，且其思想亦具有不可否认之价值。其异于欧美者不在价值之高低，而在性质之殊别。故吾人治中国政治思想之先，宜一探寻其特点之所在。……重实际而不尚玄理，此中国政治思想最显著之特点也。……就其大体言之，中国政治思想属于政术(Politik；Art of politics)之范围者多，属于政理(Staatslehre；Political Philosophy，Political Science)之范围者少。中国政治思想之第二特点为多因袭，少创造。

关于萧公权《中国政治思想史》的研究方法，作者在该书《凡例》中写道：

一、本书采政治学之观点，用历史之方法，略述晚周以来二千五百年间政治思想之大概，……

二、本书体例以时代为经，以思想派别为纬，其取材以前人著作之具有理论价值者为主。影响较大之政论亦酌量述及，专对一时一地实际问题之政论则一概从略。

三、本书叙述各家思想，力守客观之态度。偶有论评，亦意在辨明其历史上之地位，非敢任意抑扬，臆断得失。

又在《中国政治思想史参考资料辑要凡例》中说：

> 二千余年中之政论，汗牛充栋，不可悉收。若按西洋政治思想史家之严格标准以定去取，则秦以后之著述，合格者又悉甚寡。兹编选录之标准有二：一曰尽量收录有理论价值之文献，二曰酌量收录有历史价值之文献。其纯乎针对一时一地实际问题而发之政论则不选入。
>
> 治社会科学，客观为难，而治政治思想尤易流于曲解。兹编文献之去取，始终以保存前人本来面目，供给后学研究资料为标准。其短处在不能如思想史之独具见解，自成系统。其长处在编者之主观不易阑入，读者尽可以仁智殊见，自得妙谛。

上述引文明确表达了萧公权研究中国政治思想史的态度和著述方式，其最显著的特点是强调客观和运用历史的方法，注重思想发生的根源及其转变的背景。他说："政治思想虽不能离环境以产生，而在同一历史环境中，所有思想之内容不必皆出一辙。个人之品性，家庭之生活，师友之影响，凡此一切均可使个人对于同一环境发生不同之反应而促成其思想之分歧。"①这种重视历史背景与因果关系的方法在其早年著《政治多元论》时似乎还不明显，及至著《中国政治思想史》时则成为基本原则。他论述先秦政治思想的发展，特别注意先秦学说产生的大体相近的历史环境，以及诸子各家各派思想的交互影响，他也以历史背景的转变来解释秦汉以下思想史的发展，可见他极为重视思想史发展的历史背景。② 萧公权在思想史教学与研究中对

① 萧公权：《中国政治思想史》(一)，第153—154页。

② 参看黄俊杰在《萧公权与中国近代学术》中的分析，载《中国现代史专题研究报告》第11辑，第67—71页。

事实与历史的强调，给他的学生留下了深刻的印象，其早年弟子邹文海说："萧先生讲中国政治思想史时曾说，他希望能客观的表达每一位思想家的原意，而不以自己的观念来作解释。使每位思想家回他本来面目是他努力以求的目标，不愿以古人强为今人，亦不欲以今人的价值标准去评论古人的是非。"及抗战爆发后转任四川大学讲座教授，着手撰述《中国政治思想史》时，"他按照原来的方针，使每一位思想家能回他本来面目。他尽量避免意存两可的玄妙之音，切切实实的分析每人在他所处的时代中讲了些什么话，以及他所想解决的是些什么问题。在他条畅'典雅'(蒋廷黻先生语)的文笔之下，把我们先人在政治方面的目的与造诣，很明显的刻画出来。这一种以事实为历史以及以历史为史观的方法，是萧先生最大的成功。"[①]

萧公权治中国政治思想史所持的态度与方法，无疑也有其学术渊源。除了清华同事尤其是史学系教授陈寅恪等的学术观点可能对他产生了影响[②]，与美国当时政治思想史研究的主流方法恐怕也不无关系。20世纪上半叶，美国政治思想史研究基本上呈现历史主义占主流的局面。政治系统论的创始人以及美国政治学界后行为主义运

① 邹文海:《记萧公权先生》,《清华校友通讯》新14期,1965年10月29日,第1页。

② 在清华,萧公权与吴宓、陈寅恪等皆有私下唱和与学术思想上的交流。1949年后,萧公权对吴、陈二人仍公开表示关念之情,并关注陈寅恪的学术研究,曾撰文评论陈的《元白诗笺证稿》(载《清华学报》新刊1卷1期,1956年6月)。书评中谓"陈君治学一贯承乾嘉'朴学'之家法",而又"足以凌驾乾嘉诸公";"笔者于陈君之治学与为人,夙所心折。"萧公权在华盛顿大学任教时的弟子黄俊杰也说萧公权对陈寅恪的学问推崇备至,认为是通过史料建立理论的典范,而对魏特夫(K. A. Wittfogel)的"水利社会说"则斥之为架空而经不起史料印证的无根之谈(见黄俊杰:《万里寄踪常是客——萧公权教授访问记》,载《中国现代史专题研究报告》第11辑,第103页;黄俊杰:《岁寒竟萎大宗师——敬悼萧公权老师》,载《萧公权传记资料》,天一出版社1985年初版,第30页)。

动倡导者之一的戴维·伊斯顿(David Easton)在他的《政治体系——政治学状况研究》一书中，基于后行为主义的立场，对美国政治理论研究中的历史主义作了较深入的分析与批判。[①] 他以邓宁(W. A. Dunning)、麦基温(C. H. McIlwain)、萨拜因作为20世纪上半叶美国政治理论研究中历史主义的代表人物，检讨了他们各自的代表作。根据伊斯顿给出的线索，让我们来认识一下这几位代表人物的研究理念及其影响。

哥伦比亚大学的邓宁教授在1902、1905、1920年陆续出版了三卷本《政治学说史》(*A History of Political Theories*)，自上古一直叙述至斯宾塞，"集几千年西洋政治思想史料之大成，已成政治思想学史之经典"。[②] 邓宁在第一卷的《导言》中评判了此前的政治学说史著作，并表明自己的取舍标准和论述范围，"既不同于政治学史，也不同于政治文学史：比政治学史虽较广，比政治文学史却较狭。……本书取舍的标准在看某作者的著作与当时政治的演进有没有关系。换言之，政治学说史要与政治史互为照应。所以本书有时虽离开文字材料的范围，而就制度的解释以烘托出那时政治学说。"他又表示自

---

① 伊斯顿和斯特劳斯(Leo Strauss)对政治思想研究中的"历史主义"方法的批判，引起了1960年代欧美政治学界关于政治思想史研究方法论的论辩。波卡克(J. G. A. Pocock)、邓恩(John Dunn)与斯金纳(Quentin Skinner)等三位英国政治思想史学者撰文主张采取历史的进路，强调在历史脉络中，分析政治思想"文本"的涵意以及政治思想家的历史地位，注重文本作者与其所处历史情境的关系。由此而产生了政治思想史研究中所谓"文本主义"(textualism)与"脉络主义"(contextualism)的分歧。"脉络主义"和"历史主义"显然有很强的亲和力，意涵上有很多重叠之处。所以黄俊杰称萧公权的方法论立场与波卡克及斯金纳的"脉络主义"相去不远(参看黄俊杰：《萧公权与中国政治思想史研究》)。

② 梅里亚姆(C. E. Merriam)、巴恩斯(H. E. Barnes)等著，张虹君译：《近世政治思想史》，许仕廉序，商务印书馆1930年版。

己的著作要摆脱伦理学与法理学的成分，并尽量略去从政治学说史中分化出来的新兴分支学科如国际公法、经济学、统计学等的研究领域。此前，在政治思想史研究方面的最伟大的著作是法国人 Janet 的《政治学史》(*Histoire de la Science Politique dans Ses Rapports Avec la Morale*)，但内容超出严格的政治学甚远，并且是就政治学说与伦理学的关系着眼。邓宁表示他虽然对于这部著作有无限的敬佩，但自己却拟就政治学说与政治史实的关系叙述政治学说。[①] 邓宁在政治思想史研究方面的开创之举，奠定了美国学者政治思想史研究的主流格调。“在他看来，政治理论基本上是从历史角度研究种种观点的学说，那些观点来源于对政治事实和政治实践的观察，特别是因为它们与政治生活的合法形式有关。后来，随着政治唯实论的发展，他的追随者把这种对合法观念的兴趣扩大到一切以经验为依据的关于政治活动的理论的历史”。[②]

麦基温的巨著《西方政治思想发达史》是美国政治思想史研究中历史主义的第二个里程碑。麦基温“把注意历史的侧重点从种种观念对社会变革实际进程作出的贡献方面进行因果关系的研究，就像邓宁所设想的那样，变为对那些促使一项观念问世的历史环境的探讨”，“因为在他看来，一种政治观念是社会活动的一个结果而不是一个有影响的相互起作用的部分。由于种种观念是实际生活不断变化的模式中的有效符号，它们只是作为理论史的一部分才有意义，而在

---

① William Archibald Dunning, *A History of Political Theories, Ancient and Mediaeval*, “Introduction,” New York: The Macmillan Company, 1927. 邓宁的三卷本《政治学说史》由谢义伟译成中文，列入“中央政治学校编译部丛书”，分上中下三册由神州国光社分别于 1931 年 4 月、8 月，1932 年 4 月出版。

② 戴维·伊斯顿著，马清槐译：《政治体系——政治学状况研究》，商务印书馆 1993 年版，第 224 页。

那理论史中，种种观念可能制约以后的观念，但它们对行动并不产生影响"；"它们为行为辩护，但几乎起不了什么作用去影响政治活动"。因此他求助于历史和邓宁求助于历史的侧重点是不同的，邓宁因看到政治观念可能影响事件的进程而求助于历史，而麦基温主要考察社会环境在塑造和形成政治思想方面的作用，使对政治理论的探讨变成知识社会学的一个分支。[①]

萨拜因虽然"距离纯粹历史主义者的观点更远些"，但他也是"历史主义学派"的主要倡导人之一。[②] 他在康乃尔大学任教期间撰写的《政治学说史》(*A History of Political Theory*)，初版于 1937 年，被认为是一本辉煌的精心之作。在第一版前言中，萨拜因声明："这部政治学说史是按政治学说本身是政治的组成部分这一假设撰写而成的。易言之，各种政治学说并不涉及客观的现实情况，而是作为政治本身在其中生存的社会环境的正常部分问世的。对政治行动的目的，对实现目的的手段，对政治形势的可能性与必要性，以及对政治宗旨所赋予的义务等提出看法，乃是整个政治演变过程固有的组成部分。这种思想是同各种体制、政府机构及其所涉及到的精神上和物质上的种种压力………一道演进的。"他认为"学术材料"和"制度上的种种现实情况"都很重要，"理想的要求是，历史学家应以同样的清晰性对这两方面都考虑到并加以陈述，行动中的政治理论应与书本中的政治理论受到同等的对待"。他坦陈他个人的哲学偏爱，同大卫·修谟的观点实质上是相似的，特别是在休谟对自然法基础的逻辑批判方面。他认为"要凭任何逻辑的作用推断出事实的真相是不

① 戴维·伊斯顿著，马清槐译：《政治体系——政治学状况研究》，第 227—230 页。

② 参见爱·麦·伯恩斯(E. M. Burns)著，曾炳钧译：《当代世界政治理论》的结论部分，商务印书馆 1983 年版。

可能的，何况不论是逻辑还是事实也都并不含有价值。……以一种确定秩序的发展或历史进步的信念去取代理性的不证自明的信念，乃是用一种更不可证实的概念去替换无法证实的概念。只要存在着什么像历史'必然性'的东西，那似乎只能属于对可能性的估计，而这种估计通常是不可能加以应用并且总是极不可靠的。"[①]这显示他在哲学上对经验主义的偏爱，在方法上对实证主义的青睐——这是他通向历史主义的哲学基础和方法论根源。

萨拜因是萧公权就读密苏里大学时的指导教师，萧公权当年研究政治多元论就是在他的启迪下开始的。但是萨拜因只是后起之秀，直到他的《政治学说史》出版之前，尚无赫赫之名，他的《政治学说史》初版于1937年，此时中国正经战乱，萧公权僻居战时的大后方，未必能够看到该书。[②] 但这并不是说，萨拜因在政治思想研究方面对萧公权没有影响，事实上从两人著作的比较中，仍能看到他们的呼应之处，如萧公权将中国政治思想史分为封建天下、专制天下、近代国家之思想三期，与萨拜因将西洋政治思想史分为city-state、universal community、nation state三期，十分相似。[③] 萧公权解释他这种分期的理由是："政治思想与政治制度相推移，以故政治思想史亦可按制度演变之大势而分期。"[④]这又进一步表明邓宁和萨拜因对政治制度与政治思想关系的强调对萧公权的影响。

通过与上述三人的学术观点比较，可见萧公权的《中国政治思想史》在研究思路和写作体例上更近似麦基温的《西方政治思想发达

① 乔治·霍兰·萨拜因著，盛葵阳、崔妙因译：《政治学说史》，商务印书馆1986年版。

② 参看萧公权：《问学谏往录》，第206页。

③ 黄俊杰：《萧公权与中国政治思想史研究》，《台大历史学报》第27期，2001年6月。

④ 萧公权：《中国政治思想史》(一)，《绪论》，第10页。

史》。浦薛凤、吴宓与麦基温均有师徒关系，邹文海还特意著文评论麦氏的《西方政治思想发达史》。按理说，萧公权对麦基温的治学思想和研究方法一定不会陌生。萧公权既将中国政治思想史分为封建天下、专制天下、近代国家之思想三期，又将其分为创造、因袭、转变和成熟四个时期，后一分法似将思想视为具有自身演变成长性质的特点，在论述政治思想演变发展的过程中又时时关注到社会政治环境对政治思想演变的影响，这与麦基温的观点与方法极其相像。

在关于政治与道德的关系问题上，上述三大政治思想史家都将政治与伦理划清界限，力求将道德观点排除在外，虽然各人有程度上的差别。萧公权明显受此观点影响，如论儒家混道德与政治为一谈，不脱古代思想之色彩。而评价法家思想，则说“韩非论势，乃画道德于政治领域之外，而建立含有近代意味纯政治之政治哲学。无论其内容是否正确，其历史之地位则甚重要”[①]。萧公权的《中国政治思想史》是在其辑录大量原始文献编成的《中国政治思想史参考资料》的基础上写成的。这正应验了他的治学方法论，即在“假设”和“求证”之前还有一个放眼看书的阶段，写学术性论文应“以学心读，以平心取，以公心述”。[②] 萧公权虽然毕业于当时美国唯心论哲学重镇的康乃尔大学哲学系，但他对纯思辨的形而上学并不感兴趣，所以由研究政治哲学转向研究政治思想史。[③]

---

① 萧公权：《中国政治思想史》(一)，第 216 页。

② 萧公权：《问学谏往录》，第 70—71 页。

③ 黄俊杰：《岁寒竟萎大宗师——敬悼萧公权老师》，载《萧公权传记资料》，第 30 页。

由于中国政治思想史本身的特征[①]，若使用萧公权的研究方法来进行研究，难度之大和工作之艰苦是可想而知的。因此，萧公权的《中国政治思想史》和当时一般史观派的政治思想史论著相比，高下之别虽不好轻下结论，但难易之分是明显的。有学者指出："这种治学风格在萧先生所处的那一个时代人文学者喜谈概念，尤其喜欢用西方理论来讨论中国历史经验的风潮之中，显得特别突出而与众不同。"[②]这样笼统来说，未必准确，但是该书出版后，颇受士林推崇，被南京国民政府教育部审定为"部定大学用书"。在付印以前，教育部史地委员会曾把书稿交史学家缪凤林审查。缪凤林在审查书中称许备至，并在随后给萧公权的回信中再致赞美之词："大著林虽仅拜读一过，然胜义络绎，至今历历如在心目。如谓法家思想与近世法治如两极之相背，真令人有石破天惊之感。然其说实至当而不可易。……章太炎氏门生甚众，其民族思想之精义亦无人能如大著言之既详且尽也。私衷惟祝早日行世，其造福于学人者当无量也。"[③]当然也提出些疑问与修改建议。

缪凤林的评论，或许不无学派背景。缪凤林(1899—1959)，字赞

① 除了萧公权在《中国政治思想史参考资料辑要凡例》中所指出的，陈序经也说："在分量上，中国的书册本不少，然在性质方面，并没有什么精彩处。研究中国政治思想的人，要在中国古籍里做工夫，好象下海寻珠一样，因为中国政治思想的资料，是片断。东一句，西一句；东一段，西一段。读过老子《道德经》以及《论语》《孟子》等书的人，总有同样的感想。至于要找差不多全篇是发表个人的政治思想如《淮南子》的"齐俗篇"、王充《论衡》里的"宣汉篇"、《抱扑子》外篇"鲍生诘难篇"、陶渊明《桃花源记》、方孝孺的《君职论》等，更不易得。若再进一步而找像《管子》、王充的《政务书》(王充《论衡·自纪篇》说："又闵人君之政，徒欲治人，不得其宜，不晓其务，愁精苦思，不睹所趋，故作政务之书。"可惜这本书已没有传)、黄梨洲的《明夷待访录》、王船山的《黄书》，差不多全书是为发表政治思想而做的，更是不容易找出。"见陈序经：《中国政治思想的资料问题》。

② 黄俊杰：《萧公权与中国近代学术》，载《中国现代史专题研究报告》第 11 辑，第 70 页。

③ 萧公权：《问学谏往录》，第 141 页。

虞，浙江富阳人。1919 年考入南京高等师范学校文史地部，长于史学，与同班学友陈训慈、胡焕庸、向达、王庸、张其昀等均为柳诒徵门下高足。1927 年秋应中央大学之聘，任文学院史学系教授，嗣后在中央大学任教凡二十余年，述作甚丰。[①]自五四新文化运动以来，北大与南高隐然有其学术对立之情形。[②] 南高派的群伦之首柳诒徵与北大派的精神领袖胡适二人治学观点颇不一致。1917 年胡适在北大讲授中国哲学史，只从春秋时代开端，而此前则略而不谈，并著《诸子不出于王官论》以证成其说。由胡适创导，从疑古书之伪，进而发展为顾颉刚之疑古。柳诒徵乃著《论近人讲诸子之学者之失》，畅论诸子之出于王官，以纠胡氏之偏而明中国学术之源远流长。胡氏治学，强调客观，注重证明，但其实亦不脱刘逢禄、康有为公羊家学派之影响。柳诒徵指胡适论学多偏于主观，逞其意见，削足适履，合乎其理想者，言之津津，不合于其理想者，不痛诋之，则讳言之。[③] 缪凤林发挥引申柳诒徵的观点，进一步批驳胡适的观点，认为“诸子之起，除受时代之影响为当时之因外，必以王官所守之学术为前因。”[④]对胡适治学貌似客观实为主观的批评，与萧公权批评胡适“大胆假设”、“小心求证”的治学观点大意相通。因为无论“小心求证”怎样的客观，但是“大胆假设”的前提已经划定了主观的藩篱。所以在治学的方法论方面，萧公权与柳诒徵有相近的一面。

---

① 柳曾符、柳佳编：《劬堂学记》，上海书店出版社 2002 年版，第 377 页。

② 彭明辉：《历史地理学与现代中国史学》，转引自《劬堂学记》，第 247 页。

③ 柳曾符：《柳诒徵与胡适》，见《劬堂学记》，第 188—191 页。

④ 柳诒徵的《论近人讲诸子之学者之失》原刊于《史地学报》第 1 卷第 1 期，1921 年 11 月；缪凤林的发挥见其所著《评胡氏诸子不出于王官论》，载《学衡》第 4 期，1922 年 4 月。关于胡适提出的“诸子不出于王官论”的前因后果的专题研究可参见刘巍《“诸子不出于王官论”的建立、影响与意义》，《近代史研究》2003 年第 1 期。

缪凤林在对萧公权《中国政治思想史》的审查意见中提出要作者重加考虑的三个问题中，至少有一个反映了“南高”“北大”派学术观点的分歧。缪凤林所提的第一个问题是：“书中叙述中国政治思想，只上溯到晚周。唐虞以迄西周，概从删削。”（缪声明是黎东方提出，他“完全同意”。）上文已经述及，这种做法正是疑古派产生的起点，也是柳诒徵与胡适治史观点和方法分歧的重要基点。所以，萧公权的这种类似的处理很自然引起缪凤林的疑问。其二，讨论诸子学说地理分布一节里，有“南派”“北派”的说法，缪凤林以为是倭人以及梁启超的唾余。在“南高”派看来，梁启超与“北大”派实为相近，虽好称客观，但议论多不免蹈空，缺乏科学的准确性。其三，认为萧公权说儒墨道三家都有殷遗民的渊源的观点，没有显明的证据。

萧公权对缪凤林所提问题均一一置答。关于第一个问题，萧公权解释为：“拙稿所以始自晚周者，实缘西周以上，文献寡征，难作条贯之论述。今存之要籍为书、易、诗等经。其中所含之政治思想均属一鳞一爪，首尾不完。书、易之中，尚有先儒认为可疑之部分。周礼一书专陈政制，然亦未可肯定为西周之古籍。公权爰奉孔子阙疑之教，不立专篇述论，但于孔孟诸章中随时附见，以小逭数典忘祖之责。”[①]此种解释一是跳出“王官论”的纠纷，二是态度客观，不作臆断。套用冯友兰的派分法[②]，萧公权在这个问题上的处理方法既非“信古”也非“疑古”，而归入“释古”似亦勉强。萧公权自己也有话为证：“夫

① 萧公权：《问学谏往录》，第139页。萧公权关于诸子学说的发源问题的考证仅本史料与逻辑，论述适度有据，既不信古而持“诸子出于王官说”，也不疑古而否认这种可能。参见《中国政治思想史》(一)，第1章第4节。

② 冯友兰：《中国近年研究史学之新趋势》，《三松堂全集》第14卷，河南人民出版社2000年版，第255—257页。

勇于疑古之流弊，势必至于无书可信，而轻于信古亦非治学谨严之道。”[①]关于殷遗民渊源问题，萧公权在论述过程中援引了胡适和傅斯年的观点。因此，缪氏所指不为无因。萧公权在答复中，主要指明先人已有成说以及自己的推衍，认为胡适“所说颇有过当，不敢尽从”。缪氏对萧公权的答复似乎不再持异议，史地委员会把原稿交商务印书馆照印，未加任何修改。

就缪凤林评论所显示的学派背景来看，可以体会萧公权所著《中国政治思想史》在当时学界中的大体位置。据说，萧公权获选第一届中央研究院院士所凭借的著作就是《中国政治思想史》。[②] 果真如此，则相关学术背景当可进一步深入探讨。

萧著《中国政治思想史》在政治学界亦有好评。中央大学政治学教授程仰之在《七年来之政治学》一文中，对抗战七年来中国政治学界在中国政治思想史、中国政治制度史、中国行政、民主宪政、国际政治等五个方面的研究状况与成绩作了概要的评述。在政治思想史研究领域，作者独举萧公权，对萧公权的中国政治思想史研究赞誉有加。他认为中西政治思想产生的背景及其旨趣各异，“以前之治此学者，多不解此，而依赖于一己所粗解之西方观念，以为印范，甚至不惜加以歪曲。观其成就，而吾人独立成长之思想系体遂失其内容，全盘西化，且沦为西方政治思想一派一系之附庸矣。末流更藉此而误解今日西方之思想，吾人之古昔已有之。于是遂得以放肆其复古之议

① 萧公权评唐庆增著《中国经济思想史》，清华大学《社会科学》第1卷第4期，1936年7月。

② 黄俊杰：《岁寒竟萎大宗师——敬悼萧公权老师》，载《萧公权传记资料》，第30页。而汪荣祖在《萧公权先生学术次第》中说：“公权先生曾亲口告诉我，他独学冥行，不入派阀，而能于抗战胜利后当选为中央研究院第一届院士，与《政治多元论》一书，大有关系。”见萧公权著，汪荣祖译：《近代中国与新世界：康有为变法与大同思想研究》，第606页。

论矣。夫吾人今日研究学术，方法必采取于西方，然假借他人之貌以图改先人之容，则大不可。此种卑陋，有识之士近已察及，萧公权教授即其一也。萧氏于西方政治思想方面之造诣既深，复研究中国之政治思想甚久。同时对产生此两大系统之政治思想之背景，亦有客观的了解。故氏之分析中国过去之思潮，遂能深悉其内容，明察其演展，而不致受西方思想观念之拘束。其所著中国政治思想史长编，拮英撮华，派系并列，自成条理，为斯学树立一坚固之基础矣。"[①]

还有人充分肯定萧著《中国政治思想史》使用大量原始资料，资料运用精审而有条理，论述明畅，对中国政治思想史是一个极有价值的贡献。同时也就书中的某些观点提出商榷。如关于孔墨思想是否同道问题的讨论，[②]中国政治思想史的分期问题，等等。

1930 年代，萧公权在致力于中国政治思想史研究的同时，也时常将关切的目光投向西洋现代政治思想，他发表的关于英国拉斯基、柯尔(G. D. H. Cole)的"左倾"思想以及德意法西斯主义的评述，表明他仍旧追踪其早年所致力的政治多元论研究，并关注现代世界政治潮流的变动趋向。

二、浦薛凤、张奚若与西洋政治思想史研究

浦薛凤在清华执教期间，致力于研究西洋近代政治思潮，其论文发表于《清华学报》、清华大学《社会科学》季刊、《民族》杂志、国立武汉大学《社会科学季刊》等学术刊物，后裒辑为《西洋近代政治思潮》。书稿约在 1936 年之前即由清华大学出版委员会经萧公权审核推荐，

① 《中国战时学术》，正中书局 1946 年版，第 78—79 页。

② 见何国樑的书评，载 *The Yenching Journal of Social Studies*, vol. iv, no. 1, August 1948, pp. 161-170.

议决列入“国立清华大学丛书”。因此，《西洋近代政治思潮》虽然由商务印书馆（长沙）于 1939 年 9 月出版，但书稿实际完成于抗战爆发之前，是浦薛凤在清华园中多年耕耘西洋政治思想史的结晶。

在《西洋近代政治思潮》“序言”中，浦薛凤说明自己著述思想史的态度与标准：第一，关于材料运用，“著者自始即抱持一项标准：在可能的范围内尽量研读昔贤之原著，亲自咀嚼消化，然后扼要详述。在消极方面言之，即不愿偷懒取巧从西方政治思想史诸学者之撰著中间接摘录拼凑。”要做到这点，首要的前提是必须能够求得大量西洋政治思想家之原著，这在其他大学或许不易办到，但他却能利用清华政治学系每年直接向外洋购书之机力事搜罗，以及利用休假出国研究的机会搜集原著和补读札录。第二，“关于叙述，著者力求客观；偶有评论亦一本政治学之立场。诚以用一时代流行见解而一以贯之殊是发挥政治思想而非叙述政治思想史。”

浦薛凤又在该著第一章中指出研究政治思想应注意的几个问题：

（一）关于政治思想史的材料可分为成文与不成文两类：1. 成文材料，包括：名家著作，政治家之言论文字，论辩者情感用事之小册文章，政府或公团之公文稿件，文学家之作品，杂志报章所载之论著，传记、日记或类似文字。但仅仅根据成文材料（尤其是名家之著作）难免只为政治文学史而非政治思想史。2. 不成文材料，一部分寄寓于制度、法律、习惯、风俗及行为之中，另一部分则为已浸透普通士夫之心理与信仰。余如象征、服装、称谓及讽刺画亦值注意。

（二）研究政治思想须具正当态度。“第一，须捐除成见。苟不然者，犹带着色眼镜，所见均非真相，任何叙述批评不免指鹿为马。第二，须设身置地。惟能深切了解当时当地之生活与环境，乃能起死人而肉白骨，使过去思想家一一活跃如生重吐衷曲；否则不特一切索然无味抑且茫然不知其所指。”

（三）研究政治思想的步骤：1. 追究缘由，可从三方面入手：A. 社会背景不可不知。B. 时代精神亦应审问。C. 思想者本人之家世、教育、交游、地位、职业、性格、心理、年龄，与一切遭遇尤有关系。2. 评估价值。“此之所谓非以研究者一己尺度主观准绳。（甲）首可就一人或一派之整个系统窥察其中有无混淆、矛盾、破绽，且考量其与当时当地之实在情形是否适合，能否实现。（乙）再在纵（同题）横（同时）两方面，以之与他人或他派之思想相比较，而寻求其异同所在及所以异同之故。（丙）最后，则不妨推敲此政治思想是否含有政治原理抑全系虚拟与假定。”3. 计核影响。影响不仅在程度上有大小、久暂、深浅、远近之分，即在过程上亦有直接与间接之判。不宁惟是，影响又可分意中及意外两种。4. 企求发现“政治观念”一大因素之基本原理，或政治观念与其他“因素”之关系原理。

（四）应用。研究政治思想，不仅在求知，抑且可以判别原理因而能矫正日常错谬见解及指点政治行为。

上述浦薛凤关于政治思想史研究的态度、方法以及应注意的问题，是他研究政治思想史的基本方法论，其要点可以概括为：第一，研究态度要客观；第二，要尽量阅读原典并充分利用各种思想史资料；第三，要从思想的历史脉络（context）中研究思想史。浦薛凤的方法论在其所著《西洋近代政治思潮》中大体上得到了体现，对于一人一派或一时代的政治思想研究，多能照顾到社会背景、时代精神与思想者本人的家世、教育、交游、职业、性格、年龄等各方面的客观因素。在资料使用方面，不限于思想者本人的著作，而是根据具体问题以定材料的取舍。如关于美法革命，浦薛凤认为“其政治理论与宪法学说绝难以任何一个人或任何一部著作中求之,……更有进者,美法革命之政治思想不当仅求之于会议记录、议案、宣言、公文、宪法及领袖人物之著作、演说、通信,抑亦可求之于报章、杂志、图书、讽刺、口号、标语及一般民众之举动行为中。"①他虽然不能做到利用这里所举的各类材料,但从其征引资料的来源来看,包括演说、报纸文章、著作、书信、决议及公文等多种类型。他非常注重以客观的态度,从历史演变的脉络中探讨政治思想的源流,而不是以一己之见来衡评和发挥政治思想。

浦薛凤的弟子邹文海对浦薛凤的治学方法深有体会,他曾如此评述浦薛凤研究政治思想史的方法:"政治思想史的撰述,有凭一己的主观认识,而对往昔哲人的思想加以论衡者,有不掺入自己的观点,而但对古人的思想作客观的分析者,两种态度的孰得孰失,久为学者所争论。而浦著则采后述态度,总想做到还他本来面目的地步。述卢梭则忠于卢梭,论边沁则忠于边沁,这是兰克(Ranke)的历史方法,最是费力而不容易见长的。但为有助于国人熟悉西洋政治思想起见,浦著的体例是颇堪称道的。……客观的态度是很难培养的,尤其叙述西洋近代政治思潮的时候,其主要内容,往往与我国的当代的政治问题不无关联之处,如以主观的态度评衡西方的思想家,将不免反客为主,以至西洋思想的主要精神,反而湮没不彰了。西洋人著西洋政治思想史,或可以采取论衡的方式,因为西洋人对其先贤的学说早有其基本的认识了。我国人著西洋政治思想史,当以浦著为法,庶不至有领人入于歧途的弊病。"②

---

① 浦薛凤:《西洋近代政治思潮》(下册),第434—435页。

② 邹文海:《评介〈西洋近代政治思潮〉》,载浦薛凤:《政治文集》,台湾商务印书馆1981年版,第428页。

浦薛凤本人也曾谈到研究政治思想史的方式:“有过求客观仅将各派政治理论分别忠实叙述,使前后彼此划分离立,毫无贯穿其中的线索者。有牵强附会应用一项史观(无论其为自由实现论或经济支配论)以发挥所有政治学说之所以由起者。此皆过犹不及。吾人深信:研究政治思想史果能一方面以寻求原理为唯一目的,同时又处处衡以客观的历史事实寻求假定的原理是否真确则收获必多。”[①]第一种情形约似于“史料即史学”,这是中国人通常对于兰克史学的误解。但“史料即史学”绝非兰克之本意,兰克极重视史实发生之趋势、意义及特征;并从单一史实中去了解全面。兰克曾择取黑格尔的“史”“哲”合一之说,认为历史为了解哲学问题之本。与章学诚“六经皆史”说相似,也即陈寅恪所说的“从史实中求史识”。[②]

《西洋近代政治思潮》“生不逢时”,其出版正值炮火连天的艰苦抗战岁月,当时较少引起学界注意。但该书可以说是当时国人治西洋政治思想史同类著作中最有学术价值的一种,萧公权称赞该书“是一部成熟渊博而客观的西洋近代政治思想史”[③]。邹文海说:“西洋政治思想史上溯古代希腊,下迄当代,其时期的悠远,内容的复杂,殊不易化繁为简,而作一有系统的叙述。故我国学者在这方面努力者极少。即在西洋,分人分期的专著,佳作极多,而以通史方式写成的,亦殊不多见。谭宁氏(Dunning)尽毕生精力,从事于此,三册巨构完成

① 浦薛凤:《政治学之出路:领域、因素与原理》,清华大学《社会科学》第2卷第4期,1937年7月。

② 汪荣祖:《陈寅恪评传》,百花洲文艺出版社1992年版,第49—50页。浦薛凤自述其在清华大学执教时期,与陈寅恪“仅在教授会中及教员休息室内(上课前后)或同仁宴席或校园散步,彼此见面谈话,实在不太熟悉。但对于他的学问,则素加敬仰”。见浦薛凤:《记忆精确、学识广深之陈寅恪教授》,浦薛凤:《音容宛在》,第85页。

③ 萧公权评《西洋近代政治思潮》(书评),《新经济》第3卷第3期,1940年2月1日。

之后，几成绝响。萨宾（Sabine）与葛推尔（Gettell）诸人，虽亦博雅，终觉其不能追踵前人。独浦先生能勾其玄，删其繁，纳此二千年的思想史于一章（浦著第二章自柏拉图至孟德斯鸠），辞简义备，使后学者无摸索的辛苦，其有功儒林，自不待言。”[①]以萧公权对古人的思想作客观分析的方法来治中国政治思想史，固属不易，而以这种方法来研究西洋政治思想史尤属难得。所以浦薛凤说：“抱持政治思想易而明了政治思想难；明了一己之政治思想不易而洞澈昔贤之政治思想尤难；至于研究文化背景绝异的西洋政治思想则为最难。”[②]

在清华治政治思想史的三位名教授中，若以发表论文的数量来看，张奚若最少[③]，所以在很多人的印象中，张奚若是不轻易写文章的。何以如此？第一，可能是抱着“述”而不作的态度；第二，与他的

---

① 邹文海：《评介〈西洋近代政治思潮〉》，载浦薛凤：《政治文集》，第426—427。

② 浦薛凤：《西洋近代政治思潮》，第29页。

③ 张奚若在执教清华八年期间，发表的学术论文及书评只有以下几篇：

《自然法观念之演进》，武汉大学《社会科学季刊》第1卷第1、2号，1930年3月、6月。

《卢梭与人权》（1930年12月2日在清华政治学会演讲），《清华周刊》第34卷第7期，1930年12月13日。

《法国人权宣言的来源问题》，武汉大学《社会科学季刊》第2卷第1、2、3号和第3卷第2号，1931年3月至1932年12月。

《十六世纪政治思想史》（*A History of Political Thought in the Sixteenth Century*, by J. W. Allen），《政治学报》（清华大学）第1卷第1期，1931年1月。

《十八世纪法国自由思想》（*French Liberal Thought in the Eighteenth Century*, *by Kingsley Martin*），《政治学报》（清华大学）第1卷第1期，1931年1月。

《政治组织之理论与形式》（*Theories and Forms of Political Organization*, *by G. D. H. Cole*），《清华周刊》第40卷第11、12合期，1934年1月8日。

Laski, *The Rise of European Liberalism*，清华大学《社会科学》第2卷第3期，1937年4月。

其中，《卢梭与人权》系演讲记录，内容基本是概述《法国人权宣言的来源问题》一文的观点。后四篇为书评，只有《自然法观念之演进》和《法国人权宣言的来源问题》是学术论文。

教学方法大概有关。端木正在《忆张奚若教授》一文中谈到：

> 他主讲的西洋政治思想史和近代西洋政治思想两课是很叫座的……他上课没有讲稿，手中只有一束英文写的卡片，是讲授大纲和名著的摘录，有时脱离卡片发挥……他反对花时间写讲稿，上堂一句一字照念，他说每次备课，最好是多读一遍名著、原著，加深对原著的理解，第二天上堂就讲得出来，很主动。他用手指着脑袋说：讲稿应该在这儿，不在纸上面。他说卡片也常换，有补充，也加他的新看法。所以我才理解，何以他讲了几十年，而不写一本《西洋政治思想史》的教科书。他是国内公认这一行的权威学者，原因就在他是真精通要讲的内容，而且精益求精，有高度良好的教学效果，教学的年头多了，其影响绝不下于出版一本教材。[①]

第三，陈岱孙说，张奚若不喜欢写文章，这和他在 1925 年写给胡适的一封信中所说的“教书本非素愿”一语可互相印证。他的夙愿是学以致用，“他的文章大部分是在政治窒息、国步艰难的情势下，受他的良知所驱使，有不能已于言而写的。”[②]但他的致用并非是要做官，而是要影响社会变革。[③]

学术水准自然是不能以数量来衡定的。张奚若虽不勤于著述，但在西洋政治思想史研究领域却享有盛誉，甚至有人称他为“中国的

---

① 《清华校友通讯丛书》复 21 册，1990 年 4 月，第 65 页。

② 见陈岱孙为《张奚若文集》所作的序。

③ 杜汝楫在《怀念尊敬的张奚若老师》一文中说：“张先生不但教书而且育人。他谆谆教诲我们，攻读政治学决不要为了做官。他对我们说，立志当一个社会改革家为上策，立志当一个正派的政治学者为中策，如果这二者都当不成，就当个普通人，趋炎附势钻营求官为下策。”《张奚若文集》，第 473 页。

拉斯基""主权论权威"。[1] 1930年代初张奚若在武汉大学《社会科学季刊》上发表的长篇学术论文《法国人权宣言的来源问题》，足以显示他的学术水准之高。几十年后王铁崖还提到这篇论文："张先生留下来的著作不多，他是不轻易写作的。可是我记得当我在清华大学时，我从《武汉大学社会科学学报》上看到张先生的一长篇关于法国大革命的文章。真是一篇罕见的好文章。我深深地感到它有很高的学术价值。它的内容丰富，利用了大量的原始资料，描述当时的情况和分析当时的问题，引起人们的思考。时隔几十年，这篇文章仍是十分珍贵。"[2]

张奚若很少说明其研治思想史的方法，在《自然法观念之演进》中，他说："治思想史者，须知一种思想在人类历史上有若何关系。不然，即深熟各家学说之细目，未免以小遗大，仅知一种思想有理论的系统，而不知其又有事实的关系。"[3]又在一篇书评中指出："批评历史上的人物有两种方法。第一种是设身处地，拿当时的各种标准和事实——如智识标准，道德标准，理想的范围，意识的限制，习惯的拘束等——去批评他们。这是一种相对的方法。用这样方法所得的结论比较的合于客观事实，比较的科学点。第二种是拿现代的标准或观念去衡量古人。合乎此者谓之是，异乎此者谓之非。这是一种绝对的方法，用这样方法所得的结论容易使现代的人称赞，满足，但是常常与当时的实际事实相去太远。"[4]这表明他治思想史注重思想本身

---

① 张国华：《我所知道的张奚若先生》，《张奚若文集》，第484页。

② 王铁崖：《怀念张先生》，《张奚若文集》，第482—483页。引文中的"《武汉大学社会科学学报》"为王铁崖记忆之误，实为武汉大学《社会科学季刊》。

③ 《张奚若文集》，第98—99页。

④ 张熙若："The Rise of European Liberalism"（书评），清华大学《社会科学》第2卷第3期，1937年4月。

的演进过程及其事实联系。这和萧公权、浦薛凤强调要在历史脉络中研究政治思想的观点是一致的。1947 年 4 月，张奚若为纪念《清华周刊》创刊三十六周年题词："学问要往远处大处着眼，不然就是精深也是雕虫小技"。清华校史专家孙敦恒指出："治学'要从远处大处着眼'，这是他对学生的希望与教导，也是他一生的治学经验之谈。"[①]此论不无道理，从张奚若仅有的几篇学术论文来看，无不体现了他治学注重自大处远处着眼的特点，而且注意学术研究的时代性与"经世致用"目的。1920 年代所著的《社约论考》和《主权论》，不仅预中外政治之流，有明确的时代指向，也涉及当时学术界的学术前沿话题。

《社约论考》约写于 1920 年或之前，正值第一次世界大战结束，五四新文化高潮，民主思想广泛传播之际。但是社会大众甚至是许多知识精英所了解的民主思想只是道听途说，并不知道民主思想的真谛和源流。张奚若此时也是"倾心民权者"[②]，有意于"新革命运动"，"想用全副精神去办两种杂志，一谈普通政治，一谈专门学术"。[③]意即从事思想启蒙运动。并且与陈淮钟、金岳霖、沈星五等实际办起了《政治学报》，内容"以有关政、法诸问题为限"。[④] 但是在新文化运动中暴得大名的却是《新青年》《新潮》及《每周评论》等，张奚若对这些杂志心情复杂。1919 年 3 月 13 日在致胡适的信中谈到他对这些杂志以及所谓"维新家"的看法："读后感触是喜是悲，是赞成，是反对，亦颇难言。盖自国中顽固不进步的一方想起来便觉可喜，便觉应

① 孙敦恒：《张奚若先生生平事略》，《张奚若文集》，第 20 页。

② "张奚若致胡适"，1918 年 11 月 6 日，《胡适来往书信选》（上），第 17—18 页。

③ "张奚若致××"（残），此信约写于 1920 年 3 月 25 日。见《胡适来往书信选》（下），第 516—517 页。

④ 蔡元培：《〈政学丛刊〉题词》，高平叔编：《蔡元培全集》第 3 卷，第 386 页。

该赞成；然转念想到真正建设的手续上，又觉这些一知半解、不生不熟的议论，不但讨厌，简直危险。……但因社会不能停滞不进，而且我们总是带有几分好新的偏向，故到底恐是赞成之意多于反对之意，不过终不喜欢，所谓多者亦无几耳。”“尝思将来回国作事，有两大敌：一为一味守旧的活人，二为一知半解的维新家。二者相衡，似活古人犹不足畏。此等维新家大弊，在对于极复杂的社会现象，纯以极简单的思想去判断。换言之，那只知其一，不知其二；发为言论，仅觉讨厌，施之事实，且属危险。”“《新青年》中除足下外，陶履恭似乎还属学有根底，其余强半皆蒋梦麟所谓‘无源之水’。”[①]显然张奚若不满于对民主思想“无源之水”式的宣传，他要进行“学术”启蒙工作。

《社约论考》的写作大概基于上述背景与动机。论文开头写道：“数年前严几道作民约平议一文，攻击卢梭社约论不遗余力。《甲寅报》记者章君秋桐起而驳之，……惟严、章两家为文本旨，均以当时国中实在政象为目标，非欲穷探哲理作学术上有统系之讨论也。用意既殊，持说自异，故其终也，连篇累幅，不外枝节之辞，无与于社约论之大道正义。”严复与章士钊都曾直接留学英国，对西洋思想的理解远较当时一般留日学生深刻，严复实本诸英国历史派的观点来批判民约说没有历史根据，本旨虽以实在政象为目标，但是途径却依照学术轨则。张奚若作《社约论考》其实与他们并无二致，张奚若的目的在于辨明社约论的历史意义与实际价值，为其主张民权提供理论说明。揆其大意，尽管卢梭所描述的初民时代不符合历史事实，但是民约论却有其发生的客观根源，主要是为了抵抗专制扶持人权，在历史上又确实推进了人类政治文明。其所揭示的“政权根据为人民同意”

---

① 《胡适来往书信选》(上)，第30—32页。

之“不易之理”,“绝不限于一国政权之构造,即其义而引伸之,则凡今日之所谓联治主义以及将来之真正国际同盟,无不以社约论之所谓与约者之同意为之基础。社约论岂历史上之陈说哉?其应用固未有已也。”[①]关于《主权论》的写作目的,张奚若在篇首即指明:“主权论(the theory of sovereignty)在西洋政论上占一特殊地位,其影响于古今政治思想及政治改革者亦最大。……近年来中国政治革新,学者多研究西洋政治学理,惟于政治学上最关重要而且最饶兴味之主权论,则问之者殊寡。今特作是篇,冀引起学者研求学理之兴趣。”[②]

1930年代初他发表的《自然法观念之演进》和《法国人权宣言的来源问题》也不无为民主人权倡导之意。《自然法观念之演进》一文的末尾处写道:

> 不过,自狭义一方言之,自然法在今日虽无多大势力,而自广义一方言之,则似在诸种不同的名称之下,大有复兴之势。吾人已知从前边沁(Bentham)虽极端攻击自然法,而后人视彼之所谓“功利”(Utility),在实际上无异自然法之一种。今若如此类推,将见不徒边沁之功利为自然法之一种,举凡今日带有几分玄学色彩的社会学说,如狄骥(Duguit)之客观的法律(Droit Objectif),拉斯克(Laski)之多元的国家(The Pluralistic State),以及马克思主义唯物史观等,均无不可视为变相的自然法论也。自然法有二千余年之光荣历史,其消灭本不易,其应用或亦无穷乎![③]

① 《张奚若文集》,第29—59页。
② 《张奚若文集》,第72页。
③ 《张奚若文集》,第127页。

当时以自然法为基础的民主人权学说正在国内外受到广泛的挑战，苏联的集权体制，德意法西斯主义的兴起，国内也有附和独裁的趋势。在此背景下，张奚若发表《自然法观念之演进》和《法国人权宣言的来源问题》似有正本清源之意。

另外他所写的几篇书评也都关系一时代政治思想的中心内容或主要特征，而不是枝节琐碎的问题。可以说，张奚若治思想史不仅着重政治思想中的重大问题，所谓“大处着眼”，而且每篇论文均对要论述的问题追根溯源，上自古代希腊，下至当前时代，甚至展望未来，可谓“远处着眼”。他以思想为经、时代为纬，将对时代影响的历史分析与对思想自身演进的理论探讨相结合。因此，他的论著所展示的面貌既非单纯的理论抽象，亦非具体的史实拼接；既有高屋建瓴的气势，又有深入精细的分析。

除了上述三大名家之外，1930 年毕业留任助教后任讲师的邹文海[①]也专治政治思想史，著有《自由与权力》一书[②]，中华书局 1937 年

---

① 邹文海(1908—1970)，字景苏，江苏无锡人。1926 年考入清华大学政治系，1930 年毕业，因成绩优异留校任助教，1935 年被保送留学英国伦敦政治经济学院，师从拉斯基和怀纳等专攻西洋政治思想与制度。1937 年夏因国家多难而放弃学业回国。归国后，历任上海私立沪清中学校长、国立湖南大学教授、江苏省立江苏学院政治系主任兼教务主任、国立厦门大学教授、国立暨南大学教务长及法学院院长、国立政治大学教授等职。1949 年去台湾，1955 年被聘为台湾政治大学教授，先后兼任副教务长、教务长、政治学系主任、法学院院长及政治研究所主任等职。去台后著有《代议政治》《政治学》《各国政府与政治》《比较宪法》《西洋政治思想史稿》等。1970 年 1 月 5 日，因肺癌在台北病逝，终年 62 岁。

② 此书的撰写很可能是受麦基温的《西方政治思想之成长》(*The Growth of Political Thought in the West*)的影响。邹文海曾专就麦基温的这本著作发表书评，指出：“麦氏全书，实以权力与自由之冲突为经，以各代之思想制度为纬，从而分析各代之思想制度，其贡献于此问题之解决者为几何。此其方法之精密，固无论矣。而其持以为全书线索之中心观念，亦有值得吾人之玩味者。”《清华学报》第 8 卷第 2 期，1933 年 6 月，第 22—23 页。

出版。据赵赓飏回忆，邹文海做助教时，须随堂听讲，代教授批改试卷，帮教授、研究生搜集论文资料，所以阅读西洋重要典籍极多，约在四百册以上。他对中文典籍也下过很多功夫，诸子百家都能举其概要和特征，所以他与西洋著名政治思想家如拉斯基辈，不只从学而且能够讨论。[①] 以研究政治制度见长的钱端升对政治思想也很有研究，如对马基雅维利(Miccolo Machiavelli)的思想和方法的分析，就颇具"同情之了解"。[②]

第二节 研究领域(二):政制与行政

一、钱端升与比较政府研究

钱端升早期注重研究欧洲政府特别是东欧和中欧新政府，研究的路径基本上是从宪法入手，并注意分析政制的实际运作。第一次世界大战后，民治主义思想得到广泛传播，新独立的民族国家普遍采用民主制度，特别是中欧和东欧的一些国家，这些国家由专制走向民主首先表现在新宪法的制定上。当时中国的情形与此相似，五四运动后，民族主义和民主主义思想在中国得到了较广泛的传播，一方面从中央到地方都将"制宪"视作国家政治进程中的重要大事，另一方面希望遵循法律途径解决"治外法权"和租界问题。1920 年代中期回国的钱端升正好赶上这种政治潮流，他和周鲠生、王世杰等一些政治学者一样，将目光投向宪法，对新兴的民治政府进行比较研究，希

---

① 赵赓飏:《念才德超群的邹景苏兄》,《清华校友通讯》新 31 期,1970 年 1 月 31 日。

② 参见钱端升为其简编的英文读本《霸术》所写的《前言》(*The Prince*, Abridged and annotated with a preface in Chinese by T. S. Chien),商务印书馆 1931 年 5 月初版。

望从学术的角度为国家的政治建设提出忠告与建议。这种时代潮流对学术的影响以及研究学术的经世取向在1920年代北京大学《社会科学季刊》上有明显的反映，当时钱端升在该刊上发表的论文及书评几乎都是有关宪法的问题。[1] 1920年代末30年代初，钱端升的研究重点在德国政府，对于正在崛起的法西斯主义以及由此而引起的民主与独裁的讨论也较为关注。

大约在1936年，钱端升的研究重点开始转向中国现代政府。此时钱端升执教中央大学法学院政治系。中央大学政治系于1935年春创设行政研究资料室，从事搜集各级政府行政资料。1936年秋将其扩充，设立行政研究室，招收各大学成绩优良的毕业生六人，研究中国行政制度沿革。钱端升在1936至1937年一年中，倾全力于行政研究室工作，在他的组织与领导下，该室成员在一年内完成了两卷本《民国政制史》。[2]但钱端升个人的主要学术著作均是在清华期间撰写的，如《德国的政府》《法国的政府》。[3] 这或许与清华良好的治学环境密切相关，而他两度执教中央大学，在个人学术上并无多大进展。第一次因校内国民党派系之争和学生罢课，他被迫辞职；第二次就聘中央大学，校长罗家伦希望他有助于加强法学院学术空气，但是那里仍然派系林立。显然，对钱端升来说，中央大学的学术环境较清华大学相差甚远。

钱端升早有把英、美、法、德、日、俄的政府合著一书，取名“欧美

---

① Chalmers A. Johnson, "An Intellectual Weed in the Socialist Garden: The Case of Ch'ien Tuan-sheng," *The China Quarterly*, no. 6, Apr. -Jun., 1961, pp. 31-32.

② 《中央大学法科研究所政治经济部行政组报告》，1940年，中国第二历史档案馆，中央大学档案，案卷号：648—001008(16J.3064)；《钱端升学术论著自选集》，第697页。

③ 钱端升在清华任教的时间为1924年秋—1927年秋，1930年秋—1934年初。

日本的政治组织”的计划。由于“全书的完成尚需时日，所以先把法国那部分先行刊印。六国的政治组织牵涉甚广，为节省时间计，凡在外国文中已有相当论著的几国政府，拟就根据于那些论著酌量编订，而加以必要的增删或修正。”[①]先行刊印的法国部分就是1930年11月由商务印书馆出版的《法国的政治组织》。但整个计划后“因年来心神无宁日，迄未能实现”，退而求其次。考虑到“关于英美两国的政府英文的书籍甚是充富。国人懂英文者甚多，故欲知该两国政府的情形尚不难。惟德法政府的实施情形，即德法的著者亦因偏重公法，未能予以充分注意”，钱端升决定将德法两国的政府尽先成书，分别付印，而日俄的政府则只能暂付阙如。[②]

《德国的政府》1934年6月由商务印书馆列入《大学丛书》出版，在《序》中，钱端升提到写作该书的一些情况：“我这本书虽仅十六七万言，然以贫病交袭，变故频仍之故，自十八年冬月动笔之日起，迄完成之日止，几达四年之久。”钱端升比较看重这本书的学术价值，他在晚年回忆说：“此书原为译述1919年威玛宪法下德国政制和政治生活而作，参考德文资料和德文原著较多，基础较厚，在我所著浅薄不足称道的书籍中，尚不失为有价值的一本。”[③]他的说法自有根据，原著所列的参考书目多达261种，全部为西文资料。该书出版后不久，陈之迈在《清华学报》上发表书评，称赞“此书的取材异常丰富，观乎书后所附十七页的参考书目便知作者学问的渊深，除法律命令等材料外，德法英文中的重要典籍几浏览无遗，实为我国著作界中所罕见。”“《德国的政府》为一部极有学术价值的贡献。取材的丰富，作者

① 钱端升：《法国的政治组织》，“序”，商务印书馆1930年版。

② 钱端升：《法国的政府》，“再版序”，商务印书馆1934年版。

③ 钱端升：《我的自述》，《钱端升学术论著自选集》，第697页。

渊博的学识均为我国所绝无仅见者。”[①]

在《德国的政府》出版之后，钱端升又将《法国的政治组织》加以修订，改名为《法国的政府》，由商务印书馆列为“大学丛书”再版。后者相较前者，在内容上大为充实，并附有长达13页的详细参考书目。钱端升在《再版序》中也指明：“本书虽名再版，实等新著。除第一、第三、第五及第八等四章大体上尚保留原版文字外，其余各章均是重写过的。”

关于这本书的价值，陈之迈也评价较高：“在中文书里现在还没有法国政府良好的教材，这本书是足以补此缺憾的。在这本书里钱先生没有用很多所谓原始材料（与《德国的政府》不同），但英法文的普通书籍及专门著作几被参考无遗（此书附有十三页的参考书目，九成以上都是法文的），并征取材的广博。加之，钱先生为学谨严的态度使此书所叙的事实正确无伪，完全可以征信。即此一端便使这本书有它不可磨灭的价值。”[②]但与《德国的政府》相比较，因为在原始资料运用方面的欠缺，所以在学术价值上显得逊色，这恐怕是钱端升晚年在《我的自述》中对《德国的政府》评价更高的缘故。

《德国的政府》和《法国的政府》集中体现了钱端升在比较政府方面的研究方法，他不仅从公法形式上研究政府的制度构造，而且注意制度的实际运行状况。陈之迈在评论《德国的政府》时对此予以肯定：“阐明该宪法（指魏玛宪法。——笔者注）的书籍虽有如汗牛充栋，但一方面解释宪法，一方面注意该宪法十数年来实行的经验的著

---

① 见陈之迈关于钱端升《德国的政府》和 Herbert Kraus 的 *The Crisis of German Democracy* 的书评，《清华学报》第9卷第4期，1934年10月，第1014、1016页。

② 陈之迈评钱著《法国的政府》，见清华大学《社会科学》第1卷第4期，1936年7月。

作则尚少见”，而该书则能“注意实行的经验，……实为可足庆幸的佳作”。[①] 因为在陈之迈看来，“德国的公法学者最喜欢争执虚无缥缈，细如毫毛的问题，对于政制的实际反少注意，因此他们的书籍往往庞大冗长，读之干燥无味。”[②]可见钱端升没有承袭一般德法学者单纯的公法研究路径，其方法并不等同于个别学者所说的“法律形式主义”。[③] 钱端升在晚年曾说《德国的政府》和《法国的政府》都是论述各该国的政治制度及其运行状况的。[④] 而1926年他在清华所作的《政治学》演讲中就已经指出当时美国政治学研究忽视政体重视职能的特点。

20世纪初期美国的政制研究处在由对政体的形式研究到对政体的职能研究的过渡时期，表现为一种“历史的”“比较的”和“法律形式主义”的混合体，既注意政府的组织也重视政府的运作与职能，并非任何一种纯粹的方法。美国政治学界研究政治制度的权威学者阿格(F. A. Ogg)教授在他的经典著作《英国政府及政治》一书的序言

---

① 见陈之迈关于钱端升《德国的政府》和 Herbert Kraus 的 *The Crisis of German Democracy* 的书评，《清华学报》第9卷第4期，1934年10月，第1014页。

② 见陈之迈评 Herbert Kraus 著 *The Crisis of German Democracy* 的书评，《清华学报》第9卷第4期，1934年10月。

③ 张桂琳称钱端升为中国现代政治学的奠基人，率先运用“法律形式主义”的研究方法，将政治学研究聚焦于对各国宪法的研究，开启了我国比较政治研究的先河（张桂琳：《终生的追求，卓著的贡献——钱端升先生与中国现代政治学》，赵宝煦、夏吉生、周中海编：《钱端升先生纪念文集》，中国政法大学出版社2000年版，第60—61页）。但据笔者所见，神州国光社1933年2月出版的胡越著《比较政府》，就早于钱端升著《德国的政府》（商务印书馆1934年版）和《法国的政府》（商务印书馆1934年版），虽然比《法国的政治组织》（商务印书馆1930年版）晚，但是从陈茹玄为该书所作的序以及作者自序的写作时间来看，胡著至少是在1930年6月之前就已经完成。虽然其学术独创性值得怀疑，但所显示的研究方法与章节的排列次序与钱著相比没有多大差别。

④ 《钱端升学术论著自选集》，“自序”。

中说："研究政府的方法，现在的趋势，不是着重历史和叙述，而是注意在说明他的职能。……但是，这种新方法，这种着重职能的新方法，不能使我们认为满足，因为研究某一个政府，并且要了解这个政府是人们政治经验和政治成功的总结，则这个方法即失其效用。"因此他表示"在职能方面，本书固然要说很多，但在制度方面，则更说的多"。[①] 阿格的序言作于 1929 年 4 月，正反映了那时美国政治学界政制研究的特征。钱端升本人也曾在一段话中表达过他对英美政治学者那种研究方法的态度："英美学者著述中，有'政府学'(government)一类的书。这类书所采用的材料，德法学者往往鄙之为报章材料(Literature de journal)。这种鄙视的态度，殊无根据。我觉得像蒲徕士《美国平民政治》(即 James Bryce 的 *The American Commonwealth*。——笔者注)，罗尼尔《英国政府》(即 A. Lawrence Lowell 的 *The Government of England*。——笔者注)中所讲的东西，总得在有系统的政法书中占一地位，不能专让杂志、报章、传记一类的刊物去登载。"[②]不过，象 Bryce、Lowell、Munro、Ogg 等学者与 1920 年代开始崛起的所谓"芝加哥学派"的代表人物梅里亚姆(Merriam)、怀特(White)等比较起来，则显得"老派"了，因为后者主要注重政治权力与政治心理。

因此，与其说钱端升的研究方法是德法一般公法学者的"法律形式主义"，不如说它是美国"老派"政治学者的制度研究路径。这种学术渊源在《法国的政府》中有明显的表现。钱端升在《法国的政治组织》的《序》中指出哈佛大学孟洛(W. B. Munro)教授的《欧洲政府》

---

① 张云伏译：《英国政府及政治》，神州国光社 1931 年版。

② 见钱端升关于法国宪法学者狄骥(Leon Duguit)等人的宪法学著作的书评，载北京大学《社会科学季刊》第 4 卷第 1、2 号合刊，1925 年 10 至 1926 年 3 月。

(*The Governments of Europe*)一书中关于法国的部分差不多是该书前几章的张本。当《法国的政治组织》修订再版时,钱端升在再版序言中仍然表示"对于门罗教授的感谢却不因是而减少"。这特别的感谢,除了因为他的书多处取材于孟洛的《欧洲各国政府》(以下简称"孟著"),在著述体例和方法上大概也受益于孟著的启发。先比较钱著《法国的政府》与孟著法国部分的各章标题。

表 4-1 钱端升《法国的政府》与孟洛《欧洲各国政府》(法国部分)各章标题对照

《法国的政府》	《欧洲各国政府》法国部分[①]
第 1 章 宪法及宪法史	第 1 章 法国宪政史之探讨
第 2 章 政党	第 2 章 总统
第 3 章 总统	第 3 章 国务院与行政制度
第 4 章 内阁及中央行政组织	第 4 章 参议院
第 5 章 参议院	第 5 章 代议院
第 6 章 众议院	第 6 章 立法程序
第 7 章 国会职权的行使	第 7 章 法国之政党
第 8 章 法律及法院	第 8 章 法国之法律与法庭
第 9 章 地方政府及属地政府	第 9 章 行政法之制度
	第 10 章 地方政府
	第 11 章 法兰西亦一殖民强国

可见,二者结构颇有相同之处。孟著法国部分的第 8 和第 9 章在钱著中合为一章,钱著第 9 章其实相当于孟著第 10 章和第 11 章。孟著之所以将行政法单列一章,可能想突出法国的行政法制度,因为法国的行政法非常发达,是不同于其他各国的一项重要制度。另一处较大区别为"政党"一章所排的位置不同,钱著将它排在第 2 章,以示政党在法国政治中的重要地位;而孟著则置之于"立法程序"之后。

---

① 此处依据许闻渊的译本:《欧洲各国政府》,上海民智书局 1934 年版。此处将法国部分每章序号单独排列,原著为全书统一排列各章序号。

这种安排反映了孟洛视政党的势力主要限于立法活动；而钱端升则认为法国的政党非常复杂，“法国的所谓政党在国会中者为一事，在国会外者往往又为一事”。他又指出：“因为英美向来是两党对峙的国家，所以英美人论到法国政党时，不特嫌他们太多，并且希望它们能渐渐并合成两个大党。不过我们要知道，两党制不见得一定好，党派多也不见得一定不好，英美人的偏见本是毫无根据的。……我们如果欲明了法国的政局，我们只有仔细探求各领袖的政治主张。探求他们的主张，方能懂得党派的形势。了解党派的形势，方能认识法国的政局。”[①]可见钱端升将法国的政党在法国政治中的作用与影响看得更为重要。虽然两人对一些问题的认识不同，但是他们之间的师承关系不应忽视。

在论述方法上，孟著“不尚理论而足以阐明事实，不心存好恶而优劣昭然，以历史的比较方法，作公允的实际研讨”。[②] 孟洛自己也说他的这本著作特别注重各种政府制度的实际运作，尤其是政党的组织与职能。[③] 而钱著亦大致如此。陈之迈即指出：“这部书的事实似乎过于丰富繁多，解释事实的地方似乎太少，故如把这部书和巴特拉美的《法国政府》（Joseph-Barthelemy, *Le government de la France*），或蒲莱斯爵士的《近代民主政治》（James Bryce, *Modern Democracies*），或塞特的《法国的政府与政治》（E. M. Sait,

① 钱端升：《法国的政府》，第13、48页。

② 门罗著，许闻渊译：《欧洲各国政府》，译者序。

③ 参见1929年8月2日孟洛寄给清华政治学会关于该著中译本的序言（Foreword）。1928年清华政治学会计划翻译孟洛的《欧洲各国政府》，得到孟洛的同意，孟洛遂后寄来一篇英文序言。在这篇序言中，孟洛谈到他这本著作为什么关于英国政府的论述占了大量的篇幅，他写作该书的主要方法，以及他对于政制移植的基本观点。《国立清华大学校刊》第111期，1929年11月15日。

Government and Politics of France），或已嫌陈旧的罗威尔的《欧陆的政府及政党》（A. L. Lowell, *Governments and Parties in Continental Europe*）等为非法国人而写的书籍试一比较，拙见以为后者比较上能适合他们的胃口。偏重事实分析与叙述而不着意于事实的解释是本书一个显明的特色”。[①] 以政制研究见长的陈之迈的这段分析虽然带有批评钱著拙于解释的意思，但这并不能说明钱著这种方法是不可取的，因为钱端升采用历史的比较的方法，是有意要减少主观的解释，而让事实本身来显示结论。[②] 另外，作为政制研究的基础，钱端升“在研究宪法时着重于宪法的实在法方面，对于宪法的理论并未加详细地讨论”，即侧重在研究现代宪法上的各种具体问题，对于国家性质的各种抽象问题，不欲详细讨论。这点在他修订的王世杰的《比较宪法》里得到了体现。[③]

因为钱端升在“研究比较政治制度及现代中国政治制度”方面的杰出成就，1948 年 4 月当选为中央研究院第一届院士，与周鲠生、萧

---

① 陈之迈对钱著《法国的政府》的书评，见清华大学《社会科学》第 1 卷第 4 期，1936 年 7 月。

② 关于钱端升的研究方法，C. A. Johnson 有一个概括性的描述。他说钱端升在他的博士论文中“对议会中诸委员会的研究是法律的与制度的，这是一九二〇年代学院政治学的一般特征。……在以后执教政治学的 25 年中他修改了他的研究方法。他这样做并非因为接受了新的分析方法或阐释体系，而是由于放弃了当时很流行的一些政治学原理。他所放弃的最重要的观念是：国内或国际法是存在于一远离政治学的层面上或中国的问题只有透过立法才能有令人满意的缓解。因此他的著作显示了一种长期趋势，即对纯描述性分析和对公共行政研究的愈见强调”。见 Chalmers A. Johnson, “An Intellectual Weed in the Socialist Garden: The Case of Ch'ien Tuan-sheng,” *The China Quarterly*, no. 6, Apr.-Jun., 1961.

③ 王铁崖：《宪法与国际法——为纪念钱端升 100 年冥诞而作》，见赵宝煦等编：《钱端升先生纪念文集》，第 4—5 页。

公权同隶人文组政治学科。[①]

二、沈乃正、陈之迈与中国政府研究

政制与行政问题在抗战前几年中受到政府相关部门和学术思想界广泛关注，浦薛凤为了加强清华政治学系在这方面的教学与研究力量，将沈乃正从浙江大学聘到清华讲授“市行政”和“地方政府”等课程，又聘请陈之迈担任“中国政府”课程。

沈乃正在哈佛大学攻读硕士学位时的专业为国际公法及地方政府，回国后先在南开大学执教，后去浙江大学，同时在浙江财务人员养成所兼课。来清华之前，沈乃正在南开讲授的课程中有“政党学”[②]，在浙江大学先后讲授过“政治学原论”“比较政体”“行政学”，[③]以及“文明史”“中国政府”等课程。[④] 沈乃正在各校授课时所用的几种讲义后被公开印行，目前所见有以下几种：

1.《政治学总论》（译自 W. W. Willoughby & L. Rogers, *An Introduction to the Problem of Government*），浙江财务人员养成所。

2.《美国政党》，上海商务印书馆 1930 年 11 月初版，1934 年 5 月国难后第一版。著者在“例言”中写道：“本书取材于美国政党名著，大部分系译自原文。”“本书底稿承钱端升博士加以指正”。“例言”作于 1928 年 7 月 23 日。

3.《比较政治制度》，上海中华书局 1934 年版。据“例言”所载，

---

① 《钱端升》，《传记文学》第 60 卷第 1 期，第 143—144 页。

② 沈乃正在他编的《美国政党》（上海商务印书馆 1930 年 11 月初版。1934 年 5 月国难后第一版）“例言”中说：“本书底稿，系编者在南开大学教授政党学时，所发讲义之一部分”。

③ 《国立浙江大学校刊》第 26 期，1930 年 10 月 11 日。

④ 《国立浙江大学校刊》第 86 期，1932 年 4 月 2 日；第 87 期，1932 年 4 月 9 日。

“本书底稿，原为国立浙江大学文理学院政治学原论班所用讲义之一部分；且曾用作浙江财务人员养成所现代政治制度班之讲义”。“例言”作于1932年6月。

4.《法国地方政制》，上海商务印书馆1937年5月初版。“凡例”中写道：“本书底稿，原为国立清华大学地方政府班所发讲义之一部分。稿成于二十四年初，其后曾略有修正。”《凡例》作于1937年1月16日。

以上各书内容大概依据西洋著作编译而成。但在讲授中国政府时，则没有现成的论著可以参考，不得不从编辑资料入手，沈乃正在清华大学为讲授“中国地方政府”课程曾编过资料集《中国地方政府资料》。沈乃正在执教清华期间所发表的论文（包括调查报告）数量不多，基本上是以中国地方政府作为研究对象，如下所示。

1.《中国地方政府之特质与中央政府之控制权》，清华大学《社会科学》第1卷2期，1936年1月。

2.“The Local Government of China,” *The Chinese Political and Social Science Review*, vol. xx, no. 2, July 1936.

3.《江宁兰溪行政调查报告》，《行政研究》第1卷第2期，1936年11月5日。

4.《地方自治确立前省县权限之调整》，《行政研究》第1卷第3期，1936年12月5日。

5.《清末之督抚集权，中央集权，与“同署办公”》，清华大学《社会科学》第2卷第2期，1937年1月。

沈乃正当时研究的专题是“中国地方政府之特质与中央政府之控制权”。在一份调查表中他介绍了自己的研究概况：“本人研究之总题目为地方政府，特别侧重于中国地方政府。自二十二年到校后，曾先后编有《法国地方政府》与《中国地方政府资料》两种讲义。……自本年度(指 1936 年度。——笔者注)起,从事于中国地方政府各种专题之研究。"[①]因此上述论文是认识沈乃正当时的研究状况及其学术观点的主要依据。

沈乃正通过对有关行政法规及行政判例的研究,揭示了中国地方政府和中央政府的权力隶属及实际运作的关系。他说:我国之省市县均非法人;除一二例外,均无自治权;省市县,依各该组织法,均有地方官治权,但地方官治权均缺保障。因此,"我国中央政府对于地方政府之控制权,系一种对于无法人资格,无自治权力,且其官治权并无保障之地方政府之控制权";"惟省市县之地方官治权,足以影响中央之控制权。但其影响,亦仅阻碍中央指挥权之行使,而不足以阻碍其监督权之行使也。至于省对于市(隶属于省政府之市)县之控制,其情形亦复如是。""但在今日,中央控制权之所以不能尽量行使,均由于事实之障碍,而非导源于法制。"[②]他又分析了省、市、县、设治局等地方政府的沿革、设置、组织等方面概况,着重论述有关地方自治的法规及其实际情形。进而指出,尽管地方自治受到舆论关注,并见诸相关立法,但是地方自治就省、市、县、设治局四种地方单位而言,一直没有生根,如果要实行地方自治,一切工作必须从基础做起。但这并不意味着在实际授予地方自治权力之前必须有一段训政时期,因为这些权力的实际运用通常就是训练地方自治的最好途径。

---

① "国民党政府教育部令报教员研究专题及重要出版物调查表等来往文书",清华大学档案,全宗号:1,目录号:2—1,案卷号:216;南京国民政府教育部编:《全国专科以上学校教员研究专题概览》,商务印书馆 1937 年 1 月初版,第 379 页。

② 沈乃正:《中国地方政府之特质与中央政府之控制权》,清华大学《社会科学》第 1 卷第 2 期,1936 年 1 月。

“马在车前”的理论，意即地方自治在实施之前必须经过训练，不可被滥用与曲解，因为这个理论太容易导致对地方自治活动的压制，近来的经验已经证明了这点。而且也因为地方自治权力的实际行使是否就是“马”的“车”，仍是悬而未决的问题。虽然他说将来有机会再来讨论这个问题，[①]但是他的基本观点是明确的，即认为中央与地方的关系由于没有合理的规制与秩序，以致中央在事实上不能达到集权的目的，而地方也因为中央的集权企图而不能落实自治，解决之道是破除训政迷思，实际授予地方自治权力。

中央与省的关系，自清末至民国，颇多变迁，对国家的统一、政局的稳定以及社会经济建设等均产生重大影响。抗战前，有关省政的范围、权限、效率等问题成为朝野关于政制改革讨论的一个焦点，南京国民政府也出台了相关改革措施，诸如行政督察专员制度、省府合署办公制度、缩省方案等。在此背景下，沈乃正作《清末之督抚集权，中央集权，与“同署办公”》一文，所述基本限于清末督抚集权情形及中央集权的企图，旁及东三省的“同署办公”制度。他认为清末中央分化督抚集权的策略有两种方式，一是中央于省设专管机关之分权方法，一是于督抚下设共管机关之分权方法。“共管机关之分权方法，乃欲于不破坏督抚特殊地位之范围内，寻求所以集权于中央各部之方法”，清末之所以采取这种间接方法，实慑于当时督抚的特殊地位而不得不然。而东三省的“同署办公”制度，“系针对共管机关之分权方法，而使同署内之厅司，专受督抚之指挥监督。此种制度，在当时之情形下，有使督抚之集权变本加厉之趋势。”由于这段历史在处

---

① Shen Nai-cheng, “The Local Government of China,” *The Chinese Political and Social Science Review*, vol. xx, no. 2, July 1936, pp. 163-201.

理中央与地方关系方面留下许多经验教训，“循考其变迁之成迹，颇足为日后改革之借镜”，沈乃正在文章的末尾将南京国民政府的集权与清末的情形进行比较，指出南京政府在财政、军政、司法、外交方面，均采中央专管机关分权方法，将权力收归中央，而此四项事权，清末均操诸督抚。至于共管机关之分权方法，南京政府仍在采用之列。在此背景下，南京政府当时所推行的省府合署办公制度亦不同于清末东三省的“同署办公”制度，“东三省之同署办公，有不问国家行政与省行政之区别，而全部集权于督抚之趋势，今日之合署办公，则仅集省行政之权于省之主席，故无伤于国家财政军政司法外交诸行政之仍由中央各部会直接处置也。”“今日之合署办公，既与中央集权无甚关联，则其利弊，自当于省府内部之行政效率，与省府对县府之指挥监督中，求其应否存在，应否改正之答案。然此中关系，亦甚复杂，尚非时论所称意志统一经费节省二语所能综核。”他还指出：“集权于君主，决不应视为中央集权；惟集权于中央行政各部，始为中央集权”；“若仅集权于君主本人，或最高元首本人，其结果必造成地方分权之局面。此所以各国之中央集权政府，必置地方长官于中央行政各部之指挥监督之下。”此点颇似针对国民党最高当局。

在地方行政结构中，省县之间也存在诸多龃龉，以致政令不能贯通，行政效率低下，南京国民政府内政部认为原因主要在于省县间的行政权无明白之划分，“以致权限混淆，应属于县者，省及各厅或靳而不与，或滥加干涉，不应属于县者，又往往强使行之。”因而主张按事务划分省县之行政权限。沈乃正认为这种方案既不符合行政原理，而且极易产生新的病象。“盖国家设置地方政府主要目的之一，即为就地执行上级机关令办之事务。此乃普通地方政府之天职，不能与特种地方机构之有其确定职务范围，不应执行任何委任事务者可比”。如果划分省县事务权限，必导致省县职权纷争，事务推诿扯皮，县政积弊变本加厉等多种弊病。因此，问题的关键不在于划分事务权限，而应该确立县预算制度，省及上级机关对县事务之委任，应以县预算控制之。预算以外令办之事务，均须由省宽筹经费。确定“核准”“备案”“报告”三种事务之意义，使省政府对于县政的干涉权，受程度上高下宽严之控制。扩大“备案”与“报告”二者之适用范围，以维护县府的自由裁量权。除控制其干涉之程度外，任何县府事务，均不脱离省府的监督。①

《江宁兰溪行政调查报告》系 1936 年夏天沈乃正受聘于行政院行政效率研究会对江宁、兰溪两实验县进行行政调查后所作的调查报告。该报告从人事行政、总务行政、民政、教育、公安、建设、财政等各个方面对两实验县所取得的成绩及存在的不足进行了总结，给予的肯定较多，并对比分析两县在施政方面异同的背景与原因。这篇报告整体而言属于就事论事，没有就南京政府设置实验县这一举措与其他各方的关系及其利弊得失作进一步论述。

在沈乃正致力于研究中国地方政府的同时，陈之迈则侧重于国民政府中央政制研究。他的研究计划是：“拟根据原始材料，对于实行五权制度后的中央政府，加以切实的研究。兹先从监察制度及公务员惩戒机关着手，希望依次研究其他四种治权的实际行使运用状况。”关于“监察制度及公务员惩戒机关”的专题研究始于 1934 年 9 月，预定 1935 年 11 月完毕，其研究结果以《监察院与监察权》《公务员惩戒机关》、*Impeachments of the Control Yuan* 等三篇学术

① 沈乃正：《地方自治确立前省县权限之调整》，《行政研究》第 1 卷第 3 期，1936 年 12 月 5 日。

论文发表。[①]

1936 年陈之迈又比较集中地研究了行政权方面的问题，发表了《非常时期的政府》《中国的官》《研究行政督察专员制度报告》、*The Chinese Executive*、《独裁政治的兴起》《国民党的政治委员会》等论文。

陈之迈在哥伦比亚大学研读的主要方向是公法，以当时正在兴起的“委任立法制”（delegated legislation）作为其博士论文的研究对象。到清华之后，他接替钱端升讲授“宪法”课程。他对宪法与立法问题一直关注，在他发表的学术论文中，这方面的研究成果也不少，如《英国宪法上的两大变迁》《我国的宪法问题》、*Draft of the Constitution of the Republic of China*、《专家立法商榷》《民国二十年国民会议之选举》《评宪法草案》《论我国行政与立法的关系》《论宪法的目的》。此外，他还发表了多篇关于宪法和政治制度方面的书评。可见其研究范围涉及宪法与立法、行政与监察等多个方面。

陈之迈对宪法的基本看法是：宪法是生成的，宪法的移植需要适宜的土壤。这是萨维尼开创的历史学派法学的基本理论观点。据此，他认为中国自制宪以来所制定的各种宪法，“专求理论上的完备，不去审察实情；专去模仿外国承平时期的宪法，而不知我国日日都在危急之中”，结果均归失败。因为，“如果宪法不是绝对不能移植的话，它是需要一种特殊环境才能发育滋长的”。造成这种环境的最低条件至少有两个：第一，国民要有遵守法律的决心；第二，国内要有有效率的舆论制裁。这两点是宪治成功最低限度的条件，而它们都有

① “国民党政府教育部令报教员研究专题及重要出版物调查表等来往文书”，清华大学档案，全宗号：1，目录号：2—1，案卷号：216；《全国专科以上学校教员研究专题概览》，第380 页。

赖于经济的发达。因此,宪法的条文并不重要,而宪治的根本条件才是重要的。明乎此,则对于宪法的希望不可太奢,一方面要本着务实求用的原则去制定宪法,同时要努力去造成宪治的根本条件。[①]制宪必须首先确立宪法的目的,宪法的目的或在于保障人民权利,或在于规定一个政权更替的常轨,或是将宪法当成当政者的主义和政纲,而并不期其实行,只不过是高悬一个社会的理想而已。陈之迈对后一种目的不以为然。[②] 他主张从中国实际出发,顾及当时中国所处的环境及存在的危险,以造成运用灵敏能集中国力的制度、效率特高的政府,不能专务分权,专讲自由。[③]

关于立法问题,他撰文介绍英国的"委任立法制",指出"在立法方面,在司法方面欧陆的理论与制度均较英美的能适应现代的要求,故英美亦不得不逐渐走上欧陆的道路上去,他们的理论与制度已渐趋一致",主张中国政制建设可以参考"委任立法制"。[④] 在《专家立法商榷》中,他又指出,现代的立法事业渐趋专门,没有专门智识的议员,决不能应付目前的立法问题,但也不能因此而令议员完全由专家充任,因为事实上办不到,而且会滋生许多流弊,可能的办法是利用专家来帮同立法。因此他建议制宪者对于实行此制的经验及成绩,应仔细参详,并择优采纳。对 1931 年国民会议选举结果的研究,使他认识到在国民党党治之下,以政党政治为前提的地域代表制是不适宜的,因为中国没有健全的政党,勉强推行,则所谓政党政治,不但

---

① 陈之迈:《我国的宪法问题》,《国闻周报》第 12 卷第 2 期,1935 年 1 月; C. M. Chen, "Draft of the Constitution of the Republic of China," *The Chinese Social and Political Science Review*, vol. xviii, no. 4, January 1935.

② 陈之迈:《论宪法的目的》,《民族》第 5 卷第 5 期,1937 年 5 月 1 日。

③ 陈之迈:《我国的宪法问题》,《国闻周报》第 12 卷第 2 期,1935 年 1 月。

④ 陈之迈:《英国宪法上的两大变迁》,《清华学报》第 9 卷第 4 期,1934 年 10 月。

不可以助成民主政治，甚或妨害民主政治。但是纯粹的职业代表制，在中国也不易实行。因为此制是所谓“工业民主政治”的一种，适宜于工业及工业化后所必然产生的职业极度发达的国家。其初步意见是以职业代表制为基础，根据中国实际情况，进行适当变通。[①]

监察院的监察权及相关的惩戒问题，是陈之迈研究比较深入的问题。他指出监察院本身的目标一是要弹劾违法及失职的官吏；二是要普遍地监督国事的进行。前者叫做“事后纠弹”，后者称之“事前监察”。陈之迈认为监察院应该完全放弃“事前监察”的野心，因为“事前监察”会使部分官员异常胆小，不敢勇于做事，而且以不明政情的人去监察明政情的人，通常会产生不良后果。“事后纠弹”就对象而言，可分为事和人两部分进行讨论。以人为对象，监察院主张官吏无分大小，职位无分类别，都在监察范围之内，悉数付诸弹劾。但由此引发争议，其中最值得注意的一个问题是政务官能否被弹劾。按照训政时期的政制精神，在党治之下，政务官在政治方面只向中央执行委员会或中央政治会议负责，监察院是不能置喙的；以事为对象，监察院要求违法与失职兼管。此事也引起争议，有人认为监察院的职务应限于违法事件，也有人主张违法与失职均应包括在监察权以内。陈之迈则认为监察权范围问题系于整个政制的构造，如果在整个政制构造中有一个“国民大会委员会”行使监督政府的职权，则监察院自然应该专限于检举违法的事件，而不必去涉及失职的事件；否则，监察院应该兼管失职事件。如果监察院专管违法不问失职，则应以全国各级政府的大小官吏为对象，纠举一切违法事件；如果既管违法又管失职，则人的对象可以不必普及于上下各级官吏，而注全力于

① 陈之迈：《民国二十年国民会议之选举》，《清华学报》第 11 卷第 2 期，1936 年 4 月。

负责的机关，鞭策他们去积极负责，在他们不负责时，或有任何处置监察院认为不满意时，便可提出制裁，轻则质询，重则弹劾。① 他又指出：由于监察院坚持其现有监察权是纠举全国上下一切官员之违法与失职，复杂的惩戒机关便不可避免。因为大小官吏、文官武将的性质、地位、职责迥乎不同，所以他们的惩戒处分不但不能相同，惩戒他们的机关因此也不能不异。至于惩戒机关应否隶属于弹劾机关即监察院，监察院本身对此问题有肯定的主张，但不乏其他方面的反对声音。陈之迈认为主张惩戒机关归并于监察院的理由是站不住脚的，但要改善惩戒机关复杂零乱的状况，有两点值得注意，第一，惩戒机关组织应力求近似法庭，人员要有法律保障；第二，惩戒机关的人员应力求专任。②

在行政方面，当时许多研究公共行政的人主张中国应仿效英美等国的制度，在人事行政中实行“职位分类”，而陈之迈认为中国当时还谈不到英美的所谓“职位分类”，不能用英美的标准来作标准，必须首先明了中国人事行政的现状与特点。陈之迈在《中国的官》一文中分析了中国官职分类的标准、官吏的任用及其甄别铨叙的法律规定及实行经过、官吏的服务规程及保障、考绩制度的规模等。在“结论”中他写道：“本文的目的在描写现况，……我们只希望从这幅繁缛的图画中看出真正症结之所在，而不在谋求其救济之方。真正员吏制度的建造是随着整个政制的建造而来的。徒然仿效他人纸上的法律而不求其根本的精神，或三令五申极端不着边际的道德原则，都似乎

---

① 陈之迈：《监察院与监察权》，清华《社会科学》第 1 卷第 1 期，1935 年 10 月；C. M. Chen, "Impeachments of the Control Yuan," *Chinese Social and Political Science Review*, vol. xix, no. 3, October 1935 & vol. xix, no. 4, January 1936.

② 陈之迈：《公务员惩戒机关》，清华《社会科学》第 1 卷第 2 期，1936 年 1 月。

不是对症的良药。”

陈之迈计划依次研究五权制度的实际运行，而按照法规，作为当时政制中一切权力的总汇处所、政治枢纽的国民党中央执行委员会政治委员会（因名称屡变，通常简称“中政会”），自然是他关注的重点。陈之迈对“中政会”的职权及组织沿革加以分析，揭示其在中国政制中的地位、作用与影响。他认为：“一国政治机构中最要紧的有三个元素：其一为政策的制定机关，其一为制定法律来表现政策的机关，其一为执行法律以实行政策的官吏的任命机关。这是任何政府之权力的分类（Classification of powers）必循的途径，无论孟特斯鸠的分权原则（Separation of powers）是否采行。”①而“中国最重要的一个机关竟演成一个等同虚设的会议，今后实应引前此的苦痛经验为殷鉴，切实保持中政会为一个人数相当稀少，最大多数委员均在首都，能够运用灵敏而集中事权的机关。同时，中央当局尤应使中政会稳定下去，制度化起来，不再顺从人事无理的要求，致使中央政治委员会再度变成一个中央政治会议。”②

陈之迈以中央政制为研究重点，有时也讨论地方行政，并且认识到地方行政改革的重要性。③《研究行政督察专员制度报告》是陈之迈受行政院聘请于 1936 年暑假到各地研究行政督察专员制度后形成的研究报告，“这篇报告对于专员制度之沿革及设置目的，均有详

---

① 陈之迈在对这个观点的注中，列举了钱端升和 Walter J. Shepard 的观点。钱端升说，政治的良不良，政策、法制、官等三种因素最关重要；Shepard 说，政府的功能分成立法、行政与司法，这是近代政治学的一个基石，无论孟德斯鸠的分权原则是否采行。

② 陈之迈：《国民党的政治委员会》，清华大学《社会科学》第 2 卷第 4 期，1937 年 7 月。

③ 例如，他说：“近数年来中国地方政治曾经一番重要之改革”，“惟是新政之设施，‘管教养卫’之贯彻，直接加重政府之职权，需要高度之行政效率。是故新政推行之前提为地方政制之改善。”《研究行政督察专员制度报告》，《行政研究》创刊号，1936 年 10 月 5 日。

细的研讨,对于专员兼领县长的意见,尤有独到之处。”[①]所谓“独到之处”,是指他主张“专员制度之精义,即在将一省之县治,按其地域之特殊情形,将情形相近似之县治,划为数区,然后于每区中择一县治,畀诸特有才干之人员,责以领导其所辖各县之重任,使其领导群伦,共策庶政之推进。”

陈之迈早年留学期间兼治历史与公法,大概受此背景影响,他对政制的研究既注意法律条文,更重视制度的历史演变与实际运行,反对抽象的演绎和空泛的议论。对当时争论激烈、莫衷一是的“独裁”与“民主”之争,陈之迈不是先从定义术语出发进行演绎,而是从“独裁”的最初史实与性质说起,沿着历史发展的过程,逐层剖析附会在“独裁”名下的各种事实,[②]避免了不必要的名词术语之争。因为注重事实反对空理,所以他相信亚里士多德和孟德斯鸠关于政制的一个基本观点,即政制无绝对理论上优劣之分,其评判的标准完全系于该制度是否适合一时一地的需要,能否达到预期的目的,为政重在实际而不在空理。[③]

陈之迈的研究大多具有很强的现实性与时代性。欧战后特别是1929 年世界经济危机爆发之后,主要资本主义国家的政治组织发生了剧烈变化,意大利、西班牙、德国、巴尔干半岛以及波罗的海沿岸的

① 见《行政研究》创刊号的《编后记》。

② 陈之迈:《独裁政治的兴起》,清华大学《社会科学》第 2 卷第 2 期,1937 年 1 月。

③ 在陈之迈的《论宪法的目的》(《民族》第 5 卷第 5 期)和《研究行政督察专员制度报告》中可以看到他这方面的思想流露。但在 1939 年写成的《中国政制建设的理论》一书中又说:“我总以为脱离了指导的理论,而讲所谓实际也是要完全落空的”,同时又强调“社会科学是研究事实的,毫无问题”(《中国政制建设的理论》,商务印书馆 1939 年版,“序”,以及正文第 37—38 页)。这表明他并非持极端的立场,只讲实际而不谈理论。当然,1939 年时的观点未必等同于他抗战前的观点。

许多国家，都次第放弃民治而厉行独裁，英法美等国也纷纷改组政府，修改传统的三权分立与制衡体制，扩大与突出行政权力。九一八事变后，国内要求改革政制以应对时局的呼声日趋高涨，民主与独裁以及行政效率成为当时部分知识分子讨论的重要话题。以此为背景，陈之迈在《非常时期的政府》《独裁政治的兴起》《英国宪法上的两大变迁》等论文中讨论当时欧美政局与政制变动的趋势，关注的焦点是民主政治与独裁政治的关系问题。其基本观点是：随着社会问题日益复杂，社会矛盾日趋尖锐，传统的放任无为的政府观念已经不能适应时代的需要，政府由无为趋于有为，由消极而积极，由"守夜人"的角色转变为积极"为社会服务""为社会谋福利"的角色，在危机时期或非常时期，政府尤其要有所作为，要有为国家和社会服务的效能。新的政府观念以"效率"作为评价政府良否的标准，权力的集中为提高行政效率的重要途径，但是专制并不见得一定有效率，民治不见得一定没有效率。"意大利、德国以及别的国家的现制，不是'经典的独裁'而是破坏'经典的独裁'的'凯撒制度'，'凯撒制度'与专制君主的区别只在前者不是世世传袭的，而后者则是"，"现代民治国家里的'危机政府'是与'经典的独裁'一样的"。[①]这些观点是陈之迈参与当时中国政制改革讨论的基调。在"The Chinese Executive"一文中，他系统地论述了民国成立以来行政制度的演进以及行政权的变化情形，对抗战前几年为应付危机而集中行政权的趋势持赞赏态度。对国民党中央执行委员会政治委员会的职权及组织沿革的研究，也

① 所谓"经典的独裁"就是指罗马式的独裁。自纪元前 501 年至纪元前 200 年，罗马共和国一共有过 88 位独裁者，这些独裁者由合法的方式产生，合法的方式消灭，他们的权力有限制，任期最多六个月，他们的任务在保持国家不蒙受损害。参见陈之迈《独裁政治的兴起》，清华大学《社会科学》第 2 卷第 2 期，1937 年 1 月。

反映出陈之迈对于一个权力集中、运用灵活的政治中枢机构的期待。[①]

清华政治学者的政府研究已经走出书斋，与政府有关部门发生了实际联系。1936 年五六月间，时任行政院政务处长的蒋廷黻为了认识当时的地方行政工作并拟出一套改革方案，开始物色对地方行政有经验者或曾发表过有关地方行政著作的学者到各省市去进行调查研究工作。沈乃正和陈之迈在邀请之列，分别对行政督察专员制度和江宁、兰溪两个实验县的行政进行调查研究。[②] 他们当时可能还有系统的和长远的计划，如举办地方政府讲演讨论会、地方政府研究班[③]。

抗战前清华政治学者尤其是沈乃正和陈之迈的政府研究，明显趋重中国当时的实际政制与行政，而且由以往注重政府结构的法律形式主义转向关切政府职能的实际行政研究，这是抗战前行政研究在中国兴起及其对本土问题关注的重要体现。[④] 然而令清华政治学者痛心的是，"从北平琉璃厂书肆中辛辛苦苦蒐集了几年的中华民国

---

① 陈之迈：《国民党的政治委员会》，清华大学《社会科学》第 2 卷第 4 期，1937 年 7 月。

② 蒋廷黻著，谢钟琏译：《蒋廷黻回忆录》，第 189 页。《中央日报》对此曾有报道："行政院行政效率研究委员会，为使学术研究与实际行政打成一片，于本夏试办与各大学政治学系教授特殊研究，现已开始举办者，计有中央研究院社会科学研究所担任之江宁、兰谿两县财政，清华大学沈乃正教授担任该两县之行政，金陵大学马博厂教授担任邹平县之行政，兹定于本月底将进行保甲制度之研究，由南开大学张纯明教授担任，土地陈报与土地测量之研究由南开大学教授方显庭教授担任，行政督察专员制度之研究由清华大学陈之迈教授担任。上列各项研究经费多由学术机关自备，作为学术与行政合作之表示。至研究报告，由行政院出版分送全国地方行政人员，作为改革行政之参考。"（《以学术研究所得作改革行政张本》，《中央日报》1936 年 7 月 9 日）

③ 《民族》第 5 卷第 1 期（1937 年 1 月 1 日）上刊载的张秩素论文《缩省运动之回顾与展望——国立清华大学地方政府研究班研究报告》，表明清华政治学系组织过"地方政府研究班"。

④ 参见孙宏云：《抗战前行政学输入与行政研究的兴起》，《学术研究》2006 年第 12 期。

史的资料，还没有来得及好好整理一番，就被敌人毁尽了”。[①]

第三节　研究领域(三)：国际法与国际关系

国际法既是法律的一个部门，也是国际关系的一个部分[②]。但从学科发展史来说，国际法学的创立远在国际关系学之前。国际关系学是研究国家与国家之间的法律关系、经济关系、政治关系、文化关系等各种关系的学科。按理说，国际法学是国际关系学的一部分，但是早期的国际法通常是作为研究一切和国际方面有关系的问题的总名称，以国际法来代表一切国际方面的学问，直到 1930 年卡内基和平基金会出版的《战后国际法研究》(*Research in International Law since the War*)一书，著者莱特(Quincy Wright)仍以“国际法”这个名称，来包罗一切国际方面的各种科学。普通欧美各大学所排列的功课表，也往往把国际法一门作为各种国际方面的学科的总称。

第一次世界大战后，国际间的交往与冲突越来越频繁，国际关系越来越复杂，国际会议、国际组织骤然增多。这类现象引起学者关注，传统的偏重法理研究的国际法被认为太偏于空论，不足以概括一切国际生活，有些学者便离开传统的法理学派，用历史的、社会的、经济的、心理的甚至地理的材料，别辟门径，另找方法，研究人类的国际生活和国际关系，于是出现了五花八门的名称，如国际政治(International Politics)、世界政治(World Politics)、国际关系(International Relations)、国际问题(International Problems)、国际

① 陈之迈：《中国政制建设的理论》，序。

② 邓正来编：《王铁崖学术文化随笔》，中国青年出版社 1999 年版，第 279 页。

研究(International Studies)、国际事务研究(Studies of International Affairs),等等。其中以“国际关系”为欧美学者较为常用,大有取代“国际法”来包罗一切有关国际的科学之趋势,在美国有不少大学和学术团体以“国际关系”命名。1925 年,美国全国国际法教授举行第二次全国大会,讨论国际法的范围、组织、目的等。会上,关于国际法与其他研究国际的学科的关系问题,发生了激烈的辩论。魁格雷(H. S. Quigley)说:“离了国际关系,则国际法无根;离了国际法,则国际关系无果。”表面上不应该成为问题的国际法与国际关系之关系竟然成了学者激烈争论的问题,这实际上反映了传统的单一的国际法视角下的国际关系研究正面临着时代的挑战。特别是国际政治在国际关系中突出的控制力与影响力,使国际法受到忽视,甚至被否定。作为国际政治学的“现实主义学说”的创始人,摩根索(Morgenthau)曾极力抨击对国际关系的法律研究方法,认为国际法是毫无意义的。但是不少学者还是认为国际法应与国际组织、国际关系、国际政治分开,不可混为一谈。也有以“国际事务”来指代一切关于国际研究的学科。在研究方法上,有不少学者将国际法与国际政治学结合起来,如王化成博士论文导师赖特(Quincy Wright)就是将政治与法律结合起来,集中对战争现象进行广泛而深入的研究。[①] 大体上,在两次世界大战之间,学者比较普遍的做法是将国际法、国际关系、国际组织三者并列。以内容划分,国际关系主要包括国际政治关系、国际经济关系两部分。无论是国际法还是国际关系、国际组

① 参见徐敦璋:《国际学的研究》,《外交月报》第 2 卷第 5 期,1933 年 5 月 15 日;王铁崖:《国际法引论》,北京大学出版社 1998 年版,第 2、349 页。

织，世界上大多数学术机关都将其视作政治学的一部分，[①]所以这类学科往往被安排在政治学系。

中国现代社会科学系由西洋输入，上述关于国际研究的学科变迁在近代中国也有迹可循。清末民初，中国法政学校课程中关于国际关系方面的学科大体上只有国际公法、国际私法、外交政策等，不可能有1920年代之后出现的诸如国际政治、国际关系、国际组织、帝国主义之类的课程，更不可能出现如南开大学曾经设置的所谓“国际事务系”。同时人们对国际关系的认识与处理一般只是在国际法的视野中进行，[②]不可能有1920年代之后更广泛的视角和更丰富的方法。在九一八事变之后研究国际问题的热潮中，既有如周鲠生、时昭瀛等学者注重从国际法方面进行研究，也有如张忠绂、蒋廷黻等突出政治外交史的研究，也有人着重从国际政治、经济的现状来讨论国际问题，如王造时。

有人认为：“‘五四’时代国人之兴趣似侧重于哲学与文学。‘北伐’前后，国人之兴趣渐移向于社会学与经济学，‘九一八’后，国际外

① 国际法，往往叫做国际公法，表示与国际私法不同。其实只有国际公法是国际法，所谓国际私法，不过是国内法的一部分，因为它主要是由各国立法者个别自行制定，处理各国法律冲突的案件而已。而国际法是不是法律的问题，历来有不同的看法。（参见李浩培：《国际法的概念和渊源》，贵州人民出版社1994年版，第39—48页；王化成：《现代国际公法》，新月书店1932年版，第4—8页。）即使国际法是法律，也是与宪法、行政法一样，属于政治性强的一类法律。

② 有关国际法的输入及其对晚清中国的影响，参看田涛：《国际法输入与晚清中国》，济南出版社2001年版。

交学似已引起一般人士之注意。”[1]此种印象或许不无道理。九一八事变后，国人确实对国际问题尤其是中日关系非常关注。中国国际问题研究会、东北问题研究会等各种研究国际关系的团体次第成立，专门讨论国际问题的期刊如北平的《外交月报》、南京的《外交评论》《日本评论》等纷纷创办，学者对于国际法和国际关系所发表的评论与著述激增，各大学政治系也加重对国际法与国际关系的教学与研究。北平是当时国内研究国际问题的重镇之一，主要学术领导人为燕京大学政治学系主任徐淑希、北京大学政治系主任张忠绂以及清华大学政治学系教授王化成。《外交月报》为北平学界研究国际问题的主要发表阵地，“以记载国际情报，阐明国际法理，研究国际条约，讨论外交政策，考证外交史实，便利外交研究为主旨”[2]，徐淑希、张忠绂以及后来接替徐淑希任燕大政治系主任的吴其玉先后担任该刊主编。其中，张忠绂任职时间较长，自第 2 卷第 4 期(1933 年 4 月)至第 7 卷第 5 期(1935 年 11 月)。从第 1 卷第 3 期起之后的几期中，王化成列名特约编辑，同时列名特约编辑的还有清华历史系主任蒋廷黻。

在国际关系和国际法领域，无论是师资力量，还是研究成果，清华政治学系在当时国内大学中不算突出，成绩当在武汉大学、中央大学和燕京大学等校政治学系之下。虽然吴之椿在担任清华政治学系主任之初，曾有过加强这方面力量的努力，如争取周鲠生前来执教、聘请芝加哥大学莱特教授来校讲学，但是莱特的讲学时间较短，争取

① 《外交月报》第 2 卷第 5 期，第 31 页。在南京国民政府成立前后，“革命外交”的推行和修约运动的开展，就促进了中国国际法研究的兴起。梁鋆立在评论李圣五著《国际公法论》(商务印书馆 1933 年 5 月初版，列入“大学丛书”)时指出：“近七八年间，尤其是在国民政府注重取消不平等条约及对外各种问题之后，论述国际法的书籍突然增加。”见《图书评论》第 2 卷第 9 期，1934 年 5 月 1 日，第 36 页。

② 《外交月报》第 1 卷第 1 期，1932 年 7 月 15 日，“本报稿例”。

周鲠生则未能如愿。到浦薛凤主持政治学系时，似乎只是维持现状而已，一直到抗战爆发，仅有王化成独撑局面。但是王化成的治学方法与态度对清华政治学系学生的影响则不可忽视。

据浦薛凤描述，王化成性格开朗，活泼热闹，颇富游戏精神，感情丰富；以言治学，造诣精深。[①] 但生前著作只有《现代国际公法》，列为“现代文化丛书”。该丛书的目的是供给中国的青年——特别是没有机会出国留学或没有能力直接读外国书的青年——了解20世纪世界文化的各个方面，带有文化普及性质。因此，王化成这本书“在用极清楚的文字，叙述国际公法的基本原则，总求简而不略，使读者对于国际公法得一整个的观念”[②]。书分上下两卷，上卷述国际公法的定义、性质、渊源、依据，并平时国家的基本权利与义务；下卷述战时交战国相互间以及交战国与中立国间之种种关系。

在清华期间，王化成发表的论文与书评不多，论文只有7篇，内容涉及国际法理与现实国际关系。发表于《清华学报》上的论文“Responsility of State for International Delinquencies”(《国际犯法的国家责任》)，是他的博士学位论文第一章。这篇论文所讨论的问题在当时具有相当的理论前沿性。因为作者在论文的第一个注释中特地提到，1930年春由国际联盟在海牙召开的国际法法典编纂会议上，讨论的主题就是关于在一国领土上对外国人的人身和财产造成损害的国家责任问题。不幸的是，这个问题太复杂了以致会议未能达成任何一致意见。[③]

---

① 浦薛凤：《悼念王兄化成》，《清华校友通讯》新12期，1965年4月29日。

② 王化成：《现代国际公法》，“序”，新月书店1932年版。

③ “Responsility of State for International Delinquencies,”《清华学报》第7卷第2期，1932年6月。

关于国际法理的论文只有上述《国际犯法的国家责任》一篇，其他论文都是讨论现实的国际关系。其中讨论中日关系 2 篇，其他国际关系 4 篇。在这 6 篇讨论国际关系的论文中，有 3 篇是专从国际法的角度，运用国际法理论来论述的。这 3 篇论文是：《国际公法与抵制日货》《国际公法与满洲国之承认问题》《西班牙内乱与国际公法》。九一八事变后，国人掀起抵制日货运动，日本人借口自卫，要求中国政府取缔抵制日货运动。针对此种情形，王化成发表了《国际公法与抵制日货》，他在文中援引国际法理论义正词严地驳斥了日本人的无理要挟。“抵货不但是不为国际公法，或国际条约所禁止并且还是国际间常用的一种方法。无论在什么时候，两个国家伤了感情，彼此人民，互相仇视，不买仇货，是一种自然的现象。”“抵货的目的，是要藉经济的力量，制裁对方。这种原则，久为国际法所认可。”“中国人不买日货，并非由政府主使，乃是中国人反对日本侵略，不约而同的表示。……无论是根据于国内法，或国际法，政府决无强迫人民购货之规定！”《国际公法与满洲国之承认问题》一文专门讨论满洲国承认问题的国际法理依据。作者先叙述国际法中关于国家承认问题的若干理论及国家承认的方式等，然后从事实方面分析了满洲国承认问题的实质，最后分析了当时被日、满利用来宣称满洲国得到承认的两个事件——关内外通车、萨尔瓦多承认满洲国——在国际法上的意义。王化成指出通车问题纯属日人的狡诈与诡辩，“在国际法上不能遽视为承认”。萨尔瓦多的行为虽不得以“非法”责之，但他希望国联对其进行制裁，以免开同类事件的恶劣先例。同时他也提示国人：“国际法效力之多寡有无，完全视各国之实力如何以为衡。”并希望国人同心协力，一致奋勉。《意阿纠纷之由来》所讨论的意阿纠纷问题其实和当时中日问题十分相似，此种“比较研究”表明王化成欲借意阿问题来提示人们关注中日问题。

王化成在国际法研究方面为现实服务的立场,代表了 20 世纪 30 年代中国国际法研究的时代方向,其注重从国际法的专业立场来观察现实国际政治的方法明显不同于一般时论。邓正来在评述王铁崖的学术生平时说:"中国自五四运动以降的 30 年间,中国国际法学的发展在此一阶段就是以研究条约为重点的,这是因为在这一期间中国的对外关系中,最重要的国际法问题就是废除不平等条约以及因此而牵涉到的有关法律问题。王铁崖先生的相关研究不仅体现了那个时代的研究方向,最重要的还是他的研究凸现了隐含于这种选择背后的他关于国际法研究的中国立场和世界立场。""从 1933 年在《清华周刊》发表《最惠国条款的解释》一文起,直到 1948 年新中国成立前夕,王铁崖的研究重点主要集中在有关条约理论中的诸问题上。"①而王铁崖的导师是王化成,王铁崖对条约研究的关注应该说在相当程度上是受了王化成的影响。清华政治学系唯一一名毕业研究生——邵循恪,其硕士学位论文"现状如恒条款"(*The Doctrine of Rebus sic Stantibus*)也是关于条约研究。在王化成为数极少的书评中有一篇就是专门评述东吴大学一位黄姓教授关于这个问题的专著。② 抗战期间,邵循恪曾有一项关于"国际法与中日事件"的研究计划。在邵循恪拟定的计划书中,关于研究目的是这样写的:"自卢沟

① 邓正来编:《王铁崖学术文化随笔》,第 344 页。《最惠国条款的解释》一文发表于《清华周刊》第 37 卷第 7、8 期合刊。在此之前,王铁崖已在《清华周刊》第 36 卷第 7 期上发表了《二十一条的研究》,后在第 38 卷第 12 期上又发表了《原始欧洲领事裁判权制度述略》。

② *The Doctrine of Rebus sic Stantibus in International Law*. (by T. Young Huang. Shanghai, Commercial Press, 1935),该书评分别以中英文发表于《清华学报》第 11 卷第 3 期,以及 *Chinese Social and Political Science Review*, vol. xx, no. 2. July 1936.

桥事变以来，中日战事中发生不少国际法问题，日本国际法名家东京帝大教授立作氏，已就日本观点写成《国际法与支那事件》；国人除少数宣传品外，毫无系统的学术著作；现拟搜集材料，整理成书，并拟借鉴以往国际法上名著，例如 Garner 氏之《国际法与欧战》，Hershey 氏之《国际法及外交与日俄战争》，Padeltord 氏之《国际法与西班牙内战》，于中日战争中国际法问题，作一详细探讨。”①此种研究国际政治的思路，王化成早在 1930 年代初就已经开始了。

从抗战前王化成等指导的政治学系学士论文题目来看，中日关系以及中国与列强之间不平等的条约关系也是被关注的重点（见下表）。②

表 4-2　抗战前清华大学政治学系部分学士论文选题及指导教师

年级	论文题目	作　者	完成时间	导师
1931	列强在华之租界	田保生	1931，6	王化成
1931	巴黎和会之山东问题	陈元屏	1931，5	王化成
1932	中国领事裁判权问题	张锡龄	1932，6	王化成
1933	中俄北京条约交涉之经过	吴世英	1933，5	
1933	军缩运动小史	凌世俭	1933，7	王化成
1933	裁兵问题与各国军备	何维藩	1933，7	
1933	领事制度	华芷荪	1933，7	王化成
1934	华盛顿会议之中国问题	俞国华	1934，6	蒋廷黻

① 张思敬主编：《国立西南联合大学史料 三 教学、科研卷》，云南教育出版社 1998 年版，第 555—556 页。

② 这批论文现收藏于清华大学特藏室，已经作了编目，表中的材料即根据这个论文目录。表中“导师”一栏中有的空白，是因为原目录上没有列出导师姓名。1935 年王化成休假，所以没有指导论文。

续表

年级	论文题目	作　者	完成时间	导师
1934	大战以后国际公法之发展	王之珍	1934,5	
1934	欧战后军缩运动之经过及其困难	张慧令	1934,6	王化成
1934	日本委任统治地与国联	王炳文	1934,6	王化成
1936	中国与国际联盟	陈耀庭	1936,6	王化成
1936	意阿战争中英意冲突之原因	宋士英	1936,5	

从研究方法来看,王化成注重法理与事实相结合,既非纯粹从法理演绎,也非迁就政治事实。因为就中国当时的现实处境来说,纯粹演绎法理于解决中国现实问题未必有利,因为国际法的理论主要是基于欧洲的背景与经验产生的,但如果忽视国际法只讲政治现实和国家利益,那么就有可能滑向国际政治学中的"现实主义学说",这对于弱国外交也是相当不利的。中国在国际关系中的现实处境不可能不影响到中国国际法学者对于国际法的立场和方法的选择。另外,王化成在明尼苏达大学、芝加哥大学和哈佛大学分别跟随魁格雷、赖特、威尔逊等著名学者学习国际法的经历对于形成他的国际法立场也是有影响的。王化成的导师赖特教授注重将法律与政治事实相结合,对战争与国际法问题有深入研究。王化成对于国际法的立场在他的一篇书评中有明确的表述:"现之研究法律者大致可分两派:第一大陆派偏重学理,第二英美派偏重判例。两者各有利弊得失。吾人为取长去短计,双方均宜兼顾,故平时除研究学理而外,犹须多读判例以补不足"。[①] 而从研究的实际成绩来看,他还是比较偏重判例分析。

---

① 《清华政治学报》第 1 卷第 1 期,1931 年 1 月,第 160 页。

抗战前清华政治学系的学术研究已步入正轨，既有良好的外部学术环境，又有合理的学术分工与长远规划。人数虽然不多，却能各自埋首，勤于著述，以学术为本位，兼顾现实关怀，尤其注重学术独立与政治学研究的本土化，取得了令人瞩目的成绩。如假以时日，定有辉煌的前景。无奈抗战军兴，清华政治学者各为生计与前程奔走，或从政或讲学，漂泊西南各省。此时无论是学者心境、资料设备，还是制度规划、学术风气，均与战前的清华园中不可同日而语。

第五章　与域外学术界的沟通与交流

现代学术界并非封闭的体系，人员的往来和信息的交流都有渐趋紧密的趋势。学术交流是清华政治学系学术发展的一个重要组成部分，主要表现为两个方面。一方面，清华政治学系为了提高自身的学术水准，努力罗致美国政治学者前来讲学；另一方面则利用清华的学术休假制度前往欧美学术机关进行政治考察或从事学术研究，或遣派留学。本章将具体考察清华政治学系"请进来"与"走出去"的双向流动过程，以此观照清华政治学系与英美政治学界的学术落差，有助于了解中国现代学院政治学在国际学界中的位置及其努力的方向。

第一节　借材异域：国外政治学者讲学于清华

清华学校是以美国退还的部分庚子赔款建立的一所留美预备学校，因此在教学体制、课程设置、教学方法与目标等多方面均以美国一般学校作为参考，早期的教师也多来自美国。随着中国留美回国人才增加，清华的教师构成中，本国籍的比例大幅提升，及至 1920 年代中后期，清华出身的"少壮派"大体上取得了清华的控制权，成为教学研究中的主导力量。但是，由于中国学术落后于西方，特别是自然科学与社会科学。因此，清华在改办大学之后，为了更快地提升清华的学术水平，罗家伦和梅贻琦两任校长都非常重视延聘世界高水平学者来清华任教或短期讲学。罗家伦在上董事会的报告中说："我主张现在还须要聘请外国学者，但以请有实学求进益而热心任事的专门家为宜，不必定聘名震一时的名士。一方面他们能教导学生，一方面还可扶助教员，使他们继续研究"；"并且使他们在中国有较长的时间。他们去后，我们的教员也可接得上去。但是他们只限于学术方面的工作，学校的事务和计划，仍要中国人来自己主持"；"将来尚拟聘请国外学者，来任教授导师。"[①]在这里，罗家伦对聘请外国学者的目的、标准、用途等问题均做了说明。梅贻琦在《国立清华大学二十五周年纪念日致全体校友书》中说："吾人以为将欲提高国家学术水准，端赖罗致世界第一流学者，来华讲学。是以年来对于此点，尤特注意。"[②]

在清华政治学系设立之前，大约有三位美国政治学教授来清华担任过政治学教师，他们在清华的任期长短不一，长的达四年之久，短的只有一个学期。麦克洛斯(Robert M. McElroy)可能是清华第一位外籍政治学教师。原为普林斯顿大学历史和政治系教授兼系主任，1917 年初到清华担任第一位交换美国教授，1921 年 7 月离校。在清华期间，他作了一系列关于代议思想的历史专题演讲，如"代议思想史纲要""希腊和罗马的代议思想""日耳曼民族的代议思想""英

① 罗家伦：《整理校务之经过及计划》，《国立清华大学校刊》第 12 期，1928 年 11 月 23 日。又见《清华大学史料选编》第 2 卷(上)，第 4—21 页。

② 《清华校友通讯》第 3 卷第 1 期，第 1 页。

国的代议思想""代议思想与美国革命"[①]。

麦克洛斯离开清华之后不久,另一位美国人魁格雷(Harold Scott Quigley)[②]利用休假时间,作为访问学者来清华讲学。魁格雷大约是在1921年9月来到清华。在清华期间,他担任"现代文化"及"政治学"两门课程的讲授。"现代文化"一课为高等科四年级学生(时已改称大学一年级生)的必修科。据称,该课"内容相当丰富,课外指定读物极多,每周需缴五百字或一千字的英文报告。同学颇感工作沉重。"[③]

魁格雷来华的主要目的其实是从事远东政治研究和学习中文。[④]

---

① *The Tsing Hua Journal*, vol. 2, no. 5, 1917, p. xvii. 转引自苏云峰:《从清华学堂到清华大学,1911—1929》,见该书附录"清华美籍教员名录",第423—424页。《留美学生季报》1918年秋季第4号上刊有麦克罗著的《美国国民主义》一文,严迪恂译。该刊介绍麦克罗为普林斯顿大学历史政治主任教授,1916年秋曾于清华学校讲论代议制度,该校学报刊其讲义。所指当系 Robert M. McElroy。

② 魁格雷1889年出生于美国明尼苏达州的明尼阿波利斯(Minneapolis),1911年毕业于圣保尔(St. Paul)的翰墨林大学(Hamline University),获文学学士。1911—1914年因获得罗滋(Rhodes)奖学金在剑桥大学学习,1913年得经济学和政治学毕业证书,1914年获得现代史学士学位。1914—1916年以特别研究员(a graduate fellowship)身份在威斯康辛大学政治学系学习,1916年得博士学位。在威斯康辛大学,他对远东的兴趣首先是由芮恩施(Paul S. Reinsch)激发的,后来成为国务院远东事务部主任的赫恩贝克(Stanley K. Hornbeck)使他对远东尤为着迷。1916—1917年在普林斯顿大学历史和政治学系任教。之后任翰墨林大学教授,他在那里建立了政治学系。1920年,被聘为明尼苏达大学政治学系助教授。从此,在明尼苏达大学一直工作到退休。1924年升为副教授,次年任教授。1933—1936年和1947—1951年,两度出任政治系主任。1968年去世。*In Memoriam*, in "Harold S. Quigley Papers"。(此项资料承蒙明尼苏达大学历史系博士候选人房琴女士代为复制寄赠,谨此致谢。)

③ 姚崧龄:《记时昭瀛同学》,《清华校友通讯》新19期,1967年3月1日,第5—6页。

④ 《美国政治学评论》当时对魁格雷来华消息略有报道:"Professor Harold S. Quigley, of the University of Minnesota, has been granted leave of absence for 1921-22. He will spend the year in China, teaching at Tsing Hua College and carrying on research on Far Eastern politics." *The American Political Science Review*, vol. xv, no. 3, August 1921, p. 427.

在华期间，魁格雷夫妇曾去菲律宾、朝鲜、日本游历，考察政治。在中国，他们游历汉口、南京、上海、苏州、杭州、广州等处，他可以见到包括孙中山在内的许多名人。[①] 他还是中华政治学会(The Chinese Social and Political Science Association)会员[②]，在该会发行的学术刊物《中国社会及政治学报》(*The Chinese Social and Political Science Review*)上发表了关于中国宪法和"山东问题"等方面内容的论文，以及和清华政治学教授余日宣合译的"浙江省宪""湖南省宪"。[③]

1923年暑假合同期满，魁格雷离校回国。[④] 魁格雷的中国之行不仅向清华学生传授了西方文明和政治学知识，而且也获得了直接认识中国的机会，为扩大美国政治学中的远东研究作出了一定的贡献。回到明尼苏达大学后，他开设了"远东政治"课程，主要是关于中日两国的政府和政治，据说"这也许是在美国最早开设这样的课程"。[⑤]

1922年9月，美国俄亥俄州辛辛那提大学(University of Cincinnati)政治学主任教授劳力(Selden Gale Lowrie)作为交换教授

---

① *In Memoriam*, in "Harold S. Quigley Papers".

② *Directory of Member*, The Chinese Social and Political Science Association, Peking, June, 1927, p. 94.

③ *The Chinese Social and Political Science Review*, Index to Volumes I-XX, 1916, 4—1937, 1. compiled by C. D. Henry Ch'en, 1937.

④ 苏云峰:《从清华学堂到清华大学,1911—1929》,见该书附录"清华美籍教员名录",第425页。

⑤ 1920年代,明尼苏达大学政治系开设的课程有:Far Eastern Diplomacy; Far Eastern Government & Politics; Far Eastern International Relations; International Law; Far Eastern Government and Polities: Japanese Government and Politics; American Government and Politics; American Political Parties。

到中国来度学术休假年(sabbatical year)。劳力此次和原美国驻华公使芮恩施一道来华,芮恩施是应中国政府的聘请来担任财政顾问。劳力是芮恩施在威斯康辛大学任教时的学生①,至于他此次来中国讲学是否与芮恩施有关,则不得而知。

劳力在华期间,前几个月在清华学校任"长期演讲员",演讲宪政政府(Constitution Government),并讨论宪法功能、内阁体制、代议方法、权力分配,以及国家财政收支等问题。接下来的几个月,他应聘赴南京东南大学及广州岭南大学讲演。② 他也是中华政治学会会员③,并特地为《中国社会及政治学报》撰写过一篇题为"中国联邦制政府之运用"(Application of the federal system of government of China)的论文④。与魁格雷一样,劳力来华的目的主要也是从事个人学术研究,据称他"此次来华,专为考察政治"。⑤

在魁格雷、劳力离开之后的几年中,清华处在新旧制过渡时期,独立的政治学系尚在酝酿草创时期,学生人数不多。此时,钱端升、

---

① 参见 *The American Political Science Review*, vol. xvi, no. 4, November 1922, p. 24; Noel H. Pugach, *Paul S. Reinsch*, *Open Door Diplomat in Action*, KTO Press, 1979, p. 285. 芮恩施在威斯康辛大学任教时吸引了 Horatio Bates Hawkins、Stanley Hornbeck、S. Gale Lowrie 等外校学生投到他的门下,Lowrie 来自 Illinois。

② 参见苏云峰《从清华学堂到清华大学,1911—1929》的附录"清华美籍教员名录",第428页;*The Chinese Social and Political Science Review*, vol. vii, no. 1, January 1923, pp. 118-119;《美国政治学评论》的消息是:"Professor S. Gale Lowrie, who is on leave from the University of Cincinnati, gave a course of lectures on constitutional government during the first semester at Tsing Hua College in Peking. The second semester he is lecturing at Canton Christian College at Canton, China." *The American Political Science Review*, vol. xvii, no. 3, August 1923, p. 459.

③ *Directory of Member*, The Chinese Social and Political Science Association, Peking, June 1927, p. 90.

④ 见 *The Chinese Social and Political Science Review*, vol. vii, no. 1, January 1923。

⑤ 《清华周刊》第252期,1922年9月30日,第21—23页。

刘师舜等清华留美政治学者回到母校执教，再加上已经在校讲授政治学多年的余日宣，师资力量已敷使用，所以那几年中，清华没有聘请外国学者来教授政治学。但自罗家伦被任命为清华大学校长，清华学校正式改称国立清华大学之后，清华政治学系便进入一个新的发展时期。罗家伦致力于清华大学的学术化，在他到任之初，即注意延聘外国教授。罗家伦在上董事会的报告《整理校务之经过及计划》中提到聘请教授事："家伦以奉命太迟（八九月间），那时各大学均将开课，良好教授十九均已受聘。再加以其他大学之竞争，一时要想聘到多数的良好教授，确属不易。几经困难，总算请到几位。如国文系之杨振声、钱玄同……政治系之吴之椿、浦薛凤君及美国名教授克尔文君。"①1929 年 4 月 16 日，罗家伦与上海记者谈话中又谈到教员聘任事："计今年所聘教授讲师，如翁文灏先生之地学，……普林斯顿大学教授恪而温之政治学，郭云观、何基鸿先生之法学，刘彦先生之中国外交史，……其余若萨本栋、浦薛凤、王化成、吴韫珍诸先生，皆系新添之教授，为清华毕业而有专门学术者也。……余聘教授，毫无门户之见，概以学术标准为衡。"②可见罗家伦相当注重政治学系的建设。按其选聘教师的标准，克尔文（恪而温）当属他心目中的良好教授。《国立清华大学校刊》上对克尔文的履历有如下之介绍：

> 克教授为政治学专家，最近在本校担任之政治问题一科演讲，听者莫不觉津津有味。闻克教授于最近期内举行公开演讲四次，地点定在清华、燕京两校，届时两校学生可随意来听，记者以克尔文教授在美极负盛名，同学多欲知其生平，乃促各方探得

---

① 《国立清华大学校刊》第 12 期，1928 年 11 月 23 日。

② 《国立清华大学校刊》第 61 期，1929 年 4 月 26 日。

其履历概况及著述为纪如左。

克教授 Corwin. Edward Samuel 曾为 McCormick 之 Prof. of Jurisprudence(1911—1918),继在浦林斯顿大学(Princeton Univ.)授历史、政治等科,其后继该校 W. Wilson(即欧战时期美国大总统)为政治系主任,生平著述极多,美国各著名刊物杂志常有其著作,兹略举其主要著作如下:(1) The Part VI. of Wilson's Division and…;(2) National Supreme Treaty-power ……;(3) The Doctrine of Judicial Review;(4) French Policy and American Alliance;(5) The President Control of Foreign Relations;(6) The Constitution and What it Means Today 等,又氏曾在 War Cyclopedia 全书之编著云。[1]

从上述介绍来看,克尔文非等闲之辈,事实也正是如此。[2] 其实,克尔文是受燕京大学政治学系主任徐淑希的聘请,利用休假来燕京大学担任访问教授(visiting professor)。1924 年燕京大学与普林斯顿大学合作,由该校为燕京大学法学院政治系与社会系提供经费与师资,并同意今后将陆续有客座教授来燕京大学授课。克尔文来燕

---

① 《国立清华大学校刊》第 1 期,"政治学系近讯",1928 年 10 月 29 日出版。引文中有部分英文字母残缺以及语意不通的句子,系因原件字迹模糊不清或原文就是如此。

② 克尔文档案("Edward S. Corwin Papers")收藏于普林斯顿大学马德手稿图书馆(Seeley G. Mudd Manuscript Library),据该图书馆公布的关于克尔文的网页资料显示,克尔文生于 1878 年,卒于 1963 年,1900 年和 1905 年先后从密歇根大学和宾夕法尼亚大学获得硕士、博士学位,1905 年被普林斯顿大学校长威尔逊聘为教师,1911 年成为专职教授,1918 年担任 McCormick 法学教授。他是普林斯顿大学政治系第一任主席,从 1924 至 1935 年一直领导着政治学系。克尔文还担任过美国政治学会主席,是美国哲学学会(APS)、历史学会(AHA)以及 The Institut International de Droit Public 等学术团体的会员。他是一位在美国宪法、行政法、国际法和法学方面的著名权威,也是一位多产的学者,著述丰富。

京大学讲学，当是这一合作计划的具体实施。[①] 清华政治学系乃利用这一机会聘克尔文为清华政治学讲师。[②]

克尔文在讲课之余，还应邀到各大学及学术团体进行演讲，并在报刊上对中国政治事务发表评论。1928 年 12 月 1 日，在北平大学理学院作题为“废除不平等条约从日本经验所得之教训”的讲演，次日在北平大学法学院演讲“美国对华政策之几个观察”。[③] 随后又在燕京大学和清华大学发表四次公开演讲。在中华政治学会作题为“民主信条与政治学的将来”的演讲。[④] 此时，南京国民政府初建，公布各项政府组织规章，如“国民政府组织法”。克尔文对该组织法发表了批评意见，引起学界注意。清华大学政治学系一年级学生王赣愚将克尔文写的《对于国民政府组织法的观察》译为中文刊登在《国闻周报》第 6 卷第 3 期上。梁家义随后发表《对于国民政府组织法批评之批评》(《国闻周报》第 6 卷第 10 期)一文，不同意克尔文的观点。克尔文还在 12 月 22 日《密勒氏评论报》(*Weekly Review*)上发表关于中国治外法权的意见。署名“历樵”者遂将其译成中文，题为“以美国观念讨论中国治外法权问题”，发表于《国闻周报》第 6 卷第 5 期上。

---

① 燕京大学校友校史编写委员会编：《燕京大学史稿》，人民中国出版社 1999 年版，第 304 页；*The American Political Science Review*, vol. xxiii, no. 2, May 1929, p. 462. 燕京大学还聘请了普林斯顿大学的邓肯(Robert Duncan)博士来燕大任教三年。1928 年设立的“燕普基金”(Yenching—Princeton Foundation)对燕大政治、经济、社会三学系进行资助，进一步加强了两校间的学术联系，燕大政治学系硕士毕业生顾敦鍒、吴其玉先后赴普林斯顿大学深造。

② 见《国立清华大学校刊》第 1 期刊登的《各系主任教授讲师一览》。其中，政治系的教授和讲师是：吴之椿(主任)、浦薛凤、王化成、胡元义、郭闵畴、克尔文(Corwin)。

③ 《国立清华大学校刊》第 17 期，1928 年 12 月 5 日。

④ *The American Political Science Review*, vol. xxiii, no. 2, May 1929, p. 462. Edward S. Corwin, "*Democratic Dogma and the Future of Political Science*," *The Chinese Social and Political Science Review*, vol. xiii, no. 1, January 1929.

克尔文还在《美国政治学评论》上发表了关于中国宪法及政府组织方面的论文。可见克尔文当时对中国政治是比较关注的。

1929年初,清华政治学系打算下学年添聘外国教授一人,以便指导该系研究生研究工作。3月间曾由系主任吴之椿托王化成函商其导师美国芝加哥大学政治学教授莱特(Quincy Wright),邀请其来清华任教一年。5月份,王化成接莱特回信,表示不能在华作一年的停留,因其正在指导芝加哥大学学生研究"战争起因"(The Causes of War),以及其他原因。但他先已决定秋季去日本参加10月28日至11月9日在京都举行的"太平洋国交讨论会"(Institute of Pacific Relations)大会,拟于8月末离美,次年1月回国。即约可于1929年下学期开始时来校,至圣诞节为止,约一个学期,期间可参加京都之大会。[①]在学校当局看来,莱特为芝加哥大学首席国际法教授,先后执教于美国哈佛大学、明尼苏达大学、芝加哥大学,为国际法学之权威者,[②]即使不能作

① 《国立清华大学校刊》第74期,1929年5月29日。

② 莱特(Quincy Wright)生于1890年,美国罗巴德学院(Lombard College)文学士(1912),伊里诺大学(Univ. of Illinois)文学硕士(1913)、哲学博士(1915),罗巴德学院法学博士(LL. D.,1922)。宾州大学(Univ. of Pennsylvania)国际法研究员(1916),哈佛大学国际法教师(instructor,1916—1919),明尼苏达大学助理教授和教授(1919—1923),1923年起长期担任芝加哥大学政治学教授。1919和1921年担任美国海军部国际法特别助理,《美国国际法学报》(*American Journal of International Law*)编辑(1923—),《当代史杂志》(*Current History Magazine*)编辑(1925—1927)。美国社会科学研究会(Social Science Research Council)研究委员会委员,太平洋学会国交讨论会(National Council Institute of Pacific Relations)美国代表团成员,参加了1927年檀香山会议,1929年东京会议。是《美国国际法学报》《政治学季刊》《美国政治学评论》以及其他许多法律评论期刊的经常投稿人。著有 *The Enforcement of International Law through Municipal Law in the United States*.(1916),*The Control of American Foreign Relations*.(1922)。这就是莱特1929年秋受聘为清华大学政治学讲师(Visiting Lecturer)之前的大致经历。见"Some First Impressions of China"一文的投稿人介绍(Note on Contributor),该文的作者是Quincy Wright(《清华周刊》第467号,1929年10月25日)。莱特卒于1970年,是美国政治学界芝加哥学派重要成员之一。

一年之停留,能担任一个学期的课程,亦属难得。故学校聘任委员会很快就通过聘任决定,每周授课10小时左右,均为关于国际问题者。[①] 在学校决定聘请莱特过程中,国内国际法权威周鲠生的意见可能也起了一定作用。周鲠生在写给吴之椿的信中说:"聘美人莱特氏讲演国际法专题,对于高级学生自很有裨益。此君对于'国际法及国内法'之关系,似颇有特别研究,亦可以请其作为一讲题。至于初级国际法班,似宜由中国教授担任,树以切实完整的基础。"[②]政治学系决定请莱特担任讲授的课程为国际公法案件研究、条约研究(研究条约之性质、订定、效力等)。莱特又拟讲授国际关系,而学校希望他讲授国际公法专题研究,或欧战与国际法。[③] 至莱特来校后,经协商决定担任国际关系专题研究[④]。学校聘请莱特的目的在于扩大政治学系学生的学术视野,提升他们的研究能力。但据系主任吴之椿说,莱特"所授国际公法案件研究与国际关系专题研究两科,习者寥寥,殊与莱特先生前来清华之旨趣相左"[⑤]。莱特约在8月底或9月初来到清华,9月16日,参加了清华大学的开学典礼,并发表题为"政治学之研究方法"的演说。10月下旬赴日参加太平洋国交讨论会,12月9日启程赴沪放洋回国。[⑥]

1934年,政治学系曾聘定杨沃特(Carl Walter Young)讲授"国

---

① 《国立清华大学校刊》第77期,1929年6月5日。

② 《国立清华大学校刊》第81期,1929年6月19日。

③ 《国立清华大学校刊》第86期,1929年9月16日。

④ 《国立清华大学校刊》第87期,1929年9月20日。

⑤ 《国立清华大学校刊》第92期,1929年10月2日。

⑥ 《国立清华大学校刊》第87期,1929年9月20日;第92期,1929年10月2日;第123期,1929年12月13日;第124期,1929年12月16日。

际法之新趋势”,原定聘期为 1934 年 2 月 1 日至 6 月 30 日。[1] 但 2 月 5 日注册部通告:“杨沃特先生因事离平,所任‘国际法之新趋势’本学期暂不开班。”[2]杨沃特“于 1920 至 1922 间曾在横滨高等学校任过教职。1925 至 1927 是 Willard Straight 基金远东政治研究员,常驻北平及沈阳。1927 年游历荷兰,并整理在平、沈期间搜集的文件。1928 年夏季任哈佛大学暑期学校远东史讲师。1929 年任美京华盛顿大学政治学副教授。”著有《满洲之国际关系》(*The International Relations of Manchuria* ,Chicago University Pres,1929)。他也是中华政治学会会员。[3]

来清华的外国学者,除了受聘执教者,还有作短期讲学或演讲的,如哈佛大学国际法教授威尔逊(George Grafton. Wilson) 以及政治学教授何尔康(Arthur Norman Holcombe),美国普林斯顿大学教授吉朋斯(H. A. Gibbons)、邓肯(Duncan)等曾先后到清华作过演讲。他们当中有的由清华大学邀请,有的是应清华政治学会之约。1929 年 5 月 23 日,清华大学请威尔逊来校讲演“国际关系之新趋势”(“The Newer Aspects of International Relations”)。[4] 1928 年,何尔

① 《清华大学二十年至二十六年度教师一览表》,清华大学档案,全宗号:1,目录号:2—1,案卷号:112。

② 《国立清华大学校刊》第 553 期,1934 年 2 月 8 日。

③ *Directory of* 1931, The Chinese Social and Political Science Association, Peking, 1931, p. 46. 1931 年他的通信地址是 Department of Political Science, The Johns Hopkins University. 由于杨沃特研究远东政治特别是中日关系,所以他的著作受到当时中国政治学者的关注,武汉大学教授时昭瀛和燕京大学教授徐淑希(S. H. Hsu)曾分别对杨沃特的著作 *The International Relations of Manchuria* 和 *Japan's Jurisdiction and International Legal Position in Manchuria* 发表过书评。见武汉大学《社会科学季刊》第 1 卷第 3 期,第 684 页;*The Chinese Social and Political Science Review*, vol. xvi, no. 2, July 1932, p. 193.

④ 《国立清华大学校刊》第 72 期,1929 年 5 月 24 日。

康受卡尼基基金委员会委托来中国考察中国国民党运动。在华期间，曾于1928年4月20日在北京中华政治学会发表题为"The Science of Government"的演讲，并成为政治学会的会员。[①] 此后，何尔康还去过清华。[②] 1935年，何尔康应南京国民政府教育部邀请，于1月启程，将以顾问身份在南京工作到9月份。[③] 何尔康来华后应学界邀请，先后在中央大学、武汉大学及北平各大学作过多次学术讲演。《中央日报》和《北平晨报》对其行程与活动有持续报道。自5月初至6月初，何尔康在北平滞留约一个月。期间，在各大学发表演讲，依次为北京大学四次、清华大学三次、师范大学二次、燕京大学、北平大学、辅仁大学各一次，并在留美同学会、中华政治学会作公开演讲。何尔康在清华演讲的题目是："美国对战争与和平的态度""马克思与历史之经济解释""公共行政之新趋势"。[④] 此外，《国立清华大学校刊》第613期上曾刊登一则消息说，政治系拟请在国联司法组任秘书七年的古巴法学家孟思亚博士（Armando Mencia）于1934年11月20日来清华演讲"国联和平处置国际纷争之手续及实例"。

有时外国学者也主动来函，希望利用休假机会来清华任教，如《国立清华大学校刊》上曾有这样一条消息："美国米亚米大学（Miami University）政治学兼历史学教授范乃克（H. M. Vinacke），以下学

---

① *The Chinese Social and Political Science Review*, vol. xii, no. 3, July 1928, pp. 507, 508.

② 吴宓日记（1928年4月26日）记载："下午4—6陈总邀在其室中茶叙，与哈佛大学政治系主任何尔康教授A. N. Holcombe晤谈。盖来游中国各地，考察政治情形者。"《吴宓日记》第4册，第52页。

③ 见 *The American Political Science Review*, vol, xxix, no, 1, February 1935. p. 100.

④ 《国立清华大学校刊》第656期，1935年5月2日；《北平晨报》1935年5月6日。何尔康第一、三次讲演的内容要旨参见《国立清华大学校刊》第658期（1935年5月9日）、第663期（1935年5月27日）。

年为其照例休业之年，拟来中国一游，并乘便来本校担任教课，日前曾致函罗校长询商。按范乃克先生前曾任天津北洋大学教授，对于中国近代政治颇有研究，著有中国近代宪政史、近代远东诸国史等书。”①

综上所述，清华学校在改办大学之前，作为留美预备性质的学校，所设政治学课程基本上为学生毕业出洋后插入美国大学所需，此时聘请美国学者来讲学，大概还甚少出于发展学术的考虑，多半是因为本国师资欠缺以及清华学校与北京政府外交部、美国驻华使馆之间的特殊关系。曾任政治学教授的美国驻华公使芮恩施，以其在远东政治研究方面的出色成绩，为民国早期中美政治学界构筑了非常重要的学术桥梁，那些受他影响而对远东政治发生兴趣的美国学者乃利用机会到中国来进行研究与讲学，如魁格雷、劳力与芮恩施之间的学术联系可能是他们前来清华讲学的重要原因。而清华方面在学术独立意识尚处在朦胧的上升期时，能够受到美国政治学的影响，也预示着中国现代政治学自清末受日本影响到受美国影响的转型。随着中国学术独立意识的成长，清华学校改办大学，并建立了独立的政治学系。同时，留美习政治学的早期清华学生也陆续学成归国，政治学师资状况因而大为改善。而且清华政治学系教师基本上都是毕业于美国东部著名大学政治学系，本身学术水准已经不低，在国内大概也能处在领先位置。因此，对聘请外国学者来清华讲学的标准自然就提高了。罗家伦虽然说聘请外国学者以“有实学求进益而热心任事的专门家为宜，不必定聘名震一时的名士”，但在他任校长期间，政治学系所聘的两位美国教授都非等闲之辈，梅贻琦更表示清华要“罗

① 《国立清华大学校刊》第 55 期，1929 年 4 月 5 日。

致世界第一流学者”前来讲学。根据索密特等人在20世纪60年代的一项调查显示，在“从1900年到1945年这一期间对于政治学的贡献最为卓著的政治学者”中，克尔文和莱特分别名列第五和第九，排在古德诺和拉斯基之前。在前十位政治学者中的另外八位分别是：C. E. Merriam、H. D. Lasswell、L. D. White、C. A. Beard、A. F. Bentley、W. Wilson、P. Herring、F. A. Ogg。[①] 何尔康排在第十三位，次于古德诺和拉斯基。列在前三位的都是芝加哥学派的成员，可见这个排名大概是基于行为主义政治学的立场。尽管如此，仍可以表明克尔文、莱特等人的学术地位。可见清华在改办大学之后，在聘请外国学者前来讲学问题上，有着发展学术的强烈动机。

同时值得注意的是，抗战前来清华讲授政治学的外国学者几乎都是美国政治学者，这既反映了美国政治学在世界政治学界的领先地位与影响，又反映了以清华为代表的中国现代政治学在学院化过程中面向美国政治学的方向选择。20世纪初，美国就开始成为世界政治学研究中心，无论在理论上还是在方法上，对世界其他国家特别是一些学术落后国家的政治学研究都有着重要影响。清华学校作为留美预备学校，与美国教育界、学术界关系密切，清华政治学教师基本上都在美国接受过政治学教育，这就为美国政治学者到中国来讲学提供了某些便利条件。若就抗战前全国情形而言，清华的情况与其说很特殊，毋宁说它代表了当时国内大学政治学系的对外学术交流的一般情况。因为在1930年代中国大学政治学系中，多数学术领导者以及主要教师都是留美归国者，他们的导师有不少是当时美国

---

① Albert Somit and Joseph Tanenhaus, *American Political Science: A Profile of a Discipline*, New York, Atherton Press, 1964, p. 66.

政治学界有影响的人物，他们的同学中也有不少是美国政治学界的后起之秀。而教会大学多为美国所办，与美国学界的关系尤为密切。因为这些因素，中美政治学界学术交流的距离自然就拉近了。但是这种交流并非对等的，基本上是一种师生关系式的交流，中国方面主要是以向美国派出留学生，或者教师利用休假机会赴美进行学习与研究等方式来参与交流的。这显示出中国政治学与美国政治学之间存在着巨大的学术差距。而正是这种学术差距以及美国政治学在国际政治学界的领先地位，决定了中国现代政治学在学院化过程中不得不以美国政治学作为学习的榜样。

第二节　他山攻错：休假研究与留学

依照清华规定，本校教职员服务五年后，可以向学校申请休假出洋研究。但须先期拟就出国研究计划，经过系院转报校长核定，可赴欧美任何大学研究一年，由学校担负往返川资，每月领取半薪作安家费用，自己则另有月费美金百元(等于公费留学月金)。

1926 年 5 月 3 日，校评议会核准郑之蕃、余日宣等四人出国休假。[①]余日宣当时是政治学系主任，他于是年夏天赴欧洲，留学英国，并游历北欧及中欧诸国，重点似在考察英俄两国政治。次年国庆假期期间，《清华周刊》记者往访余日宣，“纵谈二小时。内容为途径苏俄之观感，以及英人对华之真面目”。[②]但是余日宣在英国期间的留学

① 《清华大学九十年》，第 36—37 页。

② 《清华周刊》第 417 期，1927 年 10 月 21 日，第 262—270 页。

情况则不详。[①]

1933 年 5 月 3 日，校评议会议决通过政治学系教授浦薛凤、王化成各休假一年赴欧研究案。可能是考虑到二人同时休假会影响政治学系的教学安排，后决定由王化成代理系主任职务，暂缓一年休假。[②]

浦薛凤此次休假赴欧研究，计划赴德国柏林大学研究康德、黑格尔与费希特的政治哲学，以及搜购这三人著作的德文全集。1933 年 9 月浦薛凤由沪启程，在意大利的威尼斯登岸后即赴东欧诸国游览名都，观光政象，旋到柏林开始工作。在柏林旅居六个月之久，离开柏林后赴巴黎及伦敦各住一个月，均在当地的著名图书馆中读书和做札记。1934 年 6 月由意大利返国。

浦薛凤在德国的主要工作为读书研究，据其自述，内容包括三个方面：(一)为研究德国唯心主义派政治思想，在柏林大学旁听两门政治思想课程。一门是政治思想史，自希腊讲起以迄近代。另一门是近代政治思想，自 18 世纪开始以至当代。“前者之主讲教授，学问深博，措词慎重，发音清晰。教授后一门者，年龄较轻，显然为纳粹主义信徒，虽未自己承认，而所加评述，不言而喻。”此两位主讲教授很可能就是 Spranger 和 Schmidt。除了听他们的讲演外，每日往普鲁士邦家图书馆借阅德国近代唯心主义派政治思想原著，以及当代德国学者对于此派政治哲学的论述，随时摘录笔记。该图书馆历史悠久，储藏丰富，且与大学近在咫尺，来往极为便利。(二)为其正在著述的《近代政治思潮》搜集资料，翻阅绝版或不易购置的原文著作并详作

① 胡适《欧洲日记》中有两处记载了他和余日宣在英国见面之事。一次是 1926 年 9 月 26 日，郑桐荪、余日宣邀胡适吃午饭。一次是 10 月 3 日，郑桐荪、余日宣来谈。见曹伯言整理：《胡适日记全编》，安徽教育出版社 2001 年版，第 361、371 页。

② 《国立清华大学校刊》第 514 期，1933 年 8 月 31 日；第 515 期，1933 年 9 月 4 日。

札记（例如作 Holbach、Helvetius、Mercier de la Riviere、Adam Ferduson、John Bronn、Joseph Priestly 诸人政论的札记）。（三）每周或每旬中费一日时间，前往各大旧书肆，以及沿街陈列的旧书摊，搜看有关近代政治思想的德文（偶或法文英文）书籍。在柏林先后购到康德、黑格尔与费希特三位思想家的全集。并曾依照出国前约定，为清华图书馆代为搜集少数多年收购而未得的政治思想方面的书册，两次开单函请系中购置。

在巴黎，浦薛凤的主要目的是搜集政治思想史资料，他在旧书摊上廉价购得诸多珍贵旧籍，如18世纪法国政治思想家马不里（Abbe Mably）的《论道德与政治之关系》，爱尔法修（C. A. Helvetius）的《论精神》，西耶士（E. J. Sieyes）的《特殊权利论》，孔道西（Marquis de Condorcet）的《宪法计拟》，以及梅斯特（Joseph de Maistre）的《主权之研究》等。并前往巴黎大学文法学院（Sorbonne）旁听有关西洋政治思想的演讲数次。

在伦敦，浦薛凤拜访了驰名世界的政治思想家拉斯基（H. J. Laski）教授，以自己所持"政治五因素"观点向拉斯基请教。接谈中，拉斯基对此观点，认为勇气十足可佩，结果殊归失败。浦薛凤分析拉斯基作此批评的原因可能在于：其一，浦薛凤概括贬斥当时政治学不求定律，全属空虚，无意中自亦包括拉斯基的《政治典范》（*Grammar of Politics*）在内。其二，浦薛凤事前在给拉斯基的信中附有关于"政治五因素"论的说明书，过于简略，且杜撰名词"Politiology"（意作新政治学），不免迹近狂妄。但浦薛凤坚信自己的"政治五因素"观点。在伦敦的旧书铺中，浦薛凤搜购到弗格森（Adam Ferduson）的《道德与政治学之原理》一册以及柏克（Edmund Burke）的全集一部。并去不列颠博物院藏书室补读劄录有关之绝版珍本。[①]

此次欧洲之行，浦薛凤最大的收获是搜集到西洋近代政治思想家的原著约二百数十卷，[②]为他研究西洋政治思想史提供了坚实的资料基础，不仅可以提升他正在撰述的《西洋近代政治思潮》的学术价值，还充实了他在清华讲授的"西洋近代政治思潮"课程。

1934 年 4 月 4 日，校评议会议决通过下年度应得休假出国研究各教授、专任讲师、教员的研究计划，包括叶公超、蒋廷黻等十六人，其中政治学系有王化成、张奚若两位教授。10 月 19 日，校评议会又议决通过张奚若本学年休假在国内研究的决定。据称该年度王化成休假出国研究，"足迹遍全球"[③]，显系夸张，不过王化成此次休假研究，旨在考察世界大战前夕的国际政治风云，前往多国考察也不奇怪。至于他和张奚若休假研究的情况如何均因资料所限不知其详。

1935 年 4 月 24 日，校评议会议决通过本年度教员、助教休假研究申请，助教三人中有政治学系的邹文海。邹文海入英国伦敦政治经济学院（LSE），"从政治学大家拉斯基（Harold J. Laski）、怀纳（Herman Hiner）游"[④]。1937 年夏，邹文海因国家多难而放弃学业，返回祖国。

1936 年 4 月 1 日，校评议会议决：准八名教授、四名助教于是年

① 浦薛凤：《休假期间赴欧研究之简略报告》，附于浦薛凤致梅贻琦函中，报告日期为 1934 年 9 月 24 日。清华大学档案，全宗号：1，目录号：2—1，案卷号：126。此次赴欧研究情况，在浦薛凤的回忆录《万里家山一梦中》，亦有较详细的叙述，见该书第 152—159 页。关于访问拉斯基及搜购书籍事，浦薛凤当时有诗为纪，诗见《沙里掏尽沧桑鸿爪——浦薛凤诌占集》，第 68、69 页。

② 浦薛凤：《西洋近代政治思潮》，"序言"，第 16 页。

③ 《独立评论》第 175 号，"编辑后记"，1935 年 11 月 3 日。

④ 《邹文海校友事略》，《清华校友通讯》新 31 期，1970 年 1 月 31 日。

夏天出国研究。其中有政治学系助教赵德洁。赵德洁计划赴伦敦政治经济学院研究行政。他在给系主任浦薛凤的申请信中说:“拟赴英就学,入伦敦政治经济学院肄修中央及地方行政,如政府之组织,官吏之任免,员胥之考核等问题皆将涉及研习。良以国家行政效率之大小,端赖从政人材之得失。而人材之行藏升黜,则惟员吏制度之良窳。系为一国之完美员吏制度果能充分发挥其效用行见,信赏必罚,官当其位,既辟登贤之路,兼杜倖进之门,政治澄清未有不可期者,此在今日我国尤为当务之急,自不待剌剌赘述也。考英国为近代员吏制度之策源地,且于实际运用方面收效甚宏,故生愿于英国费两年之光阴攻研其理论制度立法人员材料等,更当注意其实施情况。倘经济及时间充裕,尚拟期以数月或半年西渡美国考察其各地方政府所应用之各项考绩制度,搜集关系材料俾资互相比较印证,美国地方行政之成绩固亦早著斐声也。此生预定计划之大略。”[①]赵德洁拟在伦敦政治经济学院研究两年。

---

① 赵德洁致浦薛凤函,1936 年 3 月 3 日。清华大学档案,全宗号:1,目录号:2—1,案卷号:126。伦敦政治经济学院当时在政制与行政研究方面的权威是怀纳(Herman Finer),赵德洁赴英当是以怀纳为师。赵德洁早就关注怀纳,1932 年他作一较长文章介绍怀纳及其著述,发表在《清华周刊》第 546、547 期合刊(1932 年 11 月 21 日)上,语多钦佩。怀纳当时与拉斯基同执教鞭于伦敦政治经济学院,“而其声闻,殆若天渊悬殊”。怀纳时任讲师,授行政管理,年事不高,但已著有 *Foreign Governments at Work*, *Representative Government and a Parliament of Industry*, *The British Civil Service*, 以及行政学名著 *The Theory and Practice of Modern Government*。当时中国学人震于拉斯基的盛名,争相前往伦敦政治经济学院,从拉斯基游。拉斯基的名字在国内报章杂志上频繁出现,介绍拉斯基思想学说的文章也非常多(关于拉斯基与民国知识界的关系及其对中国现代政治思想的影响,参见孙宏云:《拉斯基与民国知识界》,收入胡春惠、周惠民主编:《两岸三地研究生视野下的近代中国研讨会论文集》,台北政治大学历史学系 2000 年版)。然而也有不以为然者,如 1927 年到伦敦政治经济学院学习的费巩,即对拉斯基“空泛议论”颇有微言,而选择怀纳为导师,专攻文官制度。见程沧波:《记费巩教授》,《传记文学》第 1 卷第 2 期,1962 年 7 月。

1937年4月19日，第128次校评议会议决学校资助萧公权等八名教授休假出国研究。但是七七事变起，清华被迫转移西南办学，当年的休假决议事实上也难以执行。萧公权于抗战爆发后，接受中英庚款讲座教授之聘，赴四川大学执教。

在当时的条件下，学者出国进行学术交流并非经常的事，因为中国经济落后，几乎没有民间资金来资助学术交流事业，政府的教育经费本来就很紧张，很难匀出资金来支持国际间学术交流，以庚款余额设立的中华教育文化基金以及中英文化教育基金无异于杯水车薪。清华因有庚款来源一项，经费较国内其他大学优越，因此可以切实施行学术休假制度。此项制度对于促进清华政治学系教师的学术研究无疑大有裨益。可以肯定地说，浦薛凤若没有休假赴欧研究的机会，就不可能收集到大量关于西洋政治思想史的原始资料；而没有这些一手资料，他撰写的《西洋近代政治思潮》的学术价值，比起当时国内一般靠抄袭拼凑起来的西洋政治思想史也不会高明多少。不仅如此，他所收集的这些资料，既改善了清华政治学系的资料设备，也大大增加了他所担任的"西洋近代政治思潮"这门课程的学术"含金量"。此外，他还在柏林大学、巴黎大学和伦敦政治经济学院这些国际一流的学府中旁听了有关政治思想史课程，或接触到这方面的国际权威学者，使他得以了解相关学科领域的学术状况，无形中为清华政治学学术发展提供了参照。出国研究还使他们对于欧美国家的实际政况有更直接的认识，一定程度上可以避免政论中道听途说的模糊影响或以讹传讹。年轻的助教、讲师可以借助学术休假制度所提供的研究机会，得以进入伦敦政治经济学院向拉斯基、怀纳等国际一流政治学者问学。这是清华政治学系提升学术水准的重要途径。同时也可以从浦薛凤的经历中看到中国当时政治学学术水平较之欧美政治学的差距，彼此尚无平等学术对话的实力，更勿谈出国讲学的可能。所以，同样是学术休假，欧美政治学者可以藉此来中国讲学，中国学者一般则只能用以出国学习、研究。大体上，前者来做老师，后者去当学生。

前面提到，在中美、中英庚款留学考试中，清华政治学系学生表现优异。在清华期间他们已经受到了良好的学术训练，政治学系的学术风格对他们产生了重要影响。而出国学习计划的拟定、申请留学期限的审查仍受清华政治学系教授的影响。就此而言，留学也是清华政治学系与欧美学术界交流的一种延伸。在前四届留美公费考试中，政治类名额全部由清华政治学系学生考取，分别是徐义生、曾炳钧、龚祥瑞、林良桐和王铁崖。除了徐义生的情况不详，其他四人的情况约略如下：

曾炳钧 1935 年到美国后，先入密歇根大学，发现情形不适，不久改赴伊利诺大学。在伊利诺大学，师从 Fairlie、Fetter、Story 诸人，"着意者为普通行政及市政"，所修课程为：Fairlie 教授的"公共行政问题"(Problem in Public Administration)、"英国政府"(Government of England)；Hyreman 博士的"商业立法"(Government Regulation in Business)。同时在 Fairlie 教授指导下研究"英美预算制度比较"。曾炳钧计划第二年着重研究财政，如果清华允许延长其留学期限，则第三年后即以全力研究地方财政及地方财务行政。第一年后，曾炳钧拟转到哥伦比亚大学从 Haig 教授研究财政。理由是 Haig 教授在哥大主讲财政"闻极有名"，"且专设有 Seligman Library 便于财政方面之研究，又美国有名之'The National Institute of Public Administration'与哥校已联为一气"，在此可觅到实习机会。其向清华的转学申请，经沈乃正审查后，得到清华校方批准，但延长留学期限的申请被评议会否决。沈乃正签注的意见是:一、曾君在伊利诺大学所选政治与经济普通科目之成绩尚佳;二、曾君过去未能专门研究地方行政,如予延长期限,应责令拟具详明研究计划,并切实遵行。清华评议会的否决让曾炳钧感到非常意外,为此他反复来函与清华方面交涉,详细说明其在伊利诺和哥大两年的学习研究情形,表示自己"所欲获得者为政治经济之重要理论的系统,应付实际问题之设计与方案,及地方行政之研究方法,学位问题其次焉者也"。并致政治学系主任浦薛凤一长函,希望浦薛凤能够为他设法补救。根据曾炳钧提供的材料来看,他在哥大学习非常刻苦,目标明确,且可以得到英美政治学名宿如 Gulick、Rogers、Laski、Macmahon、McvIver 等人的指导。其学习成绩及研究计划得到了哥大政治学教授 Macmahon 以及美国公共行政研究所所长 Gulick 等人的肯定与支持,两人还专门致函清华校长予以证明。他本人希望继续学习的态度也很恳切。但最终还是没有获得清华校方的批准。对校方的否决,浦薛凤似有难言之隐。个中具体情形不得而知,但时局的恶化以及政府和校方的政策导向可能是重要因素。[①] 但曾炳钧还是设法留在哥大,直到 1938 年底才回国。[②]

龚祥瑞 1935 年考取"第三届留美公费生",原计划 1936—1938 年在伦敦政治经济学院研究,1938—1939 年转往法国巴黎大学。他抱着"吏治救国"思想,专攻公务员任用制度。1936 年进入伦敦政治

① "国立清华大学录取第二届留美公费生出国学习计划、留学生申请留学期限等来往文书",曾炳钧部分,清华大学档案,全宗号:1,目录号:2—1,案卷号:89:5。

② 曾炳钧回国后,历任云南大学、武汉大学、清华大学教授,晚年任北京政法学院、北京师范学院教授,著有《学术与政治》等。见北京大学图书馆编:《北京大学图书馆胡适未刊书信日记》,清华大学出版社 2003 年版,第 166 页。

经济学院，在督导员(Supervisor)拉斯基教授的指点下，研究行政机关的内部民主，包括公务员应有罢工权利这样激进的课题。① 从伦敦政治经济学院毕业后，龚祥瑞申请延长留学期限，以便在巴黎大学深入研究法学，而清华方面只核准延长他半年公费。龚祥瑞在巴黎大学的工作由 Mirkute、Guetchegitch 负责指导，他希望在此攻读博士学位。龚祥瑞在致梅贻琦的信中，高度称赞巴黎大学的法学水准："学生至法后，日日留恋在巴大法学院受教育的机会，在此读书，恐比英伦尤佳。法兰西之法学，特别是行政法，比起英美诸国来，至少要进步一个世纪"，"该院师承之精邃实非其他各国所能比较"。因此他"极愿在此研攻两年(同时请私人教习德文)"。②

王铁崖为第四届留美公费生，研究方向是国际公法(注重法理)。其国内指导员为周鲠生、王化成，负责为王铁崖拟定出国学习计划。周鲠生的意见是："王君既系注重法理，如照留美办法以赴哈佛大学为宜，不妨尽两年期间之研究，取得其高级学位。留学期限延长一年即赴巴黎大学做进一步的研究，因研究国际法法理，在伦敦尚不如在巴黎之相宜也。"或者先在伦敦大学研究两年，再赴巴黎做进一步研究。王化成同意周鲠生的建议。但王铁崖决定不去哈佛，其理由是：哈佛国际公法名教授"G. G. Wilson 闻已退休，所余之副教授助教授在国际学界上均不甚闻名，是以此时哈佛政治学系中政治制度或思想似优于国际法而其国际法课程与其他美国著名大学相较似不及哥

① 龚祥瑞：《我的专业的回忆》，《中国当代社会科学家》第 6 辑，书目文献出版社 1983 年版；詹宁斯著，龚祥瑞、侯健译：《法与宪法》，生活·读书·新知三联书店 1997 年版，第 2 页；龚祥瑞：《盲人奥里翁——龚祥瑞自传》，北京大学出版社 2011 年版，第 76 页。

② "历届留美公费生申请延长留学年限等来往函件"，清华大学档案，全宗号：1，目录号：3—3，案卷号：106。据龚祥瑞后来回忆，他在法国一年的攻读实在收获不大，有一半的时间是白白浪费掉了(见《盲人奥里翁——龚祥瑞自传》，第 89 页)。

伦比亚芝加哥或约翰霍布斯金也。铁崖所应攻读为国际法并特定注重法理研究，言法理论本以法德等大陆国家为主，美国除个案分析外多从事国际法则之事实证明，而英国学界似尚能兼采大陆之长处，从其新起之国际法学家之思想，更见大陆方法之倾向，且英国伦敦大学除了 Smith 之外主教国际法者尚有 Lauterpacht。渠早年求学于奥京维也纳受大陆所谓维也纳学派之熏陶，但亦不尽脱传统英国思想如 Hall，Oppenheim 等之气味，为英国新起学者之特出者。”[①]校方在征得其指导员的同意后，决定允许其赴伦敦大学从 Lauterpacht 习国际法。后 Lauterpacht 改任剑桥大学教授，王铁崖请求清华校方允许其跟随 Lauterpacht 转往剑桥，得到校方允准。[②]

林良桐留学研究方向为社会立法，其国内指导员为傅秉常和陈达。陈达为他拟定了非常详细的研究计划书。根据计划主要从事劳工立法研究，其国外研究机构为美国哥伦比亚大学。[③]

从他们的上述经历来看，研究法理的倾向去欧陆的法、德等国，研究公共行政的则偏向选择英美国家。此种情况似可反映欧陆的政治学仍然以理论见长，英美的政治学则比较注重实证研究，但二者之间有融合的趋势。王铁崖后来说，“在二三十年代，在一些著名学者的倡导下，兼采英美和欧洲大陆各学者的学说有着明显的趋势”。[④]

---

① “国立清华大学录取第四届留美公费生出国学习计划、留学生申请留学期限等来往文书”，清华大学档案，全宗号：1，目录号：2—1，案卷号：91：2。

② “历届留美公费生申请延长留学年限等来往函件”，清华大学档案，全宗号：1，目录号：3—3，案卷号：106。

③ “国立清华大学录取第四届留美公费生出国学习计划、留学生申请留学期限等来往文书”，清华大学档案，全宗号：1，目录号：2—1，案卷号：91：2。

④ 王铁崖：《宪法与国际法——为纪念钱端升100年冥诞而作》，《钱端升先生纪念文集》，第4页。

这种情况在龚祥瑞、王铁崖的留学经历中似有体现。这种博采众长的取向在日后若能得到正常发展，一定能为中国政治学培植广博的根基。

第六章 清华政治学系与政治学术团体

如同许多知识社会学家在对英国皇家学会之类的学会组织进行研究之后所指出的那样，科学事业的进步与影响在很大程度上得力于学术团体的作用。[①] 学会在欧洲起源较早，而中国直到晚清才有人认识到学会的重要价值，如梁启超在《变法通议》中指出：学会是“各会之母”，“今欲振中国，在广人才；欲广人才，在兴学会”[②]。进入民国，各类学会纷纷涌现，其中不乏政治学学术团体。本章基于清华政治学系师生的活动史实，梳理他们与各类政治学会的关系；同时也适当考察抗战前具有全国性的政治学团体的建立与活动情况，藉以了解当时中国政治学术共同体的一般状况，这有助于认识清华政治学系在现代中国政治学中的地位与作用。

第一节 政治学研究会与清华政治学会

政治学研究会与清华政治学会是清华学生先后成立的两个政治

① 参看刘易斯·科塞著，郭方等译：《理念人——一项社会学的考察》，中央编译出版社2001年版，第29—38页。

② 梁启超：《变法通议·论学会》，《饮冰室合集》第1册，中华书局1989年版，第33页。

学学术社团，二者虽然名称有别，宗旨与组织则一脉相承，政治学研究会可以说是清华政治学会的前身。

一、政治学研究会的成立及其活动

政治学研究会系由清华高等科同学十人组织成立于 1920 年 11 月 6 日。当日，议决会章及组织细则，并选定职员，谢文炳、沈宗濂、黄卓繁分别担任书记、会计和干事。主席及记录书记，则轮流分配。请校长金邦正以及政治学教师余日宣、沈楚纫担任顾问。该会宗旨在于“纠合同志，公共讨论及研究而切有关于政治之问题及学理，一为扩充公民智识提倡公民责任，一为将来肄业专科预备起见”。政治学研究会的职员分为干事、书记、会计三人。平时聚会有两种：一为常会，专为会员讨论及研究而设，每一星期举行一次，题目则早两星期决定，以便于此时间内参考预备。讨论结果请名人或顾问加以评论；二为名人演讲会，非会员亦可旁听，每数星期举行一次。① 政治研究会成立后第三年，已毕业的会员在美国组织了美国支部，拟有章程，出版《年刊》。② 但因为会员散居各地，集合非易，因此在美支会，精神甚觉散漫。③

根据组织宗旨，政治学研究会的日常活动主要为名人演讲会与会员研讨会。政治学研究会经常邀请一些政界或学界名人来校演讲，如该会书记李迪俊曾函请胡适、王世杰等来会演讲。④ 王造时担

---

① 《清华周刊》第 199 期，1920 年 11 月 19 日，第 34 页；第 200 期，1920 年 11 月 26 日，第 23—25 页。

② 《清华周刊》第 8 次增刊，1922 年 6 月，第 73 页；第 248 期，1922 年 5 月 19 日，第 29—30 页；第 284 期，1923 年 6 月 1 日，第 32—33 页。

③ 《清华周刊》第 322 期，1924 年 10 月 17 日，第 20 页。

④ 《清华周刊》第 225 期，1921 年 11 月 11 日，第 29 页。

任研究会干事时，计划一学期中请二十余位名人，包括范源濂、李守常、吴宗慈、周诒春、王正廷、加拉罕、江亢虎、马君武、吴稚晖、徐谦等，来校公开演讲或共同讨论关于中国政治问题。[①] 周诒春讲中国财政问题，罗文干讲中国司法问题，李守常讲政治与政党问题。[②] 梁启超曾允诺每星期四下午 2 时至 4 时演讲周秦诸子政治学说。[③] 但不少被邀请的名人因种种原因而推辞。先后在政治学研究会做过演讲的人及演讲题目如下表所示：

表 6-1　政治学研究会演讲情况一览

演讲时间	演讲人	演讲主题或题目	资料来源
1920/11/20	金邦正	希望政治学研究会讨论务求实用，务切时弊，注重建设	④
1920/12/17	梁启超	中国民族之政治观念	⑤
1921/5/14	高一涵	共产主义之历史	⑥
1921/11/23	江之泳	欧西法庭之组织	⑦
1921/12/16	魁格雷	华府会议	⑧
1921/12/23	林长民	目击的英爱纠纷与我国南北对照	⑨

① 《清华周刊》第 303 期，1924 年 3 月 1 日，第 55 页；第 339 期，1925 年 3 月 13 日，第 30 页。

② 《清华周刊》第 305 期，1924 年 3 月 14 日，第 27 页。

③ 《清华周刊》第 247 期，1922 年 5 月 12 日，第 26 页。

④ 《清华周刊》第 200 期，1920 年 11 月 26 日，第 23—25 页。

⑤ 《清华周刊》第 204 期，1920 年 12 月 24 日，第 31 页。

⑥ 《清华周刊》第 220 期，1921 年 5 月 20 日，第 24 页。

⑦ 《清华周刊》第 228 期，1921 年 12 月 2 日，第 21 页。

⑧ 《清华周刊》第 231 期，1921 年 12 月 23 日，第 16 页。

⑨ 《清华周刊》第 232 期，1921 年 12 月 30 日，第 21 页。

续表

演讲时间	演讲人	演讲主题或题目	资料来源
1922/11/27	宁楚禅	国的改造与家的改造	①
1923	饶孟任	制宪问题	
1923	Lowrie	学政治之预备	
1923/10/20	加拉罕	苏俄现状	②
1923/11/5	梁启超	近三十年之中国政治	③
1924/3/10	余天休	殖边运动	④
1924/5/23	张竞仁	近十年来的中国财政	⑤
1924/11/8	任可澄	政治家之修养	⑥
1925/9/26	李璜	政治生活与国家生活	⑦
1926/4/9	钱端升	国际联盟与罗加纳会议问题	⑧
1926/5/20	刘师舜	国际交涉方法及使馆组织	⑨
1926/5/27	刘师舜	欧洲外交史	

政治研究会的研讨活动较为活跃，读书报告会为其研讨方式之

① 《清华周刊》第 263 期，1922 年 12 月 15 日，第 20 页；《清华周刊》第 9 次增刊，1923 年 6 月，第 68—69 页。

② 《清华周刊》第 291 期，1923 年 10 月 26 日，第 12 页。

③ 《清华周刊》第 294 期，1923 年 11 月 16 日，第 18 页。

④ 《清华周刊》第 305 期，1924 年 3 月 14 日，第 27 页。

⑤ 《清华周刊》第 316 期，1924 年 5 月 30 日，第 34 页。

⑥ 《清华周刊》第 326 期，1924 年 11 月 14 日，第 23—24 页。

⑦ 《清华周刊》第 353 期，1925 年 10 月 2 日，第 35 页。

⑧ 《清华周刊》第 374 期，1926 年 4 月 9 日，第 424 页；第 375 期，1926 年 4 月 16 日，第 496 页。

⑨ 《清华周刊》第 381 期，1926 年 5 月 28 日，第 792 页；第 382 期，1926 年 6 月 4 日，第 880 页。

一。1922 年上学期，政治学研究会为研讨的便利，将会员分成三组，并请政治学系教师担任顾问：第一组法律，顾问江之泳，第二组政治学史，顾问余日宣，第三组政治史，顾问魁格雷。[①] 各组在顾问老师的指导下，进行读书研究、报告与讨论，因此各组有时也被称作“读书团”“读书班”“读书组”或“研究班”。魁格雷指导的读书团先后讨论的问题有：中国政府，日本政府，[②]中国政党的过去历史及现在情形。[③] 1922 年 2 月 21 日在魁格雷家，由蔡公椿、史国刚报告日本政府。[④] 3 月 21 日，沈宗濂报告日本政党之历史，李迪俊报告中国古代之政党史。报告毕复互相讨论。[⑤] 5 月 2 日，沈麟玉报告联邦制度，称中国现应采用联邦自治制度。报告毕，魁格雷对浙江省宪法有所批评。5 月 9 日，高荫棠报告中国采用联邦制度之利害。[⑥] 可见政治史组研讨的问题基本上属于中日政府与政党方面的内容，这与魁格雷的指导有关，前面曾提到，魁格雷研究的领域主要为中日两国政府与政治。政治学史组研究欧洲政治学史，“研究方法以各时代之学者为本，每二星期由组友一人报告，题目则由该组顾问余日宣先生选定分派各组友”。[⑦] 1922 年 3 月 14 日与 28 日，由蔡公椿报告柏拉图的政治理想。[⑧] 5 月 2 日，由胡敦元报告亚里士多德的政治理想。[⑨]

---

① 《清华周刊》第 230 期，1921 年 12 月 16 日，第 14 页。原文将政治史组的顾问写作余日宣，政治学史组的顾问写作魁格雷，似有误。

② 《清华周刊》第 236 期，1922 年 2 月 17 日，第 23 页。

③ 《清华周刊》第 239 期，1922 年 3 月 10 日，第 17 页。

④ 《清华周刊》第 237 期，1922 年 2 月 24 日，第 19 页。

⑤ 《清华周刊》第 241 期，1922 年 3 月 24 日，第 21 页。

⑥ 《清华周刊》第 247 期，1922 年 5 月 12 日，第 26 页。

⑦ 《清华周刊》第 238 期，1922 年 3 月 3 日，第 17 页。

⑧ 《清华周刊》第 240 期，1922 年 3 月 17 日，第 24 页；第 242 期，1922 年 3 月 31 日，第 25 页。

⑨ 《清华周刊》第 246 期，1922 年 5 月 5 日，第 20 页。

除了读书报告会，政治学研究会还鼓励会员择题研究，撰写论文，定期举行论文报告与研讨。1922 年秋季学年开始，研究会要求“每人择作一关于中国之题，聘请校中渊博之中文教员组织一‘论文顾问团’，担负搜集材料责任。于指定时交齐，由全体会员及顾问分别批评指正”。论文顾问团的成员为余日宣、赵瑞侯、王启湘、陆懋德、朱洪五位先生。[①] 研究会开会讨论确定各人的论文题目如下：翟桓：袁世凯之研究；李迪俊：中国政党发达史；张忠绂、高荫棠、胡敦元：中国政治思想发达史；王化成、谢奋程：Chinese Politics Since 1912；史国纲：戊戌政变后之中国政局；吴文藻：Sino-Japanese Relations 或 Extraterritoriality and Prison Reform；蔡可选：民国成立后财政史。[②] 王造时担任研究会干事时亦要求各会员须作论文一篇，研究时局要题，分期提出交全体讨论。[③] 月余之后，张锐、史国纲和金通艺分别作论文报告。张锐报告的论文题为“市政之研究”。据云，“该文为张君年来得意之作，曾经梁任公先生校正一过，前数章详述欧美各强国之现行市政制度，末章批评我国广州市政及内务部颁布市自治法之不尽善，并拟出一理想市政制度之组织法，以备有意求良美市自治法者之采择。全文颇长，张君以时间所限，仅报告末章，报告时口讲指划，听者入神。”[④]史国纲报告的“王荆公之政治哲学”，据称“费时半载，洋洋数万言，博证详考，材料极为丰富。君报告时精神焕发，先述王荆公之传略及生平事迹，次讲王荆公之政策及其政治

---

① 《清华周刊》第 252 期，1922 年 9 月 30 日，第 21—23 页。

② 《清华周刊》第 255 期，1922 年 10 月 21 日，第 14—16 页。

③ 《清华周刊》第 339 期，1925 年 3 月 13 日，第 30 页。

④ 《清华周刊》第 343 期，1925 年 4 月 17 日，第 22 页。1926 年 6 月商务印书馆出版的《市制新论》，作者张锐，梁启超校阅题签。内容主要为“英法德意美日及我国现行市制之比较，我国之理想的市制”。该书大概就来自张锐在报告会中报告的那篇论文。

手段，末论荆公之政治哲学，并加之以批评。历一小时之久，津津有味，听者忘倦，叹服不止。”[①]是年关税会议召开前夕，政治学研究会开会讨论研究关税问题论文进行手续。计划大纲共分十三项，会员每人担任一项，限两星期内交卷。[②]

政治学研究会还分工合作研究某一专题。如 1922 年 10 月 13 日，政治学研究会常会讨论分组研究宪法事宜，决定：甲组——研究关于中央政府者，成员为李迪俊（主席）、张忠绂、王化成、高荫棠、沈麟玉、施滉、陈肇彰、梁朝威；乙组——研究关于地方政府者，成员为翟桓（主席）、蔡可选、史国纲、吴文藻、谢奋程、刘纯聪、胡敦元、金通艺。拟研究的宪法为：英、美、法、德、日、瑞士、劳俄、波兰、捷克斯罗夫及本国《临时约法》及《天坛宪草》。[③] 又如 1923 年 9 月 18 日，政治学研究会议决分组研究下列课题：(1)中国政治史，(2)1860 年以后之中国，(3)中国宪政史。[④]

政治学研究会研讨的内容比较广泛，有纯粹的政治学问题，政治史问题，而更多的是关于时局与国情的政治热点问题。该会成立后的第一次讨论会讨论的问题是“今日中国之政治及官僚腐败之点究在何处”[⑤]。此后所研讨的如“督军问题”[⑥]、太平洋会议[⑦]、制宪问题、关税问题，均为重要的时局问题。

1922 年发生的制宪问题，国人议论纷纷，政治学研究会对此也

① 《清华周刊》第 344 期，1925 年 4 月 24 日，第 30 页。
② 《清华周刊》第 359 期，1925 年 11 月 13 日，第 27 页。
③ 《清华周刊》第 255 期，1922 年 10 月 21 日，第 14—16 页
④ 《清华周刊》第 287 期，1923 年 9 月 28 日，第 26 页。
⑤ 《清华周刊》第 201 期，1920 年 12 月 3 日，第 25 页。
⑥ 《清华周刊》第 205 期，1920 年 12 月 31 日，第 22 页。
⑦ 《清华周刊》第 229 期，1921 年 12 月 9 日，第 25 页。

予以特别关注。他们从讨论时局入手进而研究学理,既请人演讲又实地参观与分组研讨。9 月 23 日政治学研究会召开会务讨论会,讨论该会所拟的进行计划书,其中关于宪法研究的计划如下:A. 请名人演讲关于宪法问题;B. 参观并旁听参众两院;C. 全体会员分若干组,每期研究各国宪法之一部分,将其结果或疑点报告或提出于大会。计划邀请的名人包括 Lowrie 博士、张伯烈议员、汤漪议员、饶孟任议员、丁佛言议员、宁协万议员。[①] 10 月 13 日,饶孟任来校演讲"论国宪中省宪之商榷"。[②] 又定于 10 月 19 日来校演讲"我所主张的宪法"。[③] 参观议院也照计划进行。1922 年 12 月 15 日为众议院投票张绍曾组阁同意案会期。当日,政治学教授魁格雷及政治学研究会主席李迪俊偕同政治学研究会及政治学班同学三十余人,搭车赴京,同入众议院旁听。[④]

为向会员提供研究便利,政治学研究会还订购报刊和编辑研究资料。订购的报刊有《中国星报》(*China Star*),《太平洋日刊》。[⑤] 为使同学对于太平洋会议可得明确而有系统的报告起见,每两周出太平洋会议报告一张。[⑥] 1923 年 5 月政治学研究会拟编辑杂志指南,将各种杂志上与政治有关的有价值文章,编列索引,以便国内外读者易于检阅。其事由李迪俊主持,编辑成员有吴文藻、张忠绂、翟桓、董凤鸣、高荫棠、史国纲等。[⑦] 该杂志指南于 1923 年 6 月由公记印刷局

---

① 《清华周刊》第 252 期,1922 年 9 月 30 日,第 21—23 页。
② 《清华周刊》第 254 期,1922 年 10 月 14 日,第 23 页。
③ 《清华周刊》第 255 期,1922 年 10 月 21 日,第 14—16 页。
④ 《清华周刊》第 264 期,1922 年 12 月 22 日,第 18—19 页。
⑤ 《清华周刊》第 227 期,1921 年 11 月 25 日,第 20—21 页。
⑥ 《清华周刊》第 229 期,1921 年 12 月 9 日,第 25 页。
⑦ 《清华周刊》第 283 期,1923 年 5 月 25 日,第 42 页。

承印，名为《政治书报指南》[①]。据说《政治书报指南》颇受美国留学生及国内学界欢迎。[②]

研讨活动之外，政治学研究会还进行法庭模拟演习[③]与实地参观政治。如参观大理院和议会，旁听审判；还计划参观清宫、各部衙署、国史馆、清史馆、警察厅、市政公所，以及赴山西省实地参观该省政治。[④]

政治学研究会成立时，清华学校大学部尚未设立，学生还没有接受分科教育，当时学生之所以发起与参加该会，一般都是出于对政治的兴趣与关心。这对他们不久之后赴美留学选择学科专业有较大影响，同时也为他们以后留美习政治学打下基础。从已知的会员名单中可以看到他们当中有相当一部分人选择了政治学作为他们赴美留学专业，如李迪俊、王化成、翟桓、张锐、吴文藻、张忠绂、施滉、梁朝威、金通艺、张彝鼎、张企泰、高荫棠、谌志远、王造时。

---

① 《政治书报指南》正文索引按问题分为以下类别：一、我国政治/经济学说一脔；二、中国改造问题；三、中国国体问题；四、制宪及其问题（甲）现行宪法及各种宪草（乙）制宪概论（丙）各种制度之讨论；五、联省自治（甲）联省自治与中国（乙）省宪问题；六、地方自治及市政；七、裁兵废督；八、女权运动；九、政党；十、中国之财政与经济；十一、中国之商务；十二、国债及其整理问题；十三、币制及其问题；十四、厘金及其问题；十五、关税及其问题；十六、盐政及其问题；十七、田赋及其问题；十八、国际的中国；十九、新银行团；二十、领事裁判权；二十一、奥国借款俄法债券及金佛郎问题；二十二、太平洋会议；二十三、中国与日本；二十四、山东问题；二十五、满蒙问题；二十六、中英划界问题；二十七、英日同盟；二十八、中德关系；二十九、司法及其问题；三十、铁道及其问题；三十一、国民大会；三十二、新闻学与中国新闻纸；三十三、统系的事实记载；三十四、政治学及其他。见《清华周刊》第285期，1923年6月8日，第79—80页。

② 《清华周刊》第302期，1924年1月11日，第24—25页。

③ 《清华周刊》第205期，1920年12月31日，第22页；第227期，1921年11月25日，第20—21页。

④ 《清华周刊》第339期，1925年3月13日，第30页。

二、清华政治学会

1927年11月3日，政治学研究会开会议决与大学部政治学系同学会合并。合并理由是：(1)两会性质大概相同，合并之后，易收集思广益之效；(2)会员中一人兼两会会员者甚多，合并后时间比较经济；(3)本年政治系诸教授允竭力帮忙，惟两会并存，则似有应接不暇之势，难以专心指导。当场推定张彝鼎、李述庚、杨汝金，与政治学系同学会罗香林、刘信芳、吴作民六人共同起草会章。①

经筹备就绪，11月25日晚7时，在后工字厅开成立大会，到会者有余日宣、杨光泩、朱彬元、苏尚骥诸教授，及同学约四十人。会议讨论通过了清华政治学会会章，并选举职员。会章如下：②

第一，定名　清华政治学会。

第二，宗旨　本会以研究政治学术，联络感情，并辅助清华政治系之发展为宗旨。

第三，会员　凡清华政治学系师生，皆得为本会会员，他系师生，对政治学有兴趣者，亦得加入。

第四，组织　本会设五股，一总务股，二调查股，三出版股，四研究股，五讲演股。以五股股长组织委员会，正股长缺席时，由副股长代。

第五，职员　本会各股，设正副股长各一席。

第六，职权　总务股股长对内主持本会，对外代表本会，并为委员会主席。委员会决定本会重要事务，交各股执行之。

---

① 《清华周刊》第421期，1927年11月18日，第459页。

② 《清华周刊》第423期，1927年12月2日，第543—545页。

第七，选举 职员由每学期末次常会中选举之。

第八，任期 任期半年，得连任一次。

第九，会议 常会，每学期始末，各召集一次。委员会议，由该会主席召集之。各股会议，由该股股长召集之。大会，由委员会主席召集之。

第十，会费 每学期每会员应交纳会费五角；特别用费，得由委员会临时募集之。

第十一，附则 （一）会章有不妥之处，经由十人提议，出席会员过半数通过，得修改之。（二）本会会所，设在清华学校。

可见，新成立的清华政治学会在组织上比以前有较大扩展，会员不再限于学生，还包括教师。但它主要还是学生组织，教师未必有兴趣参加，张奚若即认为学生与先生不合作，是不应以教授做会员。[①]因此，1931 年 1 月 16 日召开的政治学会第七届末次常会，对会章进行了修改：1. 会章第三条修改为“凡清华政治学系学生皆为本会当然会员，本系教职员皆为名誉会员（所谓名誉会员，实处顾问地位）。他系师生，对于政治学有兴趣者，亦得加入”；2. 会章第七条修改为“职员由每学期末次常会中就当然会员选举之”。[②] 1934 年 5 月 30 日，政治学会召开学期末次大会，议决将政治学会委员自七人减至三人，组成委员会，互推一人为主席，以提高工作效率。[③]

---

① 《清华周刊》第 494 期，1930 年 10 月 20 日，第 66 页。

② 《国立清华大学校刊》第 250 号，1931 年 1 月 23 日。

③ 《国立清华大学校刊》第 583 号，1934 年 6 月 11 日。

表 6-2　清华政治学会历届职员一览

	总务股	调查股	出版股	研究股	讲演股
第一届	刘信芳 李述庚	杨光泩 张景琨	谌志远 罗香林	余日宣 戴克光	翟凤阳 朱鸿题
第二届	钟一帆 李述庚	杨光泩 刘信芳	云钺 谌志远	余日宣 缪元新	杨光泩 汪家曾
第三届	刘信芳 戴克光	谢子敦 宋丽琛	戴克光 王化成	浦薛凤 吴之椿	吴之椿 王化成
第四届	刘信芳 戴克光	谢子敦 宋丽琛	戴克光 吴之椿	浦薛凤 王化成	吴之椿 王化成
第五届	谢子敦 戴克光	刘大白 缪元新	云钺 姜书阁	浦薛凤 王化成	吴之椿 叶叶琴
第六届	刘大白（正） 吴益斋 缪元新	宋迪夏	胡道维	浦薛凤	王化成
第七届	徐雄飞（正） 刘汉文 张永懋	宋迪夏 徐雄飞	朱章①	浦薛凤（正） 王化成 张奚若	王化成 胡道维
第八届	徐雄飞（正） 刘汉文 田保生	郑康祺	刘心显	尚传道	张毓鹏
第九届	?	?	?	?	?
第十届 ?	尚传道（正） 高士铭 郑康祺	郭颂平	胡愚一	陈彪如	刘心显

① 1930 年 10 月 14 日，政治学会第七届第一次常会上，朱章辞出版股股长职务，由张奚若继任。《国立清华大学校刊》第 217 期，“政治学会全体大会志略”，1930 年 10 月 24 日。

续表

	总务股	调查股	出版股	研究股	讲演股
	陈彪如(正) 彭俊材 王铁崖	靳文翰	张馥莪	王世德	林亮
1934/5	吕若谦、纪富升、龚祥瑞				
1936/3	穆渭琴、方钜成;梁邦彦(第一候补)、陈体强(第二候补)①				

(注:表中人名下面带波浪线者为教师)

政治学会成立后基本上按照各股职权分工活动,其中较有成绩的为演讲与辩论、研究与出版活动。以下着重叙述这两方面的活动情况。

演讲与辩论

同政治学研究会时期一样,政治学会演讲股也经常邀请政法名家前来演讲。演讲情况如下表所示(限于资料,这里的列举并不完整)。

表 6-3 清华政治学会演讲股演讲情况一览

时间	演讲人	演讲主题或题目	演讲内容概要	注
1927/12/9	Clark	Sino-Russian Relations	苏维埃制度与共产主义绝无关系。以苏维埃制度乃其政府组织之方法;而共产主义,乃其经济之学说也。今日华人虽师俄之政治组织之制度,而俄之经济学说,已不复见信于华人矣。	②

① 《国立清华大学校刊》第 685 号,1936 年 3 月 19 日。

② 《清华周刊》第 425 期,1927 年 12 月 16 日。Clark 为《北京导报》(Peking Leader)主笔。

续表

时间	演讲人	演讲主题或题目	演讲内容概要	注
1928/3/1	沈宗濂	欧洲政治状况		①
1928/3/1	刁敏谦	中国新条约		②
1928/11/7	吴之椿	收回汉口租界的经过		③
1928/11/27	马克瑞	The Way of Treating Public Documents		④
1929/3/15	谢瀛洲	土地问题	此题谢瀛洲曾于该学期清华第二次纪念周讲演其半部，此次所讲者为各国学者的土地学说，及中国国民党解决土地问题的具体方案。	⑤
1929/5/20	何基鸿	中国民法		⑥
1929/11	龚德柏	中日之关系		⑦

① 《清华周刊》第432期，1928年3月9日。沈宗濂为清华1920年毕业同学，清华政治学研究会创始者，哈佛硕士，曾任驻法使馆秘书，1927年秋回国任财政部技正职。

② 《清华周刊》第433期，1928年3月16日，第460页。刁敏谦为条约研究专家，时任外交部条约司科长。

③ 《国立清华大学校刊》第6期，1928年1月9日；《清华周刊》第443期，1928年11月17日，第147页。据该刊报道，1927年国民政府收回汉口租界时，吴之椿任外交部秘书长之职，为当事人之一，对于当时情形极为熟悉。所讲多经验之谈，益以出语诙谐，男女数百听众，时复为之哄堂，欢愉之状，非言可喻。

④ 《清华周刊》第445期，1928年12月1日，第66页。《国立清华大学校刊》第11期（1928年11月21日）刊载的演讲预告称："顷据政治学系主任吴之椿先生云，美国驻华公使马可慕瑞氏，已允日内来校，为政治学会讲演，至日期题目，一俟决定，再行公布。按马氏当未任驻华公使以前，即任美国外交远东部主任，对于远东问题，颇有研究，并曾编纂'*Treaties with and Concerning China*'一书，颇为著名，想届时必有一番宏论。"

⑤ 《国立清华大学校刊》第48期，1929年3月18日。谢瀛洲为北平大学法学院院长。

⑥ 《国立清华大学校刊》第69期，1929年5月17日。

⑦ 《国立清华大学校刊》第107期，1929年11月6日。

续表

时间	演讲人	演讲主题或题目	演讲内容概要	注
1929/11/15	胡道维	汉口市最近对于物质上的建设		
1929/11/19	徐淑希	太平洋国交讨论会中关于满洲问题的讨论情形	言明中日两方之立足点不同，故立论自异，日方所持者在以现状为根据，而中国方面则求根本上的解决。继又言及双方之讨论要目及调停委员会成立之经过、人选。最后，并言彼自己与松冈之辩驳，理由充足，颇得外人同情云。	①
1929/11/21	莱　特	太平洋国交讨论会的印象		②
1929/11	钱端升	英国的员吏制度	分三段说明：1. 员吏之录取与任用；2. 在职员吏之升降与赏罚；3. 退职后之给养。	③
1930/4/24	H. A. Gibbons	大战后世界各国海军政策及伦敦海军会议		④
1930/11/7	Duncan	Some Political Aspects of the American Tariff		⑤

① 《国立清华大学校刊》第 111 期，1929 年 11 月 15 日；第 112 期，1929 年 11 月 18 日；第 114 期，1929 年 11 月 22 日。

② 《国立清华大学校刊》第 115 期，1929 年 11 月 25 日。

③ 《国立清华大学校刊》第 217 号，“政治学会全体大会志略”，1930 年 10 月 24 日。

④ 《国立清华大学校刊》第 165 号，1930 年 4 月 23 日。吉朋斯时为普林斯顿大学教授，据政治学会负责人说，吉朋斯“为世界政治专家，著作极丰，本校世界政治班所用之参考书，如 *Introduction to World Politics*；*New Maps of Asia*；*New Maps of Africa* 皆其作品，尚有 *Internationalism* 一书行将付印”。

⑤ 《国立清华大学校刊》第 223 号，1930 年 11 月 7 日。

续表

时间	演讲人	演讲主题或题目	演讲内容概要	注
1931/1/14	徐淑希	对 Prof. Masamichi Royama 所著 *Japan's Position in Manchuria* 之批评		①
1932/2/18	邱昌渭	从不抵抗到绝交	历述沈变后,我外交当局之应付,并分析国际形势,以明不抵抗主义与对日绝交之利害,及今后我国外交之出路。	②
1932/10/11	唐悦良			③
1932/11/25	张君劢	马克思政治论与中华民国之建设		④
1932/12/22	Duncan	Manchuria and the League		⑤
1934/3/1	陈之迈			⑥

若将这个阶段的演讲题目与改组前政治学研究会时期的演讲题目作一对比,可以看出这个阶段的演讲内容明显突出了国际政治,特别是中国的外交处境与中日关系。这反映清华政治学会和演讲者对于九一八事变前后国际形势与国内局势都很关注。据政治学会负责

① 《国立清华大学校刊》第 245 号,1931 年 1 月 12 日

② 《清华周刊》第 529 期,1932 年 3 月 5 日,第 94 页。

③ 《国立清华大学校刊》第 442 号,1932 年 10 月 10 日。

④ 《国立清华大学校刊》第 460 号,1932 年 11 月 23 日。

⑤ 《国立清华大学校刊》第 468 号,1932 年 12 月 21 日。政治学会在该期《校刊》上发布的演讲启事中称:"查东北沦亡于兹已十五阅月,我国所依赖之国联重重黑幕亦逐层揭开,际此危急关头,吾人亟应知所自处。为此,本会特请燕京大学政治学系美国教授 Dr. Duncan 莅校讲演。氏对国际关系研究有素,而于东北问题尤为关心,定能以第三者之立场客观的论列利害,以作吾人之参考"。

⑥ 《国立清华大学校刊》第 558 号,1934 年 3 月 1 日。

人说,“该会对于公开讲演之讲员选择极严,不愿自堕声誉,虚费听众之宝贵光阴,故独[守]宁缺勿滥之宗旨,因首都南迁,一般政治理论者及实行家多以‘争名者于市’之故,而舍去旧都,实难请适当之讲员,是以该会公开讲演亦沉寂无闻云。”[①]但政治学会开始时所请的一些演讲者如克拉克、松井、麻瑞等人却被视为“装饰”。[②]

政治学会认为“演说辩论是今日处世之要求,而尤与他日从事实际政治者有莫大之关系”[③],因而举行演说与辩论比赛。演说比赛分国语和英语两种。如 1929 年 11 月 24 日晚政治学会第二次总务会议,计划于本学期内举行盛大辩论会,并请本系教授两人,作学理上之辩论(如请浦薛凤、张奚若两教授辩论多元论)。[④] 此次辩论会计划分英语、国语两种,因报名英语比赛者仅四人,而报名国语比赛的有十二人,政治学会决定英语比赛暂行取消,国语比赛分两队进行。[⑤]国语辩论会于 1930 年 3 月 11 日晚举行,辩题为“大考应当废除”。[⑥]是年底,政治学会又宣布拟于寒假期内举行国语演说、英语演说、国语辩论三项竞赛。[⑦] 1931 年 1 月 7 日、8 日,演说竞赛如期举行。参加国语演讲者五人,评判员为冯芝生、萧叔玉、陈岱孙。比赛的优胜者为:第一名张毓鹏(“从中国民族的特性谈到权利和和平”),第二名田保生(“大学毕业生的生活问题”),第三名郑康祺(“对于中国新市组织法之批评”)。参加英语演讲者六人,评判员为王化成、浦薛凤、

① 《国立清华大学校刊》第 165 号,1930 年 4 月 23 日。
② 何会源:《谈清华政治学会》,《国立清华大学校刊》第 46 期,1929 年 3 月 13 日。
③ 《国立清华大学校刊》第 237 号,1930 年 12 月 12 日。
④ 《国立清华大学校刊》第 119 期,1929 年 12 月 4 日。
⑤ 《国立清华大学校刊》第 138 期,1930 年 1 月 22 日。
⑥ 《国立清华大学校刊》第 150 期,1930 年 3 月 14 日。
⑦ 《国立清华大学校刊》第 237 号,1930 年 12 月 12 日。

蒋廷黻、金岳霖。比赛的优胜者为：第一名高士铭（The Unification of Thought in a State），第二名胡愚一（Four Devils in the Present International Relations），第三名彭俊材（China and International Disarmament）。[①]

研究与出版

清华政治学会的宗旨首在研究政治学术，故政治学会在合并改组之后不久，即决定分组研究，如分成政治军事组，外交与国际关系组，政治经济或财赋问题组，政治思想组，社会问题组等。还决定翻译政治名著，同时赓续政治学研究会的《政治书报指南》的编纂工作，并打算视将来经济情形决定出版定期的半年刊。[②]

研究股的主要任务是引导会员进行个人研究和共同研究，并定期召开研究会，报告会员研究所得，或请人指导研究方法。[③] 如 1929 年 3 月 28 日下午，研究股正副股长浦薛凤、王化成召集会员茶会，当即商决：（一）由会员报告研究之心得；（二）公同研究题目，暂定为“中外间条约之研究”及“日本政治”。到场会员愿意研究此二题目者，各有五六人。[④] 5 月 15 日开读书报告会，由会员田保生报告，题为“鸦片战争前外人在广州之居住生活”。[⑤] 研究会有时每月开一次，有时每二周举行一次，有时每三星期举行一次学术报告[⑥]，似乎并无固定的制度。

---

① 《国立清华大学校刊》第 247 号，1931 年 1 月 16 日。

② 《清华周刊》第 424 期，1927 年 12 月 9 日，第 584 页。

③ 《清华周刊》第 444 期，1928 年 11 月 24 日，第 67 页。

④ 《清华周刊》第 455 号，1929 年 4 月 6 日，第 33 页。

⑤ 《国立清华大学校刊》第 69 期，1929 年 5 月 17 日。

⑥ 《国立清华大学校刊》第 583 号，1934 年 6 月 11 日。

研究股还组织会员翻译政治书报，其中最重要的一项工作是翻译哈佛大学政治学教授孟洛(W. B. Munro)所著的《欧洲各国政府》(*The Governments of Europe*)。此项计划始于1928年初，打算在二三个月内将原书"迻译完竣，付之剞劂，嘉惠士林"。[①] 随即登报声明，并着手分工。后以种种关系，稿未集齐，及至年底仍未译竣。同时与商务印书馆商订印刷版权等事宜。[②] 各章译稿大约到次年11月间才收齐，并得孟洛教授寄来的序言。[③] 又请刘崇鋐、浦薛凤、王化成、胡道维、张奚若、陈岱孙、吴之椿等教授担任校订，由系主任吴之椿与商务印书馆接洽。然两年之后，译稿未脱，微闻已有散失。且因早已布告海内，各地屡来函询问译本出版情况，政治学会只得答以托词，但觉得如此对社会有失信仰，反顾亦觉内惭，乃决定改弦更张。为避免前因人数过多，文笔语气必难连贯，术语名词不易统一，校阅更感困难之弊，拟集六人或八人，根据已译一部分稿件，重新干起。并函询孟洛该书是否正在改订，以便根据新版译述。[④] 但此项译事之后却不了了之，也未见政治学会有新的译书活动。

《政治书报指南》由出版股负责编辑，经政治学会会员近三十人于1927年寒假中分工合作，在较短时间内编就，原拟1928年上学期开学后二三个星期内出版，但因学校不给津贴，经费无着，不能刊行。[⑤] 随后与北京政治学会商妥，交由该会出版部出版，经费由该会负担，版权归该会。[⑥] 不意排版校对全皆竣事即日可以出版之际，忽

① 《清华周刊》第436期，1928年4月6日，第646页。
② 《清华周刊》第444期，1928年11月24日，第67页。
③ 《国立清华大学校刊》第111期，1929年11月15日。
④ 《国立清华大学校刊》第239号，1930年12月17日。
⑤ 《清华周刊》第429期，1928年2月17日，第168页。
⑥ 《清华周刊》第434期，1928年3月23日，第521页。

生波折，以至未得出版。于是由政治学会商请学校当局帮助完成此事，经由校长罗家伦允予津贴，[①]该书终于在1929年3月1日得以正式出版。

该期《政治书报指南》共分四个部分：(一)西人论中国之书籍述要，包括近三年来英法文书籍共计五百余种；(二)第二部分为六种英文杂志上索引，皆系 *International Index* 所不备者；(三)中文要籍介绍，介绍近年来重要之中文政法书籍；(四)中文杂志索引，自1923年6月起至1928年止。[②] 与1923年出版的第一期相比，内容大为扩充，涉及政治、经济、法律、世界政治、外交及社会问题等许多方面。主编云钺说编辑该书的目的在于：第一，帮助做研究的学生便于从中文书刊中找资料；第二，使一般读者可以较好地了解到中国当前的问题，以及外国人的观点等；第三，也可以看作是对一般参考性和索引类作品的一个小小的贡献，因为它包括六种重要英文杂志的索引和前三年中出版的关于中国的外文书籍的目录。[③]

该书出版后反响不错，“屡接各处来函邮购；……复得燕大教务处来信，催请续编。故该会决定每年三月初出版一册”[④]。但可能受掣于经费，政治学会直到1932年还在与学校当局接洽。“接洽之结果，闻将以两种方式出版之，一由图书馆印行，一则附清华学报出版，究用何种方式，刻尚未完全决定云。”[⑤]

除了《政治书报指南》，政治学会还拟编辑两项出版物：(1)政治

---

① 《清华周刊》第444期，1928年11月24日，第67页。

② 《政治书报指南》，“凡例”，清华大学政治学会出版，1929年3月。

③ 《政治书报指南》，“Introduction”，清华大学政治学会出版，1929年3月。

④ 《国立清华大学校刊》第111期，1929年11月15日。

⑤ 《清华周刊》第531期，1932年3月19日，第81页。

学辞书（“Cyclopedia of Political Science for Chinese Students”）；(2)政治学月刊（“Political Science Monthly”）。前项出版物未见着手进行，后者则是政治学会一直努力的目标。1929 年秋冬，就有了对于该刊宗旨与内容、办法的设想。[①] 但是受经费和稿源限制，办月刊不大现实，于是决定改办季刊。1930 年 3 月 6 日，第六届政治学会举行第一次总务会议，议决该学期出版政治学季刊，以及季刊组织工作与进行办法。[②] 3 月 27 日，举行政治季刊第一次编辑会，议决政治季刊暂行简章。简章规定“本刊以讨论政治问题及介绍政治学识为宗旨”，内容分为（甲）译著、（乙）书报述评、（丙）会务报告。此外，还议决本刊以十万言为最低限度，经费全部请学校津贴。28 日晚，政治学会举行第三次总务会议，决议通过政治季刊暂行简章。[③]

姜书阁和吴益斋分别被推选为编辑主任、总经理。4 月 14 日，姜书阁和吴益斋往谒校长罗家伦，请学校设法拨给第一期印刷费，罗家伦答应以三百元为最高限度，但附带条件必须将该刊内容亟力充实，使成为一有价值有地位的刊物，以免学校招用款失当之讥。4 月 16 日，政治季刊编辑部召开第二次编辑会议，议决事项有：1. 由编辑部发函请季刊之各位顾问为本刊作文。2. 由各编辑分担向各位顾问催稿之责。3. 建议本会出版股增聘他系教授数位为本刊顾问。4. 定于 5 月 15 日以前将第一期稿件集齐，六月中旬出版。“据该刊负责人

① 关于宗旨的设想是：该月刊纯系学术性质，专供本校教授及同学发表著述之用。外间投稿，经审查后，亦可刊登。内容：(a)专论(Special Articles)，(b)新书述评(Review of books)，(c)学术消息及其他(News and Minor Notices)，(d)会务报告(Proceedings of Tsing Hua Political Science Association)。《国立清华大学校刊》第 111 期，1929 年 11 月 15 日。

② 《国立清华大学校刊》第 149 期，1930 年 3 月 10 日。

③ 《国立清华大学校刊》第 158 号，1930 年 4 月 2 日。

说：创刊号必须特别加油，做一榜样，以便继续发刊时，有所遵循，并使该刊将来为本大学及政治学会争得学术上之光荣地位。闻其计划，最低当以从前北大之社会科学季刊为标准，使该刊在中国将来政治学界所占之地位与以往清华学报在过去的国学界所占之地位相埒云。”①

然而事与愿违，可能由于罗家伦辞职，政治季刊出版未果。1930年10月14日晚召开的政治学会第七届第一次常会计划将政治学季刊改为半年刊。② 因改为半年刊，篇幅增加，出版经费虽有上年筹备政治季刊时学校允诺的三百元作为创刊号津贴，还需增加二百元。政治学会于是呈请校务会议核准补助。稿件内容约分为著作、译述与书报介绍三类，约请教师和同学分任著述，应允担任著作的教授有嵇文甫（关于中国政治思想）、沈观准（关于市政）、翟俊千（关于行政理论），其余著述都由政治学系同学分任。书报介绍一项，则邀请政治学系及他系教授担任撰述，每位教授介绍二本或三本关于历史、经济、政治和法律的新书。为何这一项定要请各教授负责？据说“含有两种意义：一是作为每位教授在课外赠与他的学生的补助品；二是因为教授的经验多，识见广，认识周到，这种介绍工作，本不容易，惟有靠教授帮忙。在外国比较有名的杂志上，其中 Book Reviews 一栏之下，每期总有几十本甚至百余本的新书介绍，其重要可知。而其加惠于青年读者，有时会过于文章著述的影响。”张奚若、王化成、蒋廷黻、钱端升、浦薛凤、萧叔玉、陈岱孙、吴之椿、刘崇鋐、郭闵畴、何基鸿等教授被邀请担任书报介绍。各项稿件定于12月10日前收集，准备

① 《国立清华大学校刊》第163号，1930年4月18日。

② 《国立清华大学校刊》第217号，1930年10月24日。

于年假中付印。[①]

11月25日召开的第47次校务会议，关于政治学会请求津贴政治学报半年刊印刷费535元案，议决每期津贴印刷费三分之二，但至多不得超过150元，于该期出版经出版委员会审查后付给。[②] 至此，政治学报的出版经费总算得到落实。1931年1月16日，政治学会第七届末次常会，主席报告政治学报半年刊筹备情形及编辑大要。[③] 这可以说是对政治学报出版准备工作的总结。第一期《清华政治学报》于1931年1月正式出版，胡汉民题写刊名，内容分“论著”与“书评”两大类。“论著”中有钱端升关于“英国之员吏制度”的讲演纪录和政治学系教师稽文甫、沈观准的论文，其余为学生的论文和译文；书评则全部出自教师之手。

2月25日晚，政治学会第八届职员第一次会议召开，议决筹备编辑第二期政治学报。[④] 政治学会新任委员复于1932年3月7日开会议决如下要案：“一、政治学报继续出版；二、出版经费请求学校津贴，若不足之数，由本会自行设法；三、出版之详细计划由出版股规划办理；……五、政治书报指南继续出版，交研究股办理”。[⑤]

自委员会议决继续出版政治学报后，负责出版事务的胡恩一即开始努力筹备，数度与系主任磋商经费、集稿办法及计划大要，经费定为四百元，由学校依照定例津贴，其不足之数则以募捐方法补足。稿件则拟请各教授担任三分之一，力求精审。聘定王彦美、彭俊材、

---

① 《国立清华大学校刊》第230号，1930年11月26日；《清华周刊》第34卷第5期，1930年11月29日，“政治学会启事”，第56页。

② 《国立清华大学校刊》第231号，1930年11月28日。

③ 《国立清华大学校刊》第250号，1931年1月23日。

④ 《国立清华大学校刊》第266号，1931年3月2日。

⑤ 《清华周刊》第531期，1932年3月19日，第80页。

尚传道、陈彪如、胡愚一五人为编辑。此期征稿条例规定“译稿、书评，恕不接受”，每篇以一万字为限，集稿时间定于五月一日。[①]

《政治学报》第二期出版于1932年6月。共收入论文17篇，附杂志要目索引，作者除吴景超、蒋廷黻和燕树棠外，均为清华大学政治学系师生。《卷首语》中揭示了该刊用稿宗旨。第一，“本刊的主要政策是鼓励创作，拒绝译稿。……我们不是根本反对译文，但我们痛恨近日国内学术界不自努力创作，一意依赖外人的恶习。”第二，“本刊采用的材料注重原有的(original)，不重次有的(second-hand)。因此我们反对翻译日文。我们认定日本的文化不是创造的，而是模仿的；假使我们要吸收西方文化，我们必须直接从西方吸收过来，但不能把别人用过的旧物顺便搬到中国来。”

第二期《政治学报》出版后，清华政治学会又在校刊上刊登“征稿启事”，“本会拟于暑假前出版《政治学报》一册，由上海某书局承印发行，现正会同政治学系进行接洽中，不久即可商妥。……本学报以创作为主，但间亦采录有价值之译文及政治名著之介绍与批评。”[②]但此后未见《政治学报》继续出版。

《政治学报》明确表达了清华政治学会的学术立场。《创刊辞》中说：“本刊创始的宗旨，系建立在一个假定的基础上面，即是供给本会会员检讨智识的场所，寄托心得的园地。同时更希望和国内各大学研究政治的青年，站在学术立场，得有资以勉励和商量的机会”。“本刊并不具有某种想像的目标，更不敢预计负有何等时代的使命”。“几年来，在中国革命的高潮过程之中，青年所表现于外者，除了慷慨

---

① 《清华周刊》第531期，1932年3月19日，第81页。

② 《国立清华大学校刊》第492号，1933年3月23日。

激昂的唇舌宣传，更有痛快淋漓的笔墨文章。一般生活的途径，刻刻被围于紧张的空气之中；社会的行为，处处充满着刺激的感应。本刊性质，似不足以继承此等潮流”。“宇宙间须有动的思想，来鞭策时代前进，同时要有一种静的智识，作退一步的参考。本刊今后的方针，仍望以讨论静体问题为范围”。《政治学报》第二期《卷首语》中又说：“一切政治科学的原理原则，不能适用于今日政治腐败的中国。我们认定本刊内容对于今日的中国，是超过时代的著作。我们希望将这本刊物贡献将来改造中国政治的青年”。

清华政治学会如同以前的政治学研究会，仍组织会员作参观与调查活动。如1928年春季，政治学会计划趁春假之暇，参观外交部、英美公使馆及其兵营，以广见识。并拟参观监狱，以睹司法机关执行自由刑的措施。① 年底又参观法院旁听审判，调查研究北平市政。② 1930年的春季调查内容为参观河北省政府、北平市政府、财政部印刷局、社会调查所、第一看守所、陆军大学、陆军军医大学、陆军监狱、中国政治学会、国立北平图书馆、宪兵学校、中央观象台、短波无线电台、地质调查所、外交大楼等机关。③ 是年底又有参观各国使馆之举。④ 1931年春，调查股拟参观北平地方法院等机关。⑤ 1934年春假拟参观北平政整会、军分会、市政府、法院、监狱及疯人院等机关。⑥

① 《清华周刊》第435号，1928年3月30日，第573页。

② 《清华周刊》第446号，1928年12月8日，第60页。《国立清华大学校刊》第11期（1928年11月21日）刊登的“政治学会征求会员启事”中有“敝会创立，倏将二稔”一语。

③ 《国立清华大学校刊》第165号，1930年4月23日。

④ 《国立清华大学校刊》第240号，1930年12月19日；第250号，1931年1月23日。此次活动费用不足部分，由政治学系主任代请津贴35元，校务会议议决照付。

⑤ 《国立清华大学校刊》第266号，1931年3月2日。

⑥ 《国立清华大学校刊》第574号，1934年5月10日。

从参观调查的对象来看，基本上都是外交、行政、立法司法以及研究机构。

清华政治学会在沟通教学和增进师生交流方面有一定促进作用。系主任通常在政治学会会议中介绍与解释政治学系的办学精神、方针及发展计划等。1930 年 10 月 14 日晚，系主任吴之椿向政治学会常会说明办理政治学系的精神。[①] 1932 年 2 月 18 日政治学会全体大会上，系主任浦薛凤报告该系进行方针，说下学期于添设法律系外，当再竭力充实该系学程，多开关于本国及实用方面之课程，希望同学时与教授谈话，藉以增进感情。[②] 1934 年 9 月 28 日晚，政治学会举行本年度第一次全体大会。“该系主任及各教授，均有恳切动人之演说。浦先生首述欧游感想，次报告本校各方在学术上之努力与决心，……复次报告德法英三国最高学府政治学科之设施”。[③] 学生则藉学会讨论学系改进问题。[④]

政治学研究会与清华政治学会作为学生学术社团，在引导与培养政治学系学生学术兴趣方面无疑起到了一定作用，通过邀请学者与政界人物演讲以及调查参观活动，开阔了学生的学术视野与社会眼界，加深了他们对政治问题的认识，以及对政治学的理解。各种学术讨论会和论文报告会，以及政治书报的编译出版活动，又为学生提供了学术实践的机会，在实践活动中又时常得到教师的指导。通过实践，清华政治学系学生的学术兴趣和研究能力无疑都有所增进。

---

① 《国立清华大学校刊》第 217 号，1930 年 10 月 24 日。
② 《清华周刊》第 529 号，1932 年 3 月 5 日，第 94 页。
③ 《国立清华大学校刊》第 602 号，1934 年 10 月 4 日。
④ 《国立清华大学校刊》第 328 号，1931 年 10 月 30 日。

但是,团体性的组织活动一般离不开经费支持,编辑出版《政治书报指南》以及《清华政治学报》的曲折过程,就明显反映了经费在现代学术活动中的重要作用。如果学校领导者对于学生的学术活动没有基于长远发展的认识并作出确实的支持,学生学术团体的活动将受到制约。政治学会的日常活动经费主要来自会员交纳的会费,但这点会费,也时有不纳之虞。政治学会的一位负责人说,"近年来在校各级级会及各系学会率多空有其名而无其实,会员对其所属之会多愿享吃茶点之利益而不欲尽纳会费之义务,巧妇难为无米之炊,办事者亦只得抱多一事不如少一事之主义,政治学会自不能例外,有时因特种关系,其精神之散漫且较他系为甚"。[①] 清华政治学会在罗家伦担任校长的短暂时期内表现活跃,出版了《政治书报指南》和《清华政治学报》,主要得力于罗家伦的支持。罗家伦不仅允诺经费,还亲自到政治学会讲演,以示支持。[②]清华政治学会在 1932 年之后变得涣散与消沉,这与经费的缺乏和校方态度的转变恐怕不无关系。梅贻琦在担任校长期间,清华的办校方针向理工科倾斜,而且政府高层也开始推行抑制法科的政策。

政治学会当然不能反映政治学系学生学术趣味与学术活动的全貌,有的学生对于组织活动较为冷淡,却喜欢在政治学会之外进行其他学术活动。如政治学系第二级学生张景琨于 1928 年夏开始翻译波拉克的《政治学史概论》,后由商务印书馆出版。1929 年 5 月,政治学系同学徐雄飞、刘大白、张德昌、宋迪夏四人拟于短期内,将模恩(P. T. Moon)的《帝国主义与世界政治》(*Imperialism and World*

---

① 《清华周刊》第 531 期,1932 年 3 月 19 日,第 80—81 页。

② 《国立清华大学校刊》第 47 期,1929 年 3 月 15 日。

Politics)一书译成中文,并预向上海商务印书馆接洽出版事宜。[①]几经周折,最后由政治学系的张永懋、赵康节、邹文海及历史系的朱延丰四人译成,罗家伦、浦薛凤、蒋廷黻、王化成分别为之作序,经罗家伦介绍,[②]由上海新生命书局分上下两册出版。1933 年政治系学生楼邦彦、龚祥瑞鉴于"关于员吏制度的讨论,在中国还找不到一本有系统的著作,即使在欧美出版界也并不多见",于是合著《欧美员吏制度》,由上海世界书局于 1934 年 4 月出版。

20 世纪二三十年代,中国大学政治学系普遍设有政治学会,其宗旨与活动一般与清华政治学会相似。如北大政治学会"以讨论政治问题,研究政治学理为宗旨",会务分为读书、翻译、编著、讨论问题、敦请名人演讲,[③]曾于 1932 年出版《政治学论丛》一册。光华大学政治学会的设立,"在谋学术之增长,德育之陶冶"。其进行工作主要为刊行壁报、参观政法机关、学术讲演及辩论会、出版定期刊物。[④] 金陵大学政治学会亦以研究学术为宗旨,1930 年创办《政治学刊》。由此可见,清华政治学会在当时同类政治学会中具有代表性。

---

① 《国立清华大学校刊》第 68 期,1929 年 5 月 15 日。

② 《国立清华大学校刊》第 142 期,1930 年 2 月 21 日。

③ 《北京大学日刊》第 1346 号,1923 年 11 月 22 日。

④ 滕秉枢:《十年来之政治学会》,《政治学报》(光华大学),"十周年纪念特刊",第 5 期。

第二节　清华政治学者与中华政治学会

中华政治学会（The Chinese Social and Political Science Association）[①]成立于1915年冬，会址位于北京南池子门神库。以下就其成立及活动的大致情形略为叙述。

当时，美国驻华公使芮恩施[②]为沟通中外学者对政治、经济、社会等方面问题的见解，提议仿效美国政治学会（The American Political Science Association），成立中国政治学会，以研究国际法、外交学为要旨。经严鹤龄商诸时任驻美公使顾维钧等，皆以芮恩施的提议"法

① "中华政治学会"是 The Chinese Social and Political Science Association 的正式译名，这是该会在其出版的中文《政治学报年刊》（1916年）中所用的中文名称。但在当时及之后人们通常称之为"中国政治学会"或"北平政治学会"（参见李文裿编辑的《北平学术机关指南》，庄文亚编辑的《民国二十三年全国文化机关一览》，杨家骆编著的《全国机关公团名录》），"中华政治学会"这一名称反而少见人用。不过为了区别于1930年代成立于南京的中国政治学会，最好还是使用"中华政治学会"这一名称（以下为行文方便，有时简称"政治学会"）。关于该学会的专题研究，迄今所见只有冯先祥的未刊博士论文：Feng, Hsien-Hsiang, *A Learned Society in Peking: the Chinese Social and Political Science Association*, 1915—1949, University of Cambridge, 2014。

② 芮恩施（Paul Samuel Reinsch），1870年6月出生于美国威斯康辛州的密尔瓦基城（Milwaukee），毕业于威斯康辛大学法科，后又在柏林大学、罗马和巴黎受过教育。曾游历欧洲南美各国，并任教于德国的莱比锡及智利等大学。1899至1913年在威斯康辛大学教政治学。1913年11月出任驻华公使，至1919年8月辞职。辞职后继续担任中国政府顾问。1923年1月因突发脑溢血死于上海。关于他的生平传记及其与中国的关系，参阅 Noel H. Pugach, *Paul S. Reinsch, Open Door Diplomat in Action*, KTO Press, 1979；胡光麃：《影响中国现代化的一百洋客》，台湾：传记文学出版社1983年版，第109—114页。他病逝后不久，周贻春（Dr. Y. T. Tsur）撰写了一篇追思录（"In Memoriam"），概述了芮恩施的生平事迹特别是他与中国的关系（*The Chinese Social and Political Science Review*, vol. 7, no. 2, April 1923）。他在中国的经历参看其自传《一个美国外交官使华记》（*An American Diplomat in China*, 1922），李抱宏、盛震溯译，商务印书馆1982年版。

良意美，事属可行”。随后邀集同人积极计划筹备，从9月到11月，发起人数次会晤，推举伍朝枢、张煜全、严鹤龄三人起草章程，并邀集会员。一些外国政治学专家如韦罗贝（W. F. Willoughby）、亚当斯（Henry C. Adams）也参与襄画组织事宜。12月5日，在外交总长陆征祥寓所召开第一次常会，65人到会，选举职员。推举陆征祥为会长，芮恩施为第一副会长，曹汝霖为第二副会长，伍朝枢为书记，张宗元为会计。麻克类（Messrs. R. Macleay）、韦罗贝、张煜全、林行规、王景春、周诒春、吴乃琛、胡贻穀、严鹤龄等九人当选干事。随后，会长陆征祥和副会长芮恩施先后演说。

根据原始章程，政治学会的宗旨为：(1)鼓励法学、政治学、社会学、经济学和行政学的科学研究。(2)增进会员间之友谊。此外，对于各项政治问题不存党见，也不卷入和参与实际政治。会章接受美国政治学家韦罗贝的建议，将会员分为三种，即特捐会员（Endowment members），应交200元以上会费；终身会员（Life members），应交会费100元；普通会员（Ordinary members），年交会费6元。任何人倘经理事会的邀请；或者由一名会员提议另一会员附议，经理事会批准，均可为该会会员。学会设会长一人，副会长二人，秘书和会计各一人，每年选举一次。又设有理事会，由上述职员以及当选会员九人组成，任期三年。当选会员分成三股，每股三人，每人在每股任期一年。理事会总理会务，支配款项，委派各委员会及其主席人员并授以相当职权。除会章特别规定外，理事会有管理该会之权。理事会以五人为法定人数，其议案以出席者过半数之表决决定之。会员以十人为法定人数，其议案以出席会员过半数之表决决定之。会长在该会以及理事会开会时担任主席，并办理理事会移办的其他一切职务。[①]

在 1926 年 12 月召开的年会上通过了对上述章程的修正案。修改后的章程规定，政治学会的宗旨为：(1)鼓励社会和政治科学研究；(2)增进对社会和政治科学有兴趣者之间的友谊。凡是对社会和政治科学中的任何分支学科有兴趣，或是抱着支持态度的人，均有资格成为政治学会的会员。会员分为永久会员（Life members）、本埠会员（Resident members）和外埠会员（Non-Resident members）三类。永久会员须交纳会费 100 美元，本埠会员每年会费 10 美元，外埠会员每年会费 6 美元。会员均享有参加学会举办的会议、使用学会图书和获赠《中国社会及政治学报》每期一册等权利。学会的资金及其他来源，包括各方面给学会的捐赠、礼物、遗赠等，以及会员会费和其他形式的收入。理事会由会长、副会长、秘书、会计，以及当选会员六人组成，任期仍旧三年。当选会员每二人一股，分成三股，每人在每股任期一年。理事会以五人为法定人数，其议案以出席者过半数之表决决定之。会员以二十人为法定人数，其议案以出席会员过半数之表决决定之。学会每月开会一次或一次以上。

芮恩施在《中华政治学会叙言》中称许美国政治学会，“匪独政治专家、政治讲师，而律师、官吏、教员、治国闻者，与所研虽非政治而涉及政治者，亦列席焉。彼专家者，固钩深索隐，钻仰独勤。然而事资众擎，谋实佥同，他山之助，庸可没耶？”[②]中华政治学会系模仿美国政治学会而设，对于入会的条件与资格非常宽松。该会成立后不久，合

① *The Chinese Social and Political Science Review*, vol. i, no. 1, April 1916, pp. 135—137；中华政治学会：《政治学报年刊》第一年，1916 年，第 21—24 页。

② 中华政治学会：《政治学报年刊》第一年，第 1—2 页。原文见 *The Chinese Social and Political Science Review*, vol. i, no. 1, pp. 12—13。

并了中国历史学会(The China Historical Research Society)和国际法学会(The Society of International Law and Diplomacy)①。会员来自许多不同的职业,诸如教师、外交人员、出版商、作家、海关官员、银行职员,他们并非都是政治学者或政治专家;会员所属的国籍包括中、美、英、法、德、日、澳等许多国家,俨然一国际性学术组织,但主要为回国欧美留学生。② 政治学会的财务制度非常透明、健全,每年学会的收支情况都要有具体的统计数据,在年会报告之后,还得公开刊登于《中国社会及政治学报》。图书委员会对于一年内图书基金的收支情况、图书的数量增减、图书的来源、阅读人次、阅读类型等各项管理工作也要提供明确的数据报告。政治学会从成立到 1937 年的前二十多年间,共经历了 22 任会长③。从学会的领导人及会员结构来看,大多数时间里,政治学会是以北京政府外交部人员为中心的一个以学术为纽带的自由的专业学术团体。

政治学会发起者在筹划之初,就有三个明确的设想:第一,要在北京建立与培育一个鼓励学术研究和促进国际学术交流的中心;第二,要建立一座政治学会图书馆;第三,以政治学会名义出版一种学

① *The Chinese Social and Political Science Review*, vol. i, no. 2, July 1916, p. 3.

② 陈翰笙说,政治学会"会员里十九是留学欧美归国的人,十一是现任外交部职务的,十七八是教育界稍有名望的"(见陈翰笙:《临时抱佛脚》,《现代评论》第 3 卷第 53 期,1925 年 12 月 12 日)。这只是一个大概的印象,通过分析该会三个不同年份的会员录(1925、1927、1931 年),陈翰笙的说法大体上是有根据的。

③ 历任会长及其任期如下:陆征祥(1915—1920);颜惠庆(1921—1924);胡贻榖(1925—1926);顾维钧(1927—1928);颜惠庆(1929—1930);张煜全(1931—1933);胡适(1933—1934);王正廷(1934—1935);胡适(1935—1937)。第一副会长一直由外国人担任,其中以美国驻华公使芮恩施担任时间最长,自 1915 至 1920 年连任六次。第二副会长和秘书则一直由中国人担任。1927 年之前,会计也都是由中国人担任,1927—1937 年,则完全由外国人担任。

术期刊。[①] 学会的事业主要即围绕着这三个方面展开。

一、政治学会图书馆的创办与发展

1917 年早些时候组成了一个图书馆委员会，该委员会被授权拟定一个方案，内容是关于如何获得一块位置适宜的土地，筹措一笔用于建筑馆舍的资金，以及如何主要通过捐赠的途径以获取图书。1918 年 6 月，得到了一笔 100,000 两银子的资金。这笔资金是由陆征祥向芮恩施提议，从美国退还中国的庚子赔款中提取的。1918 年 2 月，美国驻华公使和北京政府外交部达成了一项划拨该款的协定，规定不得用于图书馆的建筑，只能投资安全的公债。本金不得动用，只能用利息来维持图书馆的日常开支以及购置书籍等设备。[②] 同时也获得了用于建筑图书馆的一块地皮。还成立了两个委员会，一个负责资金保管和投资，另一个负责管理图书馆。到 1923 年底，学会图书馆已经拥有五间建筑物，包括一间大会议厅和阅览室（大多数的英文书籍陈放于此），一间馆员办公室，一个书库，两个小房间用作管理员和秘书住所。有中英文图书 7500 册，其中英文书籍 4500 册，大

① Yen Hawkling, "The Chinese Social and Political Science Association: A Retrospect and a Prospect," *The Chinese Social and Political Science Review*, vol. vii, no. 1, p. 101.

② 用这笔资金设立的基金成立于 1918 年 6 月 17 日，主要用于投资公债与股票等，以利息来开支图书馆的各项费用。1930 年托中华教育文化基金董事会代为保管。1937 年底，该基金资产总数为国币312,016元，至 1949 年仅余 7 万美元。（转引自王树槐：《庚子赔款》，台北：中央研究院近代史研究所 1985 年再版，第 327—328 页）顾维钧说成立政治科学图书馆的资金来自卡内基和平基金会（《顾维钧回忆录》第一分册，第 79 页），似不确。王树槐说政治学会的图书基金 1930 年委托中华教育文化基金董事会代为保管，时间上有误，事实上这项合作是在 1931 年 7 月达成的，基金正式移交是在同年 9 月 8 日（*The Chinese Social and Political Science Review*, vol. xvi, no. 1, April 1932, pp. 178-179）。

多数是通过芮恩施的努力，由卡耐基国际和平基金会以及个人捐赠的。[①] 到 1927 年底，中英文图书约有 9000 册。[②] 1930 年，英文图书总数达到 9000 册。到 1934 年 6 月底，已登记的图书总量为 12869 册。[③] 每年购买以及通过其他途径获得的图书大多数为英文书籍，论内容则绝大多数为社会科学类书籍，[④]其中包括许多重要的政府文书和研究机构的出版物，如关于第一次世界大战起源的英国官方文件，美国国际事务调查录，美国布鲁金斯研究社、英国费边社、国际劳工局等机构的出版物，以及完整的海关报告。由于图书不断增加，图书馆的存架不敷使用，不得不另辟新馆。在和中华教育文化基金会合作之后，新馆也供后者所属的北平社会研究所（The Institute of Social Research）使用。[⑤]

图书馆的书刊主要是供给政治学会会员使用，因此，图书经常是根据会员的研究需要而购置。会员可以建议图书委员会订购哪方面的书。例如，太平洋关系学会中国理事会希望在 1930 年利用政治学会图书馆来进行研究，但是他们感到学会图书馆缺乏关于满洲、蒙古、西藏等方面的材料，严鹤龄于是建议购买这方面的图书资料，图

---

① Yen Hawkling, "The Chinese Social and Political Science Association: A Retrospect and a Prospect," *The Chinese Social and Political Science Review*, vol. vii, no. 1, p. 104; A letter sent to V. K. Wellington Koo, and Jacob Gould Schurman from Hawkling Yen, *The Chinese Social and Political Science Review*, vol. viii, no. 1, January 1924, pp. 255-256.

② *The Chinese Social and Political Science Review*, vol. xii, no. 2, April 1928, p. 318.

③ *The Chinese Social and Political Science Review*, vol. xviii, no. 3, October 1934, p. 451.

④ 例如在 1932 年 1 月 1 日至 1933 年 6 月 30 日的 18 个月中，图书馆共收到图书 1933 册，其中社会科学类（包括社会学、政治科学、经济学、法律和政府、国际法与国际关系、商业与交通，等等）就占到 1198 册。见 *The Chinese Social and Political Science Review*, vol. xviii, no. 3, pp. 446—447.

⑤ *The Chinese Social and Political Science Review*, vol. xvi, no. 1, April 1932, p. 184.

书委员会遂决定将此项建议纳入下年预算中。[①] 从图书委员会在《中国社会及政治学报》上所公布的各年度业务报告来看，图书的购置与管理是政治学会日常工作重点。图书委员会的工作非常透明、尽职尽责，富有效率。从读者方面来看，在图书馆开办初期前来借书和读书的人数还比较少，但 1925 年“沪案”发生后以及关税会议的召开，借读图书的人数剧增。此后读者人数总体上是逐年增长的。[②]随着外借读者的增加，管理上的压力也越来越大，并且影响到会员特别是教授会员的研究需要。因为图书馆利用规则对于会员推荐他人来借书没作人数限制，所以会外读者占了相当的比例。鉴于此，图书管理委员会在 1931 年 2 月 6 日举行的会议上通过了一条新的规定：“每位会员最多只能介绍两名客人可以享受图书馆规定的权利。”[③]

二、编辑发行《中国社会及政治学报》季刊

该会发起初意，重在刊行学报。在《中国社会及政治学报》正式刊行之前，发起人曾就该刊使用何种文字进行讨论，有的主张用中文，有的主张用英文。考虑到以下各种情形：学报要担当向中国读者介绍西方国家关于政治、法律、经济和社会制度等方面的经验与活动，刊登基于旁观立场的西方学者对中国典籍的迻译和研究中国的

---

① *The Chinese Social and Political Science Review*, vol. xiv, no. 2, April 1930, pp. 278-279.

② 1922—1933 年借出图书册数和入馆读者人数统计表：

年份	1922	1923	1924	1925	1926	1927	1928	1929	1930	1931	1932	1933
图书	111	213	446	1625	1487	1025	1182	1639	2197	2845	6095	6493
读者	107	290	486	1573	1122	1292	1773	1934	2232	2327	4037	4565

资料来源：*The Chinese Social and Political Science Review*, vol. xviii, no. 3, p. 452.

③ *The Chinese Social and Political Science Review*, vol. xvi, no. 1, p. 180.

论著，而且有许多外国人也爱读中国人衡论本国的文章；但是当时中国国内英文普通杂志很少，而专门研究社会和政治的更无所闻。随着留学归国者越来越多，也需要为他们提供研究发表的载体，而且国人中也不乏能够阅读英文者。最后，根据该刊的阅读对象，决定采用英文，并打算将刊登在学报上的外国学者的文章译为中文，汇编成册，作为岁终增刊，提供给中国读者。[①] 但这种中文年刊似乎仅第一年出版过一次。学报自 1916 年 4 月开始刊行，至 1941 年 3 月刊出最后一期后停刊，共出版了 24 卷。其中大多数年份均按时正常出版，只有 1921 和 1922 等极少年份因故未能一年出齐 4 期。担任过《中国社会及政治学报》前 20 卷（1916—1937）总编辑的有严鹤龄、毕善功（L. R. O. Bevan）（代理）、刁敏谦、蒋廷黻、萧公权。

《中国社会及政治学报》的体例与《美国政治学评论》（*The American Political Science Review*）相似，包括论文、学术讯息、书评等栏目内容。论文的来源基本上为会员投稿，也刊登来访者的演讲词，博士论文的节录等；论文主题大体限于社会科学领域，这与哥伦比亚大学发行的《政治学季刊》（*Political Science Quarterly*）是一致的，“Political Science”一词是在一种较广意义上使用的，恰如其立会宗旨所言，凡经济、政治、法律、外交等方面的内容均可包括在内。[②] 其实只要考虑到哥伦比亚大学政治学院 20 世纪初叶在美国政治学界的崇高地位，以及它培养了大批中国早期留美学生，而中华政治学

---

① *The Chinese Social and Political Science Review*, vol. i, no. 1, pp. 4-6.

② 尽管如此，它的范围还是有些模糊。政治学会图书委员会大约在 1928 年初向理事会提交的一份报告中建议，为了使图书购置进一步专业化，明确界定“社会和政治科学”的范围是必要的。见 *The Chinese Social and Political Science Review*, vol. xii, no. 2, p. 328. 可见，所谓“社会和政治科学”这样的概念一旦要落实到实践的层面，并不容易把握。

会的主要成员就是来自这些留美归国学生这样一些事实，就可以明白中华政治学会对于"Political Science"的理解，为什么同哥伦比亚学派相同的原因了。

《中国社会及政治学报》上刊载的稿件主要讨论中国现实问题，涉及社会、政治、经济、教育等各个方面，并提出许多建设性意见，如韦罗贝（W. W. Willoughby）的《成文宪法论》（Observations with Reference to the Adoption of a Written Constitution），郭云观的《中国国际条约上利益均沾之范围》（The Legitimate Bounds of Most-favored-nation Treatment in China），劳力（S. G. Lowrie）的《中国联邦制政府之运用》（Application of the Federal System of Government of China）。但是，由于它是学术性和专业性的英文刊物，很难在大众层面传播，基本上局限于欧美归国留学者圈子当中。[①] 因此，该刊在新文化运动时期的社会影响力几乎不能与《新青年》《每周评论》《新潮》等相提并论。[②]

《中国社会及政治学报》有时还就特别专题出版增刊，如《华盛顿会议增刊》，《公共文件增刊》等。

三、会员发展与"抽烟会"

由于中华政治学会的入会条件较为宽松，会员发展较快，在学会

---

① 据关于《中国社会及政治学报》1927 年的报告，《中国社会及政治学报》"如平常一样，每期印刷 750 册"。*The Chinese Social and Political Science Review*, vol. xii, no. 2, p. 325.

② 《新青年》第 3 卷第 4 号在"书报介绍"栏目中对《中国社会及政治学报》有简略介绍，其中说到："欧美之学校机关购阅者颇多，而国人闻此名者尚少，亦一怪事。报中不乏有价值之文章，……皆可为国人治斯学者之参考。此外关于中国问题之作，不暇枚举。"

成立后不到三个月，人数就达到175人。[①]到1925年6月，会员达到306人。[②] 但此后发展较慢，如1929年只吸收了14名新会员，到1930年4月，本埠会员和外埠会员总共才335人。[③] 1931年的会员录中，所载会员人数却下降为316人。[④] 这应该是上一年的数字。1931年共接纳新会员12人，但又有48人或脱会或地址不明，故总数只有280人。[⑤]

政治学会早期通常不定期举行"抽烟会"(smoker[⑥])，其活动内容一般包括接纳新会员、宣读论文、学术讨论等。参加人数多少不限，地点经常是在政治学会图书馆，偶尔也在私人寓所进行。为欢迎某人到访，也举行"抽烟会"。许多著名学者在政治学会的演讲都是以"吸烟会"的形式进行的。如1916年2月15日，严复演讲"中华古代政社沿革考"，韦罗贝演讲"预算案的性质及其功用"，就是在芮恩施住所举行的"抽烟会"中进行的。[⑦] 因为"抽烟会"通常进行学术演讲与讨论，所以有时也被称作演讲会("lecture meeting")。1926年修订的会章规定每月举行一次"抽烟会"，因此这种会议基本上按月举行，通常请一些国内外知名专家学者发表演讲，演讲词随后刊登在《中国社会及政治学报》上。会议演讲一般用英语，偶尔也有用中文

① *The Chinese Social and Political Science Review*, vol. vii, no. 1, p. 104.

② *Directory of Members*, The Chinese Social and Political Science Association, June 1925.

③ *The Chinese Social and Political Science Review*, vol. xiv, no. 2, p. 263. 但另一处统计为316人，见 *The Chinese Social and Political Science Review*, vol. xvi, no. 1, p. 173.

④ *Directory of* 1931, The Chinese Social and Political Science Association.

⑤ *The Chinese Social and Political Science Review*, vol. xvi, no. 1, p. 173.

⑥ 指边抽烟边闲谈的男性非正式社交聚会，主要用于美国。

⑦ *The Chinese Social and Political Science Review*, vol. i, no. 1, p. 4.

的，如 1930 年 3 月 24 日，吴鼎昌就是用中文演讲“中国经济的理论与实际”这篇论文的。[①]

年会（Annual Meeting）则比较正式，会议内容基本上为事务性的，包括接纳新会员、财务报告、图书委员会的报告，以及事关学会发展计划的拟定与建议等。如 1922 年 12 月 8 日召开的年会上，毕善功提议政治学会应该接收女性会员。会议主席则认为这可能与政治学会的实际情况不合，因为女士对于“抽烟会”难以接受。他询问大家对这个提案的意见，有人建议将该提案推迟到下次会议再作决定，最终这个建议被采纳通过。[②] 在事务性问题报告或讨论结束之后，往往也进行学术报告与讨论，这些报告与讨论有时是针对中国现实社会和政治问题的。

中华政治学会是在美国驻华公使芮恩施与北京政府外交部一些外交领导人的共同努力下，利用美国退还庚子赔款的部分余额设立与维持的，清华学校也是由庚款建立的，并受北京政府外交部的领导，所以在组织与人事方面，中华政治学会、清华学校与外交部、美国驻华公使馆之间均有密切联系，政治学会中一些主要职员既是外交部官员，又是清华学校负责人，如颜惠庆、严鹤龄、周贻春。另外，有很多中华政治学会会员是清华留美归国同学，同时清华学校许多教师也是政治学会会员，其政治学教师几乎都是该会会员。在 1925 年 6 月出版的政治学会会员录中，有清华政治学教师钱端升、余日宣（Yui，Stewart S.）。在 1927 年 6 月的会员录中，有清华政治学系讲

---

① *The Chinese Social and Political Science Review*，vol. xiv，no. 2，p. 259.

② *The Chinese Social and Political Science Review*，vol. vii，no. 1，January 1923，p. 110.

师陈复光，副教授钱端升、刘师舜、余日宣。在1931年的会员录中，有浦薛凤、王化成。之后，萧公权、沈乃正、陈之迈也加入政治学会。余日宣、刘师舜、浦薛凤、王化成、萧公权、沈乃正、陈之迈等在《中国社会及政治学报》上都有学术论文或书评发表。

中华政治学会早期的领导人及主要职员大多为外交部官员，如陆征祥、颜惠庆、顾维钧、严鹤龄、刁作谦。北洋政府垮台后，这些外交部官员各奔前程，北平学院派人物于是趁机而入。胡适在1933—1937年间担任了三届会长，《中国社会及政治学报》总编辑(Managing Editor)一职自1931年起就先后由清华大学的蒋廷黻和萧公权担任。蒋廷黻担任总编辑的时间为1931年4月至1934年7月，编辑第15卷第1期至第18卷第2期。萧公权曾两度出任《中国社会及政治学报》总编辑，一次是代蒋廷黻担任执行总编辑(Acting Managing Editor)，主编第18卷第3期至第19卷第2期(1934年10月—1935年7月)。[①] 另一次主编第20卷第1—4期(1936年4月—1937年1月)。此外，陈之迈还担任过1936—1937年度图书委员会委员(另外五名委员是张柳池、张煜全、周炳琳、袁同礼、陈宗登)。可见清华政治学者在抗战前已经介入中华政治学会的领导与管理阶层，而北大、燕京两校政治学系都无人进入这个阶层，其中的原因可能与胡适出身清华以及清华的特殊背景有关。九一八事变后，胡适、蒋廷黻等人创办《独立评论》，在舆论界发挥较大影响，萧公权、陈之

---

① 萧公权在《问学谏往录》中说："民国二十三年廷黻休假，到欧洲各国去研究考察。他把编辑《中国社会及政治学评论》(*The Chinese Social and Political Science Review*)的任务交给我代理。这是当时颇有声望的纯学术性英文季刊。我谨慎从事，把全年四期，按时付印了，虽然约稿、阅稿、校对等事占了我不少的时间。其中最难的工作是阅稿。……二十四年八月廷黻回校。我把已经编好下年首期的稿件交给他，才卸下我的责任。"《问学谏往录》，第115—116页。

迈后来都成为《独立评论》政论的中心人物，他们经常在一起讨论中国社会政治问题。胡适对陈之迈颇为赏识，将陈之迈拉进《独立评论》编辑部，而蒋廷黻与萧公权、陈之迈的交谊也不浅，无形中形成了“胡适派文人”的自由主义者小集团。他们不仅影响舆论界，而且积极介入学术领域，并在相当程度上掌控了中华教育文化基金会、中华政治学会这类文化学术机构的学术资源。

中华政治学会类似一种学术俱乐部，它主要提供研究资料和信息，供给会员学术交流与讨论场所，并为会员提供研究成果发表渠道，在沟通中外特别是中国与英美学术界方面发挥了重要作用；但它本身并不制订学术研究的规划，既不限制会员的具体研究方向与领域，也不关心具体学科的建设与发展前景。它很像是一种学术服务机构，而不是学术规划与领导机关。政治学会虽然以有关政治问题为其感兴趣的重点，但是它并不能算作一个单纯的政治学学科组织，就像早期的美国政治学会一样，是一个“专业”组织，而不是一个“学科”组织。① 因此从学科发展角度来说，中华政治学会不适合中国现代政治学学科的整体建设与协调发展，于是便有新的学会组织来填补这方面的职能空白，这个新的学术团体就是 1932 年成立于南京的中国政治学会②。

---

① 早期美国政治学会，由于入会条件极宽，会员成分复杂；但 19 世纪 30 年代，学会的领导者与会员大多为大学教师，学院化色彩浓厚。因此，有人称前期美国政治学会为“专业”组织，后期的为“学科”组织。《政治学手册精选》上册，第 57 页。

② 笔者在撰写本书的时候，所见关于中国政治学会的专题论文只有魏镛的《中国政治学会之成立及其初期学术活动》（载台北《政治学报》第 20 期，1992 年 12 月）。作者曾担任过在台复会后的中国政治学会理事长，任职后发现有关该会成立经过的文献，遂据此整理成文。但该文使用资料单一，缺乏其他相关资料。下节论述中有关该会会章的内容系转引自该文，以下行文不再注明。大陆出版的各种政治学概论一类的书籍在提到中国政治学会时，大体均依据《中国大百科全书》“政治学”卷中相关条目，极为简略。

第三节　清华政治学者与中国政治学会

1932 年 9 月，由杭立武、高一涵等 45 人发起的中国政治学会成立于南京。[①] 关于中国政治学会筹备成立的经过，杭立武记述如下：

> 中国政治学会之发起，始于去夏。时愚在中央大学，初与政治系同事陶希圣、吴颂皋、刘师舜、梅思平、杨公达诸君言，皆表赞同。会暑期各地友人过京者，如张奚若、周鲠生、高一涵、皮皓白诸君等，与谈此事，感乐观速成，促即正式发起。经即通函各地，征求发起人，未匝月而京沪平津武汉青岛广州各校络绎赞同者，五十余人。足征研究政治学者之组织学会，实久具此需要，偶经提倡，竟群谋佥同也。惟以同志散居各地，召集非易，当与高一涵君等先拟会章草案，即以通信方法，征询各同志同意，并请推选筹备委员，共策进行。以东北事起，继以沪案发生，迟滞数月，至本年三月底，选举始告竣事。当选定周鲠生、高一涵、张奚若、梅思平、萧公权、刘师舜诸君及愚等七人，继续进行。遂于七月十三日在京举行第一次筹备会议，决议于九月一日召集全体发起人，开成立大会于南京，此本会筹备成立之经过也。[②]

9 月 1 日，中国政治学会借中央大学礼堂举行成立大会，到会者

---

① 45 位发起人是：高一涵、刘师舜、杨杏佛、陈逸凡、陈石孚、萨孟武、梅思平、田炯锦、钱昌照、谭绍华、程天放、端木恺、杨公达、李迪俊、马约、陈经远、马文焕、雷震、向理润、李圣五、刘迺诚、周鲠生、王世杰、时昭瀛、皮皓白、卢锡荣、罗隆基、吴颂皋、袁道丰、唐良礼、章渊若、刘崇太、陈希孟、张奚若、钱端升、萧公权、陶希圣、张慰慈、吴之椿、浦薛凤、徐淑希、梁朝威、张忠绂、傅坚白、杭立武。其中留学英美者占大多数，而属于清华留美归国者有 11 人之多。

② 杭立武：《中国政治学会成立刍言》，《时代公论》第 23 号，1932 年 9 月 2 日。

有卢锡荣、时昭瀛、梅思平、钱昌照、刘师舜、马洗繁、高一涵、吴颂皋、萨孟武、李圣五、吴南如、雷震、田炯锦、向理润、陶希圣、马文焕等数十人，推杭立武为主席。遂由主席报告该会宗旨：(一)促进政治科学之发展；(二)谋贡献于现实政治；(三)帮助后学示以研究方法。继即报告筹备经过。报告毕，即开第一次大会，通过议案如下：(一)会章；(二)组织干事会，并推定高一涵、周鲠生、王世杰、杭立武、钱昌照、卢锡荣、陶希圣、萧公权等 22 人为候补当选人，俟下月再由各发起人用通信方法复选 11 人；(三)组织国际政治研究委员会；(四)发行有关政治之各种刊物。[①]

中国政治学会的成立，较大程度上归功于杭立武的谋划与组织。1931 年，杭立武受聘担任中央大学政治系主任，其时，他结束了在英美师从政治学名家拉斯基(H. J. Laski)和阿格(F. A. Ogg)的留学生涯后返国不久。“督于国内学术团体正如雨后春笋，惟独缺政治学学术团体”[②]；而英国的费边社、美国的政治学会对于各自国家的实际政治，皆有重大贡献。置身英美的留学经历，使杭立武对政治学学术团体的作用认识更为深切。他认为：“盖政治之良窳，必由其历史之背景，与社会之环境所造成。倘能得专家若干人，先从事实上之研究入手，然后根据学术上之原理，参照本国之实情，对症发药，筹思切实计划而倡导之，则政治上之利弊，非不可藉以兴革也。”“因而立意成立一纯政治学术团体”，踵武费边社和美国的政治学会。[③] 同年冬，杭立武受聘担任管理中英文化教育基金会总干事，这项职务涉及管理补助各项文化教育事业，便于他和各大专学校以及文化学术界的接

① 《中央日报》1932 年 9 月 2 日。

② 杭立武：《政治学会五十年感言》，《政治学报》(台北)第 10 期，1982 年 12 月。

③ 杭立武：《中国政治学会成立刍言》，《时代公论》第 23 号，1932 年 9 月 2 日。

触。杭立武利用此有利条件，积极筹划建立中国政治学会。

根据会章，中国政治学会的事业分为以下几类：（一）阐明政治原理；（二）讨论政治问题；（三）设立分科研究会以进行政治科学范围内多种专门研究；（四）刊行政治学杂志；（五）编译政治学书籍。举行学术讲演、设置研究奖金等项虽未列入会章，但皆在拟议中，视将来事实上之需要与可能而酌定。会员分为个人会员、名誉会员、团体会员三种。依会章第五条规定：（一）凡曾受政治科学之专门教育者，得由会员三人介绍经干事会同意为本会正式会员；（二）凡对于政治科学或对于本会会务有特殊贡献者，得由干事会推举为本会名誉会员；（三）凡国内研究政治科学之团体与本会宗旨相合者得经干事会审定认为本会团体会员。学会的最高权力机构为会员大会，每年召开一次，是即"年会"。干事会办理会务，设干事十一人，任期一年，由会员大会选举；干事会设总干事及副总干事各一人，由干事互推。另设书记、会计、编辑主任及出版主任各一名，由总干事提名，经干事会之同意于会员中推举，任期一年。应会务之需要，得由干事会推举会员，组织各种委员会；另得经干事会之议决，酌设分会，凡国外研究政治科学之团体而与本会宗旨相合者，经干事会之同意为本会联会。1935 年 6 月召开的第一届年会交议修正通过后的新会章确定将干事会更名为理事会，干事长更名为理事长，不设副理事长。设理事十一人，监事三人，常务理事五人，由理事互推之。另设总干事，为理事会之秘书；理事会的职员，分司会务，由总干事经理事会之同意任用。

学会成立时，为了借重网罗各方面人才和便于协调，选出周鲠生、浦薛凤、钱端升、王世杰、杭立武为常务干事，杭立武兼任总干事，梅思平为副总干事，负责处理日常会务，学会会址暂设于管理中英文化教育基金会办事处——南京传厚冈 1 号。

学会会章对入会的规定虽较简略，但1933年8月2日临时干事会议决通过的《审查新会员资格暂行标准》对申请成为个人会员的资格规定颇为严格，须具有下列条件之一方可入会：(一)现任大学教授；(二)曾在大学或同等学校教授政治学或其相关学科两年以上而有专门著述；(三)在国内研究机关从事政治学或其相关学科之研究工作而有研究成绩发表者；(四)对于政治学有特殊贡献者。1936年7月1日第四次理事会议决将第一项之“现任大学教授”修正为“现任大学政治学系教授”。由于标准过高，见之于会议记录者，初期入会人数较少。1936年7月第四次理事会仅通过黄正铭、裴复恒二人。1937年5月第六次理事会通过黄廷英、蒋廷黻等8人。直到1942年11月在重庆召开第三届年会时，据会议主席王世杰报告，会员总数才139人。1946年春复员南京时，会员也才142人。① 与学会成立时相比，可知十多年间会员人数增加缓慢。

按章程，中国政治学会年会应每年召开一次。事实上，中国政治学会自成立至抗战结束，仅开过三次年会。以下简述抗战前召开的两届年会情况。

第一届年会于1935年6月26日在南京中山门外外交部郊球场开始举行，会期4天。当天下午举行第一次大会，出席会员有王世杰、钱端升、程天放、杭立武、马洗繁、张奚若、浦薛凤、陶希圣、张忠绂、徐淑希、刘迺诚等五十多人，主席王世杰。会议讨论吏治、改进政治学系课程标准等问题，随后举行分组会议。会后行政院院长汪精卫设晚宴款待。② 27日上午9时举行第二次大会，出席会员三十余

① 教育部教育年鉴编纂委员会编：《第二次中国教育年鉴》，商务印书馆1948年版，第852页。

② 《中央日报》1935年6月27日。

人，王世杰因事缺席，由梅思平代理会议主席，讨论吏治改进问题。先由主席报告讨论大纲，继由会员先后发表意见，经两个半小时详细研讨，结果由主席归纳为三项：（一）讨论范围以公务员的考试训练为中心；（二）注重宣传，引起政府及社会人士的注意；（三）各问题内容交分组会讨论。旋即散会，赴教育部长王世杰宴会。下午 2 时继续举行外交策略组、政治学系课程标准组及吏治改进组各分组会议。晚宴由交通部长邀请。[①] 28 日 9 时在外交部郊球场举行第三次大会，出席会员为浦薛凤、周鲠生等约三十人，由浦薛凤代理主席，讨论政治系课程标准问题。该案在举行大会之前，已由分组会议两次讨论，多数会员意见主张列举政治学系最低限度之必修课程，备各校参考。由于出席会员多半为各大学政治系教授或主任，各有意见发表，讨论时间甚长，至 12 时散会，同赴中央大学校长罗家伦公宴。下午 2 时在教育部举行分组会议，5 时结束。[②] 29 日，第四次大会改在大高同学会举行，出席会员有王世杰等四十余人，上午 9 时开会，王世杰主席，先由各分组会负责召集人周鲠生、梅思平、浦薛凤、时昭瀛等分别报告外交策略、吏治改进及政治学系课程标准的审查结果，经大会修正通过，并交由下届干事会议整理文字后发表。随后讨论会务，首由杭立武报告两年来的会务及计划事项，继讨论第二届干事选举案，王世杰、周鲠生、杭立武、梅思平、钱端升、钱昌照、张奚若、吴颂皋、张慰慈、刘师舜、高一涵等十一人连任。复将会章、经费等问题略加讨论，时已正午，乃闭幕。[③]

---

① 《中央日报》1935 年 6 月 28 日。

② 《中央日报》1935 年 6 月 29 日。

③ 《中央日报》1935 年 6 月 30 日。关于此届年会讨论的具体议题及结果参见魏镛：《中国政治学会之成立及其初期学术活动》。

第二届年会于 1936 年 7 月 3 日在南京中山门外交部郊球场举行，会期 3 天，议题四项：(一)宪法草案；(二)地方行政；(三)外交策略；(四)非常时期之国民政治教育。7 月 3 日举行第一次大会，到会会员有王世杰、周鲠生、钱昌照、梅思平、杭立武等，以及南京市党部社会局代表，共约五十余人，由王世杰主席。当日举行宪法草案组、外交策略组、非常时期国民政治教育组三个分组会议。[①] 4 日在大高同学会举行外交策略及宪法草案两个分组会议，周鲠生、梅思平、浦薛凤、杭立武、陶希圣、陈之迈、王化成、李圣五等约三十人出席，下午 4 时赴励志会出席行政院长蒋介石茶会，晚 7 时赴外交部长张群宴会。[②] 5 日在教育部举行第二次大会，出席会员王世杰、周鲠生、蒋廷黻、彭学沛、梅思平、杭立武、时昭瀛、浦薛凤、陈之迈、刘师舜、张汇文、王季高等 47 人，王世杰担任主席。宣告开会后，首由外交策略组召集人周鲠生、宪法草案组记录人陈之迈、地方行政组召集人梅思平、非常时期国民政治教育组记录人王季高等先后报告审查结果。经大会议决接受，所有各组内容俟整理文字后再行发表。次由杭立武报告会务，经讨论决定编行年刊，并由政治学系课程标准研究委员会继续研究政治学系课程标准，俾提出报告送备各大学参考。旋即投票选举理事，因时间急促，未及开票，由大会议决交时昭瀛、陶希圣、萨孟武三人照章办理，另用书面通知。随即全体摄影宣告闭幕，同赴外交部张部长公宴。[③] 选举结果，王世杰、周鲠生、杭立武、钱端升、梅思平、浦薛凤、吴颂皋、刘师舜、徐淑希、马洗繁、张慰慈等十一人当选理事。8 日，理事会在山西路 78 号举行会议，选定各部职员，

---

① 《中央日报》1936 年 7 月 4 日。

② 《中央日报》1936 年 7 月 5 日。

③ 《中央日报》1936 年 7 月 6 日。

王世杰、周鲠生、梅思平、浦薛凤、钱端升当选常务理事,杭立武当选总干事,并对本届年会决议各案,作文字修正。①

两届年会所讨论的主题,多与当时政府内政外交所面临的紧迫问题相关,具有很强的现实针对性,目的在于为政府的重要施政提供决策参考,②而会议的研讨也得到了政府相关部门与高层官员的支持与配合。但会议研讨的结论是否在事实上影响到政府的决策;如果是,那么又在什么问题上、多大程度上影响了政府的决策活动等问题,则有待更深入的探讨。

从中国政治学会的发起成立到抗战前召开的两次年会来看,清华政治学者都积极参与其中。在45位发起人中,当时属于清华政治学系的就有张奚若、钱端升、吴之椿、浦薛凤等四人,不久之后受聘于清华的萧公权也是发起人之一。就发起者人数而言,清华政治学系

---

① 《中央日报》1936年7月9日。此次年会各组讨论的议案及审查结果的具体内容参见魏镛:《中国政治学会之成立及其初期学术活动》。该文依据此次年会的大会纪录,介绍了宪法草案、地方行政制度、非常时期之国民政府教育案等三个议案的讨论内容及结果。但外交策略案,在大会纪录中"因系密件,原案从略",故魏文中也只得从略。幸运的是笔者在中国第二历史档案馆发现了中国政治学会就此次会议决议案向行政院的呈文(全宗号:2;案卷号:2635)。呈文附有"外交策略组审查报告""宪法草案组报告"和"地方行政组审查报告"。"外交策略组审查报告"恰好可以弥补魏文的缺略,其他两个议案也可与魏文中的相关叙述比照对勘。

② 如第二届年会结束后,中国政治学会将此次会议决议案经整理齐备后密呈行政院,内称:"查本会第二届年会,前于本月三日至五日在京举行,出席会员计共四十七人,俱为国内各大学政治系教授,及研究政治学之知名学者,所有各种议案,当经决议分别呈送各主管机关以供参考,现此种议案,业经整理齐备,理合备文密呈。"呈文以中国政治学会理事会名义,理事署名者有:杭立武、王世杰、周鲠生、吴颂皋、梅思平、刘师舜、张慰慈、浦薛凤、徐淑希、马洗繁、钱端升。落款日期是"中华民国二十五年七月廿六日",并加盖了"中国政治学会图记"印。行政院于7月31日收到呈文,作如下批注:"查所送各组议案颇多可供参考之处,惟原件据(□)已分呈主管机关,无庸再行分制交部,拟寄京分交本院主管组科及行政效率会参考。"此密件上还有蒋介石的批文和"庐山移送"字样,估计是由行政院送给蒋介石审阅。

可能仅次于中央大学。学会成立之初选出的五名常务干事(周鲠生、浦薛凤、钱端升、王世杰、杭立武)中,清华占据两席。在第一、二届十一名干事(王世杰、周鲠生、杭立武、梅思平、钱端升、钱昌照、张奚若、吴颂皋、张慰慈、刘师舜、高一涵)以及在第二届年会上当选为理事的十一人(王世杰、周鲠生、杭立武、钱端升、梅思平、浦薛凤、吴颂皋、刘师舜、徐淑希、马洗繁、张慰慈)中,皆有清华政治学系教授。浦薛凤还在第二届年会上当选为常务理事,另外四名常务理事是王世杰、周鲠生、梅思平、钱端升。王世杰时任教育部长,周鲠生为武汉大学教授,梅思平为中央政治学校教授时任江宁自治实验县县长,钱端升时为中央大学教授。可见清华政治学系教授自始就参与了中国政治学会的组织与领导工作。这大体可以反映清华政治学系当时在中国政治学界的地位与影响。

清华政治学教授,除了沈乃正不能确知其是否参加了中国政治学会,其余均为该会会员。会员有参与政治学会讨论各项议题的权利与义务,也有将自己的研究所得贡献于学会并提供给政府决策与行政部门的机会。限于资料,尚不清楚清华政治学者在中国政治学会中表达过什么见解与主张,在政治学会决议案中有何体现。不过,从第二届年会关于宪法草案讨论所形成的决议案来看,其中就某些问题的建议与陈之迈的研究结论极为相似,如关于监察权的范围和惩戒权的归属与范围等。[①]

浦薛凤因其个人学术造诣和担任清华政治学系主任职务,一定程度上可以代表清华政治学系在中国政治学会中的地位与作用。在

---

① 参看本书第四章对陈之迈关于中国监察权研究的分析,以此对照中国政治学会第二届年会宪法草案组报告。

其回忆录《万里家山一梦中》中有一段文字谈到他与中国政治学会的关系：

> 中国政治学会之成立，就予所知，似应归功于杭立武兄。予与立武初不认识。大约一九二九年秋季某日午后，予正因略有寒热，卧床静养，待佣人持名片进，即嘱说明缘由，邀请客人径到卧室相见。寒暄甫毕，立武即单刀直入，陈述其所以发起组织之动机与纲要，并盼予亦为发起人之一。当即欣然允诺。约一年有余，中国政治学会遂告诞生。从首次年会开始，每届均在首都南京举行。予曾参加第一届亦即成立大会，会期三天，排定节目颇费计划与安排。王雪艇（世杰）先生对此学会甚为热心，多所协助与推进，当选为理事长。本人亦为理事之一。连日有简单聚餐或茶会招待，均由几位部会首长，或则单独作东，或则联名柬请。此后每年举行大会，予均出席。犹忆一九三六年夏初，政治学会开会时，蒋委员长邀请全体出席会员，予被安排坐在主人近旁。午宴后委员长致辞欢迎并征询意见。予随即起立，谓当今国步艰难，任何政治问题，宜宽大容忍，心平气和，以谋消除异见，力谋团结，好比人身疮患，总宜敷药治疗，不动手术。总之，万不得已之步骤，能求避免最好。词甚简约，意殊明显。盖其时陈济棠与李宗仁等藉口抗日，从事另组政府，中央则调动布置，势欲武力解决，故乘此机会，发表含蓄而明显之意见。蒋委员长闻言，微笑颔首并环顾会场，连声称说“好，好，好。”此一危机，中

央再四忍耐婉劝，同时布置种切以备万一，迟至九月始告和平解决。[①]

此处虽未明言似也暗示其谏言对中枢决策的影响。

浦薛凤主张“理论者与实行者应合并化”，既不能过于“惟理”，也不能过于“惟实”，“一人必兼有理论与经验始能折衷”。[②] 因此，学者参政在他看来是值得鼓励的。而“良相佐国”的心愿是他自小打定主意研习政治学的原动力。[③] 如此看来，藉中国政治学会向当政者建言献策，倒是符合他的理想和主张。但是具体到实际问题，就会涉及人事背景，中国政治学会是否为纯学术团体，其实是有疑问的。从发起人的名单以及先后担任学会干事与理事的人员来看，其中有不少人正在担任政府要职，如对该会甚为热心的王世杰当时即为教育部长。王世杰与杭立武、钱昌照等同为伦敦政治经济学院毕业。钱昌照与黄郛是连襟，同属政学系，为蒋介石的亲信。王世杰、翁文灏、蒋廷黻等一大批专家学者之所以进入蒋介石视野乃至出任行政院要职，主要得力于黄郛、钱昌照等政学系成员举荐。1930 年代中期，特别是蒋介石出任行政院长后，政学系声势显赫，一些被认为是政学系的成员在行政院中身居要津，因而有“政学系内阁”之称。政学系与 CC

① 《万里家山一梦中》，第 150—151 页。浦薛凤又在他的一篇论文的注中提及此事：“事前政治学会负责人商定：主人届时如果（照例如此）请在座同仁发表意见，则由余针对时局而不道破，暗进息事宁人不用武力解决之意见。”此外还谈到，“翌午，行政院院长汪精卫设宴款待，并作长篇演讲，委婉叙述外交方面之各种艰苦情形。致词既毕，伊向来宾请教。……王化成博士（也是事前推定）曾提出一项尖锐的问题：在军事与外交上我们面对日本的步步进逼，当局所谓不再退让的“最后关头”，此最后关头究竟何在？”浦薛凤：《政治文集》，第 259 页。

② 浦薛凤：《关于政治学系课程》，《政治论丛》，第 293—294 页。

③ 吴涵碧：《浦薛凤发明政治五因素》，《政治文集》，第 469 页。

系之间斗争得很厉害。[1] 王世杰被视为政学系分子，虽以学者从政，难免要卷入实际政治。故以王世杰为中心，确实可以看出一些人际脉络。抗战爆发后，被认为是政学系首领的张群出任国防最高委员会秘书长，邀请浦薛凤、王化成、萧公权担任参事。此外，清华出身的邱椿、吴景超、沈宗濂、吴文藻、翟桓、徐敦璋也被邀请担任参事。故参事室同仁中，任何时期由清华出身者实过大半。起初，清华出身的吴国桢还担任秘书厅第二处处长。张群对清华出身的人如此厚爱，恐怕不是浦薛凤所说的“人才主义”可以完全解释得了的。[2]

中国政治学会成立时，中华政治学会仍在正常运作，二者一南一北，各行其是。两个政治学会差异较大。首先，从学会成员的构成来看，中华政治学会的成员来源广泛，不论行业与职业、地域与国度；后者则规定甚严，以现任或曾任大学政治系教授与自大学毕业而专门修习政治学者为限，明显具有学院色彩。前者类似于“专业”组织，后者可谓是“学科”组织。其次，从学会组织特征与活动目的来看，中华政治学会颇似一种学术联谊组织，极具自由主义色彩，它本身并不规划具体的研究方案，而主要致力于研究条件的创造与供给。它有健全高效率的图书管理制度与财会制度，却没有学科规划与协调发展组织；而中国政治学会则突出组织的学科性，如设立分科研究会，在政治科学范围内进行各种专题研究。重视学科发展的计划性与指导性，希望成为权威性的政治学教学与研究指导机构，如对中国大学政

---

① 钱昌照：《钱昌照回忆录》，中国文史出版社 1998 年版，第 24、35 页；另见朱佑慈等译：《何廉回忆录》，中国文史出版社 1988 年版，第 210—213 页。

② 参见浦薛凤：《太虚空里一游尘》，第 175—183 页，此数页内容透露了以张群为中心的所谓“政学系”的若干人事信息。

治学课程的规划即含有此种意图。同时也有担当政府决策咨询机构的强烈意图。再次，从对政治学的理解来看，中华政治学会显得较为宽泛，政治学与其他社会科学的界限并不分明，也没有从学科角度刻意进行划分，而中国政治学会所持的政治学立场则相对狭隘与明确。

上述差异大体上可视为美国政治学不同阶段的特征在中国的投影。中华政治学会成立之初，以北洋政府外交部为中心，而参与主持该学会的一些外交部官员多有在哥伦比亚政治学院的留学经历，如顾维钧、严鹤龄、郭云观。当时哥伦比亚大学政治学院就是美国政治学的象征，早期美国政治学会有几届会长都来自这里，无疑它成了中华政治学会的榜样。而中国政治学会主要发起人多为1920年代的英美留学生，此时美国政治学界群雄并起，哥大政治学院不复有从前的显赫权威，而且其本身也在变化之中。政治学注重行政研究与政策研究，有行政学化的趋势。学术背景既已不同，再加上时代环境的差异。因此，中国政治学会的立会宗旨与活动路径不同于中华政治学会，自在情理之中。

第七章 “是亦为政”:清华政治学者的政论

——以关于民主与独裁及政制改革的讨论为例

清华政治学者在抗战前的几年中,在致力于政治学研究与教学的同时,也关心现实政治、社会问题,发表政论,为国家与社会立言,尽“书生报国”的责任,“是亦为政”。[①] 近代以来,不少学者已经指出学术与政治本是两种不同性质的事业。马克斯·韦伯说:学术工作者“只能要求自己做到知识上的诚实,……而对于文化价值问题、对于在文化共同体和政治社团中应当如何行动这些文化价值的个别内容问题作出回答,则是另一回事。他必须明白,这是两个完全异质的问题”。[②] 梁启超在《清代学术概论》中说得更加明白:“凡学问之为物,实应离‘致用’之意味而独立生存,真所谓‘正其谊不谋其利,明其道不计其功’”;“学问之价值,在善疑,在求真,在创获”。“所谓‘学者的人格’者,为学问而学问,断不以学问供学问以外之手段”。但二者也并非绝然隔离,“学术的鹄的在探求真理,而其效用在造福人类”[③],

---

① 萧公权:《问学谏往录》,第 184 页。

② 马克斯·韦伯著,冯克利译:《学术与政治:韦伯的两篇演说》,生活·读书·新知三联书店 2013 年版,第 37 页。

③ 萧公权:《学术独立的真谛》,《迹园文存》(二),第 495 页。

求真与致用本不矛盾,但有先后的次序,不可躐等。然而清华政治学者的政论又体现了怎样的致知与致用的关系呢?通过对这个问题的探究可以窥知中国现代政治学学术独立意识的发育程度,以及现代政治学对于政论及政治的影响情形。

第一节 清华政治学者与《独立评论》

《独立评论》创刊于1932年5月22日,至1937年7月25日出最后一期,合计244期。[①] 五年多时间里,在日本侵略势力笼罩之下,身处北方危城中的知识分子在“那个无可如何的局势里”还能做点什么呢?胡适说:“当时北平城里和清华园的一些朋友常常在我家里或在欧美同学会里聚会,常常讨论国家和世界的形势。就有人发起要办一个刊物来说说一般人不肯或不敢说的老实话。”[②]在国难临头之际,平时梦想的“学术救国”“文艺复兴”,希望从思想文艺上替中国政治造一个基础的想法似乎不合时宜了,应当直接面对现实社会、政治、外交等问题。——这就是他们创办《独立评论》的缘由。在《独立评论》创刊号的“引言”中,独立社同人表达了他们的言论立场与范围:

我们八九个朋友在这几个月之中,常常聚会讨论国家和社

① 以往关于《独立评论》及相关的研究,较多是从胡适的角度以及中国现代自由主义话题出发而展开的。专就《独立评论》本身所包含的政治思想进行研究的专著有陈仪深的《〈独立评论〉的民主思想》(台北:联经出版事业公司,1989年)和张太原的《〈独立评论〉与20世纪30年代的政治思潮》(社会科学文献出版社,2006年)。前者注重从政治学的角度来分析《独立评论》上关于民主的思想遗产,希望透过这项研究,总结出若干历史经验;后者以中国自由主义的思想处境与命运为关注的中心。但笔者拟从中国现代政治学史的角度来讨论有关问题,出发点和动机与已有的研究成果不同。

② 胡适:《丁文江传》,海南出版社1993年版,第119页。

会的问题,有时候辩论很激烈,有时候议论居然颇一致。我们都不期望有完全一致的主张,只期望各人根据自己的知识,用公平的态度,来研究中国当前的问题。所以尽管有激烈的辩争,我们总觉得这种讨论是有益的。

这表明《独立评论》的立言宗旨在于讨论当前中国的社会政治问题。在《独立评论》一周年之际,胡适说:"我们自始就希望它成为全国一切用公心讨论社会政治问题的人的公共刊物。"[①]1934 年胡适在一期编辑后记中谈到《独立评论》的内容时说,因为以政论为主题,所以关于思想文艺、学术考据的文字,"往往被政治外交经济的讨论挤出去了"。[②] 蒋廷黻晚年回忆说:"在舆论方面,《独立评论》成了当时著名的刊物。《独立评论》不对某项专题作有系统的讨论,……每个人都可以用它发表自己的意见。"[③]可见《独立评论》"是一份发表政见的杂志",[④]其宗旨不在于研究学术,而是讨论如何应对时局以及改善内政外交问题。

作为政论杂志,《独立评论》和政治学者的关系较为密切,以下根据陈仪深的研究成果做进一步分析,考察政治学者和《独立评论》的关系。下表系综合陈仪深原著表 1-1 和 1-2 所得(其中 A 类文章是"民主思想本身或与民主直接有关部分",B 类是"与民主思想间接有关部分",C 类是"与民主思想无关部分")。

---

① 胡适:《独立评论的一周年》,《独立评论》第 51 号,1933 年 5 月 21 日。

② 胡适:《编辑后记》,《独立评论》第 102 号,1934 年 5 月 27 日。

③ 蒋廷黻著,谢钟琏译:《蒋廷黻回忆录》,第 145—146 页。

④ 费正清著,陆惠勤等译:《费正清对华回忆录》,上海知识出版社 1992 年版,第 47 页。

表 7-1 《独立评论》上发表文章数前 23 名作者相关情况

名次	姓名	篇数	文章类别(A,B,C)			背景
1	胡　适	123	59	51	13	北京大学文学院院长
2	丁文江	69	10	53	6	北京大学地质学教授
3	蒋廷黻	56	12	23	21	清华大学历史系教授
4	陈衡哲	49	10	12	27	曾任北京大学西洋史教授
5	吴景超	48	13	0	35	清华大学社会学教授
6	陈之迈	46	31	9	6	清华大学政治学系教授
7	任鸿隽	41	9	18	14	中华教育文化基金会董事会干事长,四川大学教授
8	傅斯年	40	13	19	8	中央研究院历史语言研究所所长
9	翁文灏	39	5	16	18	中国地质调查所所长
10	寿　生	24	5	2	17	北京大学旁听生
11	陶希圣	22	15	7	0	北京大学政治系教授
12	汪敬熙	19	0	1	18	北京大学心理系教授
13	萧公权	17	11	3	3	清华大学政治学系教授
14	陈岱孙	16	2	2	12	清华大学经济系教授
15	顾毓琇	16	2	4	10	清华大学工学院院长
16	吴　宪	14	5	1	8	北平协和医校生化系教授
17	张熙若	14	6	7	1	清华大学政治学系教授
18	张忠绂	13	1	6	6	北京大学政治系教授、主任
19	徐炳昶	12	2	1	9	北京大学哲学系教授
20	张佛泉	12	8	4	0	北京大学政治系讲师
21	陈序经	11	10	0	1	南开大学社会学教授(伊利诺大学政治学博士)
22	董时进	11	1	1	9	在江西主持农学院
23	郑林庄	10	2	1	7	燕京大学经济系教授
	(合计)	722	232	241	249	

以上合计 722 篇文章，占《独立评论》文章总数 1317 篇的 54.8%，作者人数却只占作者总数 356 人的 6.5%。在这 722 篇文章中，北大清华两校政治学教师共发表 124 篇，约占 18.2%；两校政治学教师共发表 A 类文章 72 篇，占 A 类文章总数的 31%；A、B 两类合计，则两校政治学教师共发表 108 篇，占同类总数的 23.3%。这三项比例数据的对比，显示专业政治学者的文章在这 722 篇文章中的比例是沿着 C—B—A 的次序递增的，可以说明专业政治学者在《独立评论》上关于政治问题的讨论中占有重要地位。需要说明的是，以上三类文章只是以民主为标准来划分的，民主固然为政治中的重要议题，此外一些属于国际关系方面的文章作者将其归为 C 类，其实这也属于政治范围内的问题。如果再考虑到胡适、陈序经、蒋廷黻在留学期间曾经以政治学为主修或副修专业的情形[①]，加上发表文章不足

① 胡适虽以研究中国哲学及提倡文学革命“暴得大名”，但他早年在康奈尔和哥大都曾对政治有浓厚兴趣，随名师学习政治学，并参加过议会民主式的政治训练（参阅《胡适口述自传》）。陈序经在伊利诺斯大学攻读硕士学位时，主科是政治学，副科是社会学，他的博士学位论文题为“现代主权论”。1929 年至 1930 年，陈序经在柏林大学研究期间，主要研究政治学和主权论，随后进基尔大学继续研究主权论以及社会学。在德期间，重点收集关于主权论的材料，曾用英文写了一篇题为“新政治”、长三万字的论文（见陈其津著：《我的父亲陈序经》，广东人民出版社 1999 年版，第 51、55、60—61 页）。蒋廷黻入哥伦比亚大学后于 1919 年秋季放弃新闻改修政治科学，不久又觉得政治科学讲的是抽象理论与计划，从中不能获得真正实际的政治知识，于是又改学历史。但他在哥大四年中，仍然选修政治研究所的课程，他跟随海斯（Carlton J. H. Hayes）研究的是有关劳工立法的问题，并且受海斯有关“族国主义”理论的影响。确切地说，蒋廷黻在哥大学习和研究的仍是政治，只是不同于抽象的政治哲学和形式主义的政治制度而已，而这恰是当时美国政治学社会学化和行为主义化的反映。

10篇的专业政治学者[①]，则有专业政治学背景的作者在《独立评论》作者群中所占的地位更为重要。进一步考察参与民主与独裁、宪法与宪政、政制改革、外交政策等问题讨论的作者，可以发现这些问题基本上是在专业政治学者之间进行讨论。由此可见专业政治学者与政论之间存在着高度的关联度。从这个意义上说，《独立评论》可以视作研究20世纪30年代中国政治学对于政论影响的重要文本。

在《独立评论》上投稿的政治学者主要来自北大、清华两校政治学系。比较而言，清华政治学者与《独立评论》的关系更为密切。这种关系体现在以下方面：第一，《独立评论》始终由胡适主编，在胡适离开时，初期由蒋廷黻代编，后期由吴景超和陈之迈代编。陈之迈代编的第229号，因刊出张熙若写的《冀察不可以特殊自居》，触怒了冀察政务委员会委员长宋哲元，使《独立评论》停刊四个月。[②]可见，清华政治学者不仅参与了《独立评论》的编辑工作，而且引发过严重影响。第二，先后入独立社的会员有二十名，但平常参与讨论的会员只在十人左右。其中专业政治学者三人，分别是张奚若、张忠绂、陈之迈。张奚若与胡适交谊甚早，关系较密。陈之迈为中国政治学界后起之秀，很受胡适器重。胡适日记1935年5月17日记：“《独立》三周年纪念号出版。晚上有聚餐会，陈之迈与熙若在座。之迈今年才二十八岁，他是文笔思想都不坏，是今日学政治的人之中的一个天才。我

---

① 包括在各大学及文化机构任职的教师、研究人员、学生等，如清华大学的王化成（5篇），钱端升（1篇），燕京大学的吴其玉（6篇），以及王赣愚（1篇）、池世英（2篇）、何鲁成（5篇）、何会源（2篇）、宋士英（4篇）、李朴生（7篇）、杜光埙（1篇）、沈惟泰（3篇）、邱昌渭（2篇）、杭立武（1篇）、胡道维（8篇）、徐敦璋（1篇）、徐道邻（4篇）、高青山（2篇）、崔书琴（1篇）、张弘伯（9篇）、张纯明（1篇）、张锐（1篇）、陈受康（2篇）、罗隆基（2篇），等等。

② 陈之迈：《蒋廷黻的志事与平生》，第26页。

近来特别注意他，想把他拉进《独立》社来，将来他和景超、廷黻三人在一块，可以组成一个《独立》编辑部了。”[①]另在胡适1935—1937年的日记中，提及他与张奚若、陈之迈聚谈的次数多于他人，显示他们之间来往较为密切。他们聚会所谈大抵为政治方面的事情，有时也谈论政治学。[②] 他们的聚谈对于《独立评论》应有一定影响。第三，清华政治学系教师在《独立评论》上发表文章的数量如下：陈之迈46篇、萧公权17篇、张熙若（张奚若在该刊上发表的所有文章均署名“张熙若”）14篇、王化成5篇；该系研究生池世英、宋士英、楼邦彦分别贡献2、4、1篇。清华政治学系师生贡献《独立评论》的稿件比其他任何政治学系都要多。而且，在《独立评论》上所讨论的各重要政治问题，几乎都有清华政治学者作为主要角色参与其中，有的问题甚至是由他们引发的。另一方面，清华政治学者当时却较少在其他报刊上发表政论。综上所述，清华政治学者在《独立评论》上发表的政论集中反映了20世纪30年代部分清华政治学者的政治主张及其政治学背景，也是《独立评论》上政治观点的重要组成部分。

然而也不可忽略清华政治学系其他成员如浦薛凤、沈乃正和邹文海都不曾给《独立评论》投稿的现象。原因何在？浦薛凤后来有所解释：“在清华执教时，予未尝为任何杂志，撰写过任何有关时事之文章。犹忆胡适之先生主办之独立评论，曾当面嘱我写稿，（蒋）廷黻与（陈）之迈亦代为拉稿，语予数次。一则因为并无适当题目，更无特出意见，再则因为避免牵入派别，省得麻烦，遂于不知不觉之中，等于作

① 曹伯言整理：《胡适日记全编》第6册，第475页。

② 胡适日记1937年1月23日记：“陈之迈邀竹垚生吃饭。同席有周枚荪、张熙若、张佛泉。我们大谈政治学的前途。”曹伯言整理：《胡适日记全编》第6册，第644页。

一决定,不论时事。此一主意,至抗战从政,始暂改动。”[①]但事实上并非“未尝为任何杂志,撰写过任何有关时事之文章”,在《独立评论》刊行期间,浦薛凤还是发表了如《政风之培植》(《东方杂志》第32卷7期,1935年4月),《万题之题》(《清华周刊》第602期,1935年5月15日),《愿吾中华民族真能感谢日本》(《民族》第5卷第1期,1937年1月1日)等少数时论文章。浦薛凤不为《独立评论》写稿的真正理由大概是“避免牵入派别”。独立社的成员不承认他们同寅之间有什么派系,[②]但是在外界看来,他们的立场是一致的,难脱派系嫌疑。即使事实上他们不曾是一个派系,但是外界若认为他们是一个派系,无形中就会以派系予以对待。张奚若在致胡适的一封信中谈到他没有及早给《独立评论》撰稿的原因:“为《独立评论》作文,本属应尽义务,不过近年来政治问题日趋复杂,立言颇觉不易。同时个人勇气与年俱减,遇事先见其难处,结果更难下笔。《独立》已出四期,弟尚无文送上,实属心有余而力不足。”[③]可见,除了怕牵入派系,立言谨慎大概也是一些政治学者不轻易发表议论的原因。至于沈乃正和邹文海为何不为《独立评论》撰稿,个中原因不详。

---

① 浦薛凤:《万里家山一梦中》,第160—161页。在《十年永别忆廷黻》一文中,浦薛凤也提到:“著者在北平清华大学执教期中,不知如何,抱定不为报章杂志撰写政论之宗旨。故虽屡承《独立评论》方面朋友嘱写文稿,始终未曾应命。”浦薛凤:《音容宛在》,第112页。

② 任鸿隽说:“我们相信不配称一个什么派系。我们自己期望做到‘独立’的精神,但不期望成一个‘独立派’。”任鸿隽:《我们是右派吗?》,《独立评论》第48号,1933年4月30日。蒋廷黻晚年在回忆录中说:“虽然《独立评论》同寅间都了解彼此见解不同,但外界却把我们看成是一体的,有些人甚至认为我们正在成立一个新政党。这种看法当然是毫无根据的。但外界人士却认为我们的立场是一致的。”蒋廷黻著,谢钟琏译:《蒋廷黻回忆录》,第151页。

③ “张奚若致胡适”,1932年6月14日,中国社会科学院近代史研究所中华民国史组编:《胡适来往书信选》(中),中华书局1979年版,第119页。

那么愿意撰稿的人是出于什么动机呢？萧公权后来对此有所说明："二十几岁的时候，我立志不做'官'，专求'学'，这个志愿我始终不曾放弃。""我虽不从政，不入党，但对于国家的前途并非漠不关心。从二十一年任教清华大学起，教课的经验和教材的收集都颇有增进，不必像从前一样，要把全部的心思放在教学上面，而可以有时间去对当前的政治和社会问题加以考虑。当时胡适之、蒋廷黻和几位平津各大学的教授组织'独立评论社'，发行《独立评论》周刊。……我也应邀撰写，追随他们之后，小尽'书生报国'的责任。""我'立言'的宗旨是很简单的：把平日学思所得有关国家社会进步的意见提出供政府和国人的参考。所见未必有是，但所知无不尽言。"①

在《独立评论》上投稿的北大、清华两校政治学者，除了陶希圣，都是留美习政治学的博士或硕士，故从一般意义上说，他们的政论在学理背景上与美国政治学不无关系。

第二节　民主与独裁的讨论及相关学理

抗战前几年间，关于政制改革，是很多报刊上讨论的热门话题。在平津地区主要以《独立评论》《大公报》《国闻周报》为阵地；在京沪等地对这个问题的讨论也很热烈，在《时代公论》《国衡》《政治评论》《行政效率》《华年》等刊物上均有所展开。其中以《独立评论》上的讨论较为集中和较有影响。陈之迈将关于政制改革的讨论分为两个方面，一是关于民主与独裁的讨论，二是"就现在的政府机构中改革来

---

① 萧公权：《问学谏往录》，第184—186页。

谋取比较上合理的,负责的,能够运用灵敏的政治制度的讨论”。[①] 前者大致是关于政制改革的原则方向问题,后者涉及具体政制与行政改革。本节要分析的是前者,重点在于了解清华政治学者在这场讨论中的观点及其理论背景。后者将在下一节中展开。

民主政治抑独裁政治的讨论是由蒋廷黻、胡适和吴景超等人关于“建国与专制”问题的讨论连带出来的,当时讨论的中心问题是如何统一建国。蒋廷黻针对1933年底发生的“福建事变”,首先发表《革命与专制》一文,主张中国只有先经过专制建国的第一阶段,才能进入“用国来谋幸福”的第二阶段。[②] 胡适随即反驳道:“与其说专制是建国的必要阶段,不如说政权统一是建国的条件,而政权统一固不必全学罗马罗夫朝的独裁政治”。并举出他反对专制的理由:第一,他不信中国当时有能专制的人,专制的党,或专制的阶级;第二,他不信中国当时有什么有大魔力的活问题可以号召全国人的情绪与理智,使全国能站在某个领袖或某党某阶级的领导之下,造成一个新式专制的局面;第三,他认为民主宪政只是一种幼稚的政治制度,最适宜于训练一个缺乏政治经验的民族。[③] 蒋廷黻随后写了一篇《论专制并答胡适之先生》,为自己辩护。吴景超附和蒋廷黻的主张,认为中国当前最大的问题是统一问题,武力统一是唯一的途径,此时谈开放政权是不识时务,联省自治只能是群雄割据,想以建设求统一也是行不通的。[④]

他们的讨论并不是以民主与独裁本身的学理及价值高下为主

---

① 陈之迈:《一年来关于政制改革的讨论》,《民族》第4卷第1期,1936年1月。

② 蒋廷黻:《革命与专制》,《独立评论》第80号,1933年12月10日。

③ 胡适:《建国与专制》,《独立评论》第81号,1933年12月17日;《再论建国与专制》,《独立评论》第82号,1933年12月24日。

④ 吴景超:《革命与建国》,《独立评论》第84号,1934年1月7日。

题，也基本上没有谈到当时世界上的政治潮流。时任清华大学政治学系教授的钱端升却将问题引到这个方面，他在《民主政治乎？极权国家乎？》一文中，分析了民主政治衰退的原因以及俄意土德等国独裁制度的成绩，并从两者的比较中得出这样的结论："民主政治的衰败及独裁制度的比较成功绝不是一时偶然的现象，而是近代经济制度所造成的一种必然的趋势。据我的推测，近年来民族主义的空前发达也将使民主政治更站不住，而独裁制度更盛行。"他进而认为经济落后的中国急需于最短时间内成为一个具有相当实力的国家，需要生产上极敏捷的进步，达到沿海各省的工业化，要达到这个目的，最好要有一有力而又以全民族的福利为目标的独裁。[①] 差不多同时，曾执教过清华政治学系的胡道维在《论专制与独裁》一文中，提出中国不能实行独裁、不可实行专制，只能实行民主的观点。[②]钱端升和胡道维的观点尽管相反，似乎都有意要纠正蒋廷黻和胡适在讨论中概念混乱、理论模糊的毛病，但他们的文章没有立即引起蒋、胡的公开回应。第一回合的讨论便在 1934 年 1 月之后归于沉寂了，直到是年底才爆发了真正意义上的民主与独裁之争。

1934 年 11 月 27 日，汪精卫、蒋介石联名通电全国，主张中央与地方政府权限划分，国内问题取决于政治而不取决于武力，倡议保障自由，并说"盖中国今日之环境与时代，实无产生意俄政治之必要与可能"。胡适随即发表《中国无独裁的必要与可能》以及《汪蒋通电里

---

① 《东方杂志》第 31 卷第 1 号，1934 年 1 月。

② 见《独立评论》第 90 号，1934 年 3 月 4 日。这篇文章作于这年 1 月 22 日。

提起的自由》,[①]重申他对于民主政治的主张,引起关于民主与独裁的讨论。丁文江首先反驳,他认为“民主宪政有相当成绩的国家,都是政治经验最丰富的民族。反过来说,政治经验比较缺乏的民族,如俄,如意,如德,都放弃了民主政治,采用了独裁制度,足见民主宪政不是如胡适之先生所说的那样幼稚的”;但“在今日的中国,独裁政治与民主政治都是不可能的,但是民主政治不可能的程度比独裁政治更大”,因此中国应放弃民主政治,努力使新式独裁于最短时期内变为可能。[②] 丁文江的“独裁论”一出,立即招致胡适、陶孟和的驳斥。随后又有其他人加入讨论。经过几个月的讨论,到1935年3月,胡适在《独立评论》第141号(1935年3月10日)《编辑后记》中说:“我盼望这个民主与独裁的争论,现在可以暂时告一个结束。”似有结束这场讨论之意。但是,《独立评论》第146号(1935年4月14日)又发表了杜光埙的《请看欧洲独裁政治的结果》。胡适在《编辑后记》中说:“国立山东大学政治学教授杜光埙先生寄了一篇长文来,叙述欧洲独裁政治的结果。我们本来说过希望民治与独裁的讨论暂时作结束了。杜先生的文章虽然颇有赞助民主主张的嫌疑,但因为他叙说的是历史事实,所以我们破例刊登了这篇文章。”胡适之所以破例,大概是因为这篇文章对于打击独裁论、支持民主论较为有力。

在这个阶段的讨论中,陈之迈是继胡适、丁文江、吴景超之后第四个出场的重要“辩手”。陈之迈提出了一个区分民主政治与独裁政治的根本原则:民主政治的根本精神是“得被治者同意而统治”,可以不用暴

---

① 前篇文章写于12月3日,发表于《独立评论》第130号(1934年12月9日);后篇文章为12月9日《大公报》星期论文,《独立评论》第131号转载。

② 丁文江:《民主政治与独裁政治》,12月18日《大公报》星期论文,《独立评论》第133号(1934年12月30日)转载。

力来维持，可以用和平的方法来更换政府，而专制与独裁则只有用暴力才能维持，也只有用暴力才能把它推倒。[①] “民主政治不过是一种政权更替的和平‘方法’，不必一定是全民政治，或一种含有平等性质的社会组织，更不必是厉行放任主义反对集权主义的无为政治。民主政治只在人民享有政治上的自由而不在人民享有经济上的自由”；[②]“民治政府应付反动势力是令其公开宣传与批评，故用不着党狱放逐与屠杀；独裁政府既只知用暴力来抑压反对势力，故舍党狱放逐与屠杀外别无其他途径。这是独裁政治的特征，与独裁者所标榜的为何种主义全无关系。”[③]

那么，这个区分民主与独裁的标准是属于陈之迈独创还是根据他人的观点呢？陈之迈曾在《独立评论》（第 165 号，1935 年 8 月 25 日）上发表过一篇关于巴塞特（R. Bassett）的《民主政治的根本》（*The Essentials of Parliamentary Democracy*）的书评。陈之迈说这本书最优美的一段在讨论民主政治和独裁政治，作者只从政治方面着眼说明“民主政治是一种解决政治问题的方法”，民主政治与独裁政治不同的地方便在这解决政治问题方法之不同：前者的方法是讨论、折衷、调和，它的真谛是政治上的和平；后者的方法是专断、压迫、钳制，它的真谛是以武力来解决政治及其他一切问题。这个方法问题是政治社会里最重要的元素，社会的性质完全以此为依归。……诉之于和平的方法便是民主政治，诉诸武力便是独裁。在介绍了这本书的根本观点之后，陈之迈说这个根本观点和他在《民主与独裁的讨论》中的说法大致相同。按照这个语气，陈之迈关于民主与独裁根本区别的观点似乎不是来自巴塞特的这本书。另外，在当时的

① 陈之迈：《民主与独裁的讨论》，《独立评论》第 136 号，1935 年 1 月 20 日。

② 陈之迈：《上轨道的政治》，《独立评论》第 237 号，1937 年 6 月 6 日。

③ 陈之迈：《论苏联的党狱》，《独立评论》第 241 号，1937 年 7 月 4 日。

通邮条件下,当陈之迈最初提出这个观点的时候(《民主与独裁的讨论》发表于《独立评论》第136号[1935年1月20日出版]),还不可能看到巴塞特的《民主政治的根本》(London: Macmillan and Co. Limited,1935)。但是两人的观点却又如此惊人相似,不排除陈之迈在此之前已通过其他途径了解到巴塞特的观点。

陈之迈主张民主政治,他说:"我们对于民主政治,不可陈义太高,太重理想,而着眼于把它的根本一把抓住。对于现存的带民主色彩的制度,如目前的国民党全代会,能代表一部分应有选权的人民,并能产生稍微类似内阁制的政府,应认为是一种进步。对……宪草里规定的国民大会,则应努力使它成功。……我们只求先抓住了民主政治的根本,因为我们认定'国内问题取决于政治而不取决于武力'是'救亡图存'的基础";"因此绝对没有瞎着眼去学人家独裁的道理。"①又说:"中国的人民如果有一种共同的期望,那便是消弭内战,如果有一种共同的厌恶,那便是内战。为餍一般人民喁喁望治的要求,为免避斫伤国家的元气,民主政治是为中国非产生不可的政治。"②他还认为民主政治比较清廉,专制政治和独裁政治比较污浊,"中国一向没有好好实行过民主政治,政治也是一向贪污充斥的"。因为民主政治下的政府是由人民产生的,当政者的政治生涯完全受民意支配,而专制独裁下的当政者不必受人民的推戴(至少非用革命暴力不能请他们下台),所以前者为自己前途打算不敢贪污,后者则可以不必顾虑。

---

① 1935年底,陈之迈应《民族》杂志邀请,对这一年来国内关于政制改革的讨论进行了总结。在这篇总结性文章中,陈之迈回顾了他个人在这次民主与独裁讨论中的主要观点。他说:民主政治"是和平政治,是有合法的和平方法更替主政者的政治,而独裁政治则是武力政治,是非用革命方式不能更替主政者的政治"。见氏著《一年来关于政制改革的讨论》,《民族》第4卷第1期,1936年1月。

② 陈之迈:《一年来关于政制改革的讨论》,《民族》第4卷第1期,1936年1月。

更重要的是,“民主政治和工业社会是同时诞生的”,工业社会对于清廉政治有密切的关系。[1]

陈之迈主张民主政治的一个重要理由是认为民主政治也可以是有效率的政治。他说:“有效率的政府不一定是独裁的政府,独裁的政府有的地方是极不合效率原则的”;“民主政治只是不用武力来解决政争的一种‘方法’(R. Bassett—The Essentials of Parliamentary Democracy),独裁政治走不上这个轨道:这正是它缺乏效率的主因。”[2]他以英法美等国在战争和经济恐慌期间的所谓“危机政府”(Crisis Government)为例,说明民主政治也可以产生最有效率的政府。针对独裁论者提出的“有能力”“有理想”“深得民心”的独裁制度(钱端升)、“开明”的专制(蒋廷黻)、“新式的独裁”(丁文江),陈之迈发出这样的质疑:如果独裁建立以后,它不开明了,不新式了,没有能力和理想了,不深得人心了,除了“吊民伐罪”以外,有何办法?何况“享有权力的人是会滥用他的权力的”。[3]

其实民主论者和独裁论者有两个基本共同点。首先,这些论战的主角几乎都是英美留学生,他们受英美自由主义和民主主义影响甚深。据吴景超观察,“中国的智识阶级多数是偏向民主政治的,就是国民党在理论上,也是赞成民主政治的”。[4] 即使主张实行专制或独裁的蒋廷黻、丁文江、钱端升等人,在根本的政治价值观上也是倾向民主政治的。蒋廷黻后来回忆说:“我从未认为胡适反对向繁荣方

---

① 陈之迈:《论政治贪污》,《独立评论》第 184 号,1936 年 1 月 5 日;《再论政治贪污》,《独立评论》第 190 号,1936 年 3 月 1 日。关于贪污是否与民主或独裁制度根本有关的问题,陈之迈与张纯明进行了两个半回合的争论。

② 陈之迈:《再论政制的设计》,《独立评论》第 205 号,1936 年 6 月 14 日。

③ 陈之迈:《民主与独裁的讨论》,《独立评论》第 136 号,1935 年 1 月 20 日。

④ 吴景超:《中国的政制问题》,《独立评论》第 134 号,1935 年 1 月 6 日。

向发展经济,同时,我也希望他从未怀疑我反对政治民主。我俩的不同点不是原则问题,乃是轻重缓急问题。”[①]钱端升也声称:“我现在对于以平民为主体的政治固仍有无穷的希望,而对于漠视平民利益的独裁制度固仍丝毫不减其厌恶;然对于有组织,有理想,能为民众谋真实福利的政治制度,纵是独裁制度,我也不能不刮目相看。”[②]可见,所谓民主论者与独裁论者只是相对而言,他们的对垒并非是根本价值观的冲突。其次,双方的立论前提基本上都是“国难时期的需要”。独裁论者如钱端升、蒋廷黻、丁文江、张弘伯、徐道邻,都主张建立一个强有力的、有效率的政府。[③] 即使民主论者如胡道维、陈之迈、萧公权也都认为要巩固中枢,建立强力政府。其他民主论者,如胡适、张奚若在这个问题上虽无明确主张,但也未见他们要削弱中央政府的意思。

因此,民主论者和独裁论者要解决的共同问题是如何在民主政治基础上建立有效率的政府。独裁论者多认为独裁与集权、效率之间存在着必然联系。钱端升认为传统的民治主义不能应付现代经济和民族主义发展的要求,因而不得不让位于权力集中的独裁制。他明确指出:“独裁是一种最有力的制度,苟不用独裁则民治时代一盘散沙式的生产制度将无法可以纠正过来。”只有强有力的独裁政府才能推进国家经济的快速发展,才能建立有实力的国家,才能应付惨酷的世界竞争。[④] 蒋廷黻也主张中国当时应实行独裁专制,因为“政

---

① 蒋廷黻著,谢钟琏译:《蒋廷黻回忆录》,第 147 页。另参考陈之迈:《蒋廷黻的志事与平生》,第 28—30 页。

② 钱端升:《民主政治乎? 极权国家乎?》,《东方杂志》第 31 卷第 1 期,1934 年 1 月 1 日。

③ 参看陈仪深:《〈独立评论〉的民主思想》,第 86 页。

④ 钱端升:《民主政治乎? 极权国家乎?》,《东方杂志》第 31 卷第 1 期。

权愈集中的国家，其推行近代化的成绩愈好。所谓好，就是改革的程度愈彻底、愈快速”。[1] 独裁论者鉴于鱼和熊掌不可兼得，民治与独裁不能同时并行，于是用阶段论来解释民主与独裁的轻重缓急，将独裁视为通往民主的必要途径。

但是民主论者如何解决民主与效率兼容问题呢？胡道维虽然敏锐地意识到钱端升和蒋廷黻主张独裁的内在逻辑问题，并提出这样的质疑："为建立强力政府，何故就必要实行独裁或专制呢？难道中央非独裁或专制就不能强而有力吗？我们若将充分的威权赋予全体中央政府而不授给某个人，岂不是一样的可以巩固中枢吗？一样的可以御外侮谋建设吗？一国政府之能否应付内外的特殊环境，是威权力量充分不充分的问题，而不是执掌权力的人数多少的问题：天下一人的满清皇帝，未见其能避免亡国的祸患；牵掣频繁的美国联邦政府，也还做到了民富国强的地位。"[2]胡道维似乎只是从政治现象上来进行反证，未能从理论上作出说明。胡适则只是一味强调民主政治的价值及其易行，他在驳斥丁文江的观点时，除了指出独裁的危险，还重申他此前在驳斥蒋廷黻时说的民治幼稚观以及关于民主宪政的种种优点的理由。[3] 陶孟和在驳斥丁文江时说他之所以相信民治制度，正因为它比一切其他的制度，缺点较少，并且有健全的主义的基础。[4] 这显然是偏重从价值信仰上来进行辩论，所以丁文江随后一针

---

① 蒋廷黻：《中国近代化的问题》，《大公报》1936 年国庆特刊，《独立评论》第 225 号（1936 年 11 月 1 日）转载。

② 胡道维：《中国的歧路——为民治与独裁问题就商于丁文江先生及时下诸贤》，《国闻周报》第 12 卷第 6 期，1935 年 2 月 18 日。

③ 胡适：《答丁在君先生论民主与独裁》，《独立评论》第 133 号，1934 年 12 月 30 日。

④ 陶孟和：《民治与独裁——对于丁文江先生〈民主政治与独裁政治〉的批评》，《国闻周报》第 12 卷第 1 期，1935 年 1 月 1 日。

见血地指出:“胡适之与陶孟和先生所讨论的大部分是民主与独裁理论上的利弊。……他们只列举民主政治在英美的成绩,和民主政治理论上的好处。这并不能告诉我们这种英美式的政治如何可以实现于今日的中国。”[①]胡适和陶孟和的理论依据不过仍是19世纪洛克式的古典自由主义和英美传统的民治主义思想。但在20世纪30年代,古典自由主义和英美传统民治主义正遭遇着极大的挑战,较为被动。因此胡适的辩解在理论上缺乏新意,说服力不强。

总之,一般民主论者和独裁论者,都不能找到合适的理论依据来解决民治主义当时所面临的理论困境和现实问题,要么硬着头皮坚持民主价值,要么主张暂时牺牲民主,以独裁换取效率。而陈之迈则通过运用“民主政治”概念和“危机政府”理论妥善地解决了民主与独裁之间的紧张关系,既能守住民主政治的基本价值观,又可以解决国难时期政府的效率问题。发明和提倡“危机政府”理论的是美国哥伦比亚大学政治系主任罗杰士(Lindsay Rogers),他在一篇题为《危机政府》(*Crisis Government*, Norton, N. Y. ,1934)的演说中指出,独裁政府在欧洲的传播迫使民治政府重新考求民治政制改善的方法及民治政制最易成功的环境。全书的主旨是说,新的民治政制(特别是美国的)一方面可以保持着代议原则,一方面又可以有极大的效率统治,而可以不采用惩治反对者及武力统治的方法,罗斯福指示我们不用取消民治政制而可以得到独裁政治一切利益的方法。[②] 陈之迈对罗杰士的“危机政府”理论很重视,不仅在《清华学报》上作书评介绍

① 丁文江:《再论民治与独裁》,1935年1月20日《大公报》星期论文,《独立评论》第137号(1935年1月27日)转载。

② Lindsay Rogers, *Crisis Government*, Norton, N. Y. ,1934, pp. 159-162. 转引自陈之迈:《介绍几部关于政治制度的新著》,《清华学报》第10卷第4期,1935年10月。

罗杰士的《危机政府》，还特地写了一篇篇幅较长的论文。在这篇论文中，陈之迈几乎是将“两个比较上不甚知名的青年”——巴塞特(R. Bassett)和罗杰士——与那些开创了政治学新时代的政治学大师如亚里士多德、阿奎那、洛克、卢梭、拉斯基等相提并论，认为他俩所提倡的理论恐怕是20世纪政治学的基础观念。[①] 在其他地方，陈之迈也经常提及罗杰士的“危机政府”理论，可见陈之迈非常看重这个理论。

“危机政府”理论为坚持民主理念者提供了重要的理论依据，使他们认识到民主并非没有效率。自从陈之迈在《民主与独裁的讨论》一文中揭橥“危机政府”理论对独裁论进行批判之后，就收到了不同凡响的效果，独裁论在《独立评论》上近乎偃旗息鼓，民主论占了上风。不久之后，胡适就在为《大公报》写的星期论文《从民主与独裁的讨论里求得一个共同政治信仰》中欣然表示他对陈之迈的主张“可以说是完全同意”，并在转载这篇文章的那一期《独立评论》的“编辑后记”中表示希望“这个民主与独裁的争论，现在可以暂时告一个结束”。但此后仍有人根据这个理论对独裁论穷追猛打。[②] 到后来主张独裁的钱端升也修正了他以前的主张，认为“在原则上，独裁不是好

---

① 陈之迈：《非常时期的政府》，《民族》第4卷第5期，1936年5月1日。

② 杜光埙在《请看欧洲独裁政治的结果》一文中也运用罗杰士的“危机政府”理论来批判独裁政治。罗杰士是杜光埙的导师。自北京大学毕业的杜光埙于1921年入芝加哥大学专攻政治学，三学期后转入哥伦比亚大学政治暨公法系从麦克本(H. L. McBain)和罗杰士(Lindsay Rogers)修习公法学。杜光埙自称其“在美承业师罗哲士(Lindsay Rogers)之传授，并悉心研读白芝浩(Walter Bagehot)和威尔逊(Woodrow Wilson)等学者之著作，对于政治学之研究有关于制度研究途径(institutional approach)颇有心得”。杜光埙“又偏重于分析政党及政党领袖人物在政治运作中之影响，不但说明了政党和利益团体，在政治上之运用，复分析政党领袖人物在国家政治上所扮演之角色，此种研究之方式，证明了制度研究与二次大战后政治学之‘行为研究’(behavior approach)，多有相互发明之处。”参见杨逢泰：《杜光埙》，秦孝仪主编：《中华民国名人传》第7册，台北：近代中国出版社1988年版。

制度,个人的独裁不必说,即党魁的独裁,也不及领袖们的共和”。“独裁以能避免为贵,但如果时机成熟,而又可藉独裁以救国,或加速国家的现代化,则我们也应拥护。”不过他又声明他关于独裁的看法是现实的看法。[①] 所以,他主张蒋介石集权而不“独裁”[②]。钱端升对于独裁的态度变化,与“危机政府”理论的出现大概不无关系。

在论战中,论战者有时使用相同的政治名词,而表达的意思却相差甚远。以“独裁”一词为例,一般人所说的“独裁”,含义较为模糊,缺乏学理,而一些政治学专业的人则不然。胡道维曾对“独裁”与“专制”两个概念作了严格的界定,他认为“独裁是法治,专制是人治;独裁是有法的专制,专制是无法的独裁……专制者乃是一味秉承‘朕即国家’的精神而丝毫不受法律限制的施行其个人意志的;而独裁者却完全以法律为根据,其庞大的威权与职位是出于法律的容许,最后还是要遵循法律的常轨与限制的”。[③] 这个观点与陈之迈所说的“经典的独裁”意思大体相同。陈之迈说:“意大利、德国以及别的国家的现制,不是‘经典的独裁’而是破坏‘经典的独裁’的‘凯撒制度’;‘凯撒制度’与专制君主的区别只在前者不是世世传袭的,而后者则是”;“现代民治国家里的‘危机政府’是与‘经典的独裁’一样的”。[④] 他们关于独裁的观点,都是有理论依据的。胡道维在论述“独裁”与“专制”不同含义时,提示读者参看美国哥伦比亚大学政治学教授马季佛

---

① 钱端升:《中央政制的改善》,《华年》第4卷第41期,1935年10月19日。

② 钱端升:《对于六中全会的期望》,《独立评论》162号,1935年8月4日。

③ 胡道维:《论专制与独裁》,《独立评论》第90号,1934年3月4日。

④ 陈之迈所谓的“经典的独裁”就是指罗马式的独裁。自纪元前501年至纪元前200年,罗马共和国一共有过88位独裁者,这些独裁者由合法的方式产生,合法的方式消灭,他们的权力有限制,任期最多6个月,他们的任务在保持国家不蒙受损害。陈之迈:《独裁政治的兴起》,清华大学《社会科学》第2卷第2期,1937年1月。

(Robert Morrison McIver)的《近代国家论》(*The Modern State*, 1926)。胡道维曾将该书译成中文出版。陈之迈在《独裁政治的兴起》一文中则对所谓“经典的独裁”作了旁征博引。政治上的名词,字面与意思常有出入,甚至大相径庭,这给后人研究政论带来很多困难甚至是布设了陷阱,使得有些研究者认为胡道维和陈之迈对于“专制”与“独裁”,“民主”与“民治”所作的区分没有必要。[①] 其实这正是专业政治学者论政的一个特色,体现了政论与政治学之间的联系,也是政论进步的表现。

经过 1934 年底到 1935 年前几个月关于民主与独裁的激烈论战,民主论者大体上占得上风,随着欧洲独裁国家所暴露出来的越来越多的内政外交问题,独裁的光环逐渐消失,胡适所谓的“政制改革的大路”——民主宪政似乎成了真正的方向。国民党公布“五五宪草”和对实施宪政的承诺,激发了那些主张民主政治的自由主义知识分子的空前热情。从 1935 年底开始,围绕着“五五宪草”和国民大会召开问题,又发生了关于宪政问题的讨论,先是二三学者在《独立评

---

① 例如,陈仪深注意到在论战中,“除了陈之迈曾经把民主与民治强作分别以外,一般对这两个名词是互用的;至于专制与独裁也是一样,只有胡道维费劲作了区分,其他人是不以为意的。”又在页下注中指出:“陈之迈所谓的民主政治较广义,而民治则是狭义地指一切成年男女参与政治。”他对陈之迈关于民治与民主分别的理解完全是错误的。其实,这个区别并不是陈之迈要强作的,而是当时一些美国政治学者为了要区分传统自由放任主义下的民主政治与 20 世纪行政集权主义需要下的民主政治的不同罢了,“民治”是指 19 世纪传统的民主政治,而“民主政治”不过是“解决政治问题的和平方法”,它相当于“民治”的根本精神。从这个意义上说,与陈仪深的解释恰恰相反,“民治”是广义的,而“民主”则是狭义的。他批评胡道维区分专制与独裁的说法也不确切,至少陈之迈对专制与独裁也做过区分,并非是互用的。陈仪深认为在当时的情境下,胡道维对独裁与专制所作的区别是不必要的,徒然增加概念的混淆,而我以为恰恰相反。引文见陈仪深:《〈独立评论〉的民主思想》,第 60、115 页。

论》上发表关于结束训政、实施宪政的零星意见,到1937年五六月间则出现了一次较为集中的讨论。这个阶段参与讨论者主要有胡适、张奚若、萧公权、陈之迈、张佛泉、陶希圣等,基本上是北大、清华两校政治学系教师。此次讨论不再争论民主与独裁的优劣难易和抉择问题,宪政的价值问题也不是被关注的重点,主要讨论宪政实施的条件、如何开始宪政等话题。宪政的讨论其实是对此前关于民主与独裁讨论的延伸,深化了有关民主政治理论。

在民主与独裁论战的时候,萧公权没有直接参与,但并非不关注,他发表的几篇书评其实都与这个问题有关。在介绍柯尔(G. D. H. I. Cole)《现代政治指南》(*A Preface to Action*)一书时,他特别指出柯尔关于现代三种政制即议会制、泛系独裁制、苏维埃制的结论不可忽视,“国内时贤近曾注意于民治与独裁之问题,本书对于二种制度之背景组织运用皆有所说明,或可以供讨论之参考也”。[①] 另两篇书评的评论对象都是站在民主自由主义立场上对独裁政治进行攻击的著作。萧公权说:“在今日独裁盛行之世界中,凡信奉民主自由主义者,读此二书,当可得不少精神上之安慰。”其中一书的作者深信民治政体虽不免有种种缺点,但却是最合宜于正义与和平的政体,最能限制武力之使用。[②] 萧公权没有在书评中直接表达其个人立场,但可以相信他是倾向于民主宪政的。到1937年5月关于宪政问题讨论的时候,萧公权发表了他对民主与独裁的看法:

---

① 见萧公权对柯尔《现代政治指南》(*A Preface to Action*)的书评,清华大学《社会科学》第2卷第1期,1936年10月。

② 见萧公权对戴卫男爵(Lord Davies)的《强力》(*Force*)和范勒(Herman Finer)的《墨索里尼之意大利》(*Mussolini's Italy*)的书评,清华大学《社会科学》第1卷第2期,1936年1月。

> 现代之国家，就其立国之根本原则，可以大致分为宪政与独裁制二型。此两类之国家，不特各有其特殊之政制，而其所以能各有成功者，则有赖适合其立国精神之心理背景。约言之，独裁政治以民众之信仰为基础，故自法西以至共产主义之国家，均以培养信仰，激发感情为国策中之要图。……既以培养信仰为方针，势必轻视理智之自由发展与思想之自由运用。……宪政以人民之智慧为基础，故自由主义之教育亦注重训练理智。……人民必须有如此之训练，然后民主政治乃能尽量发挥其优良之效用。

所以他认为，“宪政之施行，必须有教育上之准备。如以缺乏理智修养与自治经验之大众，骤然作宪政之尝试，窒碍甚多，成效必缓”；然而国内一般人民“理智与感情两乏训练”，青年知识分子“感情激越，理智短浅”。[①] 那么，以人民缺乏宪政基础的现状，能否实行宪政呢？按照训政论或独裁论的观点，必须经过训政或独裁阶段，然后才能实施宪政。萧公权对此观点不以为然，他指出以往政论家的宪政观念有两点错误：“第一，他们以为宪政是高程度的政治，低程度的人民不能尝试。第二，他们把预备宪政和实行宪政打成两橛，以为必先有训政，然后能有宪政。”而他认为：宪政是过程也是目标，由幼稚园的宪政“逐渐升学上去”是过程，大学的（或研究院的?）宪政是目标；“从少数有政治能力的人做起”是过程，养成多数人的“民治气质”以达到“全民”“普选”是目标。目标即是过程的一部分，要达目标，须经过程；要实现较圆满的宪政，只有从较幼稚的宪政做起。所以，

---

① 萧公权：《施行宪政之准备》，《大公报》星期论文（1937 年 5 月 2 日），《独立评论》第 234 号（1937 年 5 月 16 日）转载。

“（一）宪政随时可以开始，但比较完美宪政的实现需要经过相当时日的推广与进步。（二）由低度宪政到高度宪政实行的过程，在实质上包含一个学习的（也可以说是教育的）过程，而且学习的过程和实行的过程融为一片，不容分割为先后的段落。”“实行宪政固然可以（并且应当）随时起始，而培养民治气质的教育也应当时刻注重。”因为即使是幼稚园的宪政也应当有最低限度的条件，除了读书识字之外，还有两个极端重要的条件：“（一）一般的人民有尊重法律的习惯。（二）一般的人民有依法发表政见并服从多数的习惯。”总之，“人民政治之智慧，大半只能于实际政治生活中求之”。“除实行宪政外，别无其他训练宪政能力的方法。我们不能再蹈袭前人‘训政论’的错误。然而我们也不要轻视了我国人民的弱点。……必须于实行宪政之中努力‘养成民治气质’。”[①]

张奚若关于宪政的观点与萧公权的观点相似，他在批评胡适的“民治幼稚论”的同时，也阐述了他对民主政治的理解与信仰。张奚若说他和胡适一样也相信自由主义和民治主义，却认为胡适那一套“民主宪政只是一种幼稚的政治制度”的议论，对于提倡民治非但无益而且有害，容易给反对者以攻击的机会而予赞成者以“以辞害意”的遗憾。他指出胡适“民治幼稚观”在逻辑上和事实上都不可通。[②]第一，民主政治的最重要精神便在它是以所谓“被治者的同意”作一切政治设施或活动的根据。自古以来，只有民治是适用“以理服人”原则的政治制度，其他一切政治制度，尤其是独裁，各种形式的独裁，都是“以力服人”的政治制度。“以力服人”的政治制度无疑是幼稚

① 君衡（萧公权）：《宪政的条件》，《独立评论》第238号，1937年6月13日。

② 参看张熙若：《民主政治当真是幼稚的政制吗？》，《独立评论》第239号，1937年6月20日。

的，“以理服人”的政治制度才是高等的。张奚若说这是他赞成民治的最主要理由。第二，民主政治虽然在原则上是比其他任何政制都高明的一种政治制度，但在事实上它须在两种条件下才有实现的可能。（一）一般人民需要有相当的智识，须要有了解普通政治问题的能力。有了这种智识和能力，才有赞成这个政策或反对那个人选的资格，才能认清宣传的真假，才能不为另有作用的政客们所欺骗。这本是民主政治最难的一点。（二）一般人民对于政治不但要有相当的智识，并且还须有极大的兴趣与关心，而政治的智识与兴趣都是教育的结果，都不是本能的表现，都不是幼稚的反应，所以民主政治并不是一种幼稚的容易的政治制度，而是需要相当高的政治训练才有实现的可能。第三，现代的民主政治离不开代议制度，代议制度若要运用得宜，使它真能达到代表民意的目的，却是极端的不容易。因此，张奚若认为无论在政治原理方面还是在实现条件和实际运用方面，民主政治都并非如胡适所说是一种幼稚的政治制度；反之，它实在是一种极高明极高等的政治制度。①

显然，就政治制度实行的难易而言，张奚若和蒋廷黻、丁文江一样，基本上都认为民主政治比专制独裁政治更难。因为民主政治难，国人的政治经验又极简陋，蒋廷黻、丁文江都主张由易到难，由专制到民主。张奚若则认为，“民主政治既然是最合理的政治制度，我们的程度再低，也应该去学它。我相信民主政治的最要理由就是因为它是一种值得学的东西。别的政治制度，就是容易学，若不值得，也不必学。这是一个价值问题，不应忽略过去。”只说学习民主政治的必要性是不够的，还需要考虑能否学得到的可能性。为此，张奚若又

① 张熙若：《我为什么相信民治》，《独立评论》第240号，1937年6月27日。

指出,因为各种工具较前发达,社会进化甚速,增进人民智识的效率比从前大大提高,民主政治是能学的。"民治在原则方面既是应学,在实际方面又属能学,那我们又何苦不学呢?"至于学习民主政治的途径,张奚若和萧公权的看法一样,认为民主宪政有各种程度的不同,有"低度"与"高度"的区别。先由低度的民治做起,逐渐扩充范围,提高程度,以期在不远的将来可以进步到高度的民治。他认为这是学习民治唯一可以走通的路。[①]

与萧公权一样,张奚若也强调培植民主政治基础的重要性。他认为一切政制的基础在于两个主要条件,一是智识,一是道德。[②]对于民主政治来说,只有现代智识还是不够的,还必须具有个人主义的政治精神。他说,欧美民治的根本是个人解放,其中最要紧的是思想解放。因为思想是行为之母,没有个人解放,就不会有现代的科学,不会有现代的一切文化,区区民治政治不过是个人解放的诸种自然影响之一。由个人解放所发生的政治理论自然是所谓个人主义。个人主义政治哲学的神髓"全在承认政治上一切是非的最终判断者是个人而非国家或政府,全在承认个人有批评政府之权,说得更具体点,全在承认思想自由和言论自由"。"现代民治的成败全视此等国民的人数多寡而定,而民治在大体上又是今日政治上的康庄大道,其他炫耀一时的政象都是旁门左道,不久还归消灭,不足以为法"。[③]

在民主与独裁论战的整个过程中,参与讨论的清华政治学者有

---

① 张熙若:《我为什么相信民治》,《独立评论》第 240 号,1937 年 6 月 27 日。

② 张奚若:《一切政制的基础》,《国闻周报》第 12 卷第 6 期,1935 年 2 月 18 日。

③ 张熙若:《国民人格之培养》,《大公报》星期论文(1935 年 5 月 5 日),《独立评论》第 150 号(1935 年 5 月 12 日)转载。

钱端升、陈之迈、萧公权、张奚若，此外还有政治学系研究生宋士英①。从他们的主张来看，除了钱端升提倡有条件的独裁外，其他各人均赞同民主政治，主张结束训政，实施宪政。在此前提下，他们也还有一些比较大的分歧。萧公权和张奚若的观点较为一致，可能因为他们都是政治思想史的专家，所以特别注重民主政治的观念基础，他们都强调国民政治智识的教育与培养，自由独立容忍守法精神与习惯的养成。但是专门研究政治制度的陈之迈则不这样看，他认为要做到政治的清明和有效率，政制与人事二者都重要，而人的改造是困难的，“改良制度似乎是比较上容易收效的”，“世界上有许多国家曾用制度来规范‘人欲’而收到相当良好的成绩：考试文官制度便能禁止滥用私人。因此在这一方面努力似乎尚能希望较好的成绩，不失是领我们上进的一条大路——这便是我们所以主张改革政制的原因。……专希望人事的改进，我们实不敢苟同，因为那不但是再走两千多年来都未曾走通的死路，那简直等于束手待毙。”②可能正是基于这样的观念，陈之迈极少从思想观念方面来讨论民主政治的实施条件。由此可见一个人在学术上的专业背景往往会影响到他的论政方向和主要观点。

第三节　政制改革的主张及其理论背景

关于民主与独裁的讨论，主要争论一些比较抽象的理论原则，随

① 宋士英在《独立评论》上只有一篇文章讨论宪政问题，即《中国宪政之前途》(《独立评论》第234号)。他指出：中国共产党及中国国民党均系革命政党，以武力为其后盾，不以和平竞选方法竞取政权，与宪政势不能同时并存者。要求国共两党必须彻底放弃其革命政党特有的行为、主张、地位与性质，而以普通政党或议会政党自居。

② 陈之迈：《政制与人事》，《独立评论》第173号，1935年10月20日。

着讨论的深入,参与讨论的知识分子又进一步思考实际的政治制度问题。原定于1935年9月召开的国民党四届六中全会,被认为是中央政治大整顿的契机,许多关心政治的人对其寄予厚望,故在该会召开前夕,“政制改革的声浪响彻云霄”[①],激起一轮关于政制改革的大讨论。

就《独立评论》来看,这轮政制改革讨论肇始于《独立评论》第162号(1935年8月4日)上刊载的陈之迈的《政制改革的必要》和钱端升的《对于六中全会的期望》,他们在文中提出对于党治与政权、中央政制、领袖等问题的看法与主张。胡适紧接着发表《政制改革的大路》一文,表示他完全赞成改革政制的必要,但不同意陈、钱二人反对开放政权、解除党治的观点。随后又有“君衡”(萧公权用的笔名)和“硕人”(清华政治学系学生楼邦彦的笔名)的两篇讨论文章。接下来陈之迈又作《再论政制改革》,予以回应。刘博崑和罗隆基等人也参与了这场讨论。这轮讨论过后,又因宪法草案的制定与公布、两广事变、地方政治改革、国大代表选举等事件产生了对于政制问题的持续讨论。前前后后的讨论主要涉及党治与政权开放、中央政制的弊病与改革、中央与地方的权限划分、地方政制改进等方面的问题。

一、党治与政权开放

关于党治与政权开放,主要有两派主张:一派主张维持党治,暂不开放政权;一派主张立即“抛弃党治,公开政权”。

钱端升、萧公权、陈之迈都主张在国民党专政的原则下谋政制的改革,反对立即开放政权、抛弃党治。为什么要维持党治?陈之迈认

---

① 陈之迈:《一年来关于政制改革的讨论》,《民族》第4卷第1期,1936年1月。

为:“在民主政治未曾确立以前没有主权者来裁判哪个政党应当执政,哪个政党应当下台,现在去玩民选的把戏是不会比民初或民二十高明多少的。”①钱端升则深信“在此国难严重之中,维持党政府的系统为最方便的改良内政之道”②;“我们拥护党治,因为不党治更无办法。取消国民党党治后代替物只有三种:一为个人的独裁,一为他党的党治,又一为民治。不以党为基础的独裁就是旧式的专制,决没有人能加以赞成。……另一党的党治在原则上同国民党的党治一样可以反对,在事实又绝不可能。民治也是没有可能性。”③萧公权除了赞成陈之迈的理由,还认为,“三民主义所揭橥的政治目的无人加以否认。现在国人所考虑的不是政治之目的而是政绩之优劣和政策之利害。开放党禁不特无需,亦且有害”。④

他们都不主张开放党禁,但讲到具体方案则颇有歧异。陈之迈坚持党外无党,却容许党内有派,建议实行党内民主制度。他主张承认国民党里现有各种派别,让他们组织公开的集团,各提出具体的应付内政外交的策略,公开竞争,由国民党中执委拣选一个集团来组织政府。政府组成之后,中执委委员会或它的政治代表机关中央政治会议要严格地督率政府;中执委如果不信任政府,可以更换之,另推别个集团来组织政府。⑤ 而钱端升和萧公权的主张都近乎党外无党,党内无派的原则。不过在如何改善党治的问题上,两人的主张又略有差异。钱端升主张改革应以党治为出发点,充实党的中枢,增加中

① 陈之迈:《政制改革的必要》,《独立评论》第162号,1935年8月4日。
② 钱端升:《对于六中全会的期望》,《独立评论》第162号。
③ 钱端升:《中央政制的改善》,《华年》第4卷第41期。
④ 君衡:《当前的三个问题》,《独立评论》第164期,1935年8月18日。
⑤ 陈之迈:《政制改革的必要》,《独立评论》第162号,1935年8月4日。

枢应付外侮的能力。至于如何充实中枢，他提出三点建议：第一，党内各派应在一个最高领袖之下团结起来。这个最高领袖，只有蒋介石最适宜；第二，这个领袖不应是独裁的领袖，只可做一个“不居名而有其实的最高领袖”；第三，中央应有一个有力量有效率的决议机关，决议一切国家大计，参加决议者不得兼为执行者。这个决议机关应是“中政会”。蒋介石的地位则较特殊，“他一方为中政会及政府的主要的产生人，但一方又为政府的重员之一。他应继续为最高的军事长官。……应留意于大政方针的贯彻及国民自卫力量的充实；但为分工合作起见，应充分信赖其他人材来分司各部行政。”[①]萧公权则认为国民党党内的派并非根据不同的政见，而系根据情感与人事。因此他觉得陈之迈主张各派拿政见公开竞争的办法不能解决目前的困难，竞争胜利者未必能执行所提出的策略，失败者势必照旧捣乱。他以为党的病源不在缺乏民治而在缺乏纪律，“整顿党务的途径，似应于逐渐实行严密的纪律，培养中枢之威信二事上求之。”他也认为领袖重要，但主张领袖的人选只能决于事实的演进，无贵乎形式上的推戴。[②] 楼邦彦对陈之迈的“党内民主”主张也不以为然。他说：“我们很难在党治的局面下去培植或设置各种带有民治色彩的制度，这非但是理论上的矛盾，事实上也无异是想在党治之外求出路——积极地把问题愈加扩大，消极地使改革无从下手”。“我们唯一的出路只有巩固党的组织与纪律，陈先生的分化国民党的办法，是与他的前提矛盾的，是因噎废食，是想在党治以外求出路。”[③]

---

① 钱端升：《对于六中全会的期望》，《独立评论》第162号。至于他主张蒋介石不应做独裁的领袖，理由详见该文及《中央政制的改善》（《华年》第4卷第41期）。

② 君衡（萧公权）：《当前的三个问题》，《独立评论》第164号。

③ 硕人：《政制问题的讨论》，《独立评论》第164号。

“抛弃党治，公开政权”，用宪法来做政权的基础，用人民而不用国民党来监督政府，以期团结全国的人心。这是胡适和罗隆基的主张。胡适认为，“改革政制的基本前提是放弃党治，而放弃党治的正当方法是提早颁布宪法，实行宪政。这是改革政制的大路。”他批评陈之迈、钱端升关于国民党党内团结的主张，“今日需要团结的，是全国的人心，不是三五个不合作的老头子，也不是三五组不合作的私人派系。陈钱两先生的方案，都只顾到了那三五人，或三五小组，而都忽略了那更广大的全国人心。”“而今日收拾全国人心的方法，除了一致御侮之外，莫如废除党治，公开政权，实行宪政。在宪政之下，党内如有不能合作的领袖，他们尽可以自由分化，另组政党。如此，则党内派别的分歧，首领的不合作，都不了而自了了”。[①] 他甚至认为五权宪法的精神是“无党政治”的精神。“所以，如果将来的宪政能够逐渐实行‘五权宪法’的精神，中国的宪政大可以不必重演政党纷争和分赃的老路。”[②]

罗隆基主张结束训政的理由是：一、维持政府的信用；二、统一全国的人心；三、提高行政的效率。他提醒国民党不能一再承诺结束训政而又一再藉口推延。“今日中国的党治，把党与人民，划分为两个阶级。党是一个阶级，人民仍成一阶级。不止如此，今日中国的党治，使政府与人民亦脱离了关系。政府是党的政府，不是人民的。政府与人民脱离了关系，人民对政府根本不相关切。”“在法律上，实际上，党外人民都不能问政。法律上，实际上，党外人民都失落了公民的资格。”而“真正的实际政治是要拿大多数人民的心理作运用政治

---

① 胡适：《政制改革的大路》，《独立评论》第 163 号。

② 胡适：《从一党到无党的政治》，《大公报》9 月 29 日星期论文，《独立评论》第 171 号（1935 年 10 月 6 日）转载。

的指南。与大多数人民心理相违背的政治,绝对不能成功。我确信上面分析的人民心理,是今日中国大多数人民的真实心理。改换这种心理的方法,是结束训政,废除党治。”另外人民对于党治的疲倦心理、厌恶心理也需要废除党治。在政制方面,五院制与委员制的内在冲突,以及一党专政的分赃制,都极大地损害了行政效率;只有实行宪政才能提高行政效率。[1]

在读到胡适、萧公权和楼邦彦等人的批评意见后,陈之迈重申自己的主张并进行辩解。他说:“我仍然不主张现在开放党禁”。第一、开放政权并不能收拾人心,遑论挽救危亡。因为“中国人心之散漫是眼前的事实,但现代经济制度之惊人落后可惜也是事实。没有现代经济制度所造成的交通便利,货物交换,优美普及的教育,参加政治的闲暇,而希求吃草根树皮观音土的芸芸众生侈谈内政,关切外交,监督政府,是人之常情所不容许的”,散漫的人心固然应当收拾,但收拾的方法不是一朝一夕可以成功的,更不是一纸宪法可以达到的。第二、不问现在人们配不配做他们国家的主人翁,便开放政权,实行宪政,其势必然勾引起许多纷繁复杂的问题,无法解决。那么在党治体制中,如何看待蒋介石的领袖地位和党内民主制的关系呢?陈之迈认为,“不死背十九世纪书本的人都晓得领袖人才和民主政治的根本原则是完全不相冲突的。……蒋先生治军既有优越的成绩,自然‘它应继续为最高的军事长官’。但在政治方面,蒋先生当然也是很有势力的一个领袖,他对于政治也有具体的政策主张。在‘党内民主政治’实行下自然成为一个最有势力的集团,最能孚众望的集团,他当然可以把握政权,实现他的主张。”针对楼邦彦的批评意见,陈之迈

---

① 罗隆基:《训政应该结束了》,《独立评论》第171号,1935年10月6日。

指出党内民主制与“党治”并不矛盾,“在现在讨论中国政治万万不可拏外国的东西来强相比较。政治学和地质学一样是带有浓厚地方色彩的。……中国现在的国民党不能和在意德俄等国专政的政党同日而语,此中国目前政制之所以‘特殊’,外国的逻辑到这里来用不上,……硬用外国党治的逻辑来评量中国的情况才是‘因噎废食’”。[①]

尽管陈之迈强调中国国情,但胡适在读了这篇文章之后,仍不以为然,写信给陈之迈说:“我颇感觉你这篇文字写的不好。鄙见以为学政治的人当多注意现实政制的考察与分析。如今日之党治,在中央与地方,都值得政治学者的实地考察。今日何尝有‘党治’? 只有无数人吃党饭,做党官而已! 党所‘治’者究何在耶?”[②]胡适的批评对陈之迈的主张或有误解。之后,陈之迈专门做了一篇文章,似有澄清之意。他在文中指出:“我们讲政治,最要紧的便是要讲实际的政治,不能专讲原则的政治。我们不能只问政治应该如何,或外国的政治如何故中国的政治便应该如何。我们必须先问中国的政治究竟如何,然后根据这种事实谋事实所能容许的改进改善。”[③]

二、中央政制的弊病与改革

当时国民党与国民政府的中央政制受到各方面批评,这些批评有的指向“中国国民党中央执行委员会政治委员会”(以下简称“中央政治会议”或“中政会”),有的指向五院制,有的指出政制原理的内在矛盾,有的指出政制从形式到精神都不合时宜。但是各人的批评所基于的立场与出发点并不一致,主张党治与反对政权开放的一般都

① 陈之迈:《再论政制改革》,《独立评论》第 166 号,1935 年 9 月 1 日。

② 耿云志主编:《胡适遗稿及秘藏书信》第 20 册,黄山书社 1994 年版,第 30 页。

③ 陈之迈:《实际政治》,《独立评论》第 182 号,1935 年 12 月 22 日。

批评委员制和五院制对行政效率的破坏,主张集权。

钱端升首先指出国民党中央政制既不合政治学原理,又不适国情,既无力量又鲜效率。他说国民党中央的政制,是蒋介石与政治会议分治的政治,“中政会所处理的事项往往有责任不专,缺乏实力及效率的大病”。中政会的不健全有四大原因:第一,可以出席之人数太多;第二,出席者不能代表党的力量。蒋介石以及许多任封疆大吏的委员大都不出席;第三,参加讨论及决议者即为执行者,所以对于任何难事,缺乏勇气,更缺乏超然的见解;第四,中政会委员在实际上太不平等,所以讨论的价值大大减少。中政会议的弱点就是整个中央政府的弱点。因为它是全国实行训政的最高指导机关,在发动政治根本方案上对国民党中央执行委员会负责,同时又监督国民政府执行政治方案,成为训政时期党政之间唯一重要的连锁机关。①

在国民党准备结束训政开始宪政并着手制宪之际,陈之迈对于制宪活动抱以极大关注,希望新宪法在制度设计上能够避免以前的种种弊端,创造出既符合政治学原理又适合时代精神的美好政制。为此,他接连发表了《近年来中央政治改革》《论政制的设计》《再论政制的设计》。在这几篇演讲或论文中,陈之迈回顾了自 1928 年国民党北伐军事成功之后国民党中央政制变动概况,指出其中存在的种种问题。

1936 年 3 月 20 日,陈之迈在清华大学发表演讲,②指出南京国民政府在北伐胜利后一开始就实行五院制和委员制,这不符合当时百端待理,正需要有效率、能做事的政府的实际要求。设置的原因就

---

① 钱端升:《对于六中全会的期望》,《独立评论》第 162 号,1935 年 8 月 4 日。

② 这篇演讲以“近年来中央政治改革”为题刊载于《独立评论》第 195 号,1936 年 4 月 5 日。

在于因人设制，安排党中元老。又指出，“自从‘九一八’以后，中国整个都走上了非常的状况，但是‘九一八’以及后来的种种暴变，不但没有使中央政府成为集中党政军的现象，那时既有的那种现象反而被有作用的政客官僚，借着‘九一八’所产生‘精诚团结，共赴国难’的题目把他推翻，造成比‘九一八’以前的政府更软弱无能的政府。软弱无能的政府，在西洋曾经成为最好政治的理想，但是就在往时的西洋各国也没有在战争期间，或者在危急存亡关头，主张把政府弄得更软弱更无能的。但是西洋各国陈旧不堪，早已不适用的那一套学说理论，却现在成了我们的政客官僚的口头禅，成了他们达到他们特殊目的的学理根据。”

接着他在《论政制的设计》中对国民政府的五院制进行批评：

> 现行的政制推诿卸责，缺乏效率，是全国都知道都承认的事实。为什么现在的政府如此令人不满意呢？据我们的观察，这是五院制当然的结果。……过去五年的经验告诉我们，五院制是简直不能行使的制度……五院制脱胎于孟特斯鸠的分权学说。孟氏学说的出发点在保障自由，在厉行放任主义。……分权的目的在牵制政府，使得政府不能做事，欲做事而不能。五院制度把权力更分得仔细：治权与政权分开，治权拆裂成五，政权割划成四。但是国民党并不讲天赋人权，更不谈放任主义。我们要实行的是集体主义的民生主义。我们不能忍受一事不做的政府，我们希望政府发挥最高的行政效率。然而我们的政府机构是最笨重的，近年来政府效率的特低正是五院制度达到了它本来的目标。①

① 陈之迈：《论政制的设计》，《独立评论》第199号，1936年5月3日。

陈之迈又在《再论政制的设计》中进一步批评中央政制的内在矛盾与不合时宜。他说:“自从十七年训政开始至今,中央政府所采的是民治与独裁兼有的模棱政治:我们在五权分立的制度上硬装上一党专政的制度。我们把两种绝对相反的原则强其相辅而行:其结果是五权并不分立,一党专政的好处亦一无所得。”民治主义之所以为人所不满,其中有许多原因,但其最重要者是人民在过去的经验看来是无自治的能力。民治主义下的许多典章制度是基于怀疑人民自治能力而产生的,代议政治不是真正的民治,繁杂的分权制衡制度更不是真正的民治,用创制复决罢官等机构来节制人民使用选举权来产生的机关则更非民治。代议政治是批判民治者所致力攻击的对象,人们不但不能自治,他们连选择治者都不能。因为民治主义既往的失败和前途的黑暗,“我们以为中国目前的环境绝对不容我们替外国陈旧的思想作抱残守缺的工夫。我们应当立即放弃前此关于民治的迷信。……我们需要权力集中的,能甄拔人才的,有做事能力有效率的政府。”①

鉴于中央政制存在着结构失调、效能不彰等问题,钱端升、陈之

① 《独立评论》第205号,1936年6月14日。此前,罗隆基也指出国民党党政之间的内在矛盾与冲突。他说,中央政府的五院制是根据五权分立的党义来的。而在五院之上代人民执行政权的委员会,如“中全会”“中政会”等等,则是仿效苏俄党治的方式而来的。显而易见,中央政府这副机器是两个政制并合起来的,一个是民治主义的分权制,一个是独裁主义的立法行政合权制。但在实际上,民治主义与独裁主义是互相冲突的,分权制与立法行政合一制亦是冲突的。这样自相矛盾的一副机器,缺乏行政效率,乃必然的结果。“依据两个不能同时并立的政治学说”产生的这副机器比世界上任何国家的政制都复杂,“这不止是财政上的不经济。只此重叠复杂的组织,就足以制行政效率的死命。中国这几年来,政治上许多事件不能有成绩,这是主要原因之一”。罗隆基还指出国民党的政党“分赃制度”也是中央政府行政上缺乏效率的一个原因。因此他主张取消党治(罗隆基:《训政应该结束了》,《独立评论》第171号,1935年10月6日)。可见罗隆基批评的出发点和目标与陈之迈的恰好相反。

迈等提出了改革中央政制的措施：

(一)关于“中央政治会议”

由于“中央政治会议”在国民党中央政制中的特殊地位，既是全国最高指导机关，又是政治发动的枢纽，它的组成、运作及效能便成为人们关注的中心。但该会甚少实权，多数政论者认为它组织不合理、权责不明、效率低，亟须改进，甚至主张将其根本废止。萧公权即主张党政之间应划清界限，“中政会可以取消或改变地位，使成为中执会之一特殊委员会，与国民政府不发生直接隶属的关系。在代表大会闭会期间，政权由中执会直接行使，治权由国民政府全权运用。”①

而钱端升和陈之迈都反对裁撤“中政会”，主张对其进行改革。钱端升的理由是：

> 我国非民治国家，自不能有议会。但我国也非独裁国家，所以不能不有一个评论的机关。如果一方面没有人独裁，一方面政府又可以不对任何机关时时刻刻的负责，则这个政府势必成为散漫、凌乱、认识不清，缺乏勇敢，而步骤不整的政府。当局者尽管日夜孜孜，有心做善，而其结果仍必不良。一定要有一个不依赖政府而存在的机关，时常去批评、讨论、策划，并决议一切，政府才有避免上述种种弊害的可能。②

钱端升主张“中政会”的人数应减至十五人至二十人，即使二十人过少，也不能多于三十人。其人选分配应兼重实力与才识；必须由国民党产生，且为党的机关，否则党治无法维持；委员绝对不能兼任

① 君衡：《当前的三个问题》，《独立评论》第164期，1935年8月18日。

② 钱端升：《中央政制的改善》，《华年》第4卷第41期，

何政府公职,任何官员亦绝对不参加任何决议;“中政会”对政府的政策应有批评讨论权和决议权,其权力将与英国国会相仿,但不具有立法权与倒阁权,也不必大小事俱追问,只应管大事。[①] 陈之迈也主张不能让当政者同时也是“中政会”唯一的或最中坚的分子;否则,监督者和被监督者,负责者和负责的对象,都是同一班人。但他从其“党内民主”制方案出发,主张“中政会”作为代表中执委监督政府、政府需对它负责的机关,人数要放大,限于能在首都常川居住的人,至少要代表两个政团以上的中执委。政府不能履行他的政纲时,“中政会”得召集“中执委”全会来更换政府。[②] 胡适认为陈、钱二人都主张把监督者与被监督者分开,使“中政会”成为一个单纯的监督者的建议完全不能解决事实上的困难,不可能被接受。因为事实上五院和“中政会”虽然级别不同,但都是有权的,“既舍不得部院的实权,又不愿得了实权而反受人管辖牵制,于是非兼职不可了”,“只有自己监督自己了”。“所以改革中政会议也不如实行宪政,让人民的代表机关来监督政府。在宪政之下,这个和平更替政权的机关就是国民大会。”[③]

(二)五院制的存废

陈之迈因为接受“危机政府”理论,反对独裁,却主张集权;主张集权,所以反对开放党禁。既然坚持党治,必然反对分权制衡,而五院制却是近代分权理论的化身,所以他激烈批评五院制。他指出,“如果分权制衡成功,必定败坏党的纪律;如果纪律雷厉风行,分权制

---

① 钱端升:《中央政制的改善》,《华年》第4卷第41期;《对于六中全会的期望》,《独立评论》第162号,1935年8月4日。

② 陈之迈:《政制改革的必要》,《独立评论》第162号,1935年8月4日。

③ 胡适:《政制改革的大路》,《独立评论》第163号。

衡便等同虚设。”这一观点在他关于监察院与监察权的研究中得到了证实[①]，加上其他的例子，使他认识到在训政时期的党治之下，包括监察院在内的若干院“简直感觉得有事不能做或无事可做敢做的苦闷”，这“适足以征信五院制实不应在训政时期设立”。[②] 所以在国民党公布中华民国宪法草案前夕，陈之迈明确指出：“国民党制宪的目标如在产生有效率的政府，那么唯有放弃死守五院制度的精神（形式无关宏旨）。”称赞国民党四届五中全会关于宪草的决议中没有提到五权宪法“是国民党政治理论空前的进步”。他希望国民党中央“能把这个决议案的精神推到它逻辑上的结论。那样政府便能统率，三民主义也便可行，制宪的目标之一也可达到”。[③]

钱端升对五院制也持近似态度，认为“五院之制，在目前殊无意义。但此中有若干人的问题在内，此时取消五院恐徒然引起纠纷，故不如维持。惟各院应力戒铺张；于执行职权之时，更应力求实在。如果在改组中政会时行政院以外的四院院长多愿加入中政会为会员，则四院亦不妨取消。如四院取消，则立法及铨叙可设局，考选可设委员会，均隶于行政院。司法行政部及行政法院亦改归行政院。法院及审计部则独立行使司法权及审计权。监察权暂无庸存在，因为在事实上近年来监察权亦从未有真正行使的可能。”[④]

“中政会”和五院分别代表“政权”与“治权”，陈之迈和钱端升都主张通过改组“中政会”以强化“政权”的集中行使，同时都希望取消

---

① 陈之迈对五院制的批判参看本节第一部分内容，他对监察院与监察权的研究参看清华大学《社会科学》第 1 卷第 1 期和第 2 期。

② 陈之迈：《一年来关于政制改革的讨论》，《民族》第 4 卷第 1 期，1936 年 1 月。

③ 陈之迈：《论政制的设计》，《独立评论》第 199 号，1936 年 5 月 3 日。

④ 钱端升：《中央政制的改善》，《华年》第 4 卷第 41 期。

五院制,目的在使行政权得以集中,避免“治权”分化制衡,从而提高行政效率,以应付国难时期的内政外交。这是他们将中央集权的主张落实到制度层面的设计方案。

三、中央与地方的权限划分

1936 年 6 月初,两广军事将领陈济棠、李宗仁、白崇禧号召北上抗日,出兵湖南,一时全国舆论哗然,弹赞之声均有。《独立评论》发表了数篇谴责“粤桂异动”的文章,除了一篇是胡适写的,其他三篇分别为“君衡”(萧公权)《以中国攻中国?》(第 206 号)、陈之迈《论粤桂的异动》(第 206 号)、张熙若《对于两广异动应有的认识》(第 207 号)。他们一致谴责粤桂此次行动不过是假抗日之名以泄私愤,争夺政权,破坏统一。

此次事件引起陈之迈等对于中央与地方关系的关注,随即对中央与地方的制度结构和权限划分发表意见。陈之迈在《论中央与地方的关系》一文中,根据历史与现状,从中央与地方的政制关系方面来认识这次“两广事件”发生的背景与原因,希望总结教训,以杜后患。他认为:中央与地方关系是中国两千多年来内政上的根本问题,中国政治之能否走上轨道系于这个问题之能否获得适当的解决。自从秦代统一以后两千多年来,中央政府一向以中央集权的政制为理想,制为层层监视的官员或机关,希望监视者与被监视者彼此牵制,中央从中贯彻其势力;但是加紧集权的结果却并不一定能够达到中央集权的目的,反而使得地方的“封建思想”更加深刻,“地盘主义”更加为封疆大吏所信奉。国民党当政以后,虽然标榜孙中山的“均权制度”,但在法律上制定的都是趋向集权,其结果只能加重地方政府的反集权心理,事实证明中央与地方的矛盾冲突已经到了最严重的关头,此时应有一番痛切的调整。至于调整的方法,他虽然不能提出一个具体的方案,但相信孙中山的“均权制度”在原则上是极正确的。他主张中央政府应该放弃其集权的梦想,要开诚布公地提出一种合宜的“中央地方权责划分纲领”,与地方当局诚意磋商,共同谋得一种双方都相当满意的结果。地方政府则应该从国家的立场出发,认清是非,同中央政府通力合作。①

萧公权对陈之迈主张的“均权”原则表示无条件的接受,不过他认为陈之迈所举的理由和所得的结论还有可以补充的地方。首先,在理想和事实上两千年来并没有贯彻集权的制度,政府总以统一为理想而未必总以集权为理想,集权与分权的政制大体上更迭或掺杂使用;反抗中央心理及行为是一代政治衰败后的非常现象而不是“天下一统”盛世的正常现象;“地盘主义”的盛行,主要系由地方长官总揽一方兵民财运种种大权,即地方集权的结果,而不一定是中央集权的反响。其次,实行均权须以政治统一为条件,须先除去地方的集权,而不可用“均权”为应付地盘主义的工具。要除去地方的集权,须促成军权的统一,全国军令统一于中央,地方政府军民分治,以及推行地方自治。均权制度的施行,必须待各级政府大体上已养成“法治”的习惯。“与统一不相容的中央与地方分权,实在只是均势,而不配称为均权。”萧公权批评陈之迈虽过于热心均权制度的实现,但“同时似乎过于轻视政治统一的价值,而有对地盘主义让步的危险”。②

对于萧公权的批评意见,陈之迈作了辩驳。他认为中国一向就有将统一与集权混谈的恶习,“我们得根本承认实行联邦均权的国家

① 陈之迈:《论中央与地方的关系》,《独立评论》第208号,1936年7月5日。

② 君衡:《均权与均势》,《独立评论》第210号,1936年7月19日。

也能是统一的国家”,“政治统一”并非是联邦均权的必要条件;而“联邦制度不必以先具有独立单位为必要的条件,有了实行联邦制度的意志时单位不难产生出来。”所以,中国即使没有独立或半独立的单位存在,也不妨碍联邦均权制度的施行。“法治的习惯”“军民分治”“地方自治”当然是很重要的,但是法治精神的养成是与民治主义并进的,只有使得守法者同时也是制法者,才有法治可期。因此,由中央与地方当局开诚磋商,共同制定一部“均权法”,正可以避免一方制法一方守法。这样的法律可以养成法治的精神,可以促使均权制度实现。

陈之迈的辩驳却不能使萧公权缴械,萧公权指出陈之迈把联邦与均权或分权看成完全同义的名词,他则认为均权制不一定是联邦制,而单一的国家也可以均权。其理由是:

> 一切联邦的国家都采用分权制,但是分权的程度或情形不尽相同。一切单一的国家都是集权的国家,但是集权的限度不必一样。法国可以代表高度集权的单一制,美国可以代表高度分权的联邦制。加拿大的分权程度不及美国,英国的集权较之法国亦有逊色。建国大纲说明中央地方权限的时候不用分权而用均权的字样,似乎有特殊的用意。建国大纲所指示,宪法草案所规定和现行的政制,显然是单一而非联邦。……单一的国家能否均权?如果我们严守陈先生的界说(即单一=集权,联邦=分权或均权),我们的答案当然是:不能。但如果我们略为变通,拿均权这个名辞来表示程度较低的分权(或程度较低的集权),我们的答案是:可以。

萧公权还把他的上述意思图示如下:

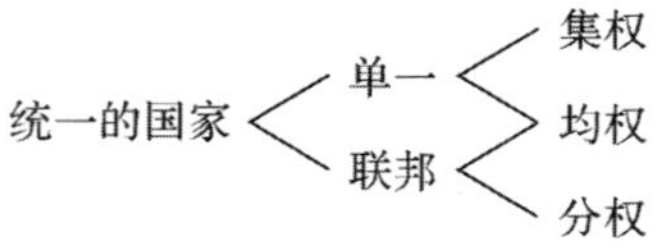

关于均权制度在中国的运用，萧公权主张均权的对象应注重县，根据“把有全国一致性质的事务和有因地制宜性质的事务分别划归中央与地方政府”的原则，充分扩张县市的自治权，却不必增加省的独立性，如此可以避免联邦制分崩离析的危险而受均权制的实惠。[①]

两个月以后，粤桂纠纷相继和平解决，国民政府完成了多年罕见的统一，张佛泉于是撰文展望此后政治的发展，其中涉及中央与地方关系问题。他在评述陈之迈与萧公权争论的基础上，提出自己的见解：第一，集权分权的问题不能完全向官制的形式中去求解答，也要看国民有无民族意识和“邦国的情绪”（Nationalistic Sentiment），以及有无自治的机会与能力；第二，欲求中央与地方均权，须先求统一，再求军民分治和地方人民自治。统一后或许可以用联邦制，但联邦制决不是促进统一的方法，至少在历来便是单一国而在晚近却形成割据的中国是不能这样做的。不过统一也不是绝对的，“凡是在中央势力范围的地方都已是可以谋均权问题的所在”；第三，均权并不是一种权由中央与地方均分，而是依其性质，属于中央的不畏其集，属于地方的不嫌其分，这实是一种“分治”。改用“分治”二字可以避免分权与均权两个名词在意义上的含混。[②] 对照他的见解，有助于认识陈、萧两人观点的意义与不足。

① 君衡：《均权与联邦》，《独立评论》第213号，1936年8月9日。

② 张佛泉：《今后政治之展望》，《独立评论》第219号，1936年9月20日。

四、地方政制改进

1936年夏间,陈之迈受行政院行政效率研究会邀请,赴江苏、浙江、江西、安徽等省调查研究行政督察专员制度。在此次调查过程中,陈之迈比较留心地方政制的设置与实施情况。回到北平后,除了将研究行政督察专员制度的报告提交给行政效率研究会,还在《独立评论》上发表了一组题为“漫游杂感”的文章,陈之迈在其中谈了他对地方政制的看法。

他首先指出浙江省地方政治中的矛盾现象,一方面致力于建设“自治模范省”,编订闾邻;另一方面,又渐次采用旨在提高行政效率的“省府合署办公”“县府裁局改科”“县府分区设署”“行政督察专员”等“地方新政”措施,以及传统的保甲制度。在他看来,“区公所、乡公所等等是自治的组织,保甲联保等等是自卫的组织,它们的根本精神不同,它们创设的目的互异”。自治的组织袭自英美的个人主义社会,以个人为单位;保甲的组织是我国旧有的制度,建筑在家族社会的基础之上,以户为单位,以家长为中心。尽管政府当局想调和二者之间的矛盾冲突,将保甲制度嵌在自治的系统里面,但是无论如何,最多不过是形式上的附会,实质上究竟脱离不了枘凿不容之讥。他进而批评中国政制设计中存在的根本问题:“中国的法制往往只重形式,不重精神,五权宪法与一党专政的两种根本不同的东西可以兼而并有,自治与保甲又何独不能同时存在呢?不过这种不顾精神及目的的政制创设,是徒劳无功的,只有使得奉命唯谨的地方当局扑朔迷离,头晕目眩而已。”①

① 陈之迈:《漫游杂感(一)》,《独立评论》第222号,1936年10月11日。

在这次调查过程中，陈之迈对县政也较为关注。参观兰溪实验县使他对县府的人事制度有了更切实的认识。他认为普通县政府人员包括县长和佐治人员都由省政府任命的现行制度应根本推翻。因为这些人员一到县府的时候，省政府无从直接指挥，他们便彼此不相联属，甚至不肯听县长的指挥，极大地妨碍了行政效率。而江宁实验县的办法是各科科长一律由县长委任；兰溪县的办法是县长对于各科科长只有遴选权，委任之权仍然操之于省政府的主管厅。无论采取其中哪一种办法，都比现行一般县的办法为佳。这是实验县行政推进效率较为显著的重要原因。因此他主张江宁、兰溪的制度应该推行到全国各县去。[①] 他同意"县政之良窳胥视县长之是否得人"的说法，但又认为政府所用的几种改进县长人选的办法，如以考试弃取县长、县长训练、提高县长的待遇，并不是理想的方法，他比较推崇浙江省主席黄绍竑提出的"中心县制"或称"基点政治"。[②]

作为国民党"地方新政"措施之一的省府合署办公制度，陈之迈认为它的施行未能达到预期成效。"在经费之节省上，纵然得到相当的效果，但此项效果亦并非徒因合署办公而获得，其主要的原因尚在骈枝机关之裁撤及行政经费以及事业经费之缩减；在行政效率之提高上，则因中央政府本身缺乏一贯的系统，实难收到丝毫的功效，其唯一可能的功效只在公文程式上的小改革，实无关宏旨。我们以为在一个自命集权的政府之下，一切的改革都应由中央先行开始，才能得到实际的成效。省府合署办公如此，其他的改革，如考铨制度，如审计制度，如考绩制度，亦莫不如此。"[③]

---

① 陈之迈：《漫游杂感（二）》，《独立评论》第 224 号，1936 年 10 月 25 日。

② 陈之迈：《漫游杂感（三）》，《独立评论》第 227 号，1936 年 11 月 15 日。

③ 陈之迈：《漫游杂感（五）》，《独立评论》第 230 号，1937 年 4 月 18 日。

省府合署办公、行政督察专员、县府裁局设科、区设署长、民编保甲等各项改革,在萧公权看来,是变自治为吏治,由分权而趋于集权的举措,意义重大。但又认为,县政建设之困难,并未因改制而自然消除。其困难主要在于人民之知识未开、狃于旧习,县政人才之缺乏,地方势力之障碍,以及建设经费之支绌。①

综上所述,关于党治应否结束,政权是否开放,以及中央与地方政制如何改进的讨论,一方面和民主与独裁的讨论相关,大体上是民主或独裁主张在制度设计层面的具体延伸。如陈之迈主要根据"危机政府"理论,从"危机"现状出发,主张改革中央与地方政制,建立积极有为的政府,增进行政效率,同时他也强调民主的价值,主张在不开放政权的前提下,推行党内民主制。萧公权也反对开放政权,但不等于说他放弃了民主政治的原则。他比较重视宪政实施的条件与过程,在他看来,当民主政治的基础还比较薄弱的时候,只能实行低度的民主,党禁虽不必开,但言禁必须开。

另一方面,上述问题的讨论是就中国的实际情况而展开的。这种将西洋政治观念与本国国情结合起来的讨论,在陈之迈看来是政论进步的一种表现。他说:"我曾看过旧时不少的政制改革论文,……几乎千篇一律,谈政制理论,评论西洋各国制度的优劣得失,优点多的便主张中国仿行。他们的努力自然在我国政制变迁史上发生了很大势力:东西洋五花八门的制度都曾在我国实行过一个时期,但每试则必败。过去一年中的政制讨论中,除民主独裁问题有时要旁

① 萧公权:《论县政建设》,《大公报》1936 年 9 月 6 日星期论文,《独立评论》第 218 号(1936 年 9 月 13 日)转载。

征博引西洋事实外,政制改革讨论则胥能本着中国本身的事实来作立论的根据。从此也许我们看出:(一)政论家近年实有长足的进步,(二)中国政治近年来比较安定的政局已使得我们有稍走上常轨的制度来作研究的资料。"[①]

上述陈之迈的说法自然有一定道理,政论的进步当是抗战前中国政治研究的学术化与本土化作用的结果。在《独立评论》上发表政论的作者有不少是政治学专业学者,他们一般都同时进行专题学术研究,如陈之迈对中央政府五权制度、欧美非常时期政府的研究,萧公权关于中国政治思想的研究。他们的学术研究为其发表政论提供了学理支撑。政论进步还有一个重要原因,即思想自由与独立,不受任何政治派别的左右,"只期望各人根据自己的知识,用公平的态度,来研究中国当前的问题",这是《独立评论》的宗旨,清华政治学者对此非常看重,这一点从陈之迈和萧公权分别为《独立评论》三周年和四周年所作的祝辞中可以看出[②]。

不过也应该看到,当时中国的政治学研究在资金、材料、组织、制度等许多方面都存在着严重不足,学者较少有机会实地考察政治制度的组织结构及其运行。对于应用学科而言,就着书本"坐而论道"很难在理论上获得创新。即使说当时的政制讨论有进步的表现,但是各人所依据的理论概念基本上来自西洋。而"所谓理论,不过是现象的缩写,一种经济的认识的公式。洋货的社会科学理论是根据理论者当时所见到的情形得到的结果。中国与外国的情形固然不同,

① 陈之迈:《一年来关于政制改革的讨论》,《民族》第4卷第1期,1936年1月。

② 见陈之迈:《教孩子的方法:寿独立三周年》,《独立评论》第151号,1935年5月19日;萧公权:《独立评论四周年祝辞》,《独立评论》第201号,1936年5月17日。

就是一国情形在这二十世纪也是在不断的变化之中”。[①] 因此,他们的政论与本国的实际情形恐怕仍有一定距离。

以陈之迈为例,他无疑是清华政治学者中发表政见最多的人,除了上面提到的内容之外,还对吏治改革的途径、司法制度的改进、监察院的职权及其运用、国民大会的选举等其他许多问题发表过自己的看法。胡适称他“是今日学政治的人之中的一个天才”。即使这样一位天才,其关于政制改革的政论基本上是借用巴塞特的民主概念和罗杰士的“危机政府”理论而展开的。尽管其议论颇能引起舆论关注,但是若没有深刻的本土政治学研究作为理论基础,难免肤浅。例如,他和萧公权在讨论中央地方关系时一致赞成“均权”理论——“把有全国一致性质的事务和有因地制宜性质的事务分别划归中央与地方政府”,似乎很有道理,当时南京国民政府内政部甚至将这项主张运用到县政改革的省县权限划分方案中去。但是就在他们的讨论结束不久,沈乃正就撰文指出:主张按事务划分省县行政权限的方案既不符合行政原理,而且极易产生新的病象。[②] 沈乃正的文章虽不是直接针对陈之迈等人在《独立评论》上的观点,但实际上等于批评了陈之迈等人所赞成的“均权”理论。沈乃正那篇发表在学术刊物上的文章远比陈之迈、萧公权的那几篇政论严谨深刻。陈、萧二人的专长都不在地方政制研究,而沈乃正却是研究地方政府的专家,比他们更为熟悉这一领域。

学人论政,多为隔靴搔痒,原因在于不了解政治实情。其实清华政治学者与南京中央政府并非没有沟通的渠道。九·一八事变后,

---

① 燕客:《如何改造中国的社会科学》,《独立评论》第 31 号,1932 年 12 月 18 日。

② 沈乃正:《地方自治确立前省县权限之调整》,《行政研究》第 1 卷第 3 期,1936 年 12 月 5 日。

蒋介石接受钱昌照的建议，创办国防设计委员会，延揽一大批当时国内各方面的专家学者，从事军事、国际关系、教育文化等多方面的调查研究工作。其中国际关系方面的工作由周鲠生、徐淑希、钱端升等负责。[①] 独立社社员翁文灏、丁文江、胡适、周炳琳被国防设计委员会聘为首批委员。1935 年冬，行政院改组，翁文灏和蒋廷黻分别被委以行政院秘书长和政务处长，吴景超担任行政院秘书。在蒋廷黻改任驻苏大使后，何廉继任行政院政务处长。这些独立社社员进入中央政府后，在独立社与政府之间形成了非正式的沟通渠道。这为独立社成员的论政提供了可以呼应的途径。

事实上，蒋廷黻从政后的前三个月，主要研究中央政府，拟定了一套改革计划。他似乎特别关注行政院与"中政会"的关系。此时恰好是陈之迈等人对"中政会"和五院制批判甚烈并提出改革建议之际。1936 年 2 月底，蒋廷黻将改革中央政府的意见稿呈交蒋介石。3 月底，蒋介石却命令蒋廷黻与翁文灏对调工作，翁文灏负责改革中央政府，蒋廷黻负责地方行政改革。此事让蒋廷黻颇感失望，因此对改革地方行政工作不甚积极。但他认为这样也好，可以使他对当时省、市等地方的行政工作能有个认识。于是，在五六月间，他通过行政效率研究会聘请了包括陈之迈、沈乃正在内的二十多名学者和有地方行政经验人员到各省市去进行研究调查工作，以备专题报告之用。[②] 蒋廷黻主张从政者将从政的经验提供给研究政治的人。他说："我在学校教书的时候，常怪我国从政的人不肯把他们的经验公诸国人，致研究政治的人如要明了我国的政治实情简直无从下手。当然，近年

---

① 钱昌照：《钱昌照回忆录》，中国文史出版社 1998 年版，第 41 页。

② 蒋廷黻，谢钟琏译：《蒋廷黻回忆录》，第 185—189 页。

政府所发表的法规条例细则是多极了,并且值得学者的研究,但是这些条文只能表现政治制度和机关组织,不能形容政制的运用和精神。”在他即将离开行政去干外交的时候,他将自己的行政经验与感想发表于《行政研究》。[①] 以上情况使人们有理由相信蒋廷黻和清华政治学者在政制改革问题上有所沟通,清华政治学者有关政制改革的政论与蒋廷黻的政制改革计划当有互动影响的可能。

但从蒋廷黻推行改革的遭遇来看,清华政治学者的政论即使对蒋廷黻的政制改革计划有所影响,也很少影响到实际政制的变动。因为政制的变动必然触及各方既得利益,理论上的政改方案一定会受到有关方面抵制。翁文灏、何廉在行政院的经历表明在裙带风盛行,法治为名、人治为实的政治环境中,即使“身居要职”的从政学者也难有作为。翁文灏曾向胡适说起他的苦衷:“弟尝自思,凡于国事有益者,弟极愿勉力为之,虽极辛劳,在所不惜……但近时经验,极觉自身工作劳而无功,虽往往忙得日不暇给,但并未有若何真正成绩,思及于此,懊伤〔丧〕万分。……政府机关中办事有许多不可避之困难,不但经费问题,人事问题尤为难处。弟自问待人和平,对于公事职权以及私人交谊两皆尊重,但犹时感麻烦。”[②]何廉也深有感触:“翁文灏和我都在政府中位居高职,比起‘圈内集团’来,毕竟还是外人。我们并非政府的里层人物,也非党的成员,我们不过是政府的‘装饰品’!我们从未能搞清楚幕后究竟在搞些什么。”[③]他们尚且有困于人事、“劳而无功”的感叹,至于一般在野文人的议论,自然难有什么实际效果。

---

① 蒋廷黻:《我的行政经验与感想》,《行政研究》创刊号,1936 年 10 月 5 日。

② “翁文灏致胡适”,1937 年 4 月 17 日,《胡适来往书信选》,中册,第 355 页。

③ 何廉:《何廉回忆录》,第 121 页。

第八章　现代政治学谱系中的清华政治学

政治学家在关于什么是政治、政治学的独占领域是什么、政治学是不是科学以及如何研究政治学等政治学基本理论问题上的不同回答与实践，往往是区别不同学派的标志，在西方政治学演进的历史进程中，曾产生过诸多学派或流派。近代以来，在“东学”与“西学”的冲击下，源自西方的政治学派也在中国衍生出种种时代序列和地域格局，构成知识与学术的谱系。本章将通过分析清华政治学者关于政治学的基本理念、学术旨趣及其与其他学派的联系和区别，以揭示清华政治学系的学术脉络与一般特征，进而探讨中国现代政治学谱系中是否也存在一个“清华学派”①。

① 1988年,王瑶在“纪念朱自清先生逝世四十周年座谈会”上说:“清华中文系不仅是大学的一个系,而且是一个有鲜明特色的学派。……清华中文系的学者们的学术观点不尽相同,但总的来说,他们的治学方法既与墨守乾嘉遗风的京派不同,也和空疏泛论的海派有别,而是形成了自己的谨严、开阔的学风的”(王瑶:《我的欣慰与期待》,《文艺报》1988年12月6日)。此后,便有不少人谈论“清华学派”。其中比较受人注目的是徐葆耕,著有《释古与清华学派》一书。他说:“纵观‘清华学派’的历史,可否将其学术思想及风格概括如下:第一、对传统文化及外来文化,不取‘两极’对抗的思维模式,而取‘综合’模式,即通过解释学的方法援‘外’入‘中’,以实现传统的创造性转化;第二、对历史与现实,既强调准确把握历史本质,又要具有鲜明的时代色彩;第三、微观与宏观,既强调微观的谨严,又重视宏观的开阔,‘兼取京派海派之长’;第四、在操作方法上重视西方的理性精神和逻辑方法,同时吸取传统训诂学之长,使论文具有克里斯玛式的权威气质。”但“上述特点并非清华学派所独有,而只是在清华具有相对的‘集团性优势’。”(徐葆耕:《释古与清华学派》,清华大学出版社1997年版,第59页)张岱年认为将20世纪30至50年代初的清华哲学系称为“清华学派”是有根据的,并认为“清华学派”具有四个特点:“第一,为振兴中华而追求真理的治学精神;第二,以逻辑分析为主要方法;第三,试图融合中西哲学思想建立具有时代精神的理论体系;第四,肯定学术与政治的区别,保持谦虚开放的思想态度。”(张岱年:《回忆清华哲学系——“清华学派”简述》,《学术月刊》1994年第8期)何兆武则认为清华园学人“各有自己的思想和路数,从来没有形成过一个通常意义的所谓学派,亦即有着一致的立场、观点和方法,一致的主题、方向和兴趣的一个有组织的学术团体。……可以说并不存在一个所谓‘清华学派’的学派”。但他们又具有一种共同的情趣和风貌,即都具有会通古今,会通中西和会通文理的倾向。“我以为所谓清华学派从根本上说,应该是指这个趋势或祈向”(何兆武:《也谈“清华学派”》,《读书》1997年第8期)。可见一般所论“清华学派”并非是在一个研究共同体或研究家族的共同“范式”(信仰范式与研究范式)的意义上使用,而是从清华学人整体的学术风格上来说的,但是清华学人的这种“共同之处”是不是能够称之为“学派”,是不是独一无二的,就引发了一些争论。这实际上牵涉到对于“学派”概念的理解问题,可谓仁智各见。关于“清华学派”迄今讨论较多的是清华中文系和哲学系的学术特色,那么,政治学上是否也有一个“清华学派”呢?迄今尚未见有人对此问题作过探讨。

第一节　从国家学到实证主义政治学

目前就资料所见，最早对政治学科进行系统理论阐述的清华政治学者是钱端升。1925 年 12 月 3 日，清华学校大学普通科“修学目的及方法”班请钱端升演讲政治学方法及分类。① 这篇演讲随后以《政治学》为题刊登于《清华周刊》上。② 有学者认为，它“可以被视为钱端升先生撰写的最精炼的当代政治学概论”，是钱端升作为中国现代政治学的奠基人所作的两个方面的开拓性贡献之一——建构了中国现代政治学研究的基本框架，奠定了其科学化、体系化的发展方向——的主要体现。③ 这个观点未必恰当。若从“建构中国现代政治学研究的基本框架，奠定了其科学化、体系化的发展方向”来讲，早在 1923 年 2 月，北京大学政治学教授张慰慈编著的《政治学大纲》就出版了，影响甚大。但张慰慈的这本《政治学大纲》是否算得上建构了中国现代政治学研究的基本框架，也还不能肯定。不过总体而言，钱端升的这篇演讲确实表达了他对于政治学的一种系统的看法，虽不能肯定其为中国现代政治学的开拓性贡献，但就清华政治学系而言，实具标志性意义。④

1937 年 7 月，浦薛凤在清华大学《社会科学》上发表《政治学之出

---

① 关于演讲过程，见《清华周刊》第 363 期，1925 年 12 月 11 日，第 25 页。

② 《清华周刊》第 366 期，1926 年 1 月 1 日。

③ 张桂琳：《终生的追求，卓著的贡献——钱端升先生与中国现代政治学》，赵宝煦、夏吉生、周中海编：《钱端升先生纪念文集》，第 60—61 页。

④ 在 1927 年 9 月出版的王世杰著《比较宪法》一书的末尾附有上海商务印书馆“现代社会科学丛书”“在印刷或编著中”的书目，其中列有钱端升的两本书名，即《政治学》和《比较政治制度》。可惜迄今未见到这本《政治学》，大概是没有出版吧。

路:领域,因素与原理》,探讨关于政治学三大基本问题:第一,政治学的领域是什么?第二,政治学是否可以成为科学,以及如何而可以成为科学?即如何确定政治原理?第三,构成政治的基本因素是什么?其相互间的关系如何?这篇论文可以视作浦薛凤长期以来对政治学学科基本理论深入思考的结果,显示了独创性的理论见解,特别是系统地阐述了他所发明的"政治五因素"观点。

上述两篇文章,一篇发表于清华政治学系初创时期,一篇发表于抗战前夕,正好位于清华政治学系早期阶段的两个端点,是清华政治学者在两个不同时期关于政治学基本理论的系统见解。那么在其背后有着怎样相关的学术脉络与时代背景呢?

一、政治学:研究对象、性质及范围

虽然早有人指出,一切定义都是危险的,因为它总不能赅举全部的涵义,且往往与事实相反,但是近代一些著名的政治学家也说,清楚和正确的定义,即学科定位是作各种科学探讨和学科发展的重要前提。[①] 因此,从对"政治学"的定义当中,可以看到一个政治学者对于政治学的整体理解和学术倾向。

钱端升在《政治学》一文中讨论的第一个问题就是政治学的名称与定义。他对政治学的定义是:"政治学者,研究人类政治活动及其政治组织者也。"但他并没有解释"政治"的含义[②]。再根据文中的政

---

① J. W. Garner, *Introduction to Political Science*, New York: American Book Company, 1910, p. 12.

② 钱端升晚年在《我的自述》中说:"我一向认为,政治学乃是研究国内外政治活动、政治组织(包括政府体制)、国际关系,兼而纵论时势的一门科学。"(《钱端升学术论著自选集》,第702页)与在《政治学》一文中的定义略有不同,但仍未解释"政治"的含义。

治学分类表，可知他所说的"政治学"是指研究诸如政府、政事及国际关系方面的组织与活动。其定义并不强调以国家为研究对象。这与二三十年代在国内很有影响的一些中外政治学者关于政治学的定义颇不一致。如张慰慈对政治学的定义是："政治学是研究国家如何发生，如何进化，找出因果变迁的公例；并观察现在国家的性质及组织，和所处的环境，所发生的变端；更从这性质、组织、环境、变端之中，找出根本观念和具体的原理原则，拿来做怎样应付现在政治环境，解决现在政治问题，创造新政治局势的工具。这就是政治学的涵义。"①武汉大学政治学教授李剑农说："政治就是国事；政治学便是以国家为研究的对象的，或竟可称之曰国家学。"②美国伊利诺大学政治学系教授高纳(J. W. Garner)将政治学视为始于国家终于国家的学问。③

---

① 见氏著《政治学大纲》，第 8—9 页，该书是北京大学政治学系 1920 年代及 30 年代初期的政治学教科书，到 1930 年已经出到第 8 版，影响很大。张慰慈，字祖训，1893 年生，江苏吴江人，美国依阿华大学哲学博士(Iowa, Ph. D. 1917 年)，博士论文题为《美国市政之委员制与经理制的历史与分析》("History and Analysis of the Commission and City-manager Plans of Municipal Government in the United States")，历任北京大学及北京法政大学政治学教授，财政部秘书，沪宁沪杭甬铁路管理局运输科副科长，上海东吴大学法学院及中国公学政治学教授，北宁铁路管理局总务处长，安徽大学图书馆馆长，铁道部参事兼南京中国政治学会干事等职，著有《英国选举制度史》《市政制度》《政治学大纲》《政治概论》《政治学》《宪法》等书。橋川時雄編纂『中国文化界人物総鑑』中華法令編印館 1940 年版、第 428 頁。

② 李剑农还援引伯伦知理和法国著名政治学者 Paul Janet 关于政治学的定义作为佐证。见李剑农《政治学概论》，商务印书馆 1934 年版，第 2—3 页。该书原作为"国立武汉大学丛书"之一发行，后经商务印书馆"大学丛书委员会"审查通过，列入"大学丛书"出版，可见影响亦较为广泛。

③ J. W. Garner, *Introduction to Political Science*, New York: American Book Company, 1910, p. 15; *Political Science and Government*, American Book Company, 1928, pp. 2-5, 9. Garner 的这两部著作，都曾在民国时期被中国多所大学政治学系采纳为政治学教本，*Political Science and Government* 还被燕京大学政治系教师顾敦鍒和复旦大学政治学教授孙寒冰等译成不同版本的中文本。

曾在三一学院(Trinity College)、加州大学等校任教的格特尔(Raymond G. Gettell)也认为“政治学的定义简单说起来就是国家的科学(Science of State)”。[①]

据日本政治学者户泽铁彦研究,在英、美、法与意等国,大体认为政治学是关于国家的科学。而德、奥是以 Politik 或 Politik als wissenschaft 或 Politik als lehre 等语来表示政治学,是被用在一定方面的国家活动的意味上的。“要之,英美的政治学,是漠然关于国家底研究的说明,而德奥的政治学,是以国家现象中之一定现象为研究对象的科学的说明”。[②] 如德国著名学者伯伦知理(Bluntschli)认为“国家科学”(Staatswissenschaft)以国家为研究对象,分为“公法”(Statsrecht)和“政治”(Politik)两部,前者指国家构成和存在的一般原理,后者讨论国家活动状况,以及指明国家活动的目标以及达到目标的方法。[③] 英美法等国的政治学就其研究的对象和范围而言,大体上近于德奥的国家学。小野塚喜平次说:“日本自来于政治学国家学之名称率多通用,而为广大之意义。何也?盖政治社会之特征,在国家存在之一点。以关于国家之现象者,泛称为政治之现象,而此两语遂至互相通用。”[④]但是二者在具体的研究对象和研究方法上各有侧重。日本明治时代的政治学者显然已经意识到这点,所以才有东京帝国大学和早稻田大学分别追随“德意志流”和“英美流”的分别,而

---

① R. G. Gettell, *Introduction to Political Science*, New York: Ginn and Company, 1910, 1922(Rev. ed.), p. 3. 该书有孙一中译的中文本(《政治学》,上海大东书局 1931 年版),曾用作清华大学政治学系教本,浦薛凤将它列为政治学入门读本之一。

② 户泽铁彦著,温互生、李致平合译:《政治学概论》,上海民智书局 1933 年版,第 18—27 页。

③ J. K. Bluntschli, *The Theory of the State*, 3th ed., Oxford: Clarendon Press, 1901, “Introduction,” pp. 1-2.

④ 陈敬第编辑:《政治学》,丙午社 1912 年第 3 版,第 18 页。

小野塚本人似乎也曾想从国家学中摆脱出来。[①]

因此，并不能仅依据张慰慈、李剑农等人关于政治学的定义遽然断定他们承袭了德奥国家学之绪余，但是也应该看到清末民初主要由留日学生输入的德国国家学对中国政治学的影响。另外，英美的政治学特别是美国的政治学在19世纪晚期20世纪初仍受益于德奥国家学的影响，[②]美国一些受德国学派影响较大的政治学者也强调政治学的研究对象就是国家。所以，尽管张慰慈、李剑农等关于政治学理论体系的论述较之清末民初出版的各种"国家学"著作有很大不同，但与钱端升对政治学的解释相比也有差距。

19世纪末20世纪初，在欧洲大陆仍注重从历史、哲学及法律角度对国家现象、政治组织进行抽象的静态研究的时候，英美则有一些政治学者开始研究政治的动态过程。1908年，美国政治学者本特利

---

① 小野塚对政治学作广义和狭义区分："广义之政治学云者，关于国家诸学科之总称也；狭义之政治学云者，与以国家之事实之说明，论其政策之基础之学也。"狭义政治学由"国家原论"和"政策原论"两部分构成。其所著《政治学大纲》，实是以狭义政治学概念展开的，全书共分三编：第一编 绪论；第二编 国家原论；第三编 政策原论（小野塚喜平次『政治学大綱』[上巻]博文館、1903年版、第13—20頁）。蜡山政道认为《政治学大纲》实现了小野塚致力使政治学从对其束缚的国家学里独立出来的抱负。但是早稻田大学的吉村正教授分析指出，小野塚的政治学依然没有从国法学的、法律学的见地的束缚中摆脱出来（吉村正『政治科学の先駆者たち一早稲田政治学派の源流』サイマル出版会、1982年版、第5—10頁）。小野塚关于政治学的定义（狭义）在当时日本政治学界似具有广泛的代表性。在王鼎新编述的《政治学》中，对政治学有这样的表述："阐明国家之事实性质，考究国家之政策原理，乃为政治学独立研究之一学科也。"他编述的这本政治学，内容分上中下三篇，各篇标题分别为"政治学引"、"国家论纲"、"政策论纲"。这与小野塚《政治学大纲》对政治学的定义和论述展开的结构是一致的，而编述者在《例言》中指出："本书体裁概由鄙见编次，论文则自名著译述，计参考书目廿有余种，惟取材浮田、高田、小野塚、稻田四先生之政治讲义录暨吾师樋口先生所讲授者为尤多"。

② 参考竺乾威等译：《政治学手册精选》，第29页；Albert Somit, Joseph Tanenhaus, *The Development of American Political Science: from Burgess to* Behavioralism, Boston: Allyn and Bacon, 1967, p. 61.

(A. F. Bentley)的著作《政府过程》(*The Process of Government*)出版，指出过分强调制度结构或法律条文的政治研究是没有意义的，政治研究必须注重政治过程。在此前后，威尔逊(W. Wilson)、洛厄尔(A. L. Lowell)等对“活动政府”(a government in action)研究的提倡，无疑对形式主义政治学研究构成新的挑战。1910年时，美国各大学对于市政计划渐感兴趣，但是其所注意者为民主问题而非行政事项，“美国政府”与“比较政府”等普通课程，亦皆侧重宪法方面，而忽略行政问题。而到第一次世界大战爆发后，各大学乃移其目标于行政问题，1920年以后，一些大学陆续设置行政学班，行政研究风起云涌。[①] 这时美国政治学研究呈现出如钱端升所指出的——“忽视政体方面之研究而重视职务方面之研究，忽视形式方面之研究而重视运用方面之研究”。差不多同时，政治多元论(Political Pluralism)的兴起，对国家主权论产生了巨大冲击，将国家作为政治学研究的根本课题的传统观点受到削弱，人们将国家视作与一般社会组织类似的团体。[②]

哈佛正是洛厄尔提倡与实践“活动政府”研究的学术重镇，而以主张“政治多元论”崭露头角的学术新星拉斯基也于1916至1920年受聘担任哈佛法学院讲师。这就是钱端升在哈佛研究院留学期间所处的学术环境。事实上，钱端升对政治学的上述定义也体现了来自洛厄尔的影响。

政治学的研究对象是否为国家？如果说钱端升对此问题的表述

① 参阅怀特(L. D. White)著，孙澄方译：《美国行政动向论》(*Trends in Public Administration*)，第32章，商务印书馆1935年版。

② 参看麦利恒(C. E. Merriam)、鲍尔思(H. E. Barnes)等著，张虹君译：《近世政治思想史》，第三章，商务印书馆1930年版。

尚不明确的话，那么浦薛凤的观点则十分鲜明，他认为："政治乃是：（一）人类在其众多不同的疆域，团体与阶级中一切共同事务之有组织的管理——凭藉若干强制力量，依照若干流行规律；及（二）因此而起或与此关联的种种基要的，必需的与复杂的活动。"故政治非国家所独有，凡有"共同事务"及其"有组织的管理"，即有政治，举凡家族、学校、教会、会社、工团、政党……等等，无一不有其政治，因此政治学所研究者不必仅仅是国家，与其谓为国家毋宁谓为人们共同事务之有组织的管理。只是由于国家乃是政治的最大亦最高的单位，其他团体与阶级皆同时受国家的笼罩与制裁，政治学所应根本研究者仍旧是国家。① 由此可见，浦薛凤关于政治的定义显然受到政治多元论以及当时在美国蔚然成风的行政研究的影响。

对政治学研究对象的探讨，进而关系到政治学的研究范围与领域问题。钱端升将政治学分为三大类：甲、政府，包括：一、起源及发展——宪法史等；二、组织，包括宪法、比较政府、某国政府、联邦政府等；三、职务之执行，分立法与行政两部分。他认为司法乃行政之一

---

① 浦薛凤：《政治学之出路：领域，因素与原理》，清华大学《社会科学》第2卷第4期，1937年7月；《西洋近代政治思潮》，第2—7页。浦薛凤称孙中山对"政治"的定义（"政是众人之事，治是管理；管理众人之事就是政治。"）是至理名言，并提示甄克思对于政治一词的解释："By Politics we mean the business of government: that is to say, the control and management of people living together in a society."（Jenks, *History of Politics*, p. 1）这是否意味着孙中山的"政治"概念是受甄克思的影响？目前所见孙中山对"政治"的上述解释，见于孙中山于1924年3月9日作的《民权主义》第一讲。1930年代，许多中国政治学者在解释"政治"概念时，多援引孙中山的这个定义。高一涵说："政治学就是用科学的方法，研究出来关于管理众人的事的原理原则，造成一种精密的有系统的理论，和能够实地应用的政策"（高一涵：《政治学纲要》，神州国光社1931年第6版，第1—2页）。这也是基于公共管理的角度来为政治学定义的。

种，故列入行政中[1]；乙、政事（政治活动及原动力），包括舆论、政党、政治心理、阶级制度等；丙、国际关系，分国际法、国际组织、联邦、外交、帝国主义等。他特别指出："以上各类为余个人之分法，乃聚欧美各大学之政治科目而分者，妥否尚待斟酌。"接着又指出德国政治学者 Jellinek 将政治学分为 Staatslehre 和 Politik，更分 Staatslehre 为普通及特殊二部的分法不能包含当时欧美各大学的课程。[2] 可见他的分类已经超越了德国国家学的分类标准。另外，美国政治学家韦罗贝（W. W. Willoughby）的分类法也为一些中国政治学者所接受，张慰慈的《政治学大纲》和李剑农的《政治学概论》基本上都采纳了韦罗贝的观点。韦罗贝将政治学分为四个部分：叙述的政治学（Descriptive Political Science），叙述各种形式的政治组织；历史的政治学（Historical Political Science），探究政治形式或政府发生、进化的方式与次序；政治理论或政治哲学（Political Theory or Philosophy），关于政治学中各种观念的哲学的检讨；实用的政治学（the Arts of Government, or "Politics"），关于如何适当控制公共事

---

① 关于政府职务之执行，分立法与行政两部分的观点，大概受古德诺《政治与行政》书中观点的影响。古德诺认为："在所有的政府体制中都存在着两种主要的或基本的政府功能，即国家意志的表达功能和国家意志的执行功能。……这两种功能分别就是：政治与行政。"见王元中译《政治与行政》，华夏出版社 1987 年版，第 12—13 页。

② Jellinek 将"国家科学"（Staatswissenschaft）分为"理论的"（theoretische Staatswissenschaft oder Staatslehre）与"应用的"（angewandte oder praktische Staatswissenschaft）两种。又将理论的"国家科学"分为普通的"国家学"（allgemeine Staatslehre）和专门的或特殊的"国家学"（besondere Staatslehre）。"理论的国家科学"专论国家的基本特性，而不提及国家的活动或达到其目的的方法；"应用的国家科学"则讨论活动中的国家，在国家活动的意味上来研究（参见 J. W. Garner, *Introduction to Political Science*, pp. 8-9, 13）。钱端升这里说的"政治学"，应是德文词 Staatswissenschaft，这个词译作"国家科学"或许更恰当。

务行政的原理与方法。[①] 韦罗贝的分类偏于“政府论”的立场，较少玄理的国家论色彩。而清末民初中国人对政治学的分类知识多通过日本而取自德国学者，如 Jellinek 以及前已述及的伯伦知理的分类。

浦薛凤认为若以国家为政治学的研究对象，则因为国家的事业太繁杂，内容太广泛，势必导致否认单数的“政治学”而揭橥多数的“诸政治学”(Sciences Politiques, Political Sciences, Staatswissenschaften)，举凡与国家有关系的许多学问，如财政学、政治经济学、公法学、宪法历史学、社会学等，均是“诸政治学”。他认为持“诸政治学”的观点无疑是否认政治学的独占领域。事实确是如此，当政治学在美国自成一科之后，欧洲大陆国家中的大学大抵并无政治学系，英美大学政治学系的各项课程往往只分属附设于法律学系，历史学系与哲学系，而且通常也无“政治学”一课目，所谓“政治学”的内容几乎完全包括在“宪法”一课目之内。而马克思派的经济史观学说更是视政治学为附属点缀。至于只讨论国家的起源、演化、结构、职务、目的等基本问题的“国家学”，在他看来，显系一种哲学而已。浦薛凤主张政治学应有其独占的研究领域，其独占领域就是共同事务的组织管理，共同事务为此领域的边疆，而组织管理为此领域的固定中心。浦薛凤又将政治学的表现形态或政治学的内容分为理论、叙述、定理、应用四大层域。理论层域包括“历来一切政治思想家对于基本政治问题所建拟的答案，所夸称的定律”，即政治思想的大部分内容；叙述层域“乃是一切政治现象，事实经过，制度运用，条文规定，手续程序之记载”，如政治制度、国际关系、宪法等课目的主要内容。在浦薛凤看来，科学

① W. W. Willoughby and Lindsay Rogers, *An Introduction to the Problem of Government*, New York: Doubleday, Page & Company, 1925, p. 4.

贵在其能供给许多正确结论与发现许多具体方案，使人类能加以利用而解决各项现实问题，而政治学要想具备科学的资格，就必须确定政治原理或定律。[①]由此可见浦薛凤对政治学的解释不仅明确表达了与国家学分立的立场，而且也显示了对追求原理和应用的实证主义政治学的偏爱。

二、政治学与科学

政治学是否为科学，能否成为科学，一直是政治学界聚讼纷纭的话题，存在着肯定与否定两种观点。否定的观点认为政治现象过于复杂且不确定，所以很难用严格的科学方法来研究，据说实证主义大师孔德(Auguste Comte)即持此种观点[②]。而肯定政治学为科学的著名学者却相当多。英国学者波洛克爵士(Sir Frederick Pollock)说："政治科学是一种科学，正如伦理科学是一种科学同一意义。"[③]英国剑桥大学近代史教授政治学家西莱爵士(Sir J. R. Seeley)认为政治学应该具有科学性，必须用历史的、归纳的和比较的等科学方法对国家现象及其规律进行研究。[④] 其他如法国政治学家雅勒(Paul

---

① 浦薛凤：《政治学之出路：领域，因素与原理》，清华大学《社会科学》第2卷第4期，1937年7月。

② 孔德的理由是：第一，政治学者对于政治学的方法、原则和结论没有共同的意见；第二，政治现象缺乏发展的连续性；第三，政治现象是不能预先察觉的。见 Comte, *Positive Philosophy*, Eng. tr. by Martineau, 1893, vol. II, ch. 3. 转引自 J. W. Garner, *Political Science and Government*, American Book Company, 1928, p. 11.

③ 高纳原著，顾敦鍒译：《政治学大纲》，世界书局1934年版，第9页。另参见张景琨的译本《政治学史概论》(Sir Frederick Pollock, *An Introduction to the History of the Science of Politics*, 1890)，商务印书馆1936年版，第3页。

④ John Seeley, *An Introduction to Political Science*, London and New York: Macmillan and Co., 1896, pp. 1-29.

Janet)、美国政治学家利伯(Liber)、伍尔西(Woolsey)、伯吉斯(Burguess),以及多数德国学者如伯伦知理、莫尔(Robert von Mohl)、拉岑霍费尔(Gustav Ratzenhofer)、特莱奇克(Heinrich von Treitschke)也都认为政治学是科学。霍尔岑多夫(Franz von Holtzendorff)对于认政治学为科学之说曾力加辩护,他说:"知识日益进步,使我们可以把一切关于国家的经验、现象和知识之总体统属于政治科学(国家科学)。"[①]其实分歧往往不在政治学本身,而在对于"科学"概念的不同理解。德国学者之所以认为政治学为科学,很大程度上与他们的"科学"概念有关。张君劢说:德文中"wissenschaft本与英文之science相当,……然德人心目之中,若哲学、文字学、美学、国家学,凡在大学课目中而为学者所研究者,无一不属于wissenschaft范围之内",[②]它同等地应用于在"alma mater"("母校")屋顶下培育的一切科学。而即使在英语中,science这个词的用法在19世纪时也不常用来命名自然知识。波洛克指出,不肯承认政治科学的人,是因为他们把科学的定义看得太狭窄了,他认为"伦理科学"与"自然科学"(沿用古代的科学分类法,"伦理科学"就相当于后来的社会科学)所研究的对象虽然不同,但"二者的目的与方法,皆是想用已有推论的事实,以发现真理,不过所经途径有不同而已"。[③] 总之,在汉语中,"科学"这个词字面之下实包涵着广泛的含义,在被称作

① J. W. Garner, *Political Science and Government*, pp. 13-14.

② 中德学会编译:《五十年来的德国学术》第1册,商务印书馆1937年版,见张君劢为该书所作的序言。

③ 张景琨译:《政治学史概论》,商务印书馆1936年版,第5页。

“科学的世纪”的19世纪，英法德三国的科学概念是有差异的。[①]

受西方政治学的影响，政治学是否为科学也是中国现代政治学者时常关注的话题，最早明确指出政治学是科学的人可能就是严复。严复在中国政治学发展史上的贡献主要不在于翻译了《天演论》《群己权界论》和《法意》等，而在于1905年他发表的《政治讲义》。《政治讲义》将上文提到的西莱爵士在其所著的《政治科学导论》(*An Introduction to Political Science*，1896)一书中的政治学观点介绍给国人。[②] 严复指出：“盖政治一宗，在西国已成科学”，“西国至十九世纪，政治一门已由各种群学分出，故其理易明，其学易治。”“政治学之于国家，犹计学之于财货，故当先求知物”；“政治之论治权、政府，犹计学之言财富，名学之谈思理，代数之言数，形学之言线、面、方、圆”。

严复又指示治政治学的方法与途径：第一，要祛除成心，实事求是，“无所谓利害，无所谓功过，而所求明者，止于四事：(一)所察日多，视其不同，区以别之，为之分类，一也；(二)一物之中，析其官体之繁，而各知其功用，二也；(三)观其演进之阶级，而察其反常，知疾痛病败之情状，三也；(四)见其后果之不同，察其会通，而抽为生理之大例，四也。”第二，治此学，乃用西学最新最善之涂术——天演之涂术也。“吾将取古今历史所有之邦国，为之类别而区分；吾将察其政府之机关，而各著其功用；吾将观其演进之阶级，而考其治乱盛衰之所

① 英国人梅尔茨(John Theodore Merz)在其所著 *A History of European Thought in the Nineteenth Century* 中对英法德三国各自的科学精神做了比较分析，指出德文中“Wissenschaft”这个词与“science”在英法文中的不同含义，而英法在对“science”的理解与使用上也有差异。详见该著中译本《十九世纪欧洲思想史》第一卷，周昌忠译，商务印书馆1999年版，第79—81、144—145页。

② 关于《政治讲义》与Seeley的《政治科学导论》之间的文本关系，参见戚学民：《严复〈政治讲义〉研究》，人民出版社2014年版。

由;最后,吾乃观其会通,而籀为政治之公例。"为什么要用天演之术?因为"邦国政府虽属人功,而自其大分言之,实游于天演之中而不觉。大抵五洲民人所共有者,其事皆根于天性。天性,天之所设,非人之所为也。故近世最大政治家有言(法人萨维宜):'国家非制造物,乃生成滋长之物'。夫既属生成滋长之物,则天演涂术不能外矣。"第三,政治之考求事实,有较他科不同者。它科可用试验,……顾国家者,天地之大物也。而祸福所及者重以众,故试验不行,而惟资于观察。"总之,吾人考求此学,所用者是天演术,是历史术,是比较术,是内籀术。"[①]

从上述严复对于政治科学的理解以及治学方法与途径的说明中,可以看出他所理解的科学是经验主义与达尔文主义结合下的产物,主张以客观的态度观察、分析资料,考求事实。[②] 这种强调客观与实证的科学观念与德国国家学的"学"(Wissenschaft)的概念是有差别的。Wissenschaft 是拉丁语词 scientia 的直译,它意指系统形式的且用某种方法联系起来的知识。它虽然与在德国被称作"精密科学"(exacte Wissenschaft)的法国和英国精心制定和命名的"科学"(science)含义不同,但是如果认为精密方法只是用于标示数理和实验科学,则不符合事实,因为德国的 Wissenschaft 理想同样怀抱着精密的最高目标。在英国与法国的精密科学方法引入德国之前,德国人已有康德确立的哲学批判科学,历史批判、圣经批判的科学,语文科学,这一切科学都声称拥有像精密科学带有的那种确定的方法、崇

---

① 严复:《政治讲义》,见王栻主编:《严复集》第五册,北京:中华书局 1986 年版,第 1241—1280 页。

② 关于经验主义的科学观点,参看郭颖颐著,雷颐译:《中国现代思想中的唯科学主义,1900—1950》,江苏人民出版社 1995 年版,第 23—25 页。

高的目标和纯净的风格。当精密研究的精神主要通过法国伟大数学家和物理学家的影响而进入德国大学的范围时，遇到了Wissenschaft 的独特学术理想，“这种遭遇并不处处造成对这新学派的欢迎；但是它最终像一切论争一样也导致真正研究原则的牢固确立”。[①] 所以在清末民初中国人通过日本而获得的有关“学”的概念，基本上是在 Wissenschaft 的意思上确立的，但同时也受到来自英法精密研究精神的影响。[②]

由严复引入的基于经验主义的科学观念对中国政治学者在讨论政治学的科学话题时的影响越来越大，而德国 Wissenschaft 意义上“学”的观念则被逐渐稀释。特别是“五四”新文化运动推动了科学主义思潮在中国现代思想中蓬勃兴起，引起人们对于各种学问进行科学探讨的兴趣；同时清季以来的留学运动方向的转变，为英美法的精密的实证精神的科学思潮在中国的传播提供了直接的传播渠道，通过丁文江、胡适等英美留学生的桥梁作用，经验主义的科学思想大举进入，刺激了中国传统学术的现代转型，如“整理国故”运动就是西洋科学精神对中国现代学术影响的重要体现，而完全属于从西洋舶来之物的政治学自然也在中国学者的科学视野的审视之中。“五四”之后，中国政治学者以经验主义的科学观念来检讨政治学的科学性问题，似乎蔚然成风，代表了主流的方向。

---

① 梅尔茨（John Theodore Merz）著，周昌忠译：《十九世纪欧洲思想史》第一卷，第 80、147—148、172 页。

② 当时所出版的多种政治学、国法学著作，几乎都是自日本学者的著作和讲义译述而来，通过这些编译的出版物，可以看到当时“学”的概念，如陈敬第编辑的《政治学》中对“学”的定义是：“学之云者，精密知识之系统的总体也。”（第 2 页）熊范舆编辑的笕克彦的《国法学》对“学”的解释是：“学也者，以精确之关系连接精确之知识而成为统系之全部也。”（第 1 页）

1920年代初中国政治学界最有影响的一部政治学著作可能就是张慰慈的《政治学大纲》。张慰慈指出科学有三种性质：第一，科学是假定的真理；第二，科学是进步的东西；第三，科学是现在用的工具。科学家求科学律例，至少要用三层功夫：第一层在搜集事实，搜集的方法为观察与试验；第二层在暂定假设；第三层在实地试验，检验与证明假设的真理。“政治学当然是包括在科学的范围之内，政治学的原理原则是人造的假说，拿来解说政治社会中万事万物现象的，这些原理原则都是应付环境的一种工具。”①

1928年沪江大学政治学讲师谭绍华应岭南大学政治研究会邀请，发表题为“政治与科学”的演讲。他说：“我们处在现代的科学世界中，所有的学问，都以科学为根据，凡是不科学的学问，差不多都没有研究的价值，所以现在我们研究政治课时，我们最先问的，就是政治课是否科学呢?”他认为“政治学是一种科学而且也曾是一种科学”。他根据皮尔逊(Karl Pearson)、汤姆森(A. F. Thomson)关于“科学”的定义，即“科学是一种精密的曾经评定的，有系统的及概括而有总论的学识”，指出亚里士多德(Aristotle)、马基雅维利(Machiavelli)、孔德(Comte)、西德维克(Sidgwick)、布赖斯(Bryce)、伯伦知理(Bluntschli)、托克维尔(De Tocgueville)、利伯(Lieber)、伍尔西(Woolsey)、伯吉斯(Burgess)等著名政治学者的著作都具有科学的精神，以证明政治学是一种科学。最后他指出研究政治学要注意的几件要素：1. 要区分政治学与政治学说。他认为在西方众多的政治学说的著作中具有特别科学性质和精神的实在很少，中国古代有许多政治哲学，但不是政治科学；2. 要划定政治学的研究范围；

① 参看张慰慈：《政治学大纲》，第一章第二节。

3. 采用其他科学材料，如历史、法律、心理学、统计学的方法等；4. 厘正科学的方政。科学的方政大抵须经过下列的步趋：a. 先定研究的题目，b. 搜集材料，c. 对材料进行分类，d. 将研究所得结果制成科学条理，e. 将新制成的科学条理表证观其应验否，f. 将研究所得，布告行世，使其他学者可以批评决定取舍。这个所谓“科学的方政”，就是皮尔逊和汤姆森关于科学研究的步骤与方法的观点。①

显然，张慰慈、谭绍华的科学概念都来自经验实证论。

清华政治学者与英美政治学有直接的学术渊源，他们的科学概念无疑也是经验实证论的表现。1926 年，钱端升在清华学校作关于政治学的演讲中论述了政治学的科学性问题。他认为凡是科学，应当具备两个要素：第一，要有许多有因果关系的事实可供研究；第二，于此种事实中，须能得到通律，用以解释相同的现象。就此二点观察，他认为政治学距科学尚远，主要是尚无从研究因果关系的事实而得通律。又说，“欲求政治成为科学甚难”，难点是：第一，政治学中的名词多普通习用名词，不易成为专门名词；第二，其他科学可以通过试验而得到结果，而政治现状非同气压或重力可比，可使之就范而做试验；第三，与政治学有关系的各种社会科学，尚未成为科学，故政治

① 《政治与科学》（谭绍华博士讲，吕谓钰笔记），载岭南大学政治研究会《政治研究》第 1 期，1928 年 6 月。谭绍华，籍贯广东，沪江大学文学士，芝加哥大学硕士、哲学博士。他当时是沪江大学政治学及历史系的讲师，担任“政治学”和“历史”两门课程（见 1929 年《私立沪江大学一览》）。谭绍华在演讲中所依据的“科学”定义主要来自英国著名科学家 Karl Pearson 在 1892 年的著作 *The Grammar of Science*。作为现代实证论主要的早期人物之一，Karl Pearson 在 *The Grammar of Science* 中的科学思想在 20 世纪初就被胡明复、任鸿隽、杨杏佛等一批知识分子介绍到国内，在“科玄论战”中，被丁文江等用作批判玄学的思想武器。这本 *The Grammar of Science* 在 20 世纪三四十年代曾先后出过两个中译本（见卡尔·皮尔逊著、李醒民译：《科学的规范》，华夏出版社 1999 年版）。

学亦难成为科学；第四，研究科学需用客观眼光，而政治学则往往用主观眼光，发表个人意见，此为科学所最忌。钱端升并以科学标准作为衡量政治学是否独立的依据，认为政治学“如能成为科学，则当可自成一家，在社会科学中，当可占位置。否则恐仍不免介于哲学法律之间”。但他又根据当时政治学发展的特点与趋势，认为“长此以往，政治学当不难成为科学，而在学术中占一位置也”。

钱端升与张慰慈、谭绍华都是以经验论的科学概念来讨论政治学的科学性问题，但他们的观点也有不同之处：钱端升以是否得到“通律”作为判断政治学是否为科学的主要标准。他不否认可以用科学方法来研究政治学，但是他又认为政治现象过于复杂，有其特殊性，加上研究者常有的主观影响，一般所用的科学方法用于政治学研究未必能得出“通律”。而张慰慈、谭绍华则不以能否得到通律为主要判断依据，他们注重的是科学的方法与精神。察其意，只要能以科学的方法与精神来从事政治研究，就是科学的，不论其结果是否为真理。在回答政治学是否为科学这个问题上，他们的观点都不及浦薛凤的明确。浦薛凤将政治学是否为一种科学的问题分为“已否”和“能否”两个层次来看。在“已否”层次上，他认为政治学距离科学标准甚远，理由是已有的政治学存在三大缺陷：一是尚无应用的可能；二是未能树立基本原理，即未能发现定律；三是缺乏准确的方法，滥用名词，缺乏逻辑，故多为政治“文学”而非政治科学；在“能否”层次上，他坚信政治学可以成为科学。他认为，只要相信政治生活自有其定律，则无论发现此项定律之用何方法及如何困难，政治学终有可以成为科学之日。但是如何确定原理呢？浦薛凤主张：第一条件应为捐除成见，设法解除主观的障碍；其次，以寻求原理为唯一目的，遵循逻辑，衡以客观的历史事实，对政治思想史重新整理，或可为确定原理的基础工作；再次，既要注重过去政治事实的研究，尤应勤谨观察眼前的政治现象，包括自身参加政治以得最亲切的观察。可见在如何寻求政治定律或原理的问题上，浦薛凤与钱端升等人一样，主张经验实证论的科学方法。

他们的这种经验实证论的科学方法，在“五四”前后到抗战之前的中国学术思想界是居于主流地位的[①]，是许多政治学者从事政治研究的指导思想与方法论依据，它有两个显著的特点，即客观的态度与实证的研究。就清华政治学者而言，他们的研究事业体现了这种经验实证论的科学精神。[②] 但是随着唯物辩证法的兴起，所谓“政治科学”的概念被重新诠释了，经验实证论的科学方法被称为旧的、伪科学的方法，而经过辩证唯物主义解释的“新政治学”则被一些人看成是真正科学意义上的政治科学。

三、方法与学派

政治学自发生时代起，就有方法上的分别，柏拉图代表玄学派的先声，亚里士多德开创科学派之滥觞。在中古时代，玄学派占了上风。及近代初曙，马基雅维利彻底摒弃伦理与宗教的附会。进入19世纪，关于政治现象研究，名篇迭出，流派纷呈。孔德(Comte)、穆勒(Mill)、培因(Bain)、留伊斯(Lewis)和布赖斯(Bryce)等对于政治学尤多贡献，陆续发明各种研究方法。概括而言，政治学的方法约有以下数种流派：哲学派、社会学派、生物学派、心理学派、法理学派、历史

---

① 参看郭颖颐著，雷颐译《中国现代思想中的唯科学主义，1900—1950》对这个问题的论述。

② 这方面的分析详见本书第四章，此不赘述。

学派、经济学派、统计学派、人种学派。[①] 但这些方法并非平行发展的，就美国政治学而言，大体上在一开始的时候，由于受到欧洲学术的影响，历史—比较的方法处于主导地位，特别是在霍布金斯大学和哥伦比亚大学，这种方法极受推崇。运用该方法的最优秀的著作是英国政治学者布赖斯（J. Bryce）的《现代民治政体》（*Modern Democracies*）。[②] 但几乎同时，威尔逊（W. Wilson）对历史研究法就有所抵制。到第一次世界大战前，其他新兴学科特别是社会学的影响冲淡了人们对于历史研究的兴趣，加上美国国民的孤立主义情绪以及实用主义精神，还有以文官制度为中心的行政改革的影响，政治学趋向对美国现状的关注与研究，历史—比较的方法迅速衰落，宪法、美国政府和市政学，以及比较政府成为政治学研究的主要领域，心理学的方法和统计学的方法开始出现。在两次世界大战期间，历史学和法学的重要性缓慢而逐步地消失了，但是人类学、社会学、心理学等新兴学科日益受到重视，特别是心理学在政治学研究中的地位迅速上升。在美国对政治心理的研究，在一次世界大战之前，多为社会学家如沃德（L. F. Ward）、萨默尔（W. A. Summer）、库利（C. H. Cooley）、吉丁斯（F. H. Giddings）等人研究社会心理的副业。战后，研究政治心理的著名学者有洛厄尔（A. L. Lowell）、李普曼

---

① 参看 J. W. Garner, *Political Science and Government*, chap. ii；W. J. Shepherd 著，王造时、谢诒徵译：《政治学》（《社会科学史纲》第 8 册），商务印书馆 1940 年版，第 537—557 页；Gilchrist 著，吴友三、王元照、缪元新译：《政治学原理》，黎明书局 1933 年再版，第 5—14 页；钱端升：《政治学》。

② 关于该书的方法论见该书第 2 章“研究的方法”，该书有张慰慈等人的中译本。1909 年 1 月 28 日，布赖斯在美国政治学会（A P S A）和历史学会（A H A）于华盛顿召开的联合会议上发表题为“政治学与历史和现实的关系”的演讲，指出政治学是不同于一般自然科学的科学，并阐释了历史的、比较的、观察的等方法对于政治学研究的重要性。*The American Political Science Review*, vol. iii, no. 1, February 1909, pp. 1-19.

(W. Lippmann),他们之后有芝加哥大学的梅里亚姆(C. E. Merriam)与拉斯威尔(H. D. Lasswell),师徒二人开创了美国政治学中的芝加哥学派。[①] 梅里亚姆在1930年代初,将政治学的发展分为四个阶段:1. 至1850年止为先天的与演绎的方法;2. 1850—1900年为历史的与比较的方法;3. 1900年至1930年的趋势是观察、调查、测量;4. 心理学方法的开始。[②]

上述这些发生于西方的学派或方法对清末以来的中国政治学或多或少产生了影响。如卢梭的民权学说对近代中国思想文化的影响是众所周知的。而卢梭的方法是"真正的哲学的演绎的或先天的(a priori)方法",他从关于人性的抽象的根本观念出发,推论国家的性质、目的、职务与将来,然后使其学说与历史事实相调和。卢梭的学说被视为理性主义哲学派。[③] 19世纪兴起的历史学派是对理性主义的一种反动,它排斥自然法的抽象观念,重视过去与现在之间的联系,并认为法律与政府均系长期生长过程的产物,方法上主要采用归纳法。该派的主要代表人物为英国的弗里曼(Freeman)和西莱(Seeley)。弗里曼说:"历史乃过去之政治,政治乃现在之历史"。西莱说:"历史学而无政治学,犹有花而无果,政治学而无历史学,犹有树而无根。"[④]强调历史(学)与政治(学)的密切关系。前文提到严复在1905年演讲的《政治讲义》基本上就是西莱的《政治学导论》的译本,表明政治学中的历史学派已经输入中国。而与此同时,梁启超等

① 格林斯坦、波尔斯比编,竺乾威等译:《政治学手册精选》上卷,第一章。另可参考 W. J. Shepherd 著,王造时、谢诒徵译:《政治学》,第557页。

② Charles Edward Merriam, *New Aspects of Politics*, 2nd ed., University of Chicago Press, 1931, p. 49.

③ Gilchrist 著,吴友三、王元照、缪元新译:《政治学原理》,第12页。

④ John R. Seeley, *An Introduction to Political Science*, 1896, p. 4.

人通过日本接触到伯伦知理的学说,提倡国家有机体论。伯伦知理认为“哲学之病易流于空想,史学之弊每蹈泥古”,主张将历史方法与哲学方法结合起来。[①] 但有机体说对生物有机体的简单类比,并不能令人满意,于是一些社会学家借用心理学的成果,发明社会心理学和政治心理学,先是法国人黎朋(G. Le Bon)对群众心理与革命心理的研究,著有《革命心理》与《政治心理》;之后,英国的瓦拉斯(G. Wallas)撰写出版了《政治中的人性》。政治心理的研究大约在清末就对留日学界产生影响,在 1905—1907 年汪精卫、梁启超关于政治革命的论战中,汪精卫借用的笕克彦的学说就比较注重社会心理。[②] 在学术界,黎朋的《革命心理》由杜师业据日译本重译,于 1918 年出版;其《政治心理》则由冯承钧汉译,1921 年出版。瓦拉斯的《政治中的人性》由钟建闳汉译,1924 年出版。并且有人据其学理以检讨政治问题,如蔡乐生。1929 年北京大学教授樊际昌撰文讨论行为心理学与社会科学的关系,主张科学的政治学应该是对政治进行心理学的研究。[③] 1934 年春廖文奎在中央大学讲授“政治心理”,据说是为中国大学课程中政治心理学之嚆矢。[④]

在上述背景下,再来检讨清华政治学者在政治学的学派与方法

---

① 高田早苗著,嵇镜译:《国家学原理》(东京早稻田专门学校讲义录之一),译书汇编发行所,明治 34 年 10 月,第 3—4 页;J. K. Bluntschli, *The Theory of the State*, 3th ed., 1901, pp. 5-9。

② 参见孙宏云:《汪精卫、梁启超“革命”论战的政治学背景》,《历史研究》2004 年第 5 期。

③ 樊际昌说:“人类对何种刺激,起何种反应,完全是心理学的问题。政治的良好与否,在乎政治家能否应用他对于人类行为的知识,去裁制环境,(刺激)变化行为。无聊的讨论人类是否为政治动物,或提倡几个空洞的理论,决不会使政治学和政治进步。”樊际昌:《行为心理学和社会科学的关系》,北京大学《社会科学季刊》第 4 卷第 3、4 号合刊,1929 年 7 月至 12 月,第 18 页。

④ 稻田周之助著,廖文奎译:《政治心理论》,译者序言,大承出版社 1936 年版。

上的观点,或许稍为清晰。首先就钱端升的情况来看,虽然不能从《政治学》这篇演讲记录中看出他的直接主张,但是其中显示了他对当时以美国为主流的政治学研究趋势的关注。他指出当时政治学有几个特点,其中两个是:1. 比较方法,用之者日多一日;2. 忽视政体方面之研究而重视职务方面之研究,忽视形式方面之研究而重视运用方面之研究。又认为这些新的特点"长此以往,政治学当不难成为科学"。这表明他是认可这些新的特点的,这也体现在他的研究实践中,正如他晚年自述:"在政治学的研究中,我以各国政治制度及其运行作为我的主要课题。"①1920 年代起,以梅里亚姆为代表的美国新派政治学开始注重制度中的权力与心理研究,不同于当时一般的政府研究方式。对于这种新的研究范式,尚未见到钱端升的议论。

萧公权似乎较为关注梅里亚姆为首的新派政治学,在他 1930 年代发表的为数不多的书评中,竟有二三篇是评述这派的政治学著作。对于梅里亚姆的《政治权力》(*Political Power: Its Composition and Incidence*)和欧里佛(F. S. Oliver)的《政治与政治家》(*Politics and Politicians*)二书,萧公权首先肯定他们的方法,"二者皆以唯实之眼光观察政治,一扫玄谈幻想之结习。""麦锐淹(C. E. Merriam,即梅里亚姆。——笔者注)教授之书可认为美国新派政治学者之代表作,凡治斯学者不可不精心一读。"但是他也指出梅里亚姆书中所存在的问题,主要是作者标榜的目标与其所得结果往往相距甚远,有"作法自毙,眼高手低之遗憾"。如对于心理学的方法极为重视,但在讨论政权产生时仅指示读者以新兴心理研究对于解决政治问题种种可能之奇迹,而实际之贡献与效用究竟如何则付之不论,使读者掩卷爽

① 《钱端升学术论著自选集》,自序,第 1 页。

然,有画饼充饥之感。[1] 此时尚看不出萧公权对于新派政治学的方法的批评,而在 1939 年萧公权评论罗素的《权力》(*Power: A New Social Analysis*)一书中,对于"芝加哥学派"则有了明确的批判。他说:

> 芝加哥是新派政治学者的大本营。社会分析当然有其不可磨灭的长处。然而在新派政治学者的手中似乎还不曾充分表现它的妙用。一套新鲜的术语有时候替代了精密的思想,而不知不觉间学者会把新术语误认为新学说,甚至于新真理。这是一个危险的途径。新派名家之中如麦锐安(C. E. Merriam: *Political Power: Its Composition & Incidence*, 1934)赖斯维(H. D. Lasswell: *Politics: Who Gets What, When, How*, 1936)诸人都不能尽免这种困难。社会分析已得到了的最大成功是一方面扩大政治学研究的范围,从整个的社会现象里面去寻求政治现象的解释,另一方面它也加深政治学的研究,用心理学的解释去作政治学的解释。然而这也有缺点。社会的解释有时候失之广泛,不能对政治学者有重要的具体帮助。心理学本身的路线至今还不曾确定,(罗素在他的《哲学》一书中讨论行为派和整体派的时候已经指出这一点),所以我们也难于无条件的接受它的结论。[2]

另外,与梅里亚姆一样提倡政治学科学精神的卡特林(G. E. G. Catlin)是 20 世纪二三十年代英美政治学界引人注目的新星,他以

---

① 清华大学《社会科学》,第 2 卷第 1 期,1936 年 10 月。

② 君衡:《权力》,《新经济》第 2 卷第 3 期,1939 年 7 月 16 日,第 77 页。另见萧公权:《迹园文存》,第 231—232 页。

《科学与政治学方法》一书一举成名。该书专在探讨政治学的科学方法。他的“所谓科学的政治学方法，其进行步骤，先根据心理学的贡献，树立一个假定，再去观察历史上的和现在的种种事实，用统计方法来找相互关系，更进而用试验来做观察，再求新关系，然后推定他所谓的‘政治学的法则’(Laws in Politics)。据他的意见，有了‘政治学的法则’后，我们就可以预知政治事实，进而管制政治现象。”[①]卡特林与萧公权在康奈尔大学时为亦师生亦同学的关系，友情甚笃，萧公权的《政治多元论》就是由卡特林介绍出版的。但二人对于若干理论问题的看法与主张不甚符合，时相辩难。[②] 自康奈尔分别之后，两人仍有联系，萧公权一直关注卡特林的学术动向，曾著文评论卡特林的《行动之序言》(*A Preface to Action*)。对于卡特林的政治学方法论，未见萧公权有公开的评论。但是从清华大学政治学系学生赵康节发表的《凯德林之政治学方法论及政治学说》这篇论文来看，萧公权对卡特林的方法与思想显然是不能满意的，因为该文之评述，“多参考萧氏之意见”[③]。论文指出卡特林标榜的统计法、观察法和试验法，均困难重重，其所谓的科学的政治学方法的实用价值不啻是镜花水月。

浦薛凤对于以芝加哥大学为大本营的新派政治学未见其有公开的褒贬，但他认为所谓历史学的方法、统计学的方法、心理学的方法，只是玄奥的立论，实际上不过分别是注重经验、根据例证、重视情感而已。也就是说，他不拒绝这些方法的实际运用，但反对将其变成徒事空洞名词的玄奥立论。事实上，浦薛凤也曾运用统计的方法来研

---

① 赵康节:《凯德林之政治学方法论及政治学说》,《民族》第1卷第6期,1933年6月。

② 萧公权:《问学谏往录》,第67—68页。

③ 赵康节:《凯德林之政治学方法论及政治学说》。赵康节在文末注:“凯德林氏在美曾与国立清华大学教授萧公权先生同学,本文之评述,多参考萧氏之意见。”

究政党和选举，发表过《比例代表之三种选举制度计票法》(刊于北京大学政治学会:《政治学论丛》,1932 年)和《政党与政府之关系:多党，两党，一党，与无党》(刊于清华大学政治学会:《政治学报》,创刊号)。他认为以统计分析研究政党未必为最佳方法，但至少是方法之一种，空洞名词，逻辑理论而不佐以事实现象的统计，断难了解政党政治之所以然；但根本的方法在于常识的应用，例如名词的标准化①，注重逻辑等，并独自发明了“政治五因素”理论，作为其研究政治的主要方法。

浦薛凤对卡特林追求政治学原理的努力颇为称道。因为在浦薛凤看来，原理苟无确立之可能，则所谓政治科学又何必冒名招摇，擅称科学。虽然他未必同意卡特林的具体方法，但赞成其努力的方向。因为卡特林的方法也是遵循经验论的科学程序，只是他将经验论的科学方法推向极端的形式。此外在若干问题上，两人的观点也较为一致。比如关于政治学研究的范围，都主张不应只限于国家或政府的诸般问题，而要扩大至整个社会。② 又如卡特林认为，历史学不是也不可能是科学，但它却是材料的储藏所，给社会科学提供材料，所

---

① 名词的标准化是学科发展的一个重要前提，社会科学方面经常由于名词使用的混乱而发生不必要的争论。社会科学传入中国后，尤多一层翻译方面的用词混乱。为促进学术发展，南京政府教育部国立编译馆在 1930 年代进行一项将科学术语标准化的工作，南开大学经济研究所所长何廉当时也积极推动经济学术语的标准化，并取得一定成效(见《何廉回忆录》第 63 页，以及《国立编译馆馆刊》各期的“名词工作近况”)。政治学名词的标准化工作，国立编译馆也已着手进行，由全受仲起稿，第一步卡片工作完竣，共得名词约 1900 余则(见《国立编译馆馆刊》第 7 期，1935 年 11 月 10 日，第 4 页)。近代乃至当代中国政治学名词多来自日本，许多已经沿用成习，但存在的问题一定不少，此事诚值得反思。浦薛凤的建议本意虽不在此，但也不无这方面的感触。

② 分别见浦薛凤:《政治学之出路:领域，因素与原理》;Catlin, *The Science and Method of Politics*, London: Kegan Paul, Trench, Trubner & Co. ltd., New York: Alfred A. Knopf, 1927, p. 201.

以研究政治的人不可忽视历史。而对历史学派以寻求政治发展法则为目的的政治史则不以为然，对于英雄史观、浪漫史均予以批评，认为都不符合科学原则；又认为所谓"历史态度（Historical treatment)"，即"准确"和"系统"，或许是科学的(scientific)，但准确并不就是科学(science)。[①] 浦薛凤对历史学的性质与作用也持大致相似的看法。他说："根据以往例证而论，政治学者在事实上固只能依赖历史学之贡献。但历史学近来纵有长足进步，其材料与结论之中——尤其是关于政治部分——不免包含无数'虚构'。盖一则历史学家自身亦难免戴上着色眼镜，二则即表面最可靠的文献亦无从暴露历史人物之真正的、潜在的心理动机。……故政治学者果欲求知政治定律，不特对于历史学中现成材料之应用宜加审慎，即对于一部分政治历史亦当亲自研究。"[②]然而对于历史人物之真正的、潜在的心理动机，应如何研究呢？卡特林主张运用心理学的方法，而浦薛凤对此则语焉不详。

总体而言，清华政治学者对于以芝加哥大学为中心的新派政治学基本上是持批评态度的，吴之椿或许是例外[③]，但在追求政治学的实证研究与客观精神方面则有相通之处。

---

① Catlin, *The Science and Method of Politics*, Part 1: Politics, History, and the Data of Politics.

② 浦薛凤:《政治学之出路:领域,因素与原理》。

③ 吴之椿认为人的行为皆有心理的基础，所以心理学对于研究人类的政治行为很是必要。而在心理学中，他更注意以生理学为基础的行为主义心理学。这个观点是他在离开清华之后于《清华周刊》第586、587期合刊(1934年7月1日)上发表的《政治学与自然科学》一文中提出的。

第二节 “典范”创建：浦薛凤“政治五因素”论及其他

中国现代政治学的理论与方法多是自西洋稗贩而来，[①]很少有独创性思考，但浦薛凤的“政治五因素”论可谓独树一帜，体现了中国现代政治学谋求学术独立的一种努力，也是清华政治学者在创建政治学理论体系和方法论方面的一项重要成就。浦薛凤本人十分看重与自信此项创见，且终生坚持并用以探讨政治原理和若干重要的政治问题。[②] “政治五因素”被誉为卓绝创见，浦薛凤的许多朋友及门人对这个观点甚为佩服，[③]有的还运用这项理论来研究政治问题。借用库恩（Thomas S. Kuhm）所说的“典范”（paradigm）概念[④]，“政治五因素”论可以说具有“典范”意义。同时，萧公权关于中国政治思想史的研究和钱端升的比较政府研究，在各自的领域，大体上也都具有树立“典范”的意义。

---

① 民国时期曾任武汉大学政治学教授的樊德芬曾指出：中国现代政治学的基本框架或体系均是取法西洋，只是后来注重将中国固有的政治材料加添进去，使中西两方面互相比较，藉以引申政治的原理。见樊德芬：《近代政治学的特色》，《现代学术文化概论》第二册：《社会科学》，华夏图书出版公司 1948 年版，第 47 页。

② 浦薛凤：《研究政治学五十余年所积愚见纲要》，载浦薛凤《政治文集》，第 14—20 页。浦薛凤于 1950 年代著的《治兴之道》即系运用“政治五因素”论归纳有关治兴原理之作。他运用“政治五因素”论分析研究重要政治现象的论文，如讨论中国古代皇权政治的《皇位继承与危机祸乱——由五因素着眼之分析统计与归纳》、总结抗战前十年中国政治建设的《中国十年政治建设》。

③ 吴涵碧：《浦薛凤发明政治五因素》，载浦薛凤《政治文集》，第 466 页。

④ 库恩所说的“典范”具有广狭两义。广义地说，它涉及了全套的信仰、价值和技术的改变；狭义方面，指具体的研究成果起了“示范”的作用，即一方面开启了新的治学门径，而另一方面又留下了许多待解决的新问题（见余英时：《论士衡史》，上海文艺出版社 1999 年版，第 301—302 页）。另见库恩著，金吾伦、胡新和译：《科学革命的结构》，北京大学出版社 2003 年版，第 157 页。

1937 年 7 月，浦薛凤在清华大学《社会科学》上发表的《政治学之出路：领域，因素与原理》一文，系统地阐述了他的“政治五因素”观点。其内容立论，其后未稍改变。[①] 浦薛凤认为：“政治——即人类共同事务之有组织的管理，共含五项因素：(一)政治现象，(二)政治制度，(三)政治观念，(四)政治势力，与(五)政治人物。”各项含义如下：

(一)“政治现象”乃是一切时常或偶尔发生的事实、经过、状况、境遇、活动。革命、战争、内乱、党争、竞选、订立条约、修改法律、废立篡窃、贪污舞弊……等等，均是政治现象。一部政治史大抵即为政治现象史。政治现象或具体(如革命)或抽象(如贪污)，或简单或复杂，或值得颂扬或受唾骂，但均系客观事实。

(二)“政治制度”指组织管理之工具，包括一切大小久暂的机关、结构、定章、程序、手续、途径、方法。一部分制度经过法律订定纳入条文之中，另一部分仅根据习惯成例而人自遵守，故成文的、不成文的法规都是，学校中的规章，家族中的家法，也是政治制度。但纸面上的制度可能与实行中的制度大相径庭。一切制度之功用不外下列数端：解决纷争，分配权限，规定范围，统一程序与便利事务之进行。

(三)“政治观念”。包括零星信念、系统学说及崇高理想。人们一方面创造政治观念，一方面受政治观念的支配控制。因此，观念虽系主观，但也是客观事物之一种。

(四)“政治势力”乃是种切有形无形，直接间接，长期短期间能推动制度，支配现象，影响观念或左右人物的力量。势力有物体的(如坚甲利兵)、心理的、地理的、社会的与经济的。其余如金钱、舆论、习

---

① 浦薛凤：《研究政治学五十余年所积愚见纲要》，载浦薛凤《政治文集》，第 15 页。此后，浦薛凤在不少文章中都提及或论述“政治五因素”，较集中的如《认识政治因素》，文字或有出入，但观点未变。

惯、宗教等等，其为政治势力更是不言而喻。

（五）“政治人物”乃是指参与政治的具体分子，不论统治者或被统治者，不论杰出的领袖或庸弱的群众。

他指出，将政治划分为五大因素，乃为便利研究起见，非谓彼此各自完整而相互离立。适得其反，此五大因素永远相互联结。其相互联结的方式有四：其一，任何政治事物包含此五项因素，倘偏重一二而疏忽其余，则对于任何政治问题，断不能得到完全的切实的了解；其二，每一政治事物可作为任何政治因素（“人物”除外），例如战争，固为政治现象，但也是一项制度（广义），一种势力，而对于战争的认识与讨论可作为观念；其三，每一政治因素可转化为其他因素（“人物”例外）；其四，五项因素彼此相互影响。此种相互影响同在纵的（时间）与横的（空间）方面继续进行。五项因素同属重要，缺一即不成政治，但五者之中现象恐占首席。因为政治的最后目的在达到共同事务有组织管理的“现象”而不在仅仅树立任何“制度”或“观念”本身。从历史上看，五项因素中最早受讨论者只为观念，次为制度。现象之得到切实注意乃自近代始开其端。至于势力（如地理、金钱、舆论）与人物（如领袖、人种）乃是更晚才开始研究。[①]

关于“政治五因素”观点的产生与形成，浦薛凤曾这样说：“关于五因素观点，形成既速且久。回忆民十五年秋予自美游欧返国，应昆明东陆大学之聘，担任教职。未启程前，予在江苏常熟（县南街）老宅中，准备教授政治学课程，两天之中昼夜构思，忽然自觉一旦豁然贯通，而产生此五因素入手研究之方法。”[②]浦薛凤当时所做的诗《豁然

---

① 以上所引主要出自浦薛凤：《政治学之出路：领域，因素与原理》，并参考《西洋近代政治思潮》第1章。

② 浦薛凤：《研究政治学五十余年所积愚见纲要》，载浦薛凤《政治文集》，第16页。

贯通》亦载此事。[1]

但是,如果说"政治五因素"论那时就已经系统形成了,恐怕不符合史实。因为 1930 年 4 月,浦薛凤在清华大学纪念周发表的题为"政治中的'维他命'"的演讲中,讲的只是政治四要素,即政治观念(Political Ideas)、政治制度(Political Institutions)、政治现象(Political Phenomenon)、政治势力(Political Forces),没有提及政治人物一项。他说:"整个的政治,仔细的分析,总逃不出这四点。但是这四点,并非独立的,乃是彼此永久相连的。政治好比一个四方(square),此四种因素可以说是各占一方。无论何种政治问题,都有此四方面。"他认为在四要素中,政治势力最为重要(如下图)。其重要性表现在:1. 欲政治观念成立,非有政治势力不可。2. 欲政治观念化为政治现象亦必有势力促进之。3. 欲政治制度实现,亦须政治势力。4. 欲制度成功为现象,亦必须势力。他又论述了"政风"为政治势

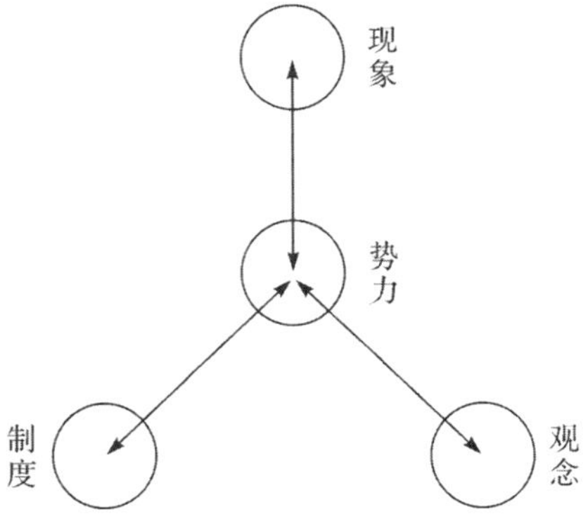

① 诗曰:"应聘云南东陆大学,启程前旬日,集中思索政治原理,顿悟一切政治包括五项因素及其相互影响。政治有无铁律求？豁然顿悟各根由！五因素互相生克,治乱兴亡可究修。"见浦薛凤:《沙里淘金沧桑鸿爪——浦薛凤逍占集》,台北:正中书局 1984 年版,第 51 页。

力中很重要的一种势力。[①]这是目前所见浦薛凤关于政治因素的最早的较系统的论述。

另外，浦薛凤当时担任“政治概论”课程。根据该课程的“学程说明”，“本科目为研究政治学必修之初步，求读者认识基本的政治制度、政治现象、政治势力及政治观念。内容次序如下：(一)政治学本身之性质与范围；(二)国家之性质；(三)政府之组织；与(四)民治问题。国家之性质与政府之组织为本科最重要部分。课本外有随时指定之参考书籍。”[②]这也从一个方面反映浦薛凤当时并没有把“政治人物”一项与其他四项相提并论，纳入他的新观点体系中。

显然上述情况和《政治学之出路：领域，因素与原理》一文中的论述有所不同。最主要的不同有两点，其一前者为四因素，后者为五因素；其二前者认为政治势力最重要，而后者认为政治现象占首位。这表明浦薛凤的“政治五因素”论的形成有个过程，其系统的成熟的见解是在《政治学之出路：领域，因素与原理》一文中表达的。据浦薛凤晚年回忆录，他曾“在欧洲起稿新政治学”，且自撰名词“Politiology”，并就“政治五因素”论请教拉斯基。[③] 这或许可以说明《政治学之出路：领域，因素与原理》一文是他在休假游历欧洲期间起稿的。如果是这样，其“政治五因素”观点在 1933 年他休假期间尚未最终成型。至 1935 年 4 月《政风之培植》一文发表，已经出现了“政治五因素”论的完整提法。[④]

① 浦薛凤：《政治中的“维他命”》，《国立清华大学校刊》第 159 号，1930 年 4 月 4 日；第 160 号，1930 年 4 月 7 日；第 162 号，1930 年 4 月 14 日。

② 《国立清华大学一览》(1930 年)，“大学本科学程一览・政治学系”，第 141 页。

③ 浦薛凤：《太虚空里一游尘》，第 73 页。

④ 《东方杂志》第 32 卷第 7 期，1935 年 4 月 1 日。

浦薛凤发明“政治五因素”论（早期可能是四因素论）后，即将此项理论应用于教学与研究中。他说：“予在东陆执教，牛刀初试，利用良好机会，自己发展并且随处应用上述五因素观点，特别着重两项。其一，每一政治事项，每一政治问题，必然包括人物、现象、观念、制度与势力五项因素。其二，五因素有其相互及前后影响。”[①]浦薛凤到清华后，按照清华当时做法，各学系必修的基本入门课程一般由系主任担任，所以他进清华之后几乎一直担任（除休假）“政治概论”这门课。在该课程的讲授过程中，浦薛凤发挥了他的“政治五因素”观点。[②]

浦薛凤以“政治五因素”观点分析研究政治，据他自称，始见其所著《西洋近代政治思潮》。[③] 浦薛凤在该书中提出政治思想史研究的一个新途径，“即将政治思想史中之观念材料作一科学的研究而求出综合的原理。例如，类似的环境是否产生类似的思想？在激进革命思潮膨胀以后，是否必有守旧反动的理论？政治观念如何而能化成政治势力，政治制度或政治现象？地理是否支配政治思想之内容？生物（即人种）是否决定政治思想之方向？”他说，“此种研究迄未有人作系统的尝试，或足为治政治思想史者开一新路”。[④] 而全书大体上贯彻了这样的思路，在探讨每一派或一时代的政治思想时，注重追究思想的缘由，诸如社会背景，时代精神，思想者本人的家世、教育、交游、地位、职业、性格、心理、年龄及一切相关的遭遇，尤其重视社会对思想的影响。这无疑是要寻求思想来源的政治势力。接着以客观的态度叙述作为“政治观念”的政治思想，最后评估政治思想的价值和

---

① 浦薛凤：《万里家山一梦中》，第120—121页。

② 《国立清华大学一览》（1930年；1937年），学程一览。

③ 浦薛凤：《政治文集》，第258页，注四。

④ 浦薛凤：《西洋近代政治思潮》，第32页。

计核它的影响，实际上就是探讨政治思想是否转化为政治制度，形成政治势力。

浦薛凤以为，政治学的出路或曰政治学要想成为科学，根本在于政治原理的确立，而政治确含有原理或定律，政治的本质在于“对公共事务的有组织的管理”；所以，政治原理自根本而言皆是关于治乱兴亡的规律。他以寻求政治定律为出发点，以探讨治乱兴亡的规律为目的，对政治现象化繁为简，确定其基本因素，并根据这些因素间的连接与转化关系，研究与判别政治原理。其中，“政风为致治之本”就是浦薛凤一再强调、反复申说的一项“原理”。1930 年 4 月，浦薛凤在题为“政治中的‘维他命’”的演讲中，在谈及“政治势力”因素时，就着重论述了“政风”的重要性。此后又在《政风之培植》一文中以五因素观点分析了当时朝野一致企求的政治建设趋势及其所存在的问题，一是专重方案内容而忽略实行方法，以致政府法令如毛而又多为具文，二是迷信人治或法治而不在人治与法治之间另求其联锁，导致政治机能脱节。此即“‘观念’非不精博，‘制度’非不繁多，‘人物’亦非不具备，而‘现象’之所以缺乏（即成绩之所以鲜少者），实因‘势力’——尤其是政风一项势力——之薄弱。”

1934 年 9 月 28 日晚，清华政治学会举行本年度第一次全体大会。会后在《国立清华大学校刊》上发表的《政治学会全体会纪略》中提到沈乃正在会上“报告浦逖生先生尚未发表之大作，申言其在政治学研究方法上之革命性”。[①] 沈乃正所指当是“政治五因素”论。这是目前所见到的对于“政治五因素”观点的最早评价。“政治五因素”观点正式发表后在学术界似乎没有引起反响，可能因为当时抗日战争

① 《国立清华大学校刊》第 602 号，1934 年 10 月 4 日。

已经全面爆发，学人颠沛流离，无暇顾及学术问题。人们通常称誉浦薛凤在西洋政治思想史方面的研究成就，甚至有赠与他“中国拉斯基”的美誉[①]。但浦薛凤更加看重自己发明的“政治五因素”论，晚年在总结自己学术成就时，对“政治五因素”论有这样的说明：首先，这套观点是有针对的，即针对当时流行的政治学。他认为当时流行的政治学主要有两类缺陷，一是传统的以国家为研究对象，论述方式主要停留在理论与叙述层面，不重政治原理或定律的探讨；二是研究过趋专门化，各自划小界限埋头研究，而忽视政治的整体性，所见难免支离破碎，不能解决政治学的根本问题。其次，他认为“大抵从事学问，发挥理论，不外创见，修正以及补充。创见不一定准确，常属错误，但究系独出心裁，另辟途径，言人之所未言，发人之所未发，当值另眼看待”；“凡属不拾牙慧不落窠臼之各项见解，殊值发挥传布，参考批评。”[②]

除了浦薛凤的“政治五因素”，萧公权的中国政治思想史研究也具有典范意义。萧公权早年的弟子鲁光桓说，在他 1925—1929 年在南开读书期间，“那时……学术界可说是一大片的原始的园地，像中国通史就是钱宾四先生首先踏进去的；中国哲学史是冯友兰先生踏进去的；中国佛教史是汤用彤先生踏进去的；中国外交史是蒋廷黻先生首先踏进去的；中国政治思想史则是萧公权先生踏进去的。”[③]萧著《中国政治思想史》，就是中国政治思想史研究领域中一部典范性著作。1970 年，陈少廷在《〈迹园文存〉简介》一文中称《中国政治思想史》“乃是一部划时代的巨著，迄今为止，在斯类著作中，被公认为最

① 吴涵碧：《浦薛凤发明政治五因素》，载浦薛凤《政治文集》，第 466 页。

② 浦薛凤：《研究政治学五十余年所积愚见纲要》，载浦薛凤《政治文集》，第 14、19 页。

③ 中华民国史料研究中心编：《中国现代史专题研究报告》第 11 辑，第 38 页。

出色的”。至汪荣祖为新刊的《燕京学报》撰写《萧公权先生学术次第》时，仍称：“书出近半世纪以来，中外学子读之、引之，莫不奉为经典巨著。”可见该书的学术价值历久不衰。黄俊杰在一篇论文中，将萧公权的《中国政治思想史》置于中西政治思想史研究的脉络中进行考察，从四个方面分析了该著的历史定位。第一，萧著《中国政治思想史》以其资料之全面性以及论述之系统性，而与 1945 年以前所出版之各种有关中国政治思想史著作相比，有显著的差异；第二，萧著出版后，在对中国政治思想史的分期、研究的方法，乃至特定论点上，对于以后出版之著作均有影响；第三，萧著与同时代西洋政治思想史论著，颇可互相呼应；第四，从 1960 年代以后欧美政治学界关于政治思想方法论的争论来看，萧著的方法论倾向颇有待深入考量。[①] 这四点无疑指明萧著《中国政治思想史》在中国政治思想史研究领域的典范意义。其实正如本书第四章已经分析的那样，萧公权在研究中国政治思想史时所用的方法及其理念，与浦薛凤、张奚若等清华政治学者基本上属于同一种类型。另外，钱端升关于比较政府的研究，大体上也具有典范意义，因为本书第四章对此已有论述，此处不再赘述。

---

① 黄俊杰：《萧公权与中国政治思想史研究》，《台大历史学报》第 27 期，2001 年 6 月。

第三节　面对马克思主义政治学的兴起

在中国现代政治学发展谱系中，马克思主义政治学[①]无疑是一影响较大的流派，它与受美国政治学影响的学院派政治学的立场不同，两者之间时有对立与冲突。对这种对立冲突关系的分析与描述，可以使清华政治学的边际及其特征进一步清晰化；同时也可以逆料随着中国新民主主义革命和社会主义革命走向胜利，清华的政治学在中国大陆地区的历史命运。

“五四”之后，马克思主义在中国得到进一步传播，1920 年代，有人开始用马克思主义观点编译和讲授政治学。1924 年夏天，瞿秋白

① 关于马克思主义有没有完整的政治学体系，学术界一直有不同看法。日本著名政治学家蜡山政道认为“马克思主义并没有政治学，而只有国家论”（蜡山政道：《马克思主义政治学批判》，原载 1961 年 2 月 1 日香港《时代批评》，转引自五来欣造著，陈鹏仁译：《现代政治学》，台北：水牛图书出版事业有限公司 1994 年版，第 143 页）。但无论肯定或否定，都应当承认这样的事实，即马克思主义经典作家关于政治的著作大多是特定历史事件和特定环境下的产物，至少在形式上，他们没有系统地建立有关政治学的理论，但却提出了不少独特的政治原理。历来所谓“马克思主义政治学”，要么泛指马克思主义的政治理论或政治观点，要么是指马克思主义的政治理论体系，但是这种理论体系一般是后人从构成马克思主义主体的各种片断材料中创建或重建的，不存在一种现成的、原生形态的体系化的“马克思主义政治学”。正因为是后人重建的，因此所谓“马克思主义政治学”就有各种各样的解释文本。事实上现代社会科学的分科理念乃是 19 世纪晚期才开始发展起来的，在马克思提出政治理论的时候，他不可能像后来要建立马克思主义政治学的人那样有明确的学科理念与使命；而且德国大学的“Wissenschaft”理念是否对他有很深的影响，也是一个疑问。但是本书是在讨论中国现代政治学史，由于在中国现代政治学史上出现了“马克思主义政治学”的概念及相关著作，所以这里也使用这个名词，但不代表个人在理论上赞同存在真正的“马克思主义政治学”。关于马克思主义政治学的理论解释参看密利本德（R. Milliband）著，黄子郁译：《马克思主义与政治学》，商务印书馆 1984 年版；王沪宁主编：《政治的逻辑——马克思主义政治学原理》，上海人民出版社 1994 年版。

在上海学生联合会组织的夏令讲习会上讲《社会科学概论》，就是用马克思主义的观点来解释政治原理。同年 11 月 26 日—29 日，张太雷在上海《民国日报》副刊《觉悟》上以“马克思政治学”为题连续发表了列宁《国家与革命》一书的第一章译文。1926 年，恽代英在黄埔军校讲授《政治学概论》也是运用马克思主义的阶级观点和社会发展理论。① 不过，在中国最早以马克思主义的观点和方法，系统地阐述政治学的性质、概念、研究方法以及阶级、政党、民族、国家等政治现象的，可能要算邓初民。② 1927 年，邓初民由武汉来到上海，在暨南大学和上海法政大学任教。任教期间他编著了《政治科学大纲》，1929 年由昆仑书店出版。1932 年，邓初民又编著了《政治学》（化名“田原”，新时代出版社出版）。同一年，傅宇芳著的《马克思主义政治学教程》由上海长城书店印行，公开打出“马克思主义政治学”旗号。在 1930 年代的最初几年中运用唯物史观和阶级理论撰写的政治学概论之类的著作还有周绍张的《政治学体系》（上海辛垦书店 1933 年 2 月初版，1935 年 10 月再版）、高振青的《新政治学大纲》（上海社会经济学会 1930 年 12 月初版，1932 年 10 月再版）等。

运用唯物史观编著政治学的风气在 1930 年代初的兴起，是北伐后唯物史观风行的一种表现。郭湛波在《近五十年中国思想史》中依据马克思主义的社会阶段划分理论及其相关概念将甲午战争后近五十年的中国思想划分为三个“段落”，其中第三个“段落”自“北伐成

---

① 恽代英编的《政治学概论》（1926 年 9 月）曾作为中央军事政治学校政治讲义丛刊第五种印行。见《恽代英文集》下卷，人民出版社 1984 年版，第 856—875 页。

② 曾任中国政治学会副会长、上海市政治学会会长的石啸冲认为，“中国社联”开创的中国马克思主义政治学研究是从邓初民开始的。见《中国社会科学家联盟成立 55 周年纪念专辑》，上海社会科学院出版社 1986 年版，第 77—79 页。

功”到1935年前后。他对这个阶段的思想有如下概括:“这个时代的思想,……是由工业资本社会自身的矛盾,所产生的社会思想。代表这个时代思想人物可以冯芝生、张申府、郭沫若、李达为代表;这个时代的特征,以马克思体系的辩证唯物论为主要思潮,来反对第二个段落的思想学说,如《读书杂志》《二十世纪》,都可以代表这个时代的精神。如叶青的《胡适批判》《张东荪批判》,李季的《评胡适中国哲学史大纲》,郭沫若的《中国古代社会研究》,都是这时代下的产物。”①1930年代关于中国社会史和社会性质的论战,论战各方尽管观点不同,但是普遍都使用唯物史观的话语和方法。当时,一位署名“圣羽”的人以“旁观者”的口吻说,“近年来唯物史的研讨颇为活跃”,并“呈一面倒之势”。② 当时唯物史观在学术思想界的势力和影响是不可低估的,连身居史学界主流的顾颉刚在1933年初也已明显感觉到“近年唯物史观风靡一世”的强烈冲击,表示“自己决不反对唯物史观”,只是“感觉到研究古史年代,人物事迹,书籍真伪,需用于唯物史观的甚少,无宁说这种种正是唯物史观者所亟待于校勘和考证学者的借助之为宜;至于研究古代思想及制度时,则我们不该不取唯物史观为其基本观念”。③蔡尚思于1934年动笔、1937年脱稿的《中国思想研究法》,对唯物辩证法情有独钟。他在书中明确地说:“辩证唯物论和唯物史观。这是最彻底的唯物论……这种科学方法,创始于卡尔·马克思、恩格斯,实践并发扬于伊里奇·列宁和现今苏政治家、哲学家”。“一切玄虚的唯心论、机械的唯物论、平等的二元论、调和的多元论以至无元论,均欠正确……而最广大精微者,却只有辩证法唯物

① 郭湛波:《近五十年中国思想史》,山东人民出版社1997年版,第148—149页。

② 圣羽:《旁观者言》,《独立评论》第73号,1933年10月22日。

③ 罗根泽编著:《古史辨》第四册,朴社1933年版,“顾序”第22页。

论和唯物史观。”[1]

那些运用马克思主义理论与观点写成的政治学，都认为政治主要是阶级关系的表现。恽代英说：“自有历史（有阶级制度）以来，政治总是统治阶级（压迫阶级）之治术（治理被压迫阶级之术）。……到没有阶级的时代（自由社会），政治则成为全民治理自己事务之术——所谓全民政治。”[2]邓初民说：“一阶级对于其他阶级之强力的支配的活动与现象，即是所谓政治活动与政治现象。这种政治现象，便是政治学所要研究的惟一对象。”[3]傅宇芳说：“人类社会经济关系中，因一阶级对于其他阶级为要保障其经济上社会上站在支配地位，而由此社会经济的自然矛盾现象中产生出来的，超越于社会关系之上的有组织的权力之统治的表现，便是‘政治’。”“政治关系的实质，乃是人类经济关系在发展过程中将社会关系分裂为对立的阶级关系的时候，那在经济上社会上占优越地位的阶级对于被榨取阶级或被支配阶级的一种有组织有权力的统治关系。”他进而认为，国际政治的内容“不外是世界上国际布尔乔亚汜对于世界上国际普罗列塔利亚特之剥削和统治及帝国主义的强大民族对弱小民族之榨取和统治的表现而已”。[4]

说政治现象主要是阶级支配与被支配关系的表现，乃是基于马克思主义关于经济基础与上层建筑的理论。邓初民说，“整个的社会，只是两大部分（下部基础与上层建筑）的合成，而表现于人类生活的，只是三种过程——社会的生活过程，政治的生活过程，精神的生

① 蔡尚思：《中国思想史研究法》，复旦大学出版社 2001 年版，第 9 页。
② 《恽代英文集》，第 857 页。
③ 邓初民：《政治科学大纲》，昆仑书店 1929 年版，第 36 页。
④ 傅宇芳：《马克思主义政治学教程》，上海长城书店 1932 年版，第 11、26—27、8 页。

活过程”。“所谓社会的生活过程，就是以生产关系社会组织为中心而经营的人与人间之关系的生活。……在社会构成之中，占‘基础’的地位。……所谓政治的生活过程，就是以政治制度及法律制度为中心而经营的生活过程。因而政治的生活过程，在社会构成之中，占‘上层建筑之一’的地位，显现出来的，就是种种的法律生活，政治生活，即是一种统治形态。所谓精神的生活过程，就是以社会的意识形态为中心而经营的生活过程。因而精神的生活过程，在社会构成之中，是占‘上层建筑之二’的地位。这种意识形态，细分起来，则有法制上的意识形态，政治上的意识形态，宗教上的意识形态，艺术上的意识形态，哲学上的意识形态等等。法制上的意识形态，便凝结为法律学；政治上的意识形态，便凝结为政治学；其他的意识形态也各自凝结而为各种科学。而这些科学，自然是要受社会的‘下部基础’及‘上层建筑之一’所规定的。”[①]

上述邓初民的观点不仅说明了政治现象的阶级本质，也指出了精神现象的阶级本质，而这些都是根源于经济基础决定论的因果法则。由于认为在社会生活、政治生活和精神生活中存在着因果法则，于是很自然就从逻辑上推出一切政治学都是阶级意识的产物的结论。邓初民说，“意识形态或所谓科学，一面为社会‘基础’及其‘上层建筑之一’所规定，所制约；一面又能支配人类生活，强人以服从或墨守他们的一家言一代法的义务，可以延长旧社会的统治，亦可以促进新社会之实现。这是一般意识形态的性质，也便是政治学的性质。”[②]傅宇芳则明确指出：“布尔乔亚政治学，对于政治现象的观点，根本上

① 邓初民：《政治科学大纲》，第 11—13 页。

② 邓初民：《政治科学大纲》，第 30 页。

是掩饰布尔乔亚汜统治普罗列塔利亚特的政治制度的基础理论”。“那些政治学著作的特点，是使人迷离彷徨，陷神经于错乱状态的魔术”。[①]

清季以来，由于科学主义对中国思想与学术的影响，使“科学”这个名词“在国内几乎做到了无上尊严的地位；无论懂与不懂的人，无论守旧和维新的人，都不敢公然对他表示轻视或戏侮的态度”。[②] 甚至竞相宣称自己的观点与方法是科学的。现代中国的马克思主义政治学者也不例外，他们认为只有唯物辩证法才是研究政治学的真正科学的方法，而当时所流行的着重事实的观察、实验与比较等实证的方法，都在他们的批评之列。邓初民认为科学的法则，只是相对的，不是绝对的，只能说是接近真理，而不能说这就是真理。一般的科学如此，政治学也是如此。所以，“在未曾把握唯物辩证法以前的科学方法，是旧的科学的方法，它所建立的法则，是已被毁坏了；在把握了唯物辩证法以后的科学的方法，是新的科学方法，……现在流传在一般人士口中甚至于还在支配欧美学术界一部分人士的，是旧的科学的方法，即已被破坏的法则。”“旧的科学的方法，仍是有它的社会根据的(就是说在旧社会关系里面占便宜的人们，一定要利用它)；新的科学的方法，更是有它必然的进步的社会根据(就是说由历史的必然所要实现的新社会的人们已经把握了它)。”[③]高振青也认为，“唯有在近世所产生的科学社会主义对于政治学的方面，也像对于其他社会

① 傅宇芳:《马克思主义政治学教程》，第 25、3 页。既然认为政治学具有阶级性，所谓“布尔乔亚政治学”或“资产阶级政治学”这样的名词也就顺理成章了。

② 胡适:《〈科学与人生观〉序》，见张君劢、丁文江等著:《科学与人生观》(上)，山东人民出版社 1997 年版，第 10 页。

③ 邓初民:《政治科学大纲》，第 43 页。

科学的领域一样，完成了使它成为科学的实迹。不用说，科学社会主义的创始者们并没有用过‘政治学’这样的名称，但事实上，都可以说，政治学因他们的研究，始得有了成为科学的实质。”①

傅宇芳的批评更为激烈，他称当时通行的政治学为“布尔乔亚政治学”，对这些政治学著作所表现或主张的各种方法，如历史的方法、实验的方法、比较的方法、生物学的方法、法理学的方法、心理学的方法，逐项进行批判，指出这些方法在观察和研究政治现象时存在着共同的缺点：第一，是从表面着眼或观念上着想的，未能深入其实质及其基础；第二，是从固定的关系上出发的，未能把握其变动过程和必然倾向；第三，是从全民立场出发的，根本是把政治关系看为自然现象，忽视了阶级对立的事实。总之，“布尔乔亚的方法是唯心的玄学的机械的构成其装饰品似的政治学的方法”。在他看来，正因为这些研究方法的缺陷，“难怪一切布尔乔亚政治学底内容，从头至尾都是在那里叙述政治现象而以断章取义为其特点”，根本不能领悟到政治原理的科学性。反之，他认为“普罗列塔利亚的政治学的方法，是唯物辩证法的方法。这种方法，是以由政治现象之整个法则之把握，而以妥实客观地吻合于事实，说明政治现象，和推决事情之将来，藉以决定和指挥政治运动的方法”。②

由此看来，所谓“资产阶级政治学”不仅是为资产阶级服务的，而且也因为方法的缺陷而不能成为真正科学的政治学，因此它是反动的伪科学。于是他们给真正科学的政治学所下的定义是：“阐明人类底阶级社会中支配权力之运动法则，以为社会运动之指针的科学，就

① 高振青：《新政治学大纲》，第4页。

② 傅宇芳：《马克思主义政治学教程》，第二章。

是政治学。”[①]“以政治现象为研究对象，用科学的方法达到从混沌的政治现象中抽出因果关系法则的目的之学，便是政治学。”[②]他们称自己的定义都是依据马克思主义的唯物史观。

而在所谓“资产阶级政治学者”看来，运用史观编制的政治学，无论其为唯心史观还是唯物史观，都因为缺乏科学的精神与方法，并不能算作政治科学中的一派。[③] 浦薛凤认为在政治思想史研究中“有牵强附会应用一项史观（无论其为自由实现论或经济支配论）以发挥所有政治学说之所以由起者。”[④]这表明他反对史观派的做法，所谓“经济支配论”应该是指马克思主义唯物史观。他又指出研究政治思想须具正当态度。“第一，须捐除成见。苟不然者，犹带着色眼镜，所见均非真相，任何叙述批评不免指鹿为马。第二，须设身置地。惟能深切了解当时当地之生活与环境，乃能起死人而肉白骨，使过去思想家一一活跃如生重吐衷曲；否则不特一切索然无味抑且茫然不知其所

① 傅宇芳：《马克思主义政治学教程》，第 20 页。

② 邓初民：《政治科学大纲》，第 39 页。

③ 如有人称“卢梭断不能居于政治学家之列”（见 W. J. Shepherd 著，王造时、谢诒徵译：《政治学》，第 545 页）。范用寅在《政治学中的历史法》（《国闻周报》第 6 卷第 34 期）一文中对政治研究中的“历史法”与“历史解释”专门进行了区分，其概括的论断如下：“普通所谓科学中之历史法者，乃运用历史材料之研究的态度。历史解释则对于历史其物之哲学，初不必为历史家所有。历史法虽有溯源、比较、观察等趋势，然其运用历史材料则一，换言之，其对于历史之态度，并无异致也。历史哲学则因哲学家之个人思想而变，或与客观之事实并不一致。用历史法者仍多用他法，其态度为相对的；历史哲学则多为绝对的，唯心论者必不肯姑容唯物论，以自取矛盾也。由是观之，历史解释似与历史法不相关属矣。然于此点，政治学颇异于其他之社会科学。从十九世纪以来，政治学上之“是如何”问题，已有多部分由历史法解答；其“所以是如何”及“应如何”之问题，则颇受历史解释之影响，而为思潮中之主力。”

④ 浦薛凤：《政治学之出路：领域，因素与原理》，清华大学《社会科学》第 2 卷第 4 期，1937 年 7 月。

指。”[①]萧公权在他的《中国政治思想史》“凡例”中也表示：“本书叙述各家思想，力守客观之态度。偶有论评，亦意在辨明其历史上之地位，非敢任意抑扬，臆断得失。”陈之迈则特别针对史观派做了明确与严厉的批评：

现在中国研究社会科学的人的确有一种“习气”，在未曾收集事实——遑论研究事实——之前，先去找一个立场。……但我认为“研究社会科学得先有立场”的主张是绝对错误的。这种先有成见的人，根本便不配做研究社会科学的人，他们无论如何对社会科学不会有一丝一毫有价值的贡献。研究社会科学是先用最客观最公正的态度来仔细汇集可靠的事实：这样勤慎的事实汇集本身便是最有价值的贡献，因为它能加增人类对于人类社会的智识。等到事实汇集得到相当充分的时候，社会科学家可进一步的“研究”这些事实，“解释”这些事实，寻觅个别事实间的关系，然后创为一种学说；在创造学说的时候，他不但要完全根据于事实，并且要采取纯粹客观的态度。这样他才可以说是对于社会科学有所贡献。反之，如果这位自命为研究科学的人，在未曾汇集事实之前，先有了一套的“立场”，等于在未汇集事实之前先有了结论，在汇集事实的时候，看到了可以用来拥护他的结论的事实便汇集起来，看到了足以反驳他的结论的事实便摈弃不要，这个他凭空造做出来的结论及他所汇集出来拥护他的结论的事实有什么价值？偏颇之见是社会科学最大的敌人，倡说社会科学必有立场正是“助纣为虐”，这种人根本便不配做社会科学家。……一般有“立场”的社会科学家的先有立场再填事

---

① 浦薛凤：《西洋近代政治思潮》，第 30 页。

实的书籍也层出不穷供青年学子浏览。在作书的人这是最简便的出产方法,因为他根本不必用勤慎的工夫来汇集及分析事实;在看书的人这种偏激痛快之论也最容易了解。最可叹的是这种互相偷懒走近路的人还要认定真有客观态度的书籍为“糊涂”。……“不是唯心便是唯物”主义是最幼稚的主张。①

陈之迈的批评虽非指明具体的人物,但是如果将邓初民的一段话引述如下,两相对照,自可以看清他们各自所代表的政治学的重大分歧所在。邓初民说:

大凡一种学问,即是一种科学,它是否正确,是否能忠实于它所有的任务,最要紧的是看它站在什么立场出发,换言之,就是要看它的出发点是什么?这里所说的立场,便是在哲学上纷争了很长的期间的唯心唯物的立场。出发的立场不同,所得的结论与判断必然也不同。所以从事于科学研究的人们,首先就要解决这个纷争,决定究竟以什么立场做出发点。就是说首先道破这个纷争不决的唯物唯心的哑谜。②

清华政治学者的研究方法大体上为经验主义的实证研究,他们的学术论著散发着客观实证的气息。他们反对史观派的做法,注重原始资料的收集与分析,强调客观的论述。研究方法是衡量学派的重要标志之一,如果说在中国现代政治学中确实有一个“清华学派”的话,那么其研究方法尤其是不可忽视的因素。

通过以上三节内容的论述,是否可以说明中国现代政治学谱系

---

① 陈之迈:《研究社会科学必须先有立场吗?》,《独立评论》第 244 号,1937 年 7 月 25 日。
② 邓初民:《政治科学大纲》,第 44 页。

中存在着“清华学派”，恐怕仍是见仁见智的问题。通常人们指称某某学派，也无非是基于对某某学术共同体的认识而总结出来的，甚或是基于想象而产生的，关键在于我们是否能够把某个学术共同体的主要特征分析描述出来；如果能够对其作出客观描述，那么它是否可以称得上学派，就在于各人依据其所持的“学派”标准来进行评判了。

结　语

以上各章分别从学术渊源、学科发展的取向与学科建制、学术研究与交流、学者论政等各方面对清华政治学系的早期历史做了较为全面的检视，现在有必要进行概要的总结，并将扩大视野，关注中国现代学院政治学整体发展的脉络，希望引申出若干有待继续探讨的话题。

一

中国现代政治学的产生，最初是基于洋务派官员遣派的留学人员、驻外使节以及外国来华传教士对西方政治学的输入。20 世纪初年，留日运动的勃兴使得日本成为西洋政法学说输入中国的主要渠道。自日本输入的政治学塑造了中国现代学院政治学第一阶段的主要特征，表现在学科规划、课程设置、师资来源、教科书的采用等各个方面。但是，到 20 世纪 20 年代末 30 年代初，这种状况发生了根本转变，北京大学政治系的演进就是一个典型的例子。

北大政治学科的设置一开始就是模仿日本主要是东京帝国大学政治科而设置的，而日本当时又主要受德国学科体系的影响。及蔡元培入主北大后，直接以德国大学作为北大发展的榜样，对北大从精神和体制上进行改造。1917 年 12 月 17 日，蔡元培在北大二十周年校庆纪念会上发表演说，介绍德国大学的情形，并拿北大与德国的柏林大学、莱比锡大学相比，说："民国元年，始并经科于文科，与德之新大学不设神学科相类。本年改组，又于文理两科特别注意，亦与德国大学哲学科之发达相类。所望内容以渐充实，能与彼国之柏林大学相颉颃耳。"[①]蔡元培当时致力于将北京大学办成文理科的综合性大学，成为研究学理的中心。据此而进行的学科调整中，他计划把当时沦为猎官之途的法科分出去。但因法科方面的反对，这个计划没有实现。

北大政治学系课程一直偏重法律。1917—1918 年度法科政治门课程中，民法、刑法、宪法、平时国际法、战时国际公法、行政法、商法均列为必修课程。直到 1921—1922 年度，原先的一些法律课程才排出必修之列，列为选修。据称此次变动的原因，在于政治系各年级学生对于课程之建议。其建议所持的理由之一为"入政治系者其志或在研究高深的政治学理；或在为社会服务，故不必强令其学习漠不相关之学科例如商法民刑法及经济原理财政学等，以耗费其可以不必耗费的宝贵光阴。"1923 年 6 月，政治系学生周杰人在《北京大学日刊》上发表《修改政治系课程意见书》，仍认为当时政治系课程选修科偏于法律方面，"其实政治与法律固有关系，而经济实为政治变动之本源，其关系尤为密切。"建议除了将政治性的法律科目如宪法、行政法、国际公法列入必修，其他法律课程或删除、或列为选修。[②] 6 月 16

① 《国立北京大学廿周年纪念册》，"蔡校长元培之演说词"，第 6 页。
② 《修改政治系课程意见书》，《北京大学日刊》1923 年 6 月 16 日。

日政治系教授会将政治系课程修订为新旧两种，旧课程适用于旧生，新课程适用于该年度一年级新生。新课程与周杰人的意见大体相符，将政治性的法律科目如宪法、行政法、国际公法均列为必修，删去商法，民法只保留总则作为必修，刑法只设总论作为选修。此次修订后的课程至1925—1926年度基本未变。

北大政治系早期还比较重视“政策”一类课程，1917—1920年，开设有工业政策、农业政策、商业政策、林业政策、社会政策和殖民政策等必修科目。这可能是受德国国家学的影响。“德人所说的Staatsmissinsdhaft（原文如此，似有误。——笔者注）政治学（或国家学）乃是纯粹研究经济的书。盖德人之观念，政治无他，不属于经济则属于法律，故德国的大学中没有政治学的分门，大学生用的二种教本是：一为学理，一为政策。”[①]这种情况是德国国家干涉主义传统的反映，在德国来说，这种学科设置符合它的国家要求和现实需要。明治日本模仿德国官僚体制建立的中央集权制度，也是需要这种学科设置的。但是，民初的中国，恰恰是国家动荡，中央权力衰微，因而若干政策类课程并不符合当时国情的需要。所以，北大政治系不久就认识到这类课程存在问题。在1920—1921年的课程中取消了林业政策、殖民政策科目，将工业政策与社会政策合并为一，农业政策、商业政策降为选修科目。在改订说明中，指出此次改革的要点之一为：“减去若干无谓的政策学，增加史学系科目之选修。”[②]

及至1930年代，北大政治学系的课程又有了较大改进。以1932—1933年度课程表为例，一年级必修科目有政治学原理、经济

---

① 马亮宽、王强选编：《何思源选集》，北京出版社1996年版，第135页。

② 《修改政治系课程意见书》，《北京大学日刊》1923年6月16日。

学原理、宪法、民法概论、中国通史、西洋通史，选修科目有科学概论、哲学概论、逻辑、心理学；二年级必修科目有比较政府、市行政、社会学、刑法总则、财政学、中国社会史，选修科目有统计学及统计实习、社会问题、伦理学等；三年级的科目除国际公法为必修，其余均为选修，科目有行政学原理、中国政治思想史、西洋政治思想史、中国外交史、社会心理、远东政治等；四年级科目均为任选，有中国行政制度研究、社会制度研究、国际关系及组织、外交习惯、劳工问题及劳工立法、土地法、马克思学说研究、应用心理学等。[①] 这份课程表已经摆脱了北大政治系早期偏重法律和经济的特点，注重政治学与各相关社会科学的联系，而且对包括公共行政在内的实际应用政治比较重视。

上述的课程变化，与北大政治学系的人事变动是相辅相成的。以下分三个时期来看北大政治学系的人事变迁：

(1)1898—1911 年。期间三次聘请法政教员。1902 年聘请的速成科法政教员，都是日本人，如服部宇之吉、严谷孙藏、杉荣三郎、太田达人。1906 年聘陆世芬。1910 年受聘的法政科教员有 14 人之多，他们是王家驹、程树德、芬来森、李方、王基磐、陈箓、沈觐扆、冈田朝太郎、白业棣、博德斯、震鋆、科拔、王宝田、嵇镜。1911 年受聘的有徐思允、巴和。其中中国教员大都是留日学生，如王家驹、程树德、王基磐、嵇镜、林棨，其余为留学法、德等欧陆国家的归国留学生。聘请的外国教员除了来自日本，其余大抵来自欧陆国家。这就反映了北大初期的法政科是以日本和欧陆为榜样的。

(2)1912—1926 年。政治学系的教师主要有：李大钊、陈启修、

---

① 《政治系课程说明书》(1933 至 1934 年度)，《国立北京大学一览》(1933 年度)，第 364—379 页。

高一涵、杜国庠、周龙光、黎世蘅、王建祖、王世杰、陶孟和、周览、燕树棠、张祖训。此期，政治学系的教员基本上都是本国人。从留学背景来看，李大钊、陈启修、高一涵、杜国庠、周龙光、黎世蘅都是留日的，而且多毕业于东京帝国大学，王建祖则先留日后留美，其余为留学英美。由此可见留日派仍占主导，但留学英美的则大有后来居上之势。

(3)1927—1937 年。期间担任过政治学系专任和兼职的教师有：周鲠生、高一涵、白鹏飞、胡道维、陶希圣、许德珩、陶孟和、何永佶、陈受康、陈达、鲍明钤、张佛泉、张映南、宋介、徐辅德、浦薛凤、王化成、张奚若、钱端升等，其中大部分为英美留学生，留日的已经退居少数。留美的邱昌渭、张忠绂先后担任系主任，主要课程如政治学原理、宪法、比较政府、政治思想史、国际公法、市政学、行政学、国际关系和外交史，几乎全由留美学者担任。①

随着英美派的加入，经由留日派所建立的德国学派的模式受到公开批评。1923 年 11 月 17 日晚，北大政治学会召开欢迎导师会，导师到者有王世杰、周鲠生和燕树棠。他们向学生介绍治学方法。周鲠生说："至于为学之方，余以为诸君尚当注意两点：一，宽大的基础，二，专门的研究。盖只有后者而无前者，常不免研究时各自为说，不能统观全豹，德国式学者大都如是，英美即不然。"②顾梦渔（兆熊）在政治学会的谈话中也说到："德国大学里头，一到二年级的程度，便去做研究，然而因为专门太早，往往拘于一隅，以致结果便反不甚满意。关于这一点，英美的大学却是好些——就是先给学生一个宽大的基础。"③这大概可以反映 1920 年代北大政治学系的课程改革是与英美

① 萧超然等主编：《北京大学政治学与行政管理学系系史(1898—1998)》。
② 《北大政治学会欢迎导师会各导师谈话纪录》，《北京大学日刊》1923 年 11 月 22 日。
③ 《顾梦渔先生在政治学会的谈话》，《北京大学日刊》1923 年 11 月 27 日。

归国留学生在系中的主导作用是分不开的。

1930年代，英美归国留学生在大学政治学系的教师构成中占主导地位的格局，不只是北大的现象，在其他学校也普遍如此（见下表）。

抗战前中国各大学政治学系教员构成及其留学背景

学校	年份	留学英美	留日	留法	其他
中央大学①	1930	卢锡荣、钱端升、崔宗埙、刘师舜、林天兰、雷沛鸿、谭绍华、张国辉	潘廷干、雷啸岑、罗鼎	孔宪铿（法、比）、章渊若、徐辅德	桂崇基
四川大学②	1936	徐敦彰、张宗元、凌均吉			
光华大学③	1936	耿淡如（系主任）、金通艺、葛受元			袁行允（俄）
金陵大学④	1933	马文焕、凌士芬			
复旦大学⑤	1930	温崇信、孙寒冰、赵恩钜、萧远		吴颂皋	陶希圣
浙江大学⑥	1932	沈乃正			
之江大学⑦	1933—1934	罗天利、林叠、胡士琪（瑞士、英国）			
燕京大学⑧	1936	徐淑希、娄学熙、吴其玉			

① 《国立中央大学一览》，第四种，法学院概况，1930年1月，“教职员表”。

② 《国立四川大学一览》，1936年，“教员名录”。

③ 《私立光华大学章程》，“廿五年度教职员名录”，1936年8月。

④ 《私立金陵大学一览》，“本校教职员一览”，1933年6月。

⑤ 《复旦大学一览》，1930年春。复旦大学设有政治学系和市政学系，此处的教职员包括市政学系。

⑥ 《国立浙江大学一览 二十一年度》，国立浙江大学秘书处出版课编辑发行，1932年12月。

⑦ 《私立之江大学一览》，1933—1934年，“教职员履历表”。

⑧ 《燕京大学一览》（民国二十五年度及二十六年度），“教职员一览表（二十五年度）”。

续表

学校	年份	留学英美	留日	留法	其他
武汉大学①	1931	梅汝璈、时昭瀛、王世杰、周鲠生		周鲠生、王世杰	
	1935	时昭瀛、周鲠生、缪培基、樊德芬、刘迺诚、李剑农	李剑农	周鲠生、缪培基	
南开大学②	1930年代初	张忠绂、梅汝璈、金通艺、张纯明、徐敦璋、林同济、王赣愚、张金鉴、张锐、罗隆基			
沪江大学③		余日宣（系主任）			
大夏大学④		卢锡荣（系主任）、严恩椿			
暨南大学⑤		孙寒冰、杨振先、黄中廑、温崇信			
湖南大学⑥		唐德昌（系主任）			
福建协和大学⑦		林景润、林天兰			
岭南大学⑧		陈序经、陈宝祥、陈胜伟			

上表列举的有英美留学经历的教员中，又以留美者居绝大多数，

---

① 《国立武汉大学一览 中华民国二十年度》，“教职员履历”，国立武汉大学编印，1933年12月；《国立武汉大学一览 中华民国廿四年》，“法学院概况”，国立武汉大学编印，1935年12月。

② 南开大学校史编写组编：《南开大学校史》，南开大学出版社1989年版，第147页。

③ 《私立沪江大学一览 民国二十五年度》，1936年，第22、28页

④ 《私立大夏大学一览》，“职员名录”“教授名录”，1929年6月。

⑤ 《国立暨南大学一览 十九年度》“教员一览·法学院”，1930年。

⑥ 《国立湖南大学概况 民国二十六年度》，“教职员履历”，1937年。

⑦ 《私立福建协和大学一览 民国十七年至十八年》，“本校教职员名录”。

⑧ 《私立岭南大学一览》，“大学各学院教员名表”，1932年3月。

留英归国政治学者主要集中在武汉大学,而且多为伦敦政治经济学院(LSE)毕业生。1930 年代中国各大学政治学系主任基本上都是留美政治学者,如清华的浦薛凤、北大的邱昌渭、张忠绂、南开的张纯明、中央大学的杭立武(留学 LSE,期间曾去威斯康辛研究)和张汇文、武汉大学的刘迺诚、燕京大学的徐淑希、四川大学的徐敦璋、金陵大学的马洗繁、光华大学的耿淡如、复旦大学的孙寒冰、沪江大学的余日宣。此种情形足以显示抗战前中国的学院政治学与美国政治学有着广泛的渊源关系。

二

清华大学政治学系并没有北大政治学系那样的学派转换经历,在其设立之初,就以美国政治学作为发展取向。这种取向主要是基于清华与美国的特殊关系,美国退还超收的庚子赔款余额用于建立清华学校和向美国派遣留学生,其根本目的就在于希望以美国的学术文化来塑造中国未来的领袖人物。这种愿望通过中美之间协定的一系列制度安排,在一定程度上得到了落实。就政治学系而言,它完全是在留美归国政治学者手中建立与发展起来的,因而在办学宗旨、课程设置、教学方法乃至教材使用等方面,普遍受美国因素的影响;它的学术交流也几乎限于英美政治学界;清华政治学者对政治学的信仰范式和研究方法也多与他们在留美期间的学术经历相关。但这并不等于说当时中国学院政治学从内容到形式都是美国的,事实上在初期阶段可能确实存在这方面的问题,但是在受到来自学生的不满、社会舆论的批评之后,加上那些留学者的自省,政治学内容的本土成分在不断增加。清华政治学系在“本土化”方面的表现和它在美国化方面的表现同样是明显的。在教学方面加重有关本国学问与问题的课程；同时在学术研究方面，萧公权致力于中国政治思想史，沈乃正和陈之迈则以当时国民政府的制度及其运作作为主要研究对象，王化成在国际法与国际政治方面的研究同样体现着对于本国问题的关注，浦薛凤甚至还独自发明了"政治五因素"理论，它既是一套信仰体系，也是一种方法论。在浦薛凤领导清华政治学系期间，大体上形成了国际化（美国化）与本土化兼顾、理论与应用并重的教学指导方针。国际化主要是从学科的基本理论、研究方法方面说的，本土化则是就学科的研究对象、具体内容以及应用方向而言[①]。可以说1920年代之后，中国学院政治学普遍处于受美国政治学影响下的本土化努力之中，清华政治学系在这方面的表现尤具代表性。

1930年代的华北，一直处于日本侵略的威胁之下，清华政治学者一面努力治学，一面问政论政，欲以学术专长贡献于社会。后来作为确定他们一生学术地位的学术成就主要是在这个时期取得的，他们的研究成果为民国学院政治学的发展树立了某种典范。另外，他们主导下的清华政治学系在培养中国现代政治学术研究人才方面，也有出色的成绩。这在清华政治学系本科学生的毕业论文中即有很

① 这种本土化只是初级的本土化，还不涉及研究方法的本土化。中国学者当时大概尚未意识到方法的本土化问题，基本上是将英美的政治学视作一种普适的学问，强调要借用西方的方法来研究中国的问题。然而方法的采用就有可能预设了研究课题的选取。有学者指出，研究方法从三个方面限制了研究课题的范围：第一，研究方法决定了哪些是属于可研究的课题；第二，研究方法不仅会排除某些政治信息，甚至还会具体地引导课题设定；第三，美国的研究方法以个人为对象，具有个人主义倾向，使研究者的题目集中在个人意见和态度方面（石之瑜：《本土政治研究的问题意识》，载《政治学的知识脉络》，台北：五南图书出版公司2001年版，第154—155页）。

好的体现。[①] 该系学生还在面向全国公开招考的中美、中英庚款两大公费留学考试的激烈竞争中，独占鳌头。其中杰出者如邵循恪、王铁崖、龚祥瑞、楼邦彦等，传承了清华的学术薪火。抗战前全国各大学中设有法科研究所政治学部的只有北大、清华和燕京三所学校，而经国民政府允许保留招生的只有清华与燕京。此事当可反映清华政治学系在全国学院政治学中的优势地位，也是对清华政治学系学风与成绩的肯定。

清华政治学系的设立晚于北大政治学系十多年，和国内其他大学政治学系相比，设立时间大体也处于落后位置，之所以能迅速成长，取得优异成绩，其原因或许可以从抗战前清华所处的地域人文环境以及清华自身的物质条件和制度设施等方面去理解。

1930 年代的北平是中国的学术中心。1933 年 6 月，翁文灏说："北平是中国最重要的学术中心，那是全世界共认的事实。……其实北平之成为学术中心也不过是民国以来的事。不过这一二十年之中北平学术真有极快的进步。新设备的增加与旧材料的整理同时并进。不但物质上材料的丰富，在研究工作上也已有若干成绩，在世界科学史中可占相当的地位。"[②]严耕望也指出，抗战前的北平是全国的学术中心，当时史学家能享大名、声著海内者，莫不设教于此。学术造诣极高的学者如吕思勉，因长期在非学术中心的上海任教，加之其他原因，故学术成就长期被忽略，声名也不及在北京的陈寅恪、陈垣

① 参见葛兆光：《学术的薪火相传(代序)》，见葛兆光选编：《学术薪火——三十年代清华大学人文社会学科毕业生论文选》，湖南教育出版社 1998 年版。

② 咏霓：《中国学术中心就此完了么?》，《独立评论》第 52、53 号合刊，1933 年 6 月 4 日，第 10 页。

和钱穆。[①] 可见学术中心对学人有吸聚功能，这不仅表现在文史领域，社会科学方面亦是如此。例如，1925 年 6 月何廉学成归国，离美前曾接到岭南大学函，聘其任商学院院长，月薪 300 元，何回信，答应考虑。船抵日本横滨，又接获南开大学商学院长信，请其担任财政学及统计学教授，起薪每月 180 元。何廉考虑数日，认为平津一带为当时学术中心，大学教育水准较高，虽收入特低，但前途殊大，遂毅然接受南开聘请。[②] 战前的北平可谓人文荟萃，虽时局艰难，"而安和黾勉，各自埋首，著述有成，趣味无倦。"[③]政治学界不仅勤勉踏实，而且开始注重研究本国问题，此前专事稗贩西洋学说的局面逐渐改观。据陈之迈观察，抗战前，"北方几个大学的学风已由西方学术的介绍转变而为用科学方法研究中国问题，许多方面都是新创的"。[④]

此外，物质设施与制度保障也是推动学术发展的重要因素。学人聚集北平与北平在文化学术上拥有的各种设施相辅相成。有研究者指出："20—30 年代，北京则显然是全国各种'学术媒介'分布最密集的地点。尤其在 1928 年后，国民政府以南京为首都，北京成了一个纯粹的文化城市，远离了政治中心。此时的北京不但集中了全国约半数的学术机构、大专院校，书店、图书馆也同时林立，实为全国'学术网络'之中心。"[⑤]以北平图书业为例，有人描述道："那里的书铺之多，真是手不胜屈。正月的厂甸，几如开着图书展览会，自论斤出

① 严耕望：《治史三书》，辽宁教育出版社 1998 年版，第 182—183 页。
② 浦薛凤：《音容宛在》，第 123 页。
③ 钱穆：《八十忆双亲 师友杂忆》，第 182 页。
④ 陈之迈：《蒋廷黻的志事与平生》，第 18 页。
⑤ 陈以爱：《中国现代学术研究机构的兴起》，第 432 页。

卖的旧纸堆，以至索价奇昂的珍本，应有尽有。……其余如东安市场及北海，皆有旧书铺。”[①]至于图书馆，有当时全国最大的国立北平图书馆；另据 1936 年统计，清华大学图书馆和北京大学图书馆的藏书量分别居全国公私立大学图书馆藏书量的第一和第三位。[②] 又如学术刊物及一般杂志，平津地区也很发达。刊载社会科学的专门学术刊物就有国立北京大学《社会科学季刊》、清华大学《社会科学》等，另外《清华学报》也经常刊登社会科学方面的学术论文。此外以政论见长的思想杂志和报纸，如《独立评论》《国闻周报》《益世报》《大公报》，均有全国性的影响力。

学人奔走往来于大学、研究所、图书馆、报馆之间，涵泳于浓郁的学术场域，彼此之间的思想学术交流也相当密切。陶希圣说：“民国二十年至二十六年之间是平津学术界鼎盛时期。北京大学、清华大学与南开大学三个学府的教授们有密切的关系。彼此往来至为频繁。”[③]这种交流既有三两友朋之间随时随地的聚会晤谈，又有欧美同学会、中华政治学会、文友会等学会组织制度化的学术联谊活动，互通信息，切磋学术。大学之间通过兼课教学的方式，共享优质学术资源，使优秀教师发挥更大的学术影响。报纸杂志上的公开论争，使学术思想相激相荡，不断拓展与深化。

除了地域因素所形成的外部环境，一个学校还因为它特有的学术传统、学术制度、物质设施，以及主持校政者的指导思想与政策措施，而形成其独特的学术风气与个性。王季思说抗战前浦江清经常和他谈北方学者的风气，“说北大大，各种学派兼容并包；清华清，大

---

① 邹文海：《我与书》，《传记文学》第 2 卷第 6 期，第 24—25 页。

② 中国第二历史档案馆编：《中华民国史档案资料汇编》第五辑第一编 教育，第 324 页。

③ 陶希圣：《记崔书琴先生》，《传记文学》第 7 卷第 1 期，第 23 页。

家埋头做学问，没有卷入各种政治派系的斗争。”①由于经费较为稳定和充裕，可以罗致国内一流的学术人才，并能稳定他们在清华安心地教学与研究。而主持校政者对学术研究也很重视。罗家伦在就职演说中就说：“研究是大学的灵魂，专教书而不研究，那所教的必定毫无进步。”②罗家伦到校后提出学术化、民主化、纪律化、军事化的教育方针，其中只有学术化的成效最为显著，包括使清华摆脱外交部，改归教育部管辖，将清华学校改制为大学，成立各学系，提高教员待遇与地位，扩建图书馆等教学设施等。这些都为促进学术研究创造了良好的外部条件。继任的梅贻琦校长更加重视学术研究。他在就职演说中说，希望清华今后仍然保持它的特殊地位，所谓特殊地位，并不是说清华要享受什么特殊的权利，而是要清华在学术的研究上，应该有特殊的成就，应向高深专精的方面去做。他认为，“办学校，特别是办大学，应有两种目的：一是研究学术，二是造就人材。清华的经济和环境，很可以实现这两种目的，所以我们要向这方面努力。”③任职五年后，值清华 25 周年纪念，梅贻琦在《致全体校友书》中特别谈到清华的研究事业。他说：“凡一大学之使命有二：一曰学生之训练，一曰学术之研究。清华为完成此使命，故其发展之途径不限于有效之教学，且当致力于研究事业之提倡。此在学术落后之吾国，盖为更不可缓之工作。”④

贺麟说：“学术在本质上必然是独立的、自由的，不能独立自由的

① 浦江清：《清华园日记 西行日记》，第 293 页。

② 罗家伦：《学术独立与新清华》，1928 年 9 月，《清华大学史料选编》第 2 卷（上），第 199—204 页。

③ 《国立清华大学校刊》第 341 号，1931 年 12 月 4 日。

④ 《清华校友通讯》第 3 卷第 1 至 5 期，1936 年 4 月。

学术,根本上不能算是学术。学术是一个自主的王国,它有它的大经大法,它有它神圣的使命,它有它特殊的广大的范围和领域,别人不能侵犯。”①清华大学师生非常注重维护清华的学术自治。其在制度上的体现主要就是“教授治校”。蔡元培主持北大时就开始推行这种体制,清华则到 1925 年改组大学之后在钱端升等人的努力下,才将这种制度写进《清华学校组织大纲》中。1928 年以后,国民政府加强统一与集权,遭到清华师生的抵抗,“教授治校”制度加速形成。南京政府教育当局认为“教授治校”只是一种“土制度”,在许多方面没有法令、规章的依据,有些还和政府的法令、规章相抵触,并对其他高等院校产生了一定的影响。所以,一向采取以抓住高等院校为控制学术和思想阵地为策略的 C. C. 集团,视清华的“教授治校”体制为其控制全国大学阵地的巨大障碍。1931 年春南京国民政府教育部任命吴南轩为清华大学校长,目的就是要扼杀“教授治校”的体制,为 C. C. 集团实行对教育、学术的绝对控制扫除障碍。由于遭到清华师生的强烈抵抗,结果南京教育部只好让吴南轩辞职。及梅贻琦任校长后,扶持和巩固“教授治校”体制,使之成为中国大学“教授治校”的典型。到 1937 年“教授治校”体制已经成型,它的组织基础就是教授会、评议会和校务会议。这是一个以教育学术民主自由为号召的校内管理体制,在抵抗和缓和外部政治派系势力的侵入和控制上能起到积极作用,为校内的学术独立和自由提供了一定制度保障。②

清华不仅有保护学术独立与自由的体制,还有鼓励教师从事学

---

① 贺麟:《文化与人生》,商务印书馆 1996 年版,第 246—247 页。

② 陈岱孙:《三四十年代清华大学校务领导体制和前校长梅贻琦》,见黄延复、马相武:《梅贻琦与清华大学》,第 145—155 页;《钱昌照回忆录》,第 28 页。

术研究的休假制度。1930 年 6 月 16 日通过的《专任教授休假条例》和 1934 年 6 月重印的《国立清华大学教师服务及待遇规程》对教师的学术休假制度作了明确具体的规定。按照规定，清华大学教授连续服务满五年而学校愿续聘其任教授者，得休假一年如不兼事支半薪，或休假半年如不兼事支全薪；如欲在休假期内，赴欧美、日本做研究工作者，除支半薪外，还享有来往川费和在外研究费；在休假期内，留国研究者，得支全薪，如赴远地调查者，还可以得到学校补贴的一定数量的旅费。专任讲师、教员及（全时）助教，连续服务满五年，成绩优异，愿在国内专作研究，拟有具体计划，经评议会通过，而同时不兼他职者，得休假研究一年，支全薪；而愿赴欧美或日本专作研究，拟有具体计划，经评议会通过，得支领学费并享有教授川资及研究费之半数，但不得支薪。[①] 此项制度的设立主要目的在于激励教师从事学术研究，加强与国内外学术界的交流。

就学术研究所依赖的物质条件而言，抗战前的清华堪称美满。教师可以专心治学，不必为治生分神，故有大量学术创获。抗战前十年可以说是很多清华教授学术创造的旺盛期，如陈寅恪在清华园十年中，大约发表了五十余篇学术论文与序跋[②]。这也是清华政治学系在学术研究方面取得长足进展的十年。浦薛凤晚年在回忆其清华执教生活时说："生活美满而宁静，环境清幽而宽敞；同仁们努力教读之外，又复从事研究与写作；迄今回忆，可谓为黄金时代。"[③]萧公权回顾自己五载清华经历，也认为"就治学的便利和环境的安适说，几

① 《国立清华大学教师服务及待遇规程》，见《清华大学史料选编》第 2 卷（上），第 179—180 页。

② 汪荣祖：《史家陈寅恪》，百花洲文艺出版社 1992 年版，第 62 页。

③ 浦薛凤：《音容宛在》，第 213—214 页。

乎接近理想”。[①]

因此，清华政治学系的设立虽然很晚于北京大学政治学系，但是因为它的庚款背景，故在师资来源、经费支持、学术制度、领导与管理等方面，均有较北大以及其他大学优越之处。这些因素有力地促进了抗战前清华政治学系的发展，使其后来居上，成为民国时期学院政治学的翘楚。

三

西方社会政治学说的输入，与晚清社会政治变革、近代民族国家创建庶几同步，互为影响。甲午战争后，由于政治变革的需要推动了西方政治学说输入中国的第一个高潮，当时大批留日学生在日本和上海创办报刊、发行书籍，饥不择食地将源自西方的政治社会学说争相介绍给国人。思想学说的力量无疑是巨大的，经由改良与革命，终于推翻了清王朝，建立了共和国。西方政治学输入中国的第一个高潮主要是被用于政治革命的目的，以求知为本原的学术立场差不多被忽略了。20 世纪 30 年代初，一位叫周绍张的左翼知识分子对此有感而发：“中国自鸦片战争而后，欧洲民主思想输入，康梁始有变法维新之议。及专制推翻，民主建立，政体虽已变更，而于政治学却始终没有多大发展。一句话，近二十年来，为活动而研究政治学底人有，为科学而研究政治学底人，实在不可多见。”[②]不过他所说的科学实际上是指马克思的历史唯物主义，仍是强调政治活动。

---

① 萧公权：《问学谏往录》，第 117—118 页。

② 周绍张：《论政治学》，《二十世纪》第 1 卷第 3 期，1931 年，第 86 页。

所谓"学术",一般包括"学"与"术"两个方面,政治学作为现代学术门类中的一种,无疑也具有这两方面的特征与功能。但是由于政治学接近民生国用,加上中国传统学问中政治实用主义的思维习惯,在政治学输入中国以后的很长时间里,人们通常不能分别学、术界限,过分强调政治学对现实社会政治的改造功能。在清末普遍的政治实用主义氛围中,似乎只有严复明确地指出二者之间的界限。当然,个人或组织对于政治学的态度究竟是重视学还是强调术,也并非都是昧于认识的原因,有的是与个人或组织的处境及价值取向等其他原因有关。

学与术密切相关,从致用的目标来看,术对于学是有选择的。因此,为了实现不同的目标,就要有不同的术,要不同的术,就要有不同的学。从某种意义上说,这可能就是中国现代政治学类型转换的一个内在逻辑。晚清进步力量需要的是革新之术,需要改变国体与政体,其时富于革命精神的自由民权学说自然更适合形势和目标的需要,因而那时作为资产阶级民主革命理论武器的自由民权学说得到了广泛的传播。而从清政府主导改革方面来说,所选择的必然是强调秩序的改良主义学说,明治时代的日本帝国就是从伯伦知理、施泰因等德奥国家学者的学说中看到了建设现代官僚国家的理论价值,因而奉之为圭臬。所以,清政府在各地法政学堂中开设法政课程,正是希望通过日本输入的国家学、国法学来指导构筑与日本帝国乃至德意志帝国类似的官僚体制国家。总之,晚清的政治学因为现实政治斗争的需要,注重的是有关国体与政体的学说。这一类的学说,是不大可能通过局部的实验来检验它的结论的,一般表现为带有价值立场的政治哲学,或者是基于规范的、抽象的法理论。

民国建立之后,社会动荡不安,政治依然腐败。此时,从掌握政权者方面来看，他们需要的是巩固政局、建设国家的政治理论，所以袁世凯聘请古德诺、韦罗贝等美国政治学家作为其政府顾问，那时的美国政治学是注重建设的政治学，政治研究中比较突出行政问题。但对于不满相状、希望继续革命者来说，资产阶级的自由民权理论已经不够灵验了，他们需要寻找新的革命类型的政治学，各种社会主义学说以及马克思主义的历史唯物主义和阶级斗争学说恰好能适合这种新的需求。所以在 20 世纪 20 年代，共产党和国民党都不约而同地将目光投向苏俄，目的都在于获得新的适用于革命之需的政治学武器。但是南京国民党政权建立之后，统治者所需要的就不再是革命类型的政治学，而是建设类型的政治学。而美国政治学着重研究的就是如何建设国家、管理国家的问题。因而，以美国政治学为导向的民国学院政治学的展开就适应了国民党政权的需要。

抗战前中国的学院政治学一般都强调为国家造就行政人才的办学宗旨。这首先是因为“国民党政府对高等学校政治学系的课程设置已有规定，其目的仅在于培养文官人才，对如何促使学生具有广泛的学术基础和独立思考、深入研究的能力，则尚有不足”[①]。北京大学政治学系鉴于“实用政治”研究较之“纯政治”研究对政治生活的影响更为直接与密切，自 1931 年开始加设行政研究课程，培养行政人才。[②] 燕京大学政治学系在建系之初就将办学宗旨确立为：1. 培养高素质的公民；2. 为政府培养内政、外交和法律各方面的专家；3. 培养

① 吴其玉：《徐淑希先生和燕大政治学系》，《燕大文史资料》第 5 辑，北京大学出版社 1991 年版，第 32 页。

② 马奉琛：《北京大学政治学系研究行政学之概况》，《行政研究》第 1 卷第 2 期，1936 年 11 月，第 409 页。

国家和国际需要的领导人才。[①] 复旦大学政治学系称"本系设立之目的"为:1. 培植政治外交之专门人材;2. 造就国家行政人材。[②] 北平大学政治学系的"教育目标以养成实际的政治通才为主,……今日则全国统一已成,政治已上正轨,正宜奖励学生努力本其所学或从政于各级政府机关,或服务于社会各方面"。[③] 中山大学在戴季陶主持校务期间,对于政治系,主张尽量培养更多的行政家,如代议制度的议员、新闻记者等。[④] 中央政治学校更是以法国的政治学校(École Libre des Sciences Politiques)和德国的 Hochschule für Politik(Die Adolph Hitler Schule)为原型,强调实际教育。[⑤] 罗家伦说,他在1931 年 1 月间就提出要把中央政治学校办成法国的政治学校,造成"共同建设的政治意识",这个政治意识就是"要在三民主义之下以革新内政为雪耻图强的基础"。[⑥] 清华政治学系也强调应用人才的培养。罗家伦在上清华董事会的报告书中提出办理政治学系的方针"应以中国国民党的原则为归宿,养成实际的行政人才"。[⑦] 为造就本国应用人才起见,对于本国政治方面各学科及市政学,尤加注重。并鼓励学生参加文官考试,以建立良好的员吏制度。[⑧]

---

① 张玮瑛等主编,燕京大学校友校史编写委员会编:《燕京大学史稿》,人民中国出版社 1999 年版,第 303 页。

② 《复旦大学一览》,1930 年,第 79 页。

③ 《国立北平大学法学院两年来事务报告》,1933 年,北平聚兴印书局印刷,第 22 页。

④ 黄福庆:《近代中国高等教育研究——国立中山大学(1924—1937)》,台北:中央研究院近代史研究所 1988 年版,第 120 页。

⑤ Hsiao Tso-liang(萧作梁), "The Central Political Institute," *The China Critic*, vol. ix, no. 11, June 13, 1935, pp. 253-255.

⑥ 罗家伦:《中央政治学校的使命》,《中央政治学校校刊》第 51 期,1933 年 1 月 1 日。

⑦ 《国立清华大学校刊》第 12 期,1928 年 11 月 23 日。

⑧ 《政治学会全体会纪略》,《国立清华大学校刊》第 602 号,1934 年 10 月 4 日。

但是政治学作为一种社会科学,求知与致用两方面不应偏废,所以有远见的学系领导人一般都会兼顾学理的研究。如燕京大学政治学系主任徐淑希后来就重新组织政治学系的课程体系,使学生能够受到跨系的学术基础训练。学系的宗旨也改为"养成政治人材,供给国民以高深之政治学识"①。清华政治学系在浦薛凤担任系主任期间,确定政治学系的课程目标在于:"(一)灌输学生以政治科学之基础知识,训练其思想之缜密,理解之确切,并授以研究学问之经验与方法,使能独立作高深学术之探讨;(二)养成学生应付社会环境之学识与技能,使于毕业后,或服务社会,或参加考试,皆能举措裕如。……理论与事实并重;同时对于各种考试(如留学考试,高等试验,县长考试等)之科目,亦求其能互相衔接。"②1935 年 6 月,在中国政治学会第一届年会上,由浦薛凤主持,来自各大学的政治学者就改进政治学系课程标准问题展开讨论,达成共识,确定政治学系本科教育"应以树立深广基础,兼重学理与应用,适合时代需要"为目标;课程设置、分配与内容应依照务严格、避重复、求充实、合国情、有系统等五项原则,渐次改进,力求合理化;规定政治学、经济学、民法概论、比较政治制度、中国政府、行政法、中国政治及外交史、世界政治及外交史、国际公法、政治思想史为政治学系学生必修课程。③

然而,究竟如何看待以清华政治学系为代表的民国学院政治学在中国现代化进程中的作用呢?我想在这里引用赵宝煦教授的话做一参照:

---

① 《燕京大学一览》(1936 年度及 1937 年度),第 155 页。

② 浦薛凤:《政治学系概况》,《清华周刊》向导专号,1936 年 6 月 27 日。

③ 魏镛:《中国政治学会之成立及其初期学术活动》,《政治学报》(台北),第 20 期,1992 年 12 月。

> 在西方的政治学著作中，着重研究的是如何建设国家、管理国家的问题，例如研究比较宪法、行政学、行政法、政党、决策过程、政府机制运作等等问题。但马克思主义经典著作中着重研究的却是如何进行革命的问题，例如革命理论、革命战略与策略、革命方式与手段等等问题。这两个方面都是政治学的内容，但各有侧重。这是客观需要所决定的。……毛泽东在领导中国共产党和中国人民进行民主革命的28年斗争中，在理论和革命实践上取得了突出的业绩，对马克思主义政治学也作出了重要的贡献。但是，他此时的贡献，也都属于发动革命、夺取政权的前一半。
>
> 由此可见，在1949年，当中国共产党领导新民主主义革命取得胜利，准备在全国范围内进行社会主义建设时，当时的马克思主义政治学，不能直接给予任何帮助。因为马克思主义经典著作中的政治学，虽然在夺取政权、发动革命方面有很重要的成就，但作为一门科学，它还缺少巩固政权、发展政权的重要一半，它还远不完整。这是客观的革命实践使然。这个任务，理所当然地落到后人肩上。①

由此可见，在取得新民主主义革命胜利，进入社会主义建设时期，作为革命论的马克思主义经典著作中的政治理论，应当本着实事求是的原则，发展创新。事实上在新中国成立之初，钱端升等一些政治学家曾经希望有新的政治学，而且那时也一度出现过以“新政治学会”命名的组织。“可是，在那个时候，我们在学术方面由于种种原故，没有足够的勇气坚持向新的方向前进。那时，我们片面强调向苏

---

① 赵宝煦:《中国政治学百年历程》,《东南学术》2000年第2期。

联学习，而我们自己却没有能够独立地去探索一条新的道路。这是一件很可惋惜的事情。”要发展政治学，创立新的政治学，必须借鉴古今中外一切有益的东西。①

20 世纪 30 年代，包括清华政治学者在内的许多政治学者已经摆脱抽象的价值论争，致力于探索如何进行国家制度建设和改革行政管理，特别是有关县政改良问题，并且留下了丰富的研究成果。他们还经历过由稗贩西方政治学理论到探索政治学的本土化建设，谋求本国学术独立的过程，为中国政治学的形成与发展积累了宝贵的历史经验。过去基于阶级斗争的立场批判和抹杀他们的思想学说是可以理解的，但今天人们不应该再忽视先辈们的努力与积累。在追慕与接轨西方政治学最新理论的同时，也需要借鉴先辈们的经验，汲取其教训，立足于中国本位，求变创新。

① 钱端升：《开展政治学研究的重要意义》，《钱端升学术论著自选集》，第 617、619 页。

附录

清华留美习政治学学生名录(1909—1929)

一、编辑说明

1. 以1937年的《清华同学录》为基础,对照补充其他资料,并以页下注形式说明。每人资料分三段列出,第一段为姓名、别号、籍贯、同学类别与年级;第二段为所习学科、获得学位、留学学校及学位授予时间等;第三段为曾任职业或服务机关。同学类别大体分为三类,分别简称"选""旧""专",即选派生(1909—1911年游美学务处选派四批游美学生,计420名)、旧制毕业同学(1912—1929年旧制毕业同学共17批,计975名,均于毕业后派送赴美留学)、专科生同学(1916—1929年共考送直接留美同学男生9批,计67名;1914—1927年共考送直接留美同学女生7批,计53名),其他如津贴生、特别生、幼年生、新制毕业生,或因其中没有习政治学的,或因与本书第一章主题关系不大,因此在收录时有所取舍。

2. 从学科的范围来看,政治学是否包括市政学和国际公法?若从理论上讨论,确是很复杂的问题。但从历史事实来看,20世纪前二三十年的《美国政治学评论》(*The American Political Science*

Review)是将市政学和国际法作为政治学的基本组成部分,"Notes on Municipal Affairs"经常是作为该刊的一个固定栏目;而且该刊不定期刊登的美国大学政治学博士论文目录基本上是按照政治理论、政府与政治、国际组织与政治以及国际法这样的分类来编排的。另外,20 世纪国内大学政治学系也普遍将市政学和国际公法、国际关系列为政治学必修课程。因此,即使不赞成市政学和国际公法就是政治学的组成部分,但是它们之间的关系也是非常密切的。所以本表也收录市政学和国际法方面的留学生名单,并将所有人员分成 A. 政治学(Political Science)、B. 国际法与国际关系(International Law and Relations)、C. 市政学(Municipal Administration)三大类。

3. 所谓"政治科学"(Political Science)是在 19 世纪晚期才开始在美国独立出来的一门新学科,在此后一段较长时间内,即使在美国学者中,对于政治学概念的内涵的看法也不尽相同,如哥伦比亚学派大体上将政治学等于政府学(Government Studies),只要是关于政府的研究,不论是从经济、社会、历史还是从公法、统计方面进行研究的,都可称为政治科学。而哈佛大学政治系虽然也称"Government Department",但是它所指的政府主要是从制度与行政方面而言。另外美国政治学会关于政治学的涵义与哥伦比亚学派的也不大相同。正因为标准的不统一,所以各项统计资料关于所习学科的记载时有不一致的地方。对此,本表以注释的方式加以说明。再者,政治学学科独立化进程是缓慢的,反映在独立政治学系的建立上,在 20 世纪初,美国仅有少数独立的政治学系,更常见的是政治学仍和其他学科混合在一起,即使是在像哈佛、明尼苏达、南加州、斯坦福这样一些较大的大学，政治学从其他学科中的分离与独立也是缓慢的。[①] 因此就不难理解为什么早期中国留美学生的学科记录往往是政治学和其他几种学科并列的情形。表中对于这种情况将酌情处理。

4. 因为清华学校时期和美国大学低年级都实行“通识教育”(Liberal Education)，而且学生的志向和兴趣时常发生变化，所以留美学生往往只是在某个阶段以政治学为主，而在另一阶段则可能转向其他专业。但一般而言，到攻读硕士和博士学位阶段，专业学习则比较定型了。所以，本名录以各留学生的最后学历和学位作为统计习政治学者人数的主要依据。但对本科阶段曾以政治学为主修科的留学生也酌量收录，同时学习两种以上学科但不知道主辅之别的也收入，在姓名下方以横线标出。

二、留学学校校名缩略与全称对照表

缩略	全称	缩略	全称
Beloit Col.	Beloit College	Michigan; Mich.	University of Michigan
Bowdoin Col.	Bowdoin College	Minnesota	University of Minnesota
Brown Univ.	Brown University	Missouri	University of Missouri
California/ Univ. of S. Calif.	University of California/ University of Southern California	North Dakota	North Dakota University

① 据“海因斯报告”(Haines Reports)，1914年，在美国的大学和学院中，有独立政治学系的38个，89所学院将政治学和历史学结合在一起，48所学院中政治学和历史学、经济学合在一起，政治学与经济学、社会学结合的有45所，只与经济学结合的22所，与历史学、经济学、社会学结合的21所。Albert Somit, Joseph Tanenhaus, *The Development of American Political Science: From Burgess to Behavioralism*, Boston: Allyn and Bacon, 1967, pp. 56-57.

续表

缩略	全称	缩略	全称
Chicago	University of Chicago	Northwestern Univ.	Northwestern University
Clark Univ.	Clark University	Oberlin	Oberlin University
Colorado Col.	Colorado College	Ohio/ Ohio State	Ohio University
Columbia	Columbia University	Penn. ; Univ. of Penn.	University of Pennsylvania
Cornell	Cornell University	Princeton	Princeton University
Dartmouth	Dartmouth College	Reed Col.	Reed College
Florida	University of Florida	Stanford	Stanford University
Grinnell	Grinnell College	Syracuse	Syracuse University
Hamline	Hamline University	Wabash Col.	Wabash College
Harvard	Harvard University	Washington; Wash. Univ. Univ. of Wash.	Washington State University
Illinois	University of Illinois	Wesleyan Col.	Wesleyan College
Indiana Univ. / Indiana State Univ.	Indiana University/ Indiana State University	Williams Col.	Williams College
Iowa Col.	Iowa College	Wisconsin	Univ. of Wisconsin
Johns Hopkins	Johns Hopkins University	Wm. & Mary Col.	Wm. & Mary College
Miami Univ. / Univ. of Miami	Miami University/ University of Miami	Yale	Yale Univ.

A. 政治学(Political Science)

唐悦良　公度 广东中山 选 1909

教育，心理学 B. A. (Yale, 1913; 政治 M. A. (Princeton, 1915) ①
1915 年归国后，曾任清华学校、清华大学、北京大学、税务学校等校教授或讲师，张家口西北边防督办公署外交处处长，国民政府外交部常任次长。1936 年任冀察政务委员会委员，1945 年任北平市外事处长。

何竣业　文彬 江苏嘉定 选 1910
政治 B. A. (Wabash Col. , 1917); 政治 M. A. (Chicago, 1918)
赤塔中国领事馆②

胡　适　适之 安徽绩溪 选 1910
政治 A. B. (Cornell, 1914)③；哲学 Ph. D. (Columbia, 1917)

---

① 据《游美同学录》(清华学校，1917 年，第 99—100 页）记载，唐悦良 1889 年生于上海。初学于上海妥玛汉布学校（Thomas Hanbury School, 1902—1904）及圣约翰大学（St. John's University, 1904—1909）。1909 年以官费赴美留学，入耶鲁大学习教育及心理学（Education and Psychology, Yale University, 1910—1913）。得学士学位后入普林斯顿大学习市政（Municipal Government, 1913—1915）。另参刘真主编，王焕琛编著：《留学教育——中国留学教育史料》第一册，第 176 页。而《清华年报》(*The Tsinghuapper* 1923—1924, p. 170）载唐悦良在耶鲁学的专业是教育和商业（Education and Business）。

② 何竣业原名何斌。刘真主编，王焕琛编著：《留学教育——中国留学教育史料》第一册，第 186—191 页；《清华大学史料选编》第一卷，第 134 页。

③ 《清华同学录》，1933 年，第 115 页。胡适 1910 年进康乃尔大学时，原学农科，但在康大附设的纽约州立农学院学了三个学期后决定转入该校文理学院，改习文科。胡适说，"康乃尔文学院当时的规定，每个学生必须完成至少一个'学科程序'才能毕业。可是当我毕业时，我已完成了三个'程序'[sequence]：哲学和心理学；英国文学；政治和经济学。三个程序在三个不同的学术范围之内。所以那时我实在不能说，哪一门才是我的主科。"据唐德刚的注释，这与当时康乃尔的学制有关（唐德刚译：《胡适口述自传》，华文出版社 1989 年，第 34—45 页）。这大概就是有的资料（如 1933 及 1937 年的《清华同学录》）里将胡适留学的学科写作"政治"的原因了（同年赴美同时在康乃尔获得 B. A. 的刘寰伟当时所习学科为政治、经济，可能与胡适的情况类似）。但他又说："在康乃尔时代我的主修是哲学，副修是英国文学和经济。第二副修事实上是经济理论"(《胡适口述自传》第 98 页）。1918 年清华学校编辑的《游美同学录》(*Who's Who of American Returned Students*）关于胡适的学习科目也记作："宣统二年官费游美入康乃尔大学习农学，民国元年改习哲学，民国四年入哥伦比亚大学习哲学。"(《游美同学录》，1918 年，第 23 页）上述说法显有出入，故存疑。

北京大学教授兼文学院院长

司徒尧　尚一 广东开平 选 1911

宪政 B. A.（Cornell，1915）；市行政学 Ph. D.（Ibid.，1917）

北京政府交通部财政整理委员会；广东省银行香港分行经理。①

谭其蓁　砺陶 四川荥经 选 1911

政治 B. A.（Michigan，1915）；经济 M. A（Ibid.，1916）

成都外国语专门学校教授；国立四川大学教授。②

徐　光　子明 江苏宜兴 选 1911

政治 B. A.（Wisconsin，1912）；法律 Ph. D.（Heidelbery，1916）

曾任职北洋政府外交部③，1915 年始任教于北京大学。国民政府定都南京后，乃移教于中央大学。1948 年赴台湾，执教于台湾大学，兼任东吴大学教授。著有《胡适与国运》。④

梁基泰　基泰 广东番禺 选 1911

政治 B. A.（Wisconsin，1914）；M. A.（Columbia，1916）

---

① 司徒尧生于 1892 年，初学于香港育英学校（1905—1906）、广州岭南学校（1906—1911）及北京清华学校（1911）。1911 年 9 月以官费游美，入康乃尔大学习文科（Arts and Sciences，1911—1915）。1915 年得学士学位。即入哈佛大学读研究生课程。次年转入康乃尔大学院习市区行政学（1916—1917）。1917 年得博士学位，博士论文题为《警察权及市区规划》（Police Power and City Planning）。同年回国。（《游美同学录》，1918 年，第 7 页）。另参《清华一览》（1925—1926），"游美毕业回国学生一览表"，第 107 页。

② 关于所习学科，《清华同学录》（1933 年，第 325 页）记作：政治经济——B. A.（Univ. of Michigan，1915）；M. A（Univ. of Michigan，1916）。另据《游美同学录》（1917 年，第 207 页）记载，谭其蓁生于 1890 年，初学于四川华阳中学堂（1904—1908）、成都高等学堂（1908—1910）及清华学校（1910—1911），1911 年 9 月入密歇根大学，习经济政治学（Economics，1911—1916）。先后得学士学位和硕士学位。1916 年 10 月回国。另参《清华一览》（1925—1926），第 107 页。

③ *Directory of Members*, The Chinese Social and Political Science Association, Peking, June, 1925, p. 65.

④ 徐子明著，徐弃疾编：《胡祸丛谈》，台北：民主出版社 1964 年，第 232 页。其生平简介另见《宜兴海外乡贤 宜兴文史资料第 29 辑》，宜兴市政协学习和文史委员会、宜兴市台湾事务办公室、宜兴市侨务办公室编印，2003 年，第 166—167 页。

国立北京大学经济系讲师，北京审计院，民大、税专、交通大学北平铁道管理学院讲师；[①]南京实业部商标局服务

柴春霖　东生 甘肃皋兰 选 1911

政治 B. A. (Wisconsin, 1915)

北京法权讨论会；北京大学教授；鲁豫区统税局局长。[②]

陆守经　达权 江苏青浦 选 1911

政治 B. A. (Wisconsin, 1914)

上海地方审判厅长。[③]

陆懋德　咏沂 山东历城 选 1911

政治 B. A. (Wisconsin, 1913)；教育 M. A. (Ohio State, 1914)

回国后初在教育部任视学，兼任法政专科学校教授，后任清华哲学史

---

① 《民国十九年国立北京大学毕业同学录》，1930 年，第 173 页；《清华一览》(1925—1926)，第 106 页；国立北平大学校长办公处秘书室编：《国立北平大学校况简表》，国立北平大学 1930 年 5 月，第 155 页；交通大学北平铁道管理学院一九三一班毕业委员会编辑部编：《交通大学北平铁道管理学院一九三一班毕业纪念册》，1931 年，"教职员"第 6 页。

② 据《游美同学录》(1917 年，第 75 页)载，柴春霖，1887 年生于甘肃兰州。初学于天津北洋客籍学堂(1906—1910)。1911 年 8 月以官费赴美留学，入威斯康辛大学习政治学(Political Science，1911—1915)。1915 年 11 月回国，任九江南浔铁路文案。又任北京高等师范学校教员。著有中俄关于蒙事之交涉一书。关于其职业经历，综合以下资料：《清华一览》(1925—1926)，第 107 页；《清华同学录》，1933 年，第 159 页；《清华同学录》，1937 年，第 25 页。1937 年的《清华同学录》将柴春霖的名字误作"柴春林"。

③ 陆守经，生于 1886 年，初学于南洋公学(1897—1903)，毕业于复旦公学(1909—1910)，任长沙某校教员(1905—1908)及上海商务印书馆编辑(1904—1905)、申报编辑(1903—1905)。1911 年以官费游美，入威斯康辛大学习政治学(1911—1914)。1914 年回国。1915 年任司法部办事员及司法讨论会事务员；1916 年任司法部主事及厦门鼓浪屿会审公堂委员(《游美同学录》，1917 年，第 141—142 页)。《清华一览》(1925—1926)第 107 页记其时任"北京交通部参事上行走"。

教员，北平师范大学历史系主任，辅仁大学教授。①

邓宗瀛　中莹 江西高安 选 1911

政治 B. A. (Wisconsin, 1914)；M. A. (Columbia, 1916)

北京政府外交部，中国驻秘鲁利马使领馆二秘兼总领事。②

赵文锐　德华 浙江嵊县 选 1911

政治，经济 B. A. (Harvard, 1916)；M. A. (Columbia, 1917)

南开学校教员；北京财政部兼法政大学、朝阳大学、盐务学校教授。③

陈嘉勋　绶荃 湖南湘阴 选 1911

政治，经济 B. S. (Columbia, 1915)；M. A. (Ibid., 1916)

湖南大学教授、文学院院长；上海国立交通大学训育长。④

---

① 苏云峰：《从清华学堂到清华大学，1911—1929》，第 139 页。另据《游美同学录》(1917 年，第 143 页)记载，陆懋德于 1883 年生于浙江绍兴，初毕业于山东高等学堂(1902—1906)。任济南省立中学校校长(1906—1909)。1910 年以官费游美，入威斯康辛大学习政治及教育学(Political Science and Education, 1910—1911)，继入俄亥俄大学(1911—1914)。1914 年 11 月回国后任大总统府礼官及教育部视学处办事。1916 年任北京国立法政学校教员。著有孙子兵法新释及美法民政之比较二书。《清华一览》(1925—1926)第 107 页记其时任清华学校中国史学哲学教授。

② 《清华年报》(*The Tsinghuapper* 1923—1924, p. 174)记邓宗瀛所习专业为法律和政治学(Law and Political Science)。其职业经历参见 *Directory of Members*, The Chinese Social and Political Science Association, Peking, June, 1927, p. 82; *Directory of* 1931, The Chinese Social and Political Science Association, Peking, Peking, 1931, p. 34.

③ 据《游美同学录》(1918 年，第 50 页)载，赵文锐，1888 年生，初学于杭州府中学堂(1906—1910)，1911 年毕业于清华学校，获官费游美，先后入密歇根大学(1911—1912)、哈佛大学(1912—1916)、哥伦比亚大学(1916—1917)习政治经济学(Government and Economics)。亦见 *Who' Who in China*, 4th ed., p. 43。而在《清华年报》(*The Tsinghuapper* 1923—1924, p. 172)中，赵文锐所习专业为政治学(Political Science)。其职业经历参见《游美同学录》，1918 年，第 50 页；《财政部职员录》，第 4、9、12、91、125 页；*Directory of Members*, June, 1925, p. 86；《清华一览》(1925—1926)，第 105 页。

④ 《清华同学录》1933 年，第 205 页；上海交通大学出版委员会编辑：《交通大学年报》，1930 年，第 186 页。《清华年报》(*The Tsinghuapper* 1923—1924, p. 172)记陈嘉勋所习专业为政治学(Political Science)。

何　穆　　　广东番禺 旧 1912

政治 Ph. B.（Chicago，1917）

曾任职于在纽约的中国贸易公司（China Mercantile Corp.）①

马国骥　绍良 江苏青浦 旧 1912

A. B.（St. John's University，1909）；政治，法律 M. A.（Harvard，1915）

先后在清华学校、武昌高等师范学校、北京政府外交部等处任职。②

许世箴　　　福建闽侯 旧 1912

历史，政治 Litt. B.（Princeton，1917）；M. A.（Columbia，1919）；法律（Ibid.，1919—1926）③

天津协和贸易公司；上海中国飞运公司；中国航空公司。

邓少萍　　　湖北汉川 旧 1913

历史、政治学（Princeton）；1918 年毕业④

余日宣　　　湖北蒲圻 旧 1913

文科 B. A.（武昌文华大学，1911）；（Wisconsin）；政治 M. A.

---

① 《清华一览》（1925—1926），第 108 页。在 1933 年《清华同学录》（第 43 页）中称其“已故”。

② 马国骥，1888 年生于上海，初学于上海圣约翰大学（1901—1909）。1909 年毕业，得学士学位。任该校教员，为《约翰声》编辑，又任松江府中学校教员及上海商务印书馆编辑。1911 年入清华，至 1913 年毕业。以官费赴美，入哈佛大学，习政治法律。1915 年得硕士学位，入哥伦比亚大学。1916 年 7 月回国。回国后任美国派赴清华学校交换演讲教员麦克洛（R. M. McElroy）秘书。1917 年任武昌高等师范学校斋务长及教员（北京清华学校编：《游美同学录》，1917 年，第 91 页）。担任国定税则委员会委员（*Directory of Members*，June，1925，p. 55）。又曾在复旦、税务学校任教。1950 年代中期任台湾政治大学英文教授。1964 年 2 月 24 日因心脏病辞世（《清华校友通讯》新 8 期，1964 年 5 月 29 日，第 42—43 页）。

③ 《清华同学录》，1933 年，第 221 页。另说：普林斯顿法学士（1917，历史政治），哥伦比亚法学硕士（1919，法律）。《清华校友通讯》新 40 期，1972 年 5 月，第 95 页。

④ 《清华年报》（*The Tsinghuapper* 1923—1924，p. 177）中记其所习专业为政治学和历史（Political Science and History），并注“已故”。《清华同学录》（1933 年，第 298 页）中谓其专业为历史。

(Princeton, 1917);政治及教育(Columbia)

武昌文华大学、北京崇德学校教员,南开学校教务长兼教授,清华学校政治学教授,沪江大学历史政治学系教授。①

杨永清　惠庆 浙江镇海 旧 1913

政治、公法 M. A.(Washington Univ., 1919);法律 L. L. B.(Ibid., 1918)②

北京政府外交部秘书,南京外交部简任首席秘书兼国际司司长、苏州东吴大学校长兼文学院院长。③

金岳霖　龙荪 湖南长沙 旧 1914

政治 B. S.(Univ. of Penn., 1917);Ph. D.(Columbia, 1921)④

---

① 《清华一览》(1925—1926),"清华学校教职员表"第 10 页。另见《清华周刊》上的介绍:"先生湖北蒲圻人,上海青年会总干事曾充华盛顿会议中国国民代表余日章先生之弟。少时读书武昌文华大学,一九一二毕业后考入清华,本应一年后留美,继因学校经费支绌,遂于一九一四始去国。在国之一年中曾任北京崇德中学教员,留美先至普林斯顿两年,获硕士学位,后至威斯康新一年,再肄业哥伦比亚大学院。以一九一八年归国,时南开大学尚未成立,先生任中学教务主任兼教员凡两年,辞去。一九二〇来此教授公民及政治学,一九二三至一九二四并充德育指导部长。清华大学成立,先生遂任大学普通科副主任,仍兼政治学教授。"(《清华周刊》第 359 期,1925 年 11 月 13 日,第 31 页)

② 《清华同学录》,1937 年,第 41 页。1933 年的《清华同学录》(第 252 页)记作"政治,法律 M. A.(Washington, 1916); L. L. B.(Ibid., 1919)"。据《清华年报》(*The Tsinghuapper* 1923—1924, p. 176)记载,杨永清在威斯康辛大学习政治学,在华盛顿大学习法律。而据《私立东吴大学法学院一览》(1936 年秋至 1937 年夏)第 6 页记载,杨永清为东吴大学文学士、华盛顿大学法学士、文学硕士,南方大学法学博士。

③ *Directory of Members*, June, 1925, p. 82;*Directory of Members*, June, 1927, p. 69;《私立东吴大学法学院一览》第 6 页。

④ 《清华同学录》,1937 年,第 46—47 页。而据刘培育编《金岳霖年表》,金岳霖 1914 年 9 月以官费留学美国,入宾夕法尼亚大学读商业科,1917 年毕业,得学士学位。暑期,入哥伦比亚大学研究院,习政治学。1918 年完成《州长的财政权》(The Financial Power of the Governor of the Different States)之论文,获文学硕士学位。继之在哥大读博士学位。1920 年,以论文《格林的政治学说》(The Political Theory of Thomas Hill Green)获政治学博士学位。金岳霖学术基金会学术委员会编:《金岳霖文集》第 4 卷,甘肃人民出版社,第 791—793 页。

清华大学哲学系教授

黄凤华　威伯 广东四会 旧 1914

政治 B. A.(Wisconsin, 1917);Ph. D.(Columbia, 1919)①

北京财政部任职,北京国际统一救灾行政委员会中国会员兼名誉秘书。②

何孝沅　达峰 福建闽侯 旧 1915

政治 B. A.(Columbia, 1917);法律 J. D.(Chicago)

哈尔滨东省铁路地亩处副处长、代理处长,上海宁波路 109 号正明法律事务所任职,上海大陆商场 318 号何孝沅律师事务所。③

何杰才　其伟 江苏上海 旧 1915

政治 B. A.(Yale, 1915—1917);M. A.(Harvard, 1917—1918);(Columbia, 1918—1921)

北京政府外交部、国务院秘书。北平政务整理委员会。④

洪锡麒　启文 安徽婺源 旧 1915

政治 B. A.;M. A.;Ph. D.(Brown Univ.,1920)

---

① 《清华同学录》,1933 年,第 168 页;《清华同学录》,1937 年,第 48 页。《清华年报》(*The Tsinghuapper* 1923—1924, p. 178)记载其所习专业为政治学和财政(Political Science and Finance)。袁同礼编辑的《中国留美同学博士论文目录》(*A Guide to Doctoral Dissertations by Chinese Students in America*,1905—1960, compiled by Tung-li Yuan, Washington, D. C.: Sino-American Culture Society,1961)将其博士论文列入经济和商业管理类,但这是哥伦比亚大学政治科学研究院的博士论文,在当时被归入政治学(Political Science)范围内。

② 《北京国际统一救灾总会报告书》,1922 年,第 2 页;*The Tsinghuapper* 1923—1924, p. 178. 而在《清华一览》(1925—1926)第 114 页中注"已故"。

③ 《清华一览》(1925—1926),第 115 页;《清华同学录》,1937 年,第 53 页;《清华校友通讯》第 2 卷第 5、6 期合刊,"本会会员通信录",1935 年 5 月 1 日。

④ *Directory of Members*, June, 1925, p. 81;《清华校友通讯》第 2 卷第 5、6 期合刊,"本会会员通信录"。

复旦大学经济学教授，东陆大学政治系教授，上海市政府公安局科长①

钟可成 振扬 广东梅县 旧 1915

政治 B. A. (Reed Col. 1917)

南洋烟草公司，上海四川路中国营业公司股东兼华副经理、天丰金号店主、中庸洋行股东、丰盛实业公司董事。②

赵 泉 鉴堂 河北蓟县 旧 1916

政治 B. S. (Wesleyan,1918);B. S. (Genior)③

北京外交部政务司第一科科长，平津执行律师职务。④

秦振鹏 凌九 河北滦县 旧 1917

政治 B. A. (Bowdoin Col., 1919);M. A. (Harvard, 1921)⑤

哈尔滨东省铁路局英文秘书，国立京师大学英文系讲师，曾任职财政调整委员会(Commission for the Readjustment of Finance)，全国经济委员会工程处秘书⑥

刘治乾 庄 四川德阳 旧 1917

---

① 《清华同学录》，1933 年，第 120 页；《清华同学录》，1937 年，第 55 页。另参复旦大学校史编写组编：《复旦大学志 第 1 卷 1905—1949》，复旦大学出版社 1985 年，第 344 页；云南大学，云南省档案馆编：《云南大学史料丛书·教职员卷 1922 年—1949 年》，云南民族出版社 2008 年，第 160 页。

② *The Tsinghuapper* 1923—1924, p. 180;《清华同学录》，1933 年，第 313 页；《清华同学录》，1937 年，第 60 页。中国征信所编：《上海工商人名录》，1936 年，第 189 页。

③ 《清华同学录》，1937 年，第 66 页。而《清华年报》(*The Tsinghuapper* 1923—1924, p. 181)记其学历为：Wesleyan, Political Science; George Washington, International Law。

④ 《清华一览》(1925—1926)，第 117 页；*Directory of Members*, June, 1925, p. 20. 后任中国驻瑞士日内瓦国际联盟代表团秘书长(Secretary General, Chinese Delegation to the League of Nations, Geneva, Switzerland)，见 *Directory of Members*, June, 1927, p. 103;《清华同学录》，1933 年，第 268 页；《清华同学录》，1937 年，第 66 页。

⑤ 一说：M. A. (Bowdoin), *The Tsinghuapper* 1923—1924, p. 183.

⑥ 《清华一览》(1925—1926)，第 119 页；《国立京师大学校师范部毕业同学录》，1926 年，第 10 页；*Directory of Members*, June, 1927, p. 20;《清华同学录》，1933 年，第 151—152 页

教育 Ph. B. (Chicago, 1920); 政治 Ph. D. (Ibid. , 1923)

北京民国大学讲师,湖南大学教授,天津东方时报编辑主任,江西省政府秘书处统计室主任①

汪心渠 佩之 安徽桐城 旧 1918

军事,政治 A. B. (Virginia, 1920);M. A. (Columbia, 1921)②

江西陆军补充团营长,第四路军高级参谋兼湖南大学军训主任。③

谢宝添 广东南海 旧 1918

政治(Dartmouth Col.)④

中国驻美使馆办事员⑤

张道宏 安徽合肥 旧 1918

政治 B. A. (Clark Univ. , 1919);历史(Columbia, 1919—1920);军事(West Point, 1920—1924)⑥

鄂岸盐务稽核处税警局长,财政部盐务税警官佐教练所所长⑦

唐崇慈 惠玄 广西全县 旧 1919

经济 A. B. (California, 1921); 政治 M. A. (Ibid. , 1925) ; 经济 Ph. D (Ibid. , 1927)

---

① 《湖南大学一览 民国十八年度》,第 32 页;《清华同学录》,1933 年,第 282 页;《清华同学录》,1937 年,第 78 页。关于其学历,《清华年报》(*The Tsinghuapper* 1923—1924, p. 184)记作:Grinnell, Chicago, Political Science and Education, Ph. D..

② 《清华年报》(*The Tsinghuapper* 1923—1924, p. 186)记作:Nebraska, Va. Military College, Military Science.

③ 《清华同学录》,1933 年,第 79 页;《清华同学录》,1937 年,第 82 页。

④ 《清华同学录》,1933 年,第 318 页;《清华同学录》,1937 年,第 91 页。

⑤ 《华府会议约章汇录》,中华政治学会,1923 年 4 月,第 169 页。《清华年报》(*The Tsinghuapper* 1923—1924, p. 185)注其"已故"。

⑥ 《清华同学录》,1933 年,第 182 页。1937 年《清华同学录》(第 84 页)作:普通科——B. A. (Clark, 1919);军事学——Grad. (West Point, 1924)。

⑦ 《清华同学录》,1933 年,第 182 页;《清华同学录》,1937 年,第 84—85 页。

第四集团军总司令部秘书[①]

孙浩煊 宇刚 江苏崇明 旧 1919

政治 Ph. B. (Chicago, 1921);法律 J. D. (Ibid., 1923)

南京法政、东南、上海沪江等大学教授,大夏大学法学院院长。[②]

乔万选 子青 山西徐沟 旧 1919

政治 B. A. (Wisconsin, 1921); M. A. (Columbia, 1922); Ph. D. (Ibid., 1926)

上海大同、中国等大学教授,上海高三分院首席推事。东吴大学教授,中央大学副教授,国民政府内政部统计司司长,暨南大学讲师。[③]

钱端升 寿朋 上海 旧 1919

政治 B. A. (North Dakata, 1920); M. A. (Harvard, 1922); Ph. D (Ibid., 1924)

清华大学教授,中央大学教授。[④]

谢保樵 宝潮 广东南海 旧 1919

经济 B. A. (Johns Hopkins, 1920);政治 Ph. D. (Ibid., 1923)[⑤]

曾任南开大学教员、国立广东大学教授、外交部秘书、铁道部秘书厅秘书,立法院编译处处长等职。[⑥]

---

① 《清华同学录》,1933 年,第 145—146 页;《清华同学录》,1937 年,第 97 页。

② 《清华一览》(1925—1926),第 127 页;《清华同学录》,1933 年,第 148 页;《清华同学录》,1937 年,第 97—98 页。

③ 《清华同学录》,1933 年,第 246—247 页;《清华同学录》,1937 年,第 103 页。另参《吴宓日记》第 4 册第 78 页注。

④ 《清华同学录》,1933 年,第 306 页;《清华同学录》,1937 年,第 105 页。

⑤ 《清华同学录》,1937 年,第 105 页。1933 年《清华同学录》(第 319 页)作:政治经济——B. A. (Johns Hopkins, 1920);Ph. D. (John Hopkins, 1923)。

⑥ *Directory of Members*, June, 1925, p. 40. 铁道部总务司人事科编:《铁道部职员录》,1929 年,第 5 页;《清华同学录》,1933 年,第 318—319 页;《清华同学录》,1937 年,第 105 页。

严继光　佐兴 云南大理 旧 1919①

政治 B. A.（Stanford Univ.，1920）

北京教育部秘书，上海实业部国际贸易局，南京实业部总务司司长②

华秀升　秀升 云南通海 旧 1919

政治经济——B. A.（Missouri，1921）；M. A.（Florida，1922）

历任云南高等师范学校校长、美术学校校长、东陆大学教授和校长、云南省政府教育顾问。③

甘介侯　　江苏宝山 旧 1920

政治 B. A.（Wisconsin，1922）；A. M.（Harvard，1923）；Ph. D.（Ibid.，1926）

历任东南、暨南、政治、大夏等大学教授，湘鄂政委会委员，外交部次长，西南五省外交视察员，广州粤桂外交视察公署专员，国民参政员。④

萧公权　迹园 江西泰和 旧 1920

政治 A. B.（Missouri，1922）；A. M.（Ibid.，1923）；Ph. D.（Cornell，1926）⑤

南开大学、东北大学、燕京大学、清华大学、四川大学、政治大学、台湾大学等校教授，晚年任教于美国华盛顿大学。

---

① 旧 1917。《清华同学录》，1933 年，第 332 页。

② 《清华一览》（1925—1926），第 127 页；《清华同学录》，1933 年，第 332 页；《清华同学录》1937 年，第 106 页。

③ 云南大学编辑委员会编：《云南大学一览 民国二十五年份》，1937 年，第 259 页；《清华同学录》，1933 年，第 244 页；《清华同学录》，1937 年，第 102 页；樊荫南编纂：《当代中国名人录》，良友图书印刷公司 1931 年，第 322 页；*Who' s Who in China*，Supplement to 5th edition，The China Weekly Review，1940，p. 21.

④ 《清华同学录》，1933 年，第 26 页；《清华同学录》，1937 年，第 110 页。另参《清华校友通讯》新 32 期，1970 年 4 月 29 日，第 52 页。

⑤ 《清华同学录》，1933 年，第 309 页；《清华同学录》，1937 年，第 125 页。据萧公权自述，他在密苏里大学本科念的专业是新闻学和哲学（萧公权：《问学谏往录——萧公权治学漫忆》，第 49—52 页）。

游嘉穀 界吾 江西乐安 旧 1920

政治 B. A.(Harvard,1923)

南京财政部关务署[①]

杨宗翰 伯屏 江苏镇江[②]旧 1920

政治 A. B.(Harvard,1924)

调查法权委员会秘书(Secretary, Commission on Extraterritoriality),国立北平大学教授,燕京大学教授,河南大学教授。晚年住香港。[③]

陈复光 勋仲 云南大理 旧 1920

政治经济 A. B.(Harvard,1922);M. A.(Ibid., 1923)

北京法权讨论会编辑,云南全省公路经费委员会委员,陆军第三十八军特别党部筹备委员会常务委员。[④]

李赓昌 炳飏 河北天津 旧 1920

政治,经济 A. B.(Indiana, 1922);M. A.(Columbia, 1923)

保定河北大学教授;开滦矿务局北平分局经理。[⑤]

浦薛凤 逖生 江苏常熟 旧 1921

政治 B. A.(Hamline, 1923);M. A.(Harvard,1925)

云南东陆大学政治学教授,清华大学政治学系教授兼主任。国防最高委员会参事、中央大学兼任教授、善后救济总署副署长、行政院副秘书长。[⑥]

---

① 《清华同学录》,1933 年,第 250 页;《清华同学录》,1937 年,第 121 页。

② 一说江苏丹徒,见《北平清华同学录》,1932 年 11 月,第 14 页。

③ *Directory of Members*, June, 1927, p. 69;《清华校友通讯》新 28 期,1969 年 4 月 29 日,第 53 页;刘卫东主编:《河南大学百年人物志》,河南大学出版社 2012 年,第 314 页。

④ 《清华一览》(1925—1926),第 128 页;《清华同学录》,1933 年,第 202 页;《清华同学录》,1937 年,第 118 页。

⑤ 《清华一览》(1925—1926),第 128 页;《清华同学录》,1933 年,第 57 页;《清华同学录》,1937 年,第 110—111 页。

⑥ 《清华同学录》,1937 年,第 129 页。《清华校友通讯》新 12 期,1965 年 4 月 29 日,第 78 页。

吴国桢　峙之 湖北建始 旧 1921

历史，政治 B. A. (Grinnell, 1923)；M. A. (Princeton, 1924)；Ph. D. (Ibid., 1926)

汉口市市长，湖北省政府委员。国民党中宣部长。①

赵宗晋　康侯 甘肃天水 旧 1921

教育 B. A. (Grinnell, 1923)；政治教育 M. A. (Iowa Col., 1924)；M. A. (Columbia, 1925)

甘肃教育厅，甘肃省党部民国日报社社长，甘肃学院常务委员教授。②

王际真　　山东桓台 旧 1922

政治 B. A. (Wisconsin, 1924)

曾任职哥伦比亚大学。晚年居美国洛杉矶。③

何　标　少薇 广西藤县 旧 1922

商科 B. S. (New York Univ., 1925)；M. B. A. (Ibid., 1926)；政治 M. A. (Columbia, 1927)

第一集团军军事政治学校政训处上校秘书，处长。④

曾锡珪　　湖北沔阳 旧 1922

军事 B. A. (V. M. I.)；政治 M. A. (Columbia)

财政部两淮税警局局长。⑤

---

① 《清华同学录》，1933 年，第 74 页；《清华同学录》，1937 年，第 127 页。

② 《清华同学录》，1937 年，第 133 页。关于学历，1933 年《清华同学录》(第 268 页)作：教育 B. A. (Grinnell, 1923)；政治 M. A. (Iowa Col., 1924)。

③ 《清华同学录》，1933 年，第 18 页；《清华同学录》，1937 年，第 138 页；《清华校友通讯》新 36 期，1971 年 4 月，第 52 页。后入哥伦比亚大学先后读新闻、商学、哲学。1928 年遇哥大东亚系主持教职的富路特教授(Luther Carington Goodrich)，被延聘入哥大东亚系教汉语和中国文化(汪海龙：《哥大与现代中国》，上海文艺出版社 2000 年，第 69—70 页)。

④ 《清华同学录》，1937 年，第 140 页。另参陈春源编：《广西留学史》，广西省政府教育厅 1934 年 11 月印，附录："留美学生姓名录"。

⑤ 《清华同学录》，1937 年，第 150 页。

赵锡麟 仁溥 四川荥经 旧 1922

政治 A. B. (Reed Col., 1924); M. A. (Columbia, 1925); Ph. D. (John Hopkins, 1931)

全国经委会专员兼土地委员会专员。

罗隆基 鲁参 江西安福 旧 1922

政治 B. A. (Wisconsin, 1924); M. A. (Ibid., 1925); Ph. D. (Columbia, 1928)

上海光华大学、天津南开大学政治学教授,天津益世报社论编辑,北平晨报编辑部总编辑。①

程德谞 少夔 江苏江宁 旧 1922

政治,工商管理 A. B. (Grinnell Col., 1924); M. A. (Columbia, 1925)

东南大学及法政大学教授,复旦大学、大同大学教授。②

胡道维 叔方 湖北枝江 旧 1923

政治 A. B. (Wash. Univ., 1924); M. A. (Princeton, 1925); Ph. D. (Ibid., 1927)

加拿大麦吉尔大学、北京大学、北平大学、清华大学讲师或教授,北平市社会局教育科长,外交部美洲司司长等。③

翟 桓 毅夫 安徽芜湖 旧 1923

政治 B. A. (Beloit Col., 1925)

南开大学文学院院长、政治系教授,江苏常熟县县长,国民党中央组织部处长,国民政府教育部主任秘书、常务次长等。④

潘白坚 (敏) 湖南湘乡 旧 1923

---

① 《清华同学录》,1937 年,第 156 页。

② 《清华同学录》,1933 年,第 234 页;《清华同学录》,1937 年,第 150 页。

③ *Who's Who in China*, 5th edition, pp. 107-108;《清华同学录》,1937 年,第 163 页。

④ 《清华同学录》,1937 年,第 170 页;《清华校友通讯》新 44 期,第 76 页。

政治 A. B. (Wm. & Mary Col. , 1925);M. A. (Columbia, 1926)
九江市公安局局长。[①]

吴之松 鹤龄 湖北江陵 旧 1923
会计学 B. A. (Wisconsin, 1926);政治学 (Harvard) [②]

李迪俊 杰人 涤镜 湖北黄梅 旧 1923
政治 B. A. (Wisconsin, 1925);M. A. (Ibid. ,1926);Ph. D. (Ibid. , 1929)
外交部情报司科长、帮办、司长(1929—1939 年);创办《时事月报》及《外交月报》,时事月报社副总编辑;中央大学、中央政治学校任教。[③]

吴文藻 江苏江阴 旧 1923
政治 B. A. (Dartmouth, 1925); 社会 M. A. (Columbia, 1926); 社会 Ph. D. (Ibid. , 1928)
燕京大学社会学系教授,清华大学社会人类学系讲师。[④]

王恩蕃 季侯 四川成都 旧 1924
政治 B. A. (Stanford, 1926)[⑤]

吴祥骏 浙江嘉兴 旧 1924
政治 Ph. B. (Wisconsin, 1926);M. A. (Columbia, 1927)
杭州浙赣铁路局[⑥]

胡敦元 浙江杭县 旧 1924

---

① 《清华同学录》,1933 年,第 289 页;《清华同学录》,1937 年,第 171 页。

② 《清华同学录》,1933 年,第 68 页;《清华同学录》,1937 年,第 160 页。

③ 《清华同学录》,1937 年,第 159 页;《清华校友通讯》新 44 期,第 75 页。

④ 《清华同学录》,1933 年,第 69 页;《清华同学录》,1937 年,第 160 页。

⑤ 《清华同学录》,1933 年,第 12 页;《清华同学录》,1937 年,第 175 页。王恩蕃,又作王恩藩。祖籍四川,1901 年生于北京。美国斯坦福大学文学士、加州大学经济硕士。成都大学财政学讲师,1930 年代还曾任教于四川大学。见《国立成都大学一览》,1929 年 5 月,"教职员名录"第 21 页;徐庆来编著:《徐永煐纪年》,中央文献出版社 2011 年,第 42 页。

⑥ 《清华同学录》,1937 年,第 176 页。另参《清华校友通讯》新 8 期,第 28 页。

政治 B. A.（Wisconsin，1927）;M. A.（Columbia，1929）①

施　煶　　云南洱源 旧 1924

政治 B. A.（Stanford，1926）②

梁朝威　　广东开平 旧 1924

政治 B. A.（Stanford，1926）;Ph. D.（Johns Hopkins，1930）

广东高明县县长③

高荫棠　　广东新会 旧 1924

政治 A. B.（Williams，1926）；A. M.（Columbia，1927）；Ph. D.（Ibid.，1931）

南京立法院编修。外交部简任秘书。④

黄培坤　　广东台山 旧 1924

政治 B. A.（Wash. Univ.，1926）;国际公法 硕士（Penn.）

立法院专员⑤

潘大逵　四川开县 旧 1924

政治 B. A.（Stanford，1927）

曾任上海法学院、光华大学、暨南大学、朝阳大学、四川大学等校教授。⑥

---

① 《清华同学录》，1937 年，第 179 页。胡敦元（1902—1975），祖籍安徽绩溪。1925 年赴美留学。哥伦比亚大学经济学博士。1951 年回国。曾任职国家外贸部，后任北京外贸学院教授。见胡成业：《徽州的胡适》，文汇出版社 2012 年，第 114 页。

② 《清华同学录》，1937 年，第 179 页。施煶，疑为施滉，亦作施幌（1900—1933），早期清华学生运动的领导人之一。1927 年加入美国共产党，任中国局书记，1930 年回国，1931 年先后任香港海员工会书记、中共河北省委委员、宣传部长和书记，1933 年在北平艺专被捕牺牲。

③ 《清华同学录》，1937 年，第 180 页。

④ 《清华同学录》，1937 年，第 180 页；《清华校友通讯》新 8 期，第 28 页。

⑤ 《清华同学录》，1937 年，第 183 页。中央政治委员会秘书厅编：《中央各机关调查录》，出版者和出版日期不详，第 140 页。

⑥ 《清华同学录》，1937 年，第 186 页；周川编：《中国近现代高等教育人物辞典》，第 669 页。

苏益信　　河北交河 旧 1924
　　政治 B. A. (Wisconsin, 1926);Ph. D. (Columbia, 1928)[①]
　　武汉大学法学院教授[②]
何永佶　尹及 广东番禺 旧 1924
　　历史 B. A. (Beloit Col. , 1925);政治 Ph. D. (Harvard, 1930)
　　北京大学教授[③]
彭文应　　江西安福 旧 1925
　　政治 B. A. (Wisconsin, 1927);M. A. (Columbia, 1928)
　　上海法学院政治学教授及美国学校教授[④]
曾友豪　赓元 广东梅县 专 1925
　　历史,政治 L. L. D. (Johns Hopkins);Ph. D. (Columbia, 1928)
　　安徽高等法院院长、甘肃省高等法院院长[⑤]
贾幼慧　　陕西韩城 旧 1925
　　历史,政治 B. A. (Stanford, 1927);军事政治 M. A. (Stanford)

---

① 《清华同学录》,1937 年,第 187 页。在《中国留美同学博士论文目录》中未能查到其博士学位论文。

② 《国立武汉大学一览 民国二十年度》,1932 年,第 249 页。

③ 《清华同学录》,1933 年,第 40 页;《清华同学录》,1937 年,第 175 页。何永佶生于 1902 年。留美归国后曾任北京大学教授,北平中国政治学会秘书长,太平洋国际会议中国代表。1937 年前后曾任中山大学社会学系教授,兼勷勤大学工学院教授。1946 年前后任重庆中央政治学校教授。中华人民共和国建立后任云南大学教授。“文革”期间去世(陈哲夫等主编:《现代中国政治思想流派》下卷,当代中国出版社 1999 年,第 433 页)。

④ 《清华同学录》,1937 年,第 197 页。

⑤ 《清华同学录》1933 年,第 237 页;《清华同学录》,1937 年,第 202 页。据《中国留美同学博士论文目录》记载,曾友豪获得哲学博士学位(Ph. D)是在 1927 年,由 Johns Hopkins University 颁发。其博士论文题为“American Influence upon Chinese Reform Movements”,属于历史类。见 *A Guide to Doctoral Dissertations by Chinese Students in America*, 1905—1960, p. 57. 另参中国人民政治协商会议广东省梅县委员会文史资料委员会编:《梅县文史资料》第 21 辑,1991 年,第 165—171 页。

财政部税警总团炮兵营营长①

曹寿昌　（炽丞）山东惠民 旧 1925

市政 B. A.（Univ. of Wash.，1927）；政治学说 M. A.（Chicago，1929）；汽车工程 C. A. E.（Green College，1928）

浙江建设厅视察兼代公路局业务科科长，广州市交通管理处处长。②

包华国　四川成都 旧 1926

政治学 B. A.（Stanford，1930）；M. A.（Ibid.，1931）

南京实业部劳工科。中国驻欧国联全权办事处一等秘书③

林同济　福建福州 旧 1926

政治 B. A.（Mich.，1928）；M. A.（California，1929）；Ph. D.（Ibid.，1934）

Assistant of Chinese in the Univ. of Calif.；南开大学政治系教授④

---

① 《清华同学录》，1937 年，第 198 页。关于其学士学位，1933 年《清华同学录》（第 264 页）记作：B. A.（Southern Calif.，1927）。

② 《清华同学录》，1933 年，第 229 页；《清华同学录》，1937 年，第 196 页。关于学历，1933 年的《清华同学录》记作：政治——B. A.（Univ. of Wash.，1927）；M. A.（Chicago，1929）；汽车工程（Certified Auto Engineer，Green College，1928）。

③ 《清华同学录》，1933 年，第 29 页；《清华同学录》，1937 年，第 204 页。另参《清华校友通讯》第 2 卷第 5、6 期合刊，1935 年 5 月 1 日出版，"本会会员通信录"。

④ 《清华同学录》，1937 年，第 207 页。林同济，1906 年生于福州。1920 年入北京教会学校崇德中学读书。1922 年考入清华学校高等科。1926 年从清华学校毕业。官费赴美，在美留学及教书八年。1934 年以博士论文 *Japanese Expansion to the Northeast：Methods and Mechanisms*（《日本向中国扩张的方法与途径》）获得加利福尼亚大学伯克利分校比较政治学博士学位。同年 8 月任职南开大学政治系教授兼经济研究所教授（至 1936 年）。抗战爆发后，担任云南大学教授、文法学院院长（至 1941 年底），兼任政治学系主任（至 1939 年春）。后兼任文学院院长、政经系主任（至 1942 年）。1942 年夏季因病迁居四川重庆北碚，任复旦大学政治学教授（至 1945 年 5 月）。后赴美从事学术交流，游历欧洲。1948 年 2 月任复旦大学政治系教授。1953 年 6 月，调至复旦大学外文系任教。1980 年 11 月，病逝于美国旧金山市。见林骧华编《林同济先生学术年表》，载林同济著译，林骧华编：《复旦百年经典文库　形态历史观　丹麦王子哈姆雷的悲剧》，复旦大学出版社 2016 年，第 375—385 页。

金通艺　游六 江苏宝山 旧 1926
政治 M. A.(Harvard, 1930)
光华大学政治学讲师①

梁思忠　　广东新会 旧 1926
政治(Wisconsin);陆军(U. S. Field Artillery Sch.)。
1932 年秋在沪病故②

张国安　　安徽合肥 旧 1926
政治(Yale)
齐鲁大学教授③

崔钟秀　芝圃 山西沁源 旧 1926
政治 B. A.(Illinois, 1930)④

杨昌龄　　江苏无锡 旧 1926
政治(Harvard)
江苏阜宁淮南税警大队部大队长⑤

刘家骐　驷群 上海宝山 旧 1926
政治 A. B.(Wisconsin, 1930);M. A.(Ibid., 1931);留英研究

① 《清华同学录》,1937 年,第 208 页。金通艺(1906—1969),1928 年得密歇根大学学士学位。再就学于哈佛大学,获硕士学位后,又转赴欧洲各国视察,并在英国经济学院及伦敦大学研究院作研究工作一年。回国后初在南开大学担任教授,继则在上海光华、南洋各大学任教,凡十余年。1948 年去香港,后去美国,1969 年 1 月 9 日因车祸丧生。《清华校友通讯》新 29、30 期合刊,1969 年 10 月 29 日,第 77—78 页。

② 《清华同学录》,1937 年,第 209 页。

③ 《清华同学录》,1933 年,第 178 页;《清华同学录》,1937 年,第 210 页。另说:美国威斯康新大学经济学士,哈佛大学硕士,曾任安徽大学教授,私立齐鲁大学教授(《专科以上学校教员名册》(1942 年 11 月至 1944 年 3 月),传记文学社 1971 年 10 月影印出版,第 222 页)。

④ 《清华同学录》,1937 年,第 213 页。郭兰田,孔兆熊主编:《沁源县志》,北岳文艺出版社 2006 年,第 278 页。

⑤ 《清华同学录》,1937 年,第 215 页。

南京外交部欧美司[①]

向理润 泽苏 四川金堂 旧 1927

政治 B. A. (Wisconsin, 1929); M. A. (Ibid., 1930); Ph. D. (Ibid., 1932)

南京中央军官学校;南京军事委员会委员长广州行营第二厅少将组长;广东广州军事委员会委员长广州行营第二厅第三组。[②]

陈洋溢 福建龙溪 旧 1927

政治 B. A. (Oberlin, 1929);商科 M. B. A. (Univ. of Penn., 1930)

上海税务专校第一分校注册组组长[③]

缪经田 新畲 安徽巢县 旧 1927

政治 B. A. (Ohio State, 1929);政治,行政管理 M. A. (Harvard)

江西省农业院总务主任[④]

王季高 道丰(一字维皋)湖南常德 旧 1928

政治 B. A. (Ohio State, 1930);政治思想 M. A. (Chicago, 1931);政治制度 Ph. D. (Columbia, 1934)

中央大学政治学教授[⑤]

何义均 亦君 湖南澧县 旧 1928

政治 A. B. (Stanford, 1930)

南京中央大学[⑥]

---

① 《清华同学录》,1937 年,第 216 页。另说刘家骐是清华旧制 1928 年毕业生(《清华同学录》,1933 年,第 282 页)。关于留学专业,也有说是威斯康辛经济学士硕士,哥伦比亚及伦敦政治经济学院研究。晚年在香港经营进出口贸易(《清华校友通讯》新 16 期,1966 年 4 月 29 日出版,第 38 页)。

② 《清华同学录》,1933 年,第 38 页;《清华同学录》,1937 年,第 224 页。

③ 《清华同学录》,1937 年,第 227 页。

④ 《清华同学录》,1933 年,第 320 页;《清华同学录》,1937 年,第 231 页。

⑤ 《清华同学录》,1933 年,第 9 页;《清华同学录》,1937 年,第 238—239 页。抗战胜利后曾任北平市教育局长,晚年在美国(《清华校友通讯》新 24 期,1968 年 4 月 20 日,第 44 页)。

⑥ 《清华同学录》,1933 年,第 42 页;《清华同学录》,1937 年,第 239—240 页。

张汇文　叔海 山东临朐 旧1928

政治 A. B. (Stanford, 1929);M. A;Ph. D. (Ibid., 1932)

中央大学法学院专任教授,行政院行政效率委员会专门委员,立法院编修。[①]

陈之迈　　广东番禺 旧1928

历史 A. B. (Ohio State, 1929);公法(Public Law)Ph. D. (Columbia, 1933)

清华大学政治系教授[②]

谌志远　　贵州织金 旧1928

政治 B. A. (Stanford, 1930);国际关系 M. A. (Columbia, 1932)

大夏大学教授[③]

燕　夔　挈人 江西南昌 旧1928

政治 B. A. (Univ. of S. Calif., 1930);M. B. A. (Ibid., 1933)[④]

---

① 《清华同学录》,1933年,第183页;《清华同学录》,1937年,第243页。更详细的生平经历见张仲礼主编,《上海社会科学志》编纂委员会编:《上海社会科学志》,上海社会科学院出版社2002年,第1128—1129页。

② 《清华同学录》,1933年,第189页;《清华同学录》,1937年,第244页。陈之迈,广东番禺人,1909年7月27日生,1978年卒。曾任清华政治学系教授5年,行政院参事兼一组主任5年,著有《政治学》《中国政府》等。关于陈之迈获得博士学位的时间,有不同的说法。除上说1933年,另有两种说法,一说"二十三年,获哥伦比亚大学哲学博士"(陈之迈治丧委员会述、端木恺撰稿:《陈之迈先生事略》,《传记文学》第33卷第6期,第44页;另见《国史馆现藏民国人物传记史料汇编》第1辑,第461页);一说1932年得哥伦比亚政治学博士(《清华校友通讯》新24期,1968年4月20日,第45页)。而依据袁同礼编辑的《中国留美同学博士论文目录》,则为1933年。

③ 《清华同学录》,1937年,第248页。1932年8月回国后在南京中央军校任教一年,1933年秋转到大夏大学任教授,直至抗战爆发后随同上海复旦、大夏联合大学迁贵阳。在大夏任教期间,曾任该校政治系主任,法学院院长及教务长等职。1942年秋,辞去大夏大学职务,改在国立贵阳师范学院任教,直至1945年6月。详见谌志远:《我的经历》,载中国人民政治协商会议织金县委员会文史资料研究委员会编:《织金文史资料选编 第1辑》,1985年6月,第64—65页。

④ 《清华同学录》,1937年,第247页。

李德明　　　浙江吴兴 旧 1929

政治——B. A.(Illinois, 1931)

在香港多年,向营出口贸易。[①]

吴志毅　　　江西南昌 旧 1929

政治 A. B. (Stanford, 1931);M. A.(Ibid., 1931);留学瑞士

曾任东北大学、西北联大政治学系教授,后去台湾,曾在政治大学行政中心、中国文化大学任职。[②]

余捷元　　　江西南昌 旧 1929

政治 B. A. (Wisconsin, 1931);M. A.(Ibid., 1932)

天津中央通讯社英文编辑主任[③]

凌均吉　　　四川宜宾 旧 1929

政治 B. A. (Wisconsin, 1931);留美研究

四川大学教授[④]

邹邦梁　君任 江西高安 旧 1929

政治 B. A. (Stanford, 1931)

驻苏联新西比北亚中国总领事馆随习领事[⑤]

朱驭欧　沛西 湖南永县 旧 1929

---

① 《清华同学录》,1937 年,第 252 页;《清华校友通讯》新 8 期,第 42 页。

② 《清华同学录》,1937 年,第 253 页;《清华校友通讯》新 28 期,1969 年 4 月 29 日,第 27 页。另参王振乾等编著:《东北大学史稿》,东北师范大学出版社 1988 年,第 211 页;张在军著:《西北联大　抗战烽火中的一段传奇》,金城出版社 2017 年,第 355 页。

③ 《清华同学录》,1937 年,第 253 页。

④ 《清华同学录》,1933 年,第 137 页;《清华同学录》,1937 年,第 254 页。在威斯康辛大学继续念完政治学硕士博士学位,回国后曾担任四川大学政治经济学系教授,讲授中国外交史、市政学、行政学、地方行政、中国政府等(《国立四川大学一览》,"教员名录"第 15 页;"各学院概况课程及课程内容"第 141—146 页)。还曾担任私立成华大学教务长兼政治部主任。1948 年当选第一届"国民大学"四川省代表。

⑤ 《清华同学录》,1937 年,第 257 页。

社会科学 B. A.（Wisconsin，1931）[①]；社会科学和经济学 M. A.；Ph. D.（Ibid.，1936）

南京中央研究院社会科学研究所专任副研究员[②]

苏宗固　重威 江苏苏州 旧 1929

国际法 B. A.（Illinois，1931）；政治 M. A.（Columbia，1932）

1934 年 7 月受聘国立中央研究院总办事处文书处秘书兼代文书处主任，1935 年 2 月辞职。[③]

王赣愚　　江西南城 专 1929

政治 B. A.（清华，1929）；M. A.（Harvard，1930）

国立中央大学法学院教授[④]

B. 国际法与国际关系（International Law and Relations）

沈宝善　楚纫 江苏上海 旧肄 1912

外交政治——M. A.（Univ. of Wash.，1916）

---

① 1933 年《清华同学录》作：政治 B. A.（Wisconsin，1931）。

② 《清华同学录》，1937 年，第 251 页。

③ 《清华同学录》，1937 年，第 259 页；国立中央研究院文书处编：《国立中央研究院总报告》（第七册 民国二十三年度），国立中央研究院总办事处发行，1934 年，第 184 页。另有资料称苏宗固 1930 至 1934 年留学伊利塔大学、哈佛大学，取得博士学位。1935 年卒。见张耘田，陈巍主编：《苏州民国艺文志　上》，广陵书社 2005 年，第 203 页。

④ 《清华同学录》，1933 年，第 21 页；《清华同学录》，1937 年，第 259—260 页。王赣愚（1906—1997），原名家茂，字贡予。福建福州人。幼就学于福州鹤龄英华书院。1925 年考入清华学校政治学系。1929 年留学美国哈佛大学，修政治学，获硕士、博士学位。旋赴英国伦敦大学、德国柏林大学访学。1933 年回国，任南京中央政治学院教授。1935 年任南开大学教授，1937 年随校迁昆明。后任国立云南大学教授。1941 年任西南联合大学政治系教授。1946 年到美国华盛顿州立大学政治系、远东系任教。1949 年回国，任南开大学财经学院院长、教授。曾讲授中国当代政治问题、政治学原理、比较政治、国际法、国际关系、西洋政治思想史、国际经济法等课程。著有《中国政治改进》《中国地方政府》《新政治观》《民治新论》《民主独裁和战争》《政治经济学史》（合）等。见周川编：《中国近现代高等教育人物辞典》，福建教育出版社 2018 年，第 59 页。

历任南方代表外交秘书、圣约翰大学教授等职。①

鲍明钤 浙江余姚 旧 1913

政治 B. A.(Yale,1918);M. A.(Columbia,1919);Ph. D.(Johns Hopkins,1921)

北京师范大学教授、国立北平师范大学外国语文系讲师等。②

戴恩赛 广东五华 旧 1914

法律 A. M.(Columbia,1915);Ph. D.(Ibid.,1918)

广州军政府外交部秘书,广西梧州市市长,广州治河督办。③

彭尧祥 广东南海 旧 1917

国际公法 B. S.(Miami,1921);M. A.(Columbia,1922);Ph. D.(Ibid.,1925)

---

① 《清华同学录》,1933 年,第 68 页。据《中国名人录》,沈宝善在华盛顿大学学习国际法和外交,1915 年得硕士学位,1916 年 8 月回国,1917 年受聘圣约翰大学讲师,教授国际法、宪法、远东问题等课程(*Who's Who in China*, 5th edition, p. 203)。另参《最新官绅履历汇录 第一集》,北京敷文社 1920 年,第 60 页。

② 1933 年的《清华同学录》(第 302 页)将其博士学位授予学校记作哈佛大学,而 1937 年的《清华同学录》(第 43 页)将其硕士学位和博士学位授予学校分别记作霍普金斯大学和哈佛大学。皆误。据《中国名人录》,鲍明钤于 1914 至 1922 年留学美国,先后从耶鲁大学、哥伦比亚大学、霍普金斯大学获得学士、硕士和博士学位。回国后曾任北京师范大学英文系主任、交通大学铁道管理学院院长、国立北平大学法学院政治系教授兼主任、马尼拉大学访问教授等。著有 *The Foreign Relations of China*; *The Open Door Doctrine*; *China and World Peace* 等(*Who's Who in China*, 5th edition, pp. 197-198)。其详细学术经历参见王平原撰:《鲍明钤先生学术年表》,载鲍明钤著:《中国民治论》,商务印书馆 2017 年,第 320—324 页。

③ 《清华同学录》,1933 年,第 315 页;《清华同学录》,1937 年,第 50 页。戴恩赛生于 1894 年,初学于清华学校(1912—1914),1914 年 9 月以官费赴美入哥伦比亚大学习法律(1914—1918),得博士学位(其博士论文:*Treaty Ports in China, A Study in Diplomacy*, New York, Columbia University Printing Office, 1918)。1921 年春与孙中山次女孙琬结婚,生女戴成功、子戴永丰,是孙中山在其政治遗嘱、家事遗嘱上签字的证明人之一(参见《游美同学录》,1918 年,第 59 页;《传记文学》第 60 卷第 1 期,民国人物小传·戴恩赛,第 145—146 页)。

广东大学教授[①]

施宗岳　　广东鹤山 旧 1920

国际公法 B. A.(Johns Hopkins);M. A.(C)olumbia

苏浙皖统税处副处长[②]

杨光泩　　浙江吴兴 旧 1920

Romance Language B. A.(Colorado, 1921);外交 Ph. D.(Princeton, 1924)

驻伦敦总领事[③]

刘师舜　琴五 江西宜丰 旧 1920

国际公法 A. B.(Johns Hopkins, 1921);A. M.(Harvard, 1923);Ph. D.(Columbia, 1925)

曾任清华教授、外交部条约委员会专任委员,内政部参事、立法委员、外交部顾问、欧美司司长、中央大学教授、中央政校讲师,外交部欧洲司长兼美洲司长、驻加公使、大使、外交部政务次长。著有:*Exterritoriality: Its Rise & Its Decline*, Columbia U. Press, New York;*Syllabus on Exterritoriality*,南京外交部。[④]

卢延英　子才 河北清苑 旧 1920

政治史及国际公法 B. A.(Columbia, 1923);M. A.(Ibid., 1925);(London Univ.)

---

① 《清华同学录》,1933 年,第 239—240 页;《清华同学录》,1937 年,第 77 页。在袁同礼编的《中国留美同学博士论文目录》中未见其博士论文。

② 《清华同学录》,1933 年,第 117—118 页;《清华同学录》,1937 年,第 114 页。

③ 《清华同学录》,1937 年,第 121 页。1933 年《清华同学录》(第 253 页)记其留学专业为外交。

④ 《清华同学录》,1933 年,第 282 页;《清华同学录》,1937 年,第 124 页。另参《清华校友通讯》新 12 期,1965 年 4 月 29 日;新 18 期,1966 年 12 月 31 日,20—21 页;《清华校友通讯》新 32 期,1970 年 4 月 29 日,第 53 页。或谓曾获加拿大 British Columbia 法学博士(政治、国际公法、历史、经济)。

国民政府外交部情报司科员①

刘驭万　子君 湖北宜昌 旧 1920

国际公法 B. A.（Oberlin，1921）；M. A.（Wisconsin，1922）；政治——Sch. of Social Research，Harvard（哈佛研究院）

上海太平洋学会，苏联大使馆。②

黄博文　约礼 广东台山 旧 1921

化学工程 B. A.（Ohio State，1922）；国际公法 A. M.（Columbia，1923）；商 M. B. A.（Harvard，1925）③

沈乃正　仲端 浙江嘉兴 旧 1921

国际公法 A. B.（Indiana，1923）；国际公法及地方政府 M. A.（Harvard，1924）；Ph. D.（Ibid.，1927）

曾任浙江大学、清华大学、西南联大、岭南大学、中央大学、台湾大学、North Carolina 等校教授。④

时昭瀛　恰清 湖北枝江 旧 1922

国际法 B. A.（Minnesota，1924）；M. A.（Minnesota，1925）

曾任金陵大学讲师、中央大学副教授、武汉大学法学院教授，中华民国

---

① 《清华同学录》，1937 年，第 124 页。关于其籍贯，一说河北保定；关于其留学专业和获得学位的时间，也有不同记载：国际公法，国际史——B. A.（Columbia，1923）；M. A.（Columbia，1924）。见《清华同学录》，1933 年，第 304 页。

② 《清华同学录》，1937 年，第 124 页。其籍贯，一说“湖北汉阳”（《清华同学录》，1933 年，第 284 页）。另参《清华校友通讯》新 8 期，第 51—52 页。

③ 《清华同学录》，1933 年，第 166 页；《清华同学录》，1937 年，第 131 页。

④ 《清华同学录》，1933 年，第 62 页；《清华同学录》，1937 年，第 127 页。在袁同礼编辑的《中国留美同学博士论文目录》中未能查到他的博士论文。另参沈乃正：《毕业后经历简述》，载《清华校友通讯》新 36 期，1971 年 4 月 20 日。

驻苏联大使馆一等秘书。①

王化成　　江苏丹徒 旧 1923

国际法 B. A.(Minnesota, 1924);Ph. D.(Chicago, 1927)

清华大学政治学系教授②

王世富　善赏 新疆迪化 旧 1923

国际法 B. A.(Wisconsin, 1925)

中国驻土耳其使署三等秘书

张忠绂　子缨 湖北武昌 旧 1923

市政、政治 B. A.(Mich., 1925);政治 M. A.(Harvard);国际关系、行政 Ph. D.(John Hopkins, 1929)

南开大学政治系教授,北京大学政治系教授、主任,外交部顾问、司长,外交月报社总编辑。③

王造时　江西安福 旧 1925

政治 B. A.(Wisconsin, 1927);M. A.(Ibid., 1928);Ph. D.(Ibid., 1930);研究员(Chicago),(London)

光华大学文学院院长,政治学系主任兼教授;执业律师兼著译工作。④

徐敦璋　元奉 四川垫江 旧 1926

经济学 B. A.(Wisconsin, 1928);政治 M. A.(Ibid.);政治 Ph. D.(Ibid., 1931);瑞士日内瓦国际法研究院研究员、美国卡内儿和平基金

---

① 《清华同学录》,1937 年,第 146 页。关于时昭瀛的留学学历,有关资料记载不一。1933 年的《清华同学录》(第 158 页)记作:国际法 B. A.(Minnesota, 1925);Ph. D.(Harvard, 1927)。《国立武汉大学一览 民国廿四年度》(第 291 页)中谓其"留学美国哈佛大学研究院",时任武汉大学法学院政治学系主任。其生平事迹参见刘绍唐主编:《民国人物小传》第 7 册,上海三联书店 2015 年,第 225—228 页。

② 《清华同学录》,1933 年,第 4—5 页;《清华同学录》,1937 年,第 157 页。

③ 《清华同学录》,1933 年,第 175—176 页;《清华同学录》,1937 年,第 166 页。另参《清华校友通讯》新 26、27 期合刊,1969 年 1 月 31 日,第 9 页;新 44 期,第 76 页。

④ 《清华同学录》,1933 年,第 13 页;《清华同学录》,1937 年,第 189 页。

会国际公法奖学金研究员。

清华大学、燕京大学讲师，南开大学教授，外交月报常任编辑，四川大学政治经济学系主任兼法学院院长。①

史国刚　江苏溧阳 旧 1926

国际公法(Harvard)②

沈惟泰　岱如 江苏嘉定 旧 1927

政治，外交 B. A.(Columbia，1929)；M. A.(Ibid.，1930)；Ph. D.(Ibid.，1932)

国立中央大学法学院教授，外交部专员。③

李惟果　四川成都 旧 1927

西洋史，国际公法 B. A.(California，1928)；M. A.(Ibid.，1929)；Ph. D.(Columbia，1931)

武汉大学史学系教授，四川大学教授。④

张启贤　云南通海 旧 1927

经济 B. A.(Wisconsin，1929)；政治 M. A.(Ibid.，1930)；Ph. D.(Ibid.，1932)

南京外交部情报司编译专员及英文中国年鉴社总编辑⑤

朱都范　晋夫 湖南长沙 旧 1927

政治 B. A.(Wisconsin，1929)；国际法与国际关系 M. A.(Columbia)

---

① 《清华同学录》，1933 年，第 132 页；《清华同学录》，1937 年，第 208—209 页。《国立四川大学一览》1936 年，"职员名录"，第 17 页。

② 《清华同学录》，1933 年，第 25 页；《清华同学录》，1937 年，第 204 页。

③ 《清华同学录》，1933 年，第 65 页；《清华同学录》，1937 年，第 225 页。另参《清华校友通讯》新 20 期，1967 年 4 月，第 28 页。

④ 《清华同学录》，1933 年，第 53—54 页；《清华同学录》，1937 年，第 224 页。或谓李惟果祖籍四川南充，曾任国民党中央宣传部部长(《清华校友通讯》新 20 期，第 28 页)。

⑤ 《清华同学录》，1937 年，第 227 页。其本科专业，另谓"政治"(见《清华同学录》，1933 年，第 179 页)。其博士学位获得时间，另说 1934 年(见袁同礼编《中国留美同学博士论文目录》)。

南京军政部秘书①

张彝鼎　鉴秋 山西灵石 旧 1928

国际公法 Ph. B. (Chicago, 1929);政治学 M. A. (Ibid., 1930); Ph. D. (Columbia, 1933)

武昌行营侍从第五处秘书。南昌行营设计委员、军委会秘书、中央政校教授、八战区政治部主任等。②

C. 市政学(Municipal Administration)

董修甲　鼎三 江苏六合 旧 1918

市政经济 B. A. (Mich., 1920);市政管理 M. A. (Calif., 1921)

历任上海中国公学、国立政治大学、复旦大学等校教授,沪宁铁路管理局英文秘书,武汉市政府委员会秘书长,汉口市政府公用局局长,汉口市政府参事,江苏建设厅厅长及江苏省政府委员兼立法院委员等职。③

白敦庸　四川西充 旧 1919

经济,市政管理 Ph. B (Chicago, 1921)

北京财政整理会兼中华文化教育基金会董事会,中华文化教育基金会秘书④

徐志禹　苍麐 浙江定海 旧 1920

---

① 《清华同学录》,1933 年,第 33 页;《清华同学录》,1937 年,第 223 页。

② 《清华同学录》,1937 年,第 243—244 页。关于其留学经历,1933 年《清华同学录》(第 187 页)只有如下记载:国际公法 Ph. B. (Chicago, 1930)。留美研究。详细经历见《清华校友通讯》新 24 期,1968 年 4 月 20 日,第 44 页。

③ 《清华同学录》1933 年,第 251 页;《清华同学录》,1937 年,第 88 页;厂民编著:《当代中国人物志》,上海中流书店 1939 年,第 301 页。

④ 《清华一览》(1925—1926),第 127 页;《清华同学录》1933 年,第 26 页;《清华同学录》,1937 年,第 95 页。据 1931 年北平市政府社会局填报的一份归国留学生情况调查表,白敦庸于 1921 年 6 月毕业于芝加哥大学和纽约国立行政讲习院,获政治经济和市政管理学士学位。1924 年 7 月回国。填表时任中华教育文化基金董事会秘书(梅佳选编:《回国留学生就业状况调查表一组》,《北京档案史料》1996 年第 4 期)。

工商管理 B. B. A.（Washington，1922）；市政管理 M. S.（Michigan，1924）；会计学 Special（Northwestern Univ.，1925）

曾在暨南、沪江、大夏、复旦、中央大学、厦门大学等多所大学任教，曾任杭州电厂会计主任、长沙锑业管理处会计主任等职。①

陈念宗　（念中）术先 浙江嘉兴 旧 1922

市政 B. A.（Michigan，1924）；M. A.（Columbia，1925）

南京立法院；南京行政院参事及考试院专门委员②

霍启芳　佐明 广东南海 旧 1922

市政 B. A.（Univ. of Mich.，1924）；M. A.（Ibid.，1925）

汕头市政府参事，南京立法院专员。③

杨兆焘　广东中山 旧 1924

经济 B. A.（Colorado，1925）；市政 M. S.（Michigan，1927）

广州国民大学教授④

赵恩钜　任士 安徽太湖 旧 1924

市政 A. B.（Michigan，1926）；M. A.（Ibid.，1927）；M. A.（Harvard，1928）

任教过光华大学、复旦大学、云南大学等，曾任全国学术工作咨询处代理秘书、上海宝山县县长、云南省直接税局局长、云贵区国税管理局局长等职。⑤

---

① 《清华同学录》，1937 年，第 114—115 页；《厦门大学一览　中华民国二十二年至二十三年》，1934 年，“商学院教职员一览”。关于留学专业，1933 年《清华同学录》（第 129 页）记作：商业——B. B. A.（Washington，1922）；市政——M. S.（Northwestern Univ.，1924）。

② 《清华同学录》，1933 年，第 195 页；《清华同学录》，1937 年，第 148 页。

③ 《清华同学录》，1933 年，第 308 页；《清华同学录》，1937 年，第 155 页。

④ 《清华同学录》，1933 年，第 253 页；《清华同学录》，1937 年，第 185 页。另见《清华校友通讯》新 8 期，第 29 页。

⑤ 《清华同学录》，1933 年，第 269 页；《清华同学录》，1937 年，第 185—186 页。另参余世磊著：《母兮吾土　赵朴初与故乡安徽》，安徽教育出版社 2010 年，第 12 页。

王倶侗　(保罗)仲哲 河南孟津 旧 1925

市政 B. A. (Michigan, 1927);M. A. (Ibid., 1928);公共卫生C. P. H. (Yale, 1930)

广西柳州政治试验区筹备处①

汪大燧　炎武 安徽旌德 旧 1925

市政 B. A. (Michigan, 1927);M. A. (Ibid., 1928)

南京市政府警察厅保安科,上海市公安局督察长。②

张　锐　伯勉 山东无棣 旧 1926

市政 B. A. (Michigan, 1928); M. A. (Harvard, 1929); (National Institute of Municipal Research)

历任东北大学教授,清华大学、南开大学的市政讲师,天津市政府科长、秘书、帮办秘书长参事、市政传习所训练主任,内政部参事,行政院参事兼行政效率研究会常务委员等职务。③

酆裕坤　静方 湖南平江 旧 1927

经济 B. A. (Univ. of Wash., 1930);市政 M. A. (Mich., 1931);进修警察行政(英国伯明翰警官学校)

首都警察厅保安科第三股主任,浙江省警官学校教务,南京内政部警政司司长。④

钟耀天　广东五华 旧 1928

---

① 《清华同学录》,1933 年,第 11 页;《清华同学录》,1937 年,第 189 页。其籍贯,一说河南开封。

② 《清华同学录》,1933 年,第 79 页;《清华同学录》,1937 年,第 192 页。

③ 《清华同学录》,1933 年,第 185 页;《清华同学录》,1937 年,第 210 页。另参《市政评论》第 5 卷第 6 期,“中国市政人物介绍:张锐”,1937 年 6 月;时昭瀛:《张锐的比较市政府》,载《图书评论》第 1 卷第 2 期,1932 年 10 月,第 43 页;橋川時雄編纂『中国文化界人物総鑑』、第 430 頁。

④ 《清华同学录》,1933 年,第 336 页;《清华同学录》,1937 年,第 231 页。另参刘美炎主编:《岳阳籍原国民党军政人物录》(《岳阳文史》第十辑),政协湖南省岳阳市委员会文史资料委员会 1999 年,第 290、539 页。

社会学 Ph. B.（Chicago，1930）；市政管理 M. S. P. A.（Syracuse，1931）；政治学（Columbia）

广州市政府市政专员①

陆　逵　宗九 江苏常熟 旧 1929

市政 A. B.（Mich.，1931）；M. S.（Ibid.，1932）②

谷宗瀛　筱峰 河北定县 旧 1929

市政 A. B.（Stanford，1931）；A. M.（Ibid.，1932）

曾任国民政府财政部参事、热河省政府委员兼财政厅厅长、中国国民党中央训练团办公厅副主任等职。③

主要资料来源：

1.《清华同学录》，1933 年 7 月

2.《清华同学录》，国立清华大学校长办公处印行，1937 年 4 月

3.《清华"史前期"第三批（1911 年）考送之留美学生名单》，《清华校友通讯》复 7 期，清华大学出版社 1983 年 4 月

4.《清华学校留美学生同学录》，见房兆楹辑《清末民初洋学学生题名录初辑》，台北：中央研究院近代史研究所 1962 年，第 171—192 页

---

① 《清华同学录》，1933 年，第 314 页；《清华同学录》，1937 年，第 248 页。关于其留学专业和学校，1933 年《清华同学录》作：市政——Ph. B.（Chicago，1930）；M. S. P. A.（Syracuse，1931）。据《五华县志》记载，钟耀天 1935 年后在贵州、复旦、昆明、中山大学等校任教。1969 年赴美定居，1972 年任纽约华埠中华公所秘书长（《古镇华城》，《古镇华城》编委会 2010 年编印，第 281 页）。

② 《清华同学录》，1933 年，第 211 页；《清华同学录》，1937 年，第 256 页。据张德龙主编的《上海高等教育系统教授录》，华东师范大学出版社 1988 年，第 111 页，陆宗九生于 1904 年，卒于 1982 年。1934 年获美国密执安大学及华盛顿大学博士学位。先后在光华大学、大厦大学、复旦大学任教。1949 年后在立信会计专科学校、上海外国语学院、上海师范学院等校从事教学工作。主要译著有《尼日利亚史》等。

③ 《清华同学录》，1933 年，第 89 页；《清华同学录》，1937 年，第 253 页；刘国铭主编：《中国国民党百年人物全书》上，团结出版社 2005 年，第 1091 页。

5.《游美毕业回国学生一览表》《游美学生一览表》,载《清华一览》(1925—1926),1926年,第97—161页

6. 苏云峰编撰:《清华大学师生名录资料汇编,1927—1949》,台北:中央研究院近代史研究所2004年

7. 樊荫南编纂:《当代中国名人录》,良友图书印刷公司1931年

8. 橋川時雄編纂『中国文化界人物総鑑』、中華法令編印館1940年版

9. 清华学校编:《游美同学录》(*Who's Who of American Returned Students*, Tsing Hua Colleg),1917年

10. 清华学校编:《游美同学录》(*Who's Who of American Returned Students*, Tsing Hua Colleg),1918年

11. *The Tsinghuapper* 1923—1924, Tsinghua College, 1923

12. *Who's Who in China*, 4th edition, The China Weekly Review, 1933

13. *Who's Who in China*, 5th edition, The China Weekly Review, 1936

14. *Who's Who in China*, Supplement to 5th edition, The China Weekly Review, 1940

15. *A Guide to Doctoral Dissertations by Chinese Students in America*, 1905—1960, compiled by Tung-li Yuan, Washington, D. C.: Sino-American Culture Society, 1961

参考文献

一、未刊档案

（一）清华大学档案(清华大学档案馆)

"1935—1937年学校聘任各系各级教师的来往函件",1935年7月—1937年7月,档号:1—2:1—111

"1931—1936年度各院系教师名单",1932—1936年,档号:1—2:1—112

"1932—1936年度教师申请休假出国研究计划、休假名单及来往文",1932—1936年,档号:1—2:1—126

"国立清华大学教授会会议细则及教授会议记录",1928年11月—1937年6月,档号:1—2:1—005

"国立清华大学评议委员会会议记录及一部分教授提案",1926年4月—1937年6月,档号:1—2:1—006

"学校1931—1934学年度印制讲义名称、数量的报告及付款办法",1931年8月—1935年8月,档号:1—2:1—072

"国立清华大学录取第二届留美公费生出国学习计划、留学生申请留学期限等来往文书",档号:1—2:1—89:5

"国立清华大学录取第四届留美公费生出国学习计划、留学生申请延长留学年限等来往文书",档号:1—2:1—91:2

"历届留美公费生申请延长留学年限等来往函件",档号:1—3:3—106

"一九二六至一九三四年度教职员录",档号:1—4:5—1

"清华大学二十年至二十六年度教师一览表",档号:1—2:1—112

"国立清华大学教务处关于研究生教学考试等来往函件",档号:1—2:1—55

"国立清华大学一九二九——一九三七年度录取研究院、大学本科各级新生缴验证件与教育部的来往文书",档号:1—2:1—57:2

(二)其他档案

"中央大学法科研究所政治经济部行政组报告",1940年,中国第二历史档案馆,中央大学档案,案卷号:648—001008(16J.3064)

"中国政治学会第二届年会决议案",中国第二历史档案馆,全宗号:2;案卷号:2635

二、政府官书、校史文献、史料集、工具书等

北京大学编:《国立北京大学廿周年纪念册》

北京大学编:《国立北京大学一览》,1933年度

北京大学编:《国立北京大学一览》,1934年度

北京大学法学院编:《国立北京大学法学院各学系课程指导书》,1935年度

北京大学法学院编:《国立北平大学法学院两年来事务报告》,1933年,北平聚兴印书局印刷

北京图书馆编:《民国时期总书目:政治》,书目文献出版社1996年

北平清华同学会编:《北平清华同学录》,1932年11月

陈学恂、田正平编:《中国近代教育史资料汇编——留学教育》,上海教育出版社1991年

复旦大学编:《复旦大学一览》,1930年

光华大学编:《私立光华大学章程》,1936年8月

国民政府教育部编:《全国专科以上学校教员研究专题概览》,商务印书馆1937年

沪江大学编:《私立沪江大学一览》,1929年

教育部编:《二十一年度全国高等教育统计》,商务印书馆1935年

教育部参事处编:《教育法令汇编》第一辑,商务印书馆1936年

教育部教育年鉴编纂委员会编:《第二次中国教育年鉴》,商务印书馆1948年

金陵大学秘书处编辑:《私立金陵大学一览》,1933年

李文裿编:《北平学术机关指南》,北平图书馆协会出版,1933年

刘真主编:《留学教育——中国留学教育史料》,台北:国立编译馆1980年

南京大学高教研究所校史编写组编:《金陵大学史料集》,南京大学出版社1989年

南开大学编:《天津南开大学一览》,1929年

南开大学经济研究所编:《十年来之南开大学经济研究所》,1937年1月

平心编:《全国总书目》,生活书店1935年

秦孝仪主编:《中华民国名人传》第7册,台北:近代中国出版社1988年

清华大学编:《国立清华大学一览》,1930年

清华大学编:《国立清华大学一览》,1935年

清华大学编:《国立清华大学一览》,1937年

清华学校编:《清华一览》,1917年

清华学校编:《清华一览》,1920年

清华大学编:《清华一览》,1927年

清华大学编:《清华一览》,1932年

清华大学编:《清华同学录》,北平清华大学1933年

清华大学校长办公处编:《清华同学录》,1937年

清华政治学会编:《政治书报指南》,清华大学政治学会1929年

清华大学校史研究室编:《清华大学史料选编》第一卷,清华大学出版社1991年

清华大学校史研究室编:《清华大学史料选编》第二卷,清华大学出版社1991年

舒新城编:《中国近代教育史资料》上册,人民教育出版社1981年第2版

四川大学编:《国立四川大学一览》,1936年

王文俊、梁吉生等选编:《南开大学校史资料选》,南开大学出版社1989年

王玉明编:《中国法学家辞典》,中国劳动出版社1991年

武汉大学编印:《国立武汉大学一览 中华民国二十年度》,1933年12月

武汉大学编印:《国立武汉大学一览 中华民国廿四年》,1935年

12 月

学部总务司编:《学部奏咨辑要》,宣统元年刊。见沈云龙主编《近代中国史料丛刊》三编第十辑,台北:文海出版社 1986 影印

燕京大学编:《燕京大学一览》,1936 年

燕京大学编:《燕京大学一览》,1937 年

杨家骆编著:《全国机关公团名录》,辞典馆初稿,1937 年 4 月

云南大学编辑委员会编:《民国二十五年份 云南大学一览》,1937 年

浙江大学编:《国立浙江大学一览》,1932 年

之江文理学院编:《私立之江文理学院一览》,1933—1934 年

之江文理学院编:《私立之江文理学院一览》,1937 年

中国史学会主编:《戊戌变法》(四),上海书店出版社 2000 年

中华民国史料研究中心编:《罗志希先生传记暨著述资料》,台北:中华民国史料研究中心 1976 年

中央大学编:《国立中央大学一览》,1930 年

周邦道编:《第一次中国教育年鉴》,开明书店 1934 年

朱传誉主编:《萧公权传记资料》,台北:天一出版社 1985 年

朱有瓛编:《中国近代学制史料》第二辑上册,华东师范大学出版社 1987 年

中国第二历史档案馆编:《中华民国史档案资料汇编》,第三辑:教育,江苏古籍出版社 1991 年

中国第二历史档案馆编:《中华民国史档案资料汇编》,第五辑第一编:教育(一),江苏古籍出版社 1994 年

张思敬主编:《国立西南联合大学史料 三 教学、科研卷》,云南教育出版社 1998 年

刘国铭主编:《中国国民党百年人物全书》上,团结出版社 2005 年

橋川時雄編纂『中国文化界人物総鑑』中華法令編印館、1940 年

A Guide to Doctoral Dissertations by Chinese Students in America,1905—1960, compiled by Tung-li Yuan, Published under the auspices of the Sino-American Culture Society, Inc. Washington,D. C. ,1961

Directory of Members, The Chinese Social and Political Science Association, Peking, June, 1925

Directory of Member, The Chinese Social and Political Science Association, Peking, June, 1927

Directory of 1931, The Chinese Social and Political Science Association, Peking, Peking, 1931

Harvard University Catalogue, Harvard University Press,1931

Proceedings of the American Political Science Association, Wickershaw Press, Lancaster, PA. , 1906

The Tsinghuapper 1923—1924, Tsinghua College

三、报刊

《北京大学日刊》

《北平大学区教育旬刊》

《大公报》

《东方杂志》

《独立评论》

《国立北京大学社会科学季刊》

《国立清华大学校刊》
《国立编译馆馆刊》
《国闻周报》
《国立浙江大学校刊》
《华年》
《教育杂志》
《金陵大学校刊》
《京报副刊》
《留美学生季报》
《民国日报》
《民族》
《南大周刊》
《清华暑期周刊》
《清华校友通讯》
《清华校友通讯》(新期,台湾新竹)
《清华校友通讯》(复期,北京清华)
《清华学报》
《清华学报》(新刊,台湾新竹)
《清华周刊》
《社会科学学刊》(国立武汉大学)
《社会科学》(清华大学)
《时代公论》
《图书馆增刊》(国立清华大学图书馆编辑)
《图书评论》
《现代评论》

《新晨报》

《新经济》

《新青年》

《新月》

《行政效率》

《行政研究》

《学部官报》

《译书汇编》

《政学丛刊》

《政治学报》(清华大学)

《政治学报》(光华大学)

《政治学报》(台北中国政治学会)

《政治学报年刊》

《政治学论丛》(北京大学)

《政治学研究》

《政治季刊》(复旦大学)

《政治研究》(岭南大学)

《政艺通报》

《中央日报》

《中央政治学校校刊》

《传记文学》(台湾)

《外交月报》

《资治月刊》

Chinese Social and Political Science Review

Harvard Law Review

The American Political Science Review

The China Critic

T'ien Hsia Monthly

The Tsing Hua Journal

The Yenching Journal of Social Studies

四、日记、书信、文集、自传、回忆录、年谱

蔡元培著，高平叔编：《蔡元培全集》第3卷，中华书局1984年

蔡元培著，中国蔡元培研究会编：《蔡元培全集》第5、8卷，浙江教育出版社1997年

陈翰笙：《四个时代的我》，中国文史出版社1988年

陈美延编：《陈寅恪集·金明馆丛稿二编》，生活·读书·新知三联书店2001年

陈美延编：《陈寅恪集·书信集》，生活·读书·新知三联书店2001年

邓正来编：《王铁崖学术文化随笔》，中国青年出版社1999年

丁文江、赵丰田编：《梁启超年谱长编》，上海人民出版社1983年

费正清著，陆惠勤等译：《费正清对华回忆录》，上海知识出版社1992年

冯友兰著：《三松堂全集》第1、14卷，河南人民出版社2000年第2版。

耿云志主编：《胡适遗稿及秘藏书信》，黄山书社1994年

龚祥瑞：《我的专业的回忆》，载北京图书馆《文献》丛刊编辑部等编《中国当代社会科学家》第6辑，书目文献出版社1983年

龚祥瑞：《盲人奥里翁——龚祥瑞自传》，北京大学出版社2011年

顾维钧著，中国社会科学院近代史研究所译：《顾维钧回忆录》，第1分册，中华书局1983年

何廉著，朱佑慈、杨大宁等译：《何廉回忆录》，中国文史出版社1988年

胡适著，曹伯言整理：《胡适日记全编》，安徽教育出版社2001年

胡适口述，唐德刚注释：《胡适口述自传》，安徽教育出版社1999年

蒋廷黻著，谢钟琏译：《蒋廷黻回忆录》，岳麓书社2003年

雷震：《我的学生时代》(一)(《雷震全集》之9)，台北：桂冠图书股份有限公司1989年

梁启超著，吴松等点校：《饮冰室文集点校》第1集，云南教育出版社2001年

梁启超：《饮冰室合集》第1册，中华书局1989年

刘梦溪主编：《中国现代学术经典 严复卷》，河北教育出版社1996年

刘培育主编：《金岳霖的回忆与回忆金岳霖(增补本)》，四川教育出版社2000年

马亮宽、王强选编：《何思源选集》，北京出版社1996年

马相伯著，朱维铮编：《马相伯集》，复旦大学出版社1996年

潘大逵：《风雨九十年——潘大逵回忆录》，成都出版社1992年

浦江清：《清华园日记 西行日记》，生活·读书·新知三联书店1999年第2版

浦薛凤：《万里家山一梦中》，台湾商务印书馆1983年

浦薛凤：《太虚空里一游尘》，台湾商务印书馆1979年

浦薛凤：《音容宛在》，台湾商务印书馆1984年

浦薛凤:《政治文集》,台湾商务印书馆 1981 年

浦薛凤:《政治论丛》,台北:正中书局 1955 年

浦薛凤:《沙里淘金沧桑鸿爪——浦薛凤诌占集》,台北:正中书局 1984 年

钱昌照:《钱昌照回忆录》,中国文史出版社 1998 年

钱端升:《钱端升学术论著自选集》,北京师范学院出版社 1991 年

钱基博著,傅宏星主编、校订:《潜庐诗文存稿》,华中师范大学出版社 2016 年

钱穆:《八十忆双亲 师友杂忆》,生活·读书·新知三联书店 1998 年

芮恩施著,李抱宏、盛震溯译:《一个美国外交官使华记》,商务印书馆 1982 年

张奚若著,孙敦恒等编:《张奚若文集》,清华大学出版社 1989 年

中国社会科学院近代史研究所中华民国史组编:《胡适来往书信选》上、中、下,中华书局 1979、1980 年

韦善美、马清和主编:《雷沛鸿文集(续编)》,广西教育出版社 1993 年

吴宓著、吴学昭整理:《吴宓日记》,生活·读书·新知三联书店 1998 年

吴宓:《吴宓自编年谱》,生活·读书·新知三联书店 1995 年

萧公权著,汪荣祖编:《迹园文存》,台北:环宇出版社 1970 年

萧公权著,汪荣祖编:《迹园文录》,台北:联经出版事业公司 1983 年

萧公权:《问学谏往录》,台北:传记文学出版社 1972 年

萧公权:《问学谏往录——萧公权治学漫忆》,学林出版社 1997 年

颜惠庆著,姚崧龄译:《颜惠庆自传》,台北:传记文学出版社 1982 年再版

颜惠庆著,吴建雍、李宝臣、叶美凤译:《颜惠庆自传》,商务印书馆 2003 年

严复著,王栻编:《严复集》第五册,中华书局 1986 年

恽代英:《恽代英文集》下卷,人民出版社 1984 年

张忠绂:《迷惘集》,沈云龙主编:《近代中国史料丛刊》续辑,第 166 辑,台北:文海出版社 1974 年影印

郑州大学嵇文甫文集编辑组编:《嵇文甫文集》(上),河南人民出版社 1985 年

五、中文著(译)作、论文

阿格(F. A. Ogg)著,张云伏译:《英国政府及政治》,神州国光社 1931 年

爱·麦·伯恩斯(E. M. Burns)著,曾炳钧译:《当代世界政治理论》,商务印书馆 1983 年

北泽新次郎等主编,萧勃译:《大山郁夫传》,商务印书馆 1963 年

比雅德(C. A. Beard)著,张金鉴译:《政治的经济基础》,商务印书馆 1937 年

波拉克(Frederick Pollock)著,张景琨译:《政治学史概论》,商务印书馆 1936 年

蔡尚思:《中国思想研究法》,复旦大学出版社 2001 年

陈之迈:《蒋廷黻的志事与平生》,传记文学出版社 1985 年再版

陈之迈:《中国政府》第 1 册,商务印书馆 1945 年

陈之迈:《中国政制建设的理论》,商务印书馆 1939 年

陈之迈等著:《读书指导》,中国文化服务社 1945 年第 3 版

陈进金:《抗战前教育政策之研究》,台北:近代中国出版社 1997 年

陈其津:《我的父亲陈序经》,广东人民出版社 1999 年

陈序经:《中国政治思想的资料问题》,岭南大学学术讨论会主编:《学术论文集》,广州思思学社 1929 年

陈以爱:《中国现代学术研究机构之兴起:以北京大学研究所国学门为中心的探讨(1922—1927)》,台北:政治大学 1999 年

陈仪深:《〈独立评论〉的民主思想》,台北:联经出版事业公司 1989 年

陈洪捷:《德国古典大学观及其对中国大学的影响》,北京大学出版社 2002 年

陈敬第编辑:《政治学》,丙午社 1912 年第 3 版

戴维·伊斯顿著,马清槐译:《政治体系——政治学状况研究》,商务印书馆 1993 年

稻田周之助著,廖文奎译:《政治心理论》,大承出版社 1936 年

邓初民:《政治科学大纲》,中国社会科学出版社 1984 年

邓丽兰:《域外观念与本土政制变迁——20 世纪二三十年代中国知识界的政制设计与参政》,中国人民大学 2003 年

邓宁(W. A. Dunning)著,谢义伟译:《政治学说史》上、中、下,神州国光社 1931 年 4 月、8 月、1932 年 4 月

樊德芬:《近代政治学的特色》,载《现代学术文化概论》第二册:《社会科学》,华夏图书出版公司 1948 年

傅宇芳:《马克思主义政治学教程》,上海长城书店 1932 年

高纳(J. W. Garner)著,顾敦鍒译:《政治学大纲》,世界书局1933年

高田早苗著,嵇镜译:《国家学原理》,译书汇编发行所1901年

高一涵:《政治学纲要》,神州国光社1931年第6版

高振青:《新政治学大纲》,上海社会经济学会1932年再版

格林斯坦、波尔斯比编,竺乾威等译:《政治学手册精选》上卷,商务印书馆1996年

葛兆光选编:《学术薪火——三十年代清华大学人文社会学科毕业生论文选》,湖南教育出版社1998年

古德诺(F. J. Goodnow)著,王元译:《政治与行政》,华夏出版社1987年

顾敦鍒编:《政治学概论选读》,燕京大学法学院政治学部讲义,出版时间不详

顾颉刚:《我与古史辨》,上海文艺出版社2001年

郭颖颐著,雷颐译:《中国现代思想中的唯科学主义,1900—1950》,江苏人民出版社1995年

郭湛波:《近五十年中国思想史》,山东人民出版社1997年

杭立武:《政治典范要义》,黎明书局1933年

何兆武:《何兆武学术文化随笔》,中国青年出版社1998年

贺麟:《文化与人生》,商务印书馆1996年

胡适:《丁文江传》,海南出版社1993年

胡越:《比较政府》,神州国光社1933年

胡光麃:《影响中国现代化的一百洋客》,台北:传记文学出版社1983年

户泽铁彦著,温互生、李致平合译:《政治学概论》,上海民智书局

1933 年

怀特(L. D. White)著,孙澄方译:《美国行政动向论》,商务印书馆 1935 年

黄福庆:《近代中国高等教育研究——国立中山大学(1924—1937)》,台北:中央研究院近代史研究所 1988 年

黄福庆:《清末留日学生》,台北:中央研究院近代史研究所 1975 年

黄延复、马相武:《梅贻琦与清华大学》,山西教育出版社 1995 年

基特尔(R. G. Gettell)著,孙一中译:《政治学》,上海大东书局 1931 年

季尔克立斯(R. N. Gilchrist)著,缪元新、吴友三、王元照译:《政治学原理》,黎明书局 1933 年再版

杰西·格·卢茨著,曾钜生译:《中国教会大学史》,浙江教育出版社 1987 年

卡尔·皮尔逊(Karl Pearson)著,李醒民译:《科学的规范》,华夏出版社 1999 年

库恩著,金吾伦、胡新和译:《科学革命的结构》,北京大学出版社 2003 年

昆廷·斯金纳著,奚瑞森、亚方译:《近代政治思想的基础》,商务印书馆 2002 年

李浩培:《国际法的概念和渊源》,贵州人民出版社 1994 年

李剑农:《政治学概论》,商务印书馆 1934 年

梁启超撰,朱维铮导读:《清代学术概论》,上海古籍出版社 1998 年

梁启超:《先秦政治思想史》,中华书局、上海书店 1986 年

林子勋：《中国留学教育史》，台北：华冈出版有限公司1976年

刘易斯·科塞著，郭方等译：《理念人——一项社会学的考察》，中央编译出版社2001年

柳曾符、柳佳编：《劬堂学记》，上海书店出版社2002年

鲁静、史睿编：《清华旧影》，东方出版社1998年

罗根泽编著：《古史辨》第四册，朴社1933年

罗志田：《近代中国史学十论》，复旦大学出版社2003年

吕亚力：《我国政治学的现况与展望》，载赖泽涵主编：《三十年来我国人文及社会科学之回顾与展望》，台北：东大图书股份有限公司1987年

马季佛(R. M. MacIver)著，胡道维译：《现代的国家》，商务印书馆1937年

马克斯·韦伯著，冯克利译：《学术与政治：韦伯的两篇演说》，生活·读书·新知三联书店2013年第3版

麦利恒(C. E. Merriam)等著，张虹君译：《近世政治思想史》，商务印书馆1930年

梅尔茨(John Theodore Merz)著，周昌忠译：《十九世纪欧洲思想史》，商务印书馆1999年

门罗(W. B. Munro)著，许闻渊译：《欧洲各国政府》，上海民智书局1934年

密利本德(R. Milliband)著，黄子郁译：《马克思主义与政治学》，商务印书馆1984年

南开大学校史编写组编：《南开大学校史》，南开大学出版社1989年

内田满著，唐亦农译：《早稻田与现代美国政治学》，复旦大学出

版社 2003 年

浦薛凤:《西洋近代政治思潮》,商务印书馆 1939 年

钱端升:《法国的政治组织》,商务印书馆 1930 年

钱端升:《法国的政府》,商务印书馆 1934 年

钱端升:《德国的政府》,商务印书馆 1934 年

钱穆:《中国现代学术论衡》,生活·读书·新知三联书店 2001 年

乔治·霍兰·萨拜因著,盛葵阳、崔妙因译:《政治学说史》,商务印书馆 1986 年

清华大学校史编写组:《清华大学校史稿》,中华书局 1981 年

清华大学校史研究室编:《清华大学九十年》,清华大学出版社 2001 年

戚学民:《严复〈政治讲义〉研究》,人民出版社 2014 年

桑兵:《国学与汉学》,浙江人民出版社 1999 年

上海市哲学社会科学联合会:《中国社会科学家联盟成立 55 周年纪念专辑》,上海社会科学院出版社 1986 年

舍斐德(W. J. Shepherd)著,王造时、谢诒徵译:《政治学》(《社会科学史纲》第 8 册),商务印书馆 1940 年

史华慈等著:《近代中国思想人物论——自由主义》,台北:时报出版公司 1980 年

石之瑜:《政治学的知识脉络》,台北:五南图书出版公司 2001 年

实藤惠秀著,谭汝谦、林启彦译:《中国人留学日本史》,生活·读书·新知三联书店 1983 年

舒新城:《近代中国留学史》,中华书局 1927 年

苏云峰:《从清华学堂到清华大学,1911—1929》,生活·读书·

新知三联书店 2001 年

苏云峰:《从清华学堂到清华大学,1928—1937》,生活·读书·新知三联书店 2001 年

苏云峰:《从清华学堂到清华大学,1911—1929》,台北:中央研究院近代史研究所 1996 年

苏云峰:《抗战前的清华大学,1928—1937》,台北:中央研究院近代史研究所 2000 年

孙本文等著:《中国战时学术》,正中书局 1946 年

孙晓楼:《法律教育》,中国政法大学出版社 1997 年

汤麦斯蒙(Thomas Moon Parker)著,张永懋等译:《帝国主义与世界政治》,新生命书局 1931 年

谭春霖:《各国行政研究概况》,岭南大学历史政治学系 1939 年

陶希圣:《潮流与点滴》,中国大百科全书出版社 2009 年

邓初民:《政治科学大纲》,昆仑书店 1929 年

田原:《政治学》,新时代出版社 1932 年

王鼎新编述:《政治学》,北京民国第一图书局 1913 年

王沪宁主编:《政治的逻辑——马克思主义政治学原理》,上海人民出版社 1994 年

王化成:《现代国际公法》,新月书店 1932 年

王桧林主编:《中国现代史》下册,高等教育出版社 1989 年

王健编:《西法东渐——外国人与中国法的近代变革》,中国政法大学出版社 2001 年

王健:《中国近代的法律教育》,中国政法大学出版社 2001 年

王萍访问、官曼莉记录:《杭立武先生访问记录》,台北:中央研究院近代史研究所 1990 年

王树槐:《庚子赔款》,台北:中央研究院近代史研究所 1985 年再版

王铁崖:《国际法引论》,北京大学出版社 1998 年

汪荣祖:《史家陈寅恪》,百花洲文艺出版社 1992 年

汪向荣:《日本教习》,中国青年出版社 2000 年

五来欣造著,陈鹏仁译:《现代政治学》,台北:水牛图书出版事业有限公司 1994 年

萧超然等著:《北京大学校史》,上海教育出版社 1981 年

萧超然等主编:《北京大学政治学与行政管理学系系史(1898—1998)》,非公开出版物,1998 年

萧公权著,汪荣祖译:《近代中国与新世界:康有为变法与大同思想研究》,江苏人民出版社 1997 年

萧公权:《中国政治思想史》,辽宁教育出版社 1998 年

严耕望:《治史三书》,辽宁教育出版社 1998 年

燕京大学校友校史编写委员会编:《燕京大学史稿》,人民中国出版社 1999 年

燕大文史资料编委会编:《燕大文史资料》第 5 辑,北京大学出版社 1991 年

杨幼炯:《中国政治思想史》,商务印书馆 1937 年

杨幼炯:《当代中国政治学》,上海胜利出版公司 1947 年

叶永烈编:《王造时:我的当场答复》,中国青年出版社 1999 年

余英时:《论士衡史》,上海文艺出版社 1999 年

詹宁斯著,龚祥瑞、侯健译:《法与宪法》,生活·读书·新知三联书店 1997 年

张分田、萧延中:《中华文化通志 政治学志》,上海人民出版社

1998 年

张金鉴:《行政学典范》,台北:中国行政学会 1979 年重订初版

张金鉴:《政治行为与政治学》,载《政治学论集》,台北:华冈出版公司 1978 年

张君劢、丁文江等著:《科学与人生观》(上),山东人民出版社 1997 年

张锐:《市制新论》,商务印书馆 1926 年

张锐:《比较市政府》,上海华通书局 1930 年

张太原:《〈独立评论〉与 20 世纪 30 年代的政治思潮》,社会科学文献出版社 2006 年

张慰慈:《政治学大纲》,商务印书馆 1930 年第 8 版

赵宝煦、夏吉生、周中海编:《钱端升先生纪念文集》,中国政法大学出版社 2000 年

赵世瑜:《眼光向下的革命——中国现代民俗学思想史论(1918—1937)》,北京师范大学出版社 1999 年

庆贺浦薛凤教授八秩华诞政治论文集编辑委员会编:《政治文集》,台湾商务印书馆 1980 年

中德文化协会编:《五十年来的德国学术》第 1 册,商务印书馆 1937 年

中国国民党中央党史委员会编:《革命文献》第 54 辑,台北:党史会 1971 年

中国人民政治协商会议全国委员会文史资料研究委员会编:《文史资料选辑》第 8 辑,文史资料出版社 1960 年

中央文史研究馆编:《中央文史馆馆员传略》,中华书局 2001 年

周绍张:《政治学体系》,辛垦书店 1935 年再版

邹海清主编:《吴国桢——〈吴国桢博士及其父兄〉续集》(《建始文史资料》第六辑),湖北省建始县政协文史资料委员会、中国近现代史史料学学会建始县会员联络处1996年出版发行

巴斯蒂(Marianne Bastid-Bruguière):《中国近代国家观念溯源——关于伯伦知理〈国家论〉的翻译》,《近代史研究》1997年第4期

戈洪伟:《音容宛在——张奚若的生平与思想》,华东师范大学硕士学位论文,2007年5月

何子建:《北大百年与政治学的发展》,《读书》1999年第5期

黄俊杰:《萧公权与中国政治思想史研究》,《台大历史学报》第27期,2001年6月

黄俊杰:《萧公权先生与近代中国学术》,中华民国史料研究中心编:《中国现代史专题研究报告》第11辑,台北:国史馆1984年

刘瀚、洋龙:《50年来的中国政治学》,《政治学研究》1999年第4期

刘巍:《"诸子不出于王官论"的建立、影响与意义》,《近代史研究》2003年第1期

孙宏云:《汪精卫、梁启超"革命"论战的政治学背景》,《历史研究》2004年第5期

孙宏云:《拉斯基与民国知识界》,收入胡春惠、周惠民主编:《两岸三地研究生视野下的近代中国研讨会论文集》,台北:政治大学历史学系2000年

孙宏云:《行政效率研究会与抗战前的行政效率运动》,《史学月刊》2005年第2期

孙宏云:《抗战前行政学输入与行政研究的兴起》,《学术研究》2006年第12期

唐振常:《漫记萧公权先生》,《读书》1993 年第 2 期

魏镛:《中国政治学会之成立及其初期学术活动》,《政治学报》(台北),第 20 期,1992 年 12 月

武汉大学政治学与国际关系学系:《政治科学与武汉大学》,《武汉大学学报》(社会科学版)2003 年第 6 期

俞可平:《中国政治学百年回眸》,《人民日报》2000 年 12 月 28 日

张允起:《宪政的伦理基础——萧公权的〈政治多元论〉及其西方宪政思想研究》,《环球法律评论》2004 年秋季号,2004 年 8 月

赵宝煦:《中国政治学百年历程》,《东南学术》2000 年第 2 期

六、外文论著

Albert Somit, Joseph Tanenhaus, *The Development of American Political Science: from Burgess to Behavioralism*, Boston: Allyn and Bacon, 1967.

Anna Haddow, *Political Science in American Colleges and Universities*, 1636—1900, New York: Appleton-Century, 1939.

John Willam Burgess, *Political Science and Comparative Constitutional Law*, Boston: Ginn &Company , 1890.

George E. G. Catlin, *The Science and Method of Politics*, London, Kegan Paul, Trench, Trubner & Co. ltd., New York: Alfred A. Knopf, 1927.

Chalmers A. Johnson, "An Intellectual Weed in the Socialist Garden: The Case of Ch'ien Tuan-sheng," *The China Quarterly*, no. 6, Apr. -Jun., 1961.

Chang His-t'ung, "The Earliest Phase of the Introduction of

Western Political Science into China," *The Yenching Journal of Social Studies*, vol. v, no. 1. July, 1950.

Erkki Berndtson, "The Rise and Fall of American Political Science: Personalities, Qutations, Speculations," *International Political Science Review*, vol. 8, no. 1, Januany 1987.

H. J. Laski, *The Rise of European Liberalism*, New Brunswick, N. J. : Transaction Publishers, 1997.

Howard W. Odum edited, *American Masters of Social Science*, New York: Henry Holt and Company, 1927.

J. W. Garner, *Introduction to Political Science*, New York: American Book Company, 1910.

J. W. Garner, *Political Science and Government*, New York: American Book Company, 1928.

John Seeley, *An Introduction to Political Science*, London and New York: Macmillan and Co. , 1896.

J. K. Bluntschli, *The Theory of the State*, trans. by D. G. Ritchie, P. Matheson and R. Lodge, 3d ed. , Oxford: Clarendon Press, 1901.

Kungchuan Hsiao, *Political Pluralism*, New York: Harcourt, Brace & Company, Inc. , 1927.

Kuocheng Wu, *Ancient Chinese Political Theories*, Shanghai: The Commercial Press, 1928.

Miccolo Machiavelli, *The Prince*, Abridged and annotated with a preface in Chinese by T. S. Chien, Shanghai: The Commercial Press, 1931.

Charles E. Merriam, *New Aspects of Politics*, 2nd ed., Chicago: University of Chicago Press, 1931.

Noel H. Pugach, *Paul S. Reinsch, Open Door Diplomat in Action*, Millwood, N. Y.: KTO Press, 1979.

R. G. Gettell, *Introduction to Political Science*, New York: Ginn and Company, 1922(Rev. ed.).

T. C. Woo, *The Kuomintang and the Future of the Chinese Revolution*. London: George Allen and Unwin co., 1928.

Vi Kyuin Wellington Koo, *The Status of Aliens in China*, New York: Columbia University, 1912.

William Archibald Dunning, *A History of Political Theories, Ancient and Mediaeval*, New York: The Macmillan Company, 1927.

W. W. Willoughby and Lindsay Rogers, *An Introduction to the Problem of Government*, New York: Doubleday, Page & Company, 1925.

小野塚喜平次『政治学大綱』博文館、1903 年版

内田満『アメリカ政治学への視座——早稲田政治学の形成過程』三嶺書房、1992 年

吉村正『政治科学の先駆者たち一早稲田政治学派の源流』サイマル出版会、1982 年版

索　引

（按拼音字母顺序）

C

D

G

K

L

M

P

Q

S

T

W

X

Y

Z

再版后记

拙稿初版以来，在学界多少有点影响。香港学者区志坚和日本学者竹元规人先后撰文评论（见《当代史学》第 9 卷第 2 期，香港浸会大学历史系，2008 年 6 月；《近きに在りて》，第 54 号，2008 年 11 月）。北大政府管理学院金安平教授在她的新作《中国现代政治学的发端与拓展：北京大学政治学（1899—1929）》后记中谓拙著“于我裨益极大。这本书写作十分规范，材料扎实，正是我心中学科史的样子。但也给我很大刺激：作为中国现代政治学‘开端’的北京大学政治学还没有写，中国现代政治学就在清华大学‘展开’了！因此我们必须要奋起直追”。我很高兴拙稿能够起到点抛砖引玉的作用。

感谢金安平教授的鼓励，不过我自知学识浅薄，只用了些笨功夫在中国现代政治学科史这个领域做了点微不足道的工作，对于那个时代政治学人的学术源流和精神气质的领会还非常有限。在拙稿初版的绪论中，我表示过要将早期北大政治学系作为在完成了清华政治学系研究之后的课题，但是也感觉到深入研究中国现代政治学的发端和早期受日本影响的这段历史的重要性，此后，我基本上是沿着这样的思路来展开自己的研究。虽然小有收获，但是离自己的目标还很远，实在惭愧。

这年头学界所稀罕的不是书和论文，而是良知和尊严。著书若为稻粱谋，倒还有情可原；若只为沽名曳利，纵使冠冕堂皇，然心机已坏，结果堪忧。——因为有此存念，当徐锋兄来信提出再版拙稿时，我颇为犹豫，担心会不会又给读书人添多了一份垃圾。因此在答应再版之后，就集中时间和精力对原稿逐字逐句进行校改。此次校改，主要做了以下几点工作：一是核对引文和史料，并作适当调整；二是修改文字表述，尽量做到确切和具体；三是增补了一个附录《清华留美习政治学者名录》；四是改变了参考文献的编排方式。对于拙稿初版以来新出的史料和学界所发表的相关论著，也有所参考，但是未能做到全面回应和改写。理想永远难以企及，讹误仍然不免存在，衷心期待读者朋友们批评指正。

藉此再版之机，对于曾经直接或间接帮助我完成此项研究和书稿出版的师友和家人，以及对于拙稿提出批评或给予鼓励的朋友们，在此一并致以深切的谢忱。

孙宏云

2020 年 2 月 20 日